教育部人才培养模式改革和开放教育试点教材

小学儿童教育心理学

郭德俊　主编

中央广播电视大学出版社

北　京

图书在版编目（CIP）数据

小学儿童教育心理学 / 郭德俊主编 . —北京：中央广播电视大学出版社，2002.12（2018.5 重印）

教育部人才培养模式改革和开放教育试点教材

ISBN 978 - 7 - 304 - 02351 - 5

I. 小…　　II. 郭…　　III. 小学 - 教育心理学 - 电视大学 - 教材　IV. G44

中国版本图书馆 CIP 数据核字（2002）第 106894 号

教育部人才培养模式改革
和开放教育试点教材

小学儿童教育心理学

郭德俊 · 主编

出版·发行：中央广播电视大学出版社
电话：营销中心 010-68180820　　　　总编室 010-68182524
网址：http://www.crtvup.com.cn
地址：北京市海淀区西四环中路 45 号
邮编：100039
经销：新华书店北京发行所

策划编辑：来继文　　　　　　　封面设计：马增千
责任编辑：马浩南

印刷：廊坊十环印刷有限公司　　　印数：241001 ~ 247000
版本：2002 年 10 月第 1 版　　　　2018 年 5 月第 26 次印刷
开本：B5　　　印张：21.75　　　　字数：386 千字

书号：ISBN 978 - 7 -304 - 02351 - 5
定价：42.00 元

序

　　随着我国素质教育的深入发展，小学教育正在经历着一场伟大的变革。小学教育是基础教育的重要阶段，小学教育的改革，一方面要遵循社会政治、经济发展的要求，另一方面必须遵循儿童身心发展的特点、教和学的规律。树立正确的儿童观、发展观和教育观，才能正确地贯彻和实施素质教育。

　　教育心理学是一门用科学方法揭示教与学相互作用过程中的基本规律的科学。目前世界各国都把教育心理学列为教师的必修课程。要想成为一名合格的教师必须学习教育心理学。小学教师必须学习小学教育心理学，它是教育心理学的分支，它根据小学儿童身心发展的特点，揭示在小学阶段教与学相互作用过程中的规律。在小学教育、教学改革的过程中，必须遵循这些规律，才能真正地促进学生在德、智、体、美诸方面的全面发展。

　　我和我的同事有幸接受中央广播电视大学的委托，编写《小学儿童教育心理学》。我们深感责任重大，同时，我们也愿意为小学教育尽一点微薄之力。在这本教材中，我们将发展心理与教育心理融为一体，力求反映教育心理研究的最新成果，遵循理论联系实际的原则，保证教材内容的前沿性、科学性和实用性。

　　本教材由我负责主编，参加各章编写的有罗洪兰副教授（第五章、第六章）；田宝副教授（第七章、第九章、第十章、第十二章）；刘惠军副教授（第二章、第四章、第八章、第十一章）和我（第一章、第三章）。通过大家的辛勤劳动和通力协作，撰写任务如期完成。最后，这本教材由我国著名教育心理学家周谦教授主审，并得到了许燕教授、方平教授的指导，在此向他们表示诚挚的谢意。

　　最后，我们希望本教材能为我国的小学教育改革和人才培养发挥更大的作用。

郭德俊

2002 年 9 月于北京

目 录

第一章

小学儿童教育心理学概述

教学要点

- 教育心理学的对象
- 教育心理学的发展概况
- 小学儿童教育心理学研究的对象
- 小学儿童教育心理学研究的内容
- 小学儿童心理学研究的方法

学习要求

- 理解小学儿童教育心理学的对象
- 了解小学儿童教育心理学研究的范围
- 了解小学儿童教育心理学研究的原则和方法

☆ ⋯⋯⋯⋯⋯⋯⋯⋯⋯⋯⋯⋯⋯⋯⋯

引　子

教育教学既是科学也是艺术

教育是科学还是艺术，这个问题教育界争论已久。如果教育是艺术，教育工作者就需要具有天赋、灵感、直觉和创造性，而这些是不可言传的；如果教育是科学，教育工作者就需要掌握某些知识和技能，这些是通过学习而获得的。随着教育科学的发展和教学实践经验的积累，大多数人越来越认识到教育教学既是科学也是艺术。

教育教学所面对的是活生生的人，他们的身心发展是有规律可循的，知识和技能更是客观世界规律的反映，因此教师必须掌握有关的知识和技能，这是前提和基础。同时，教师所面对的学生千差万别，面对的情景各式各样，面对的教材多种多样。面对变化繁多的教育教学环境，教师要不断地思索，相应地进行变化和创造，因材施教，才能解决实际问题，取得好的教育教学效果。因此，教师必须具有计划、讲演、指导、组织管理和编写试题等方面的技能，才能成功地组织教学。同时，教育、教学必须因时、因地、因人而异。教师要运用已有的知识策略，并发现新的策略；旧的答案行不通时，就要寻找新的方法。一名教师不仅要学习科学的技能，还必须能够在不同环境下运用技能，具体问题具体分析，有针对性地、创造性地解决新问题。

对于一名新教师，即使具备某些天赋，学习一些主要的教育教学技能对于提高教育教学效果也是必须的、必要的。一名教师只有在充分地了解教与学过程的规律、熟练地把握教育教学的技能后，才可能在实践中进行有效的创造，才可能成长为既懂科学又讲艺术的教师。

　　本章将系统地介绍教育心理学的性质、研究对象、内容及研究发展的概况，并重点介绍小学儿童教育心理学的研究对象、研究范围、研究的原则和方法。

　　　　　　　　　　　　　　　　　　　　　　　　　　　　　　　　☆

　　"小学儿童教育心理学"是初等教育专业的学生和小学教师必须掌握的一门课程。作为一名小学教师或未来的小学教师，不仅要具备一定的科学知识，还必须懂得在教学过程中教师如何教，学生如何学，以及师生相互作用的心理过程，才能取得良好的教学效果和学习效果。教育心理学是一门用科学研究方法揭示教与学相互作用的基本规律的学科。要做一名合格的小学教师，必须学习教育心理学。总之，教育心理学是教育科学体系中的重要组成部分，是小学教师必备的基础知识之一。

　　小学儿童教育心理学作为一门独立的学科，是教育心理学的一个分支。因此，在学习小学儿童教育心理学之前，应先初步了解教育心理学。

第一节　教育心理学概述

一、教育心理学的学科性质

　　关于教育心理学的学科性质，早期人们认为，教育心理学是普通心理学的知识、原理在教育、教学中的应用。近年来，许多教育心理学家认为教育心理学是一门独立的学科，有独立的研究对象、理论体系和研究方法。台湾著名教育心理学家张春兴教授认为，现代教育心理学虽然也跟心理学一样采取科学研究取向，但其基本理念却是从古代哲学教育心理学演变而来的。教育心理学原本是因教育的需要而产生，并非由心理学中分化出来的一个分支。目前大多数教育心理学家认为教育心理学既是一门理论性的基础学科，同时也是具有实践性的应用学科，强调它的综合性特色。也就是说，教育心理学既要研究教育、教学情境中的基本规律、概括理论、原理，为解决教育、教学中的问题提供理论依据；同时，也要关注教育教学情境中的具体问题，并为解决这些问题提供具体的原则、操作的模式、策略和方法。所以教育心理学既是一门基础理论学科，也是一门应用学科；既要重视教育心理学基础理论的研究，也要重视应用开发的研究。

二、教育心理学的研究对象

关于教育心理学的研究对象，有着各种各样的看法。有人认为教育心理学是研究教育、教学过程中的种种心理现象及其变化的科学；有人认为教育心理学是研究教与学的科学；还有人认为，教育心理学的研究对象是教育教学情境中教师与学生之间的交感互动；有人则认为教育心理学主要研究课堂学习的性质、条件、结果和评定。这些看法从不同侧面反映了教育心理学研究对象的特点。

在众多看法中，我们认为，教育心理学研究的对象是教育、教学情境中教与学的基本心理规律，即教育心理学研究的是教育、教学情境中，师生教与学相互作用的心理过程，以及教与学的过程中心理活动的规律、特点和影响因素等。我们确立这一对象的主要依据有以下两方面。

（一）教育促进个体的社会化

教育心理学的研究对象必须反映这门学科的特殊性和它的实质，教育心理学研究的是教育情境中的心理现象。教育的目的是促进个体的社会化，把个体从一个生物的实体发展成为社会的实体，也就是使一个新生婴儿的生物个体，经过教育和社会实践成长为一个社会的人，具有参与社会生活的能力与品德。教育是个体社会化的途径之一，是通过经验传递实现的，是通过教与学的人际交往实现的。教育、教学过程也就是人际交往的过程。教育心理学也就是研究这一过程中的心理现象、揭示教与学的基本心理规律的科学。

（二）教育的结构系统

一般认为教育包括三个子系统，即经验传授系统、接受系统和经验系统。经验传授系统是传授者通过一定的传授方式进行教育教学，也就是教；接受系统是接受者通过一定的接受方式进行学习，也就是学；经验系统就是传递的对象知识、技能和行为规范等。这三个系统互相影响、互相制约。教要从学习者的实际情况出发，要考虑学习者的身心发展特点、家庭社会背景以及已有的知识结构特点，有的放矢地进行教育和教学；学是在教的指导下进行，通过教育、教学过程获得知识、技能和行为规范的标准和要求。在教与学的过程中，教要发挥主导作用。教与学要受教材制约，而教材又必须依据教与学的特点来编制。这个系统的核心是教与学及其相互关系，教育心理学正是研究教与学过程中的心理现象。

三、教育心理学的研究内容

教育心理学是一门独立的学科，有自己的理论和研究方法。教育心理学主要研究的内容有对教育、教学和学习过程的理解，以及如何从各方面改进教育、教学和学习过程，即不仅研究学生如何学习，也研究教师如何教授；不仅研究如何向学生传授知识，还要研究如何帮助或促进学生形成健康的人格和良好的道德品质。根据学科的研究对象、性质以及近年来教育心理学的发展，教育心理学的研究内容主要包括以下几个方面。

(一) 教育心理学的基本理论

教育心理学的基本理论，主要涉及学科性质和特点，如教育心理学的学科性质、研究对象、研究发展历史和研究方法等，同时涉及教育与个体发展的关系，如个体的认知发展、言语发展和个性的发展等。

(二) 学习心理

学习心理是教育心理学的重心，它建立在学习理论的基础上。这些学习理论主要包括行为主义、认知主义和人本主义学习理论等。学习心理的内容主要有不同类型的学习，如概念、原理的学习，问题解决和创造性的学习，动作技能的学习以及品德的形成与培养等。同时，学生是学习的主体，是能动的学习者，所以学习动机、学习策略也是学习心理的重要内容，此外还包括学习迁移等。

(三) 教学心理

教学心理是教育心理学的一个重要组成部分。教学设计是教学心理的重要内容，它决定了学生将要学什么，教师通过教学设计将课程的目标转变成学生的活动、作业和任务。教学设计主要涉及教学目标、教学形式的选择和教学环境的设置等。同时，在教学过程中，影响教学效果的因素非常多，如学科的特点、教师的特点、学生的特点等。如何根据这些因素进行教学设计、提高教学的有效性，也是教学心理所研究的内容。

（四）群体心理

群体心理也是教育心理学研究的重要内容。学校是一个群体，有教师群体、学生群体，还有群体之间的互动。教师必须懂得群体心理，并建立良好的师生关系和学生之间的同伴关系。这就要求教师要学会管理班级群体、管理课堂，这是有效教学、形成良好班集体的重要组成部分。课堂管理是教师最关心的问题之一。课堂的性质、教学内容和学生特点等都影响课堂管理。课堂管理的目标是为学生创造更多的时间投入学习，帮助学生进行自我管理。要实现这个目标，同时还需要形成一个良好的班级集体，良好班集体的形成对培养儿童的健康个性和良好道德品质具有极其重要的作用。在管理中，要使学生理解，在班级里他们不仅面对教师，而且处于群体——准社会环境中，要接受其制约和影响。

（五）个体差异

学生在智力、个性等方面存在着个体差异。个体差异是教育心理学研究的重要组成部分之一。在教育、教学中必须从学生的实际情况出发，针对个体差异有的放矢、因材施教，使每个学生得到适宜的教育，能够更加和谐地发展。

（六）学生心理健康

学生心理健康涉及生理、心理、社会适应能力以及道德等多个层面。学生保持健康的心理有利于充分地发挥潜能，妥善处理和适应人与人之间、人与社会组织之间的关系。

（七）教育、教学的测量与评定

对于教育、教学的测量与评定是教育心理学的组成部分之一，对于促进教与学具有重要的作用。一个完整的测量评定过程包括测量与评定两个方面。教师通常使用的测量方法有测验、等级评定、面谈和观察等。

（八）教师心理

教师心理是教育心理学的重要内容。教师在师生双边活动中起着主导作用。研究表明，教师的特点比任何其他因素对学生的学习态度和成绩的影响都大。教师对学生的影响除了教师的个性，还有教师的角色、专业品质以及师生之间的关系等。

四、教育心理学的发展概况

教育心理学作为一门独立的学科，只有一百多年的历史。它的发展大致经历了三个阶段，即开创阶段、发展阶段、成熟与完善阶段。

（一）开创阶段（19世纪末到20世纪初）

19世纪资本主义市场经济的形成和政治经济的发展，迫切要求教育提供管理人才和有技术的工人，普及教育的改革相继在世界范围内展开。在这种背景下，瑞士教育学家裴斯泰洛齐提出"教育心理学化运动"、"教育要依靠心理学"。德国心理学家、教育家赫尔巴特进行了心理与教育相结合的尝试。俄国教育家乌申斯基出版了《人是教育的对象》一书，认为生理学、心理学和逻辑学是教育学的三个重要基础，三者当中心理学应放在首位，因此，他被称为"俄国教育心理学的奠基人"。在他的影响下，卡普切列夫1877年出版了《教育心理学》，这是世界上第一本以"教育心理学"命名的书。

1903年美国心理学家桑代克出版的《教育心理学》是西方第一本教育心理学专著。后来他在实验的基础上，从"人为生物的存在"这样一个角度进一步建立了教育心理学体系，将该书扩充为《教育心理学大纲》三大卷。第一卷关于人类的本性；第二卷关于学习心理；第三卷关于个体差异及其原因。西方教育心理学的名称和体系由此确立。桑代克的《教育心理学》标志着教育心理学的诞生。

（二）发展阶段（20世纪20～50年代）

学习心理学是教育心理学的主要研究领域，在这个领域20世纪20年代后期行为主义的研究占据了主导地位。它强调心理的客观性，重视实验研究，以桑代克、华生、赫尔、斯金纳为代表，开展了一系列对动物和人的学习的研究，取得了重要成果。由于在教育情境中的研究较少，对教育实践的指导作用不大。杜威采取了另一条研究路线，结合学校教学实际进行研究，强调实用主义，"从做中学"，进行改革教学的实践活动，对教育产生了相当深远的影响。

同时，前苏联教育心理学家以维果斯基和鲁宾斯坦等人为代表，主张教育心理学是心理学的一门独立的分支，强调教育和教学在儿童发展中的作用，并提出了"文化发展论"和"内化论"，这些思想为前苏联的教育心理学的发展奠定了理论基础。前苏联教育心理学非常重视教育、教学实际的研究，在学科心理学方面取得了很多成果，使学科心理学成为教育心理学的主要组成部分。同时，前苏联教育心理学以马列主义哲学为指导，反对机械地把动物学习的特点用到人的学习中，对西方的学习心理学、教育心理学、心理测量学等进行了全面的否定，现在看来不很合适，有些偏颇。

在这个时期，教育心理学的内容有了很大的扩充，不仅吸收了儿童心理学、心理测量学的研究成果，同时接受了弗洛伊德的思想，儿童个性、社会适应、心理卫生等方面的内容也进入了教育心理学的领域。20 世纪 50 年代程序教学和教学机器的兴起和信息论的观点，也使教育心理学的内容受到很大的影响。

我国教育心理学，在这时主要受西方的影响。房东岳于 1908 年翻译了日本小原的《教育实用心理学》，这是我国出现的第一本教育心理学著作。1924年廖世承编写了我国第一本教育心理学教科书《教育心理学》。以后还出现了类似的几本著作。在 20 世纪 50 年代我国主要学习前苏联的教育心理学理论，在儿童发展和学科心理学方面的研究取得了一定的成果。

（三）成熟与完善时期（20 世纪 60 年代到现在）

20 世纪 60 年代初，美国教育心理学家布鲁纳等人重视教育心理学理论与教育教学实际的结合，强调为学校教育服务，发起了课程改革运动，重视教学过程、教材、教法以及教学手段的改进。同时，美国教育心理学重视社会心理因素对教学的影响，把学校和课堂看成是社会情景，研究竞争、合作和个体化对学生学习动机、成就的影响，并对班级大小、学生角色等问题开展研究。这时人本主义心理学家罗杰斯提出了以学生为中心的主张。随着信息技术特别是计算机的发展，美国教育心理学家围绕着计算机辅助教学的条件和效果，进行了大量的研究工作。80 年代以后，多媒体计算机问世，使计算机辅助教学达到了一个新的水平，这时教育心理学家主要对这种学习的特点开展研究，例如对培养学生的元认知能力以及自我监控能力的研究。

前苏联教育心理学家在这时注重教育心理学与发展心理学相结合的研究，最有代表性的是赞可夫的"教育与发展"研究，把教育、教学作为儿童发展的一个因素，强调理论联系实际，采用自然实验法进行研究。这项研究持续了15 年，推动了前苏联的学制与课程改革，同时以巴甫洛夫的联想—反射理论为基础的学习理论也得到了进一步的发展。列昂节夫和加里培林等在这时提出了学习活动理论。

我国的教育心理学从 20 世纪 60 年代起受"文化大革命"冲击，教育心理的研究一度中断。70 年代末，我国教育心理学重新繁荣。教育心理学家自编了多种教材，如潘菽、邵瑞珍、韩进之和李伯黍等（1980 年，1988 年，1990 年，1993 年）编写了《教育心理学》或《教育心理学纲要》。同时，许多专家、学者结合我国教育实际开展了大量的实验研究，如数学教育心理、语文教学心理、自学辅导、成败归因、智力测验、成就动机、品德形成、特殊儿童心理、教师心理等研究。其中有些研究的规模、水平已接近国际先进水平，跟上了世界教育心理研究的潮流。

总之，从 20 世纪 70 年代末开始，教育心理学作为一门独立的学科，理论体系已经基本形成，研究的问题、教科书的内容比较一致。20 世纪 80 年代以后，研究的趋势在世界范围内发生了较大的变化，主要表现为教育心理学的理论派别之间的分歧越来越小，特别是行为主义和认知观点之间出现了相互吸引、相互补充的局面。此外，东西方教育心理的研究开始遥相呼应，相互结合。如美国的教育心理学家注意到前苏联心理学家维果斯基的思想，不仅迅速吸收，还在此基础上开展研究，取得了一定的成就。美国教育心理学家布鲁纳于 1994 年在美国教育研究会的专题报告中精辟地总结了近十几年来教育心理研究的成果，主要表现在以下几方面：主动性，强调让学生参与教学过程，并对自身的心理活动进行更多的控制；反思性，从个体内部强调知识的获得和建构，研究元认知和自我调节学习；合作性，强调共享教学中的人类资源，重视在一定背景下组织起来学习，如合作学习，把个人的思维与群体工作相结合，交互式学习和同伴辅导等；社会文化性，强调社会文化对学习的影响，即任何学习的发生不是在白板上进行的，而是在一定文化背景下建构产生的。

第二节 小学儿童教育心理学的研究对象和内容

一、小学儿童教育心理学的研究对象

小学儿童教育心理学是教育心理学的一个分支，它的研究对象与教育心理学有共同之处，在本质上没有什么区别，但是，小学儿童教育心理学在具体的研究对象上与教育心理学有一定的差异，特别是小学儿童的心理特点在其教育过程中起着非常重要的作用，这一点必须充分注意。

（一）小学阶段是个体发展的重要时期

小学阶段又称童年期，是儿童发展的一个重要阶段，它是儿童从家庭进入学校开始正规学习生活的第一步。儿童从这里开始系统地掌握各种最基本的知识、基本技能，如听、说、读、写、算、琴、棋、书、画等，是为进一步学习打基础的阶段。小学阶段也是儿童个性形成和发展的重要时期，学校教育对儿童的态度、情感和意志等有着重要影响。此外，在小学阶段儿童开始建立起道德行为规范，逐渐形成道德行为习惯，所以，这个时期是儿童开始形成良好道德品质的重要时期。总之，小学阶段是儿童在各方面打基础的时期，这个时期的教育、学习对于儿童今后的发展有着十分重要的作用。

（二）小学儿童身心发展的特殊性

小学儿童一般指六七岁至十一二岁的儿童。在这个阶段，儿童生理、心理发展有其自身的特点。在教育过程中只有遵循这些特点，采取有效的教育、教学措施才能促进儿童的发展，取得良好的效果。小学儿童教育心理学必须研究小学儿童生理、心理发展的阶段特点。

小学儿童的生长发育随年龄的增长而增长，而且由于年龄、性别不同，生长发育的速度是不平衡的。在小学低年级，男生的身高、体重等各项指标均高于女生。但从小学中高年级起，即当儿童开始进入青春发育期时（约十岁），女生的身高、体重超过男生。同时，五六岁儿童的大脑处于第一个飞速发展的时期，十三四岁是人类大脑发展的第二个显著加速时期，到十三四岁后大脑已经基本成熟。

小学儿童的心理发展很迅速，尤其是思维能力。其思维从以具体形象思维为主要形式向以抽象逻辑思维为主要形式过渡，发生了质变，所以小学时期是儿童智力发展的好时机。同时，小学儿童的心理发展是协调的，促使他们的社会性和个性获得迅速发展，自觉纪律的形成和发展在小学儿童阶段占有相当显著的地位。另外，小学儿童心理发展具有较大的可塑性和开放性。由于他们经历有限，内心世界不太复杂，因此，他们的心理活动显得纯真、直率，能将内心活动表露出来。小学时期是了解儿童真实心理活动，从而有的放矢地进行教育的好时机。比起逐渐成熟起来的青少年，小学儿童的心理发展具有较大的可塑性。无论是思维能力，还是个性、社会性的品德都易于培养，所以，小学阶段是培养儿童良好的心理品质、个性与行为习惯的好时机。

(三) 小学儿童身心发展与教育的辩证关系

小学儿童的身心如何发展，向哪里发展，不是由外因机械决定的，也不是由内因孤立决定的，而是由适合于内因的一定外因和内因共同决定的。这就是说，小学儿童的身心发展主要是在其内因基础上，由适合于他们生理、心理内因的教育条件决定的。

教育如何促进小学儿童的生理、心理发展呢？这里有一个中介环节，就是小学儿童对教育内容的领会和掌握，它是一个从量变到质变的过程。从这个意义上讲，教育的目的是在使小学儿童领会知识、掌握知识的同时，促进他们身心的发展。

小学儿童对知识的领会和掌握有一个过程，从教师教到儿童领会之间有一个新内容与已有知识之间相互融合和改变的过程。有时是新知识整合到儿童已掌握的知识体系之中，有时是新知识要使已有的知识体系发生改变，这就是儿童对知识领会和掌握的过程。在这个过程中，儿童从不知到知，常常要受到已有知识水平的制约，同时也要受到教育、教学内容和方法的影响。如教材太易或太难，都不利于儿童对知识的接受和理解。在小学儿童的教学中更多地采取具体的、生动的、形象的教学方式，有利于他们对知识的掌握。完成了这样一个中间过程，还仅仅是小学儿童发展的量变过程。

小学儿童掌握知识后，并不能立即引起他们身心上的变化或发展。如对小学儿童进行品德教育，不仅仅要提高他们的认识，更重要的是要培养他们良好的道德行为和习惯，从认识到形成行为和习惯需要一个过程，这是一个质的飞跃过程。儿童从掌握理解知识到智力特别是思维品质的发展，也是他们心理上质的变化。也就是说，经过无数次的领会和掌握知识后，才能逐渐促进品德和智力的发展。教育就是通过教师的教与学生的学相互作用来促进儿童身心的发展。

综上所述，我们认为，小学儿童教育心理的研究对象是小学教育、教学情境中教与学的基本心理规律，也就是研究在小学阶段的教育、教学情境中，师生教与学相互作用的心理过程、教与学心理过程中的心理现象。

二、小学儿童教育心理学的性质、目的与要求

小学儿童教育心理学是小学教育专业的必修学科。这门学科主要阐述小学儿童教育心理学的基本原理及其在教育实践中的应用，是一门具有一定理论性

与应用性的学科。

这门学科以提高小学教师教育和心理理论水平及实际应用能力为出发点，将发展心理学与教育心理学融为一体，以使小学教师掌握小学儿童教育心理学的基本原理，树立正确的儿童观、发展观和教育观；掌握小学儿童身心发展的特点和个别差异，结合学生的身心发展特点分析小学阶段的学习现象；掌握教与学的基本心理规律，并据此进行教学设计、教学评价；了解影响学习与教学的因素，主动创设有利于有效学习与有效教学的环境；了解师生的心理特点，增强教师的自我调节意识和促进小学生心理健康发展的意识。

三、小学儿童教育心理学的内容

根据小学儿童教育心理学学科的研究对象、性质以及近年来的发展，小学儿童教育心理学的研究内容包括以下方面。

（一）小学儿童教育心理学概述

这部分内容主要涉及小学儿童教育心理学的研究对象、研究内容、研究原则和研究方法。在学习教育心理学的研究对象、性质和内容的基础上阐述小学儿童教育心理学研究对象的特点，强调小学儿童发展的年龄特征与教育发展之间的辩证关系，并进一步介绍研究的主要内容、研究的客观性原则、系统性原则和理论联系实际的原则和小学儿童教育心理学的几种主要方法，如观察法、调查法、实验法、行动研究法和个案法等。

（二）小学儿童的身心发展

这部分内容首先涉及小学儿童身体发展的一般特点，身体发展的表现以及影响儿童身体发展的因素，包括遗传、环境、营养、教育等。其次，进一步涉及小学儿童认知、情感和社会性发展的特点及其影响因素，特别强调小学儿童的个体差异，如认知差异、人格差异和性别差异等。

（三）学习心理

这一部分是小学儿童教育心理学的重点。首先阐明学习的含义，在此基础上了解小学生学习的特点和类型，进一步介绍主要学习理论的代表人物和基本观点。行为主义的学习理论有桑代克的联结说、巴甫洛夫的经典条件反射学说、斯金纳的操作条件反射说和班杜拉的社会学习理论。认知派的学习理论有格式塔学派的顿悟说、布鲁纳的发现理论、奥苏伯尔的同化论和建构主义的学习理论。人本主义的学习理论有马斯洛的自我实现理论和罗杰斯的学生中心理论等。

（四）知识的获得与应用

知识是小学生学习的重要内容。对知识含义的理解直接影响着对知识的表征和类型的掌握。知识的获得过程是这部分内容的核心。知识的迁移更是不可忽视的，只有知识迁移才可能将知识应用于实际，解决实际问题。

（五）问题解决与创造

这部分内容主要涉及问题解决的基本含义、过程以及影响问题解决的因素，如情境因素、个人因素等。创造性解决问题是小学儿童培养的重要内容。把握小学阶段儿童创造的特征、影响因素及其培养的途径和方法非常重要。

（六）技能的形成

技能的形成也是小学生学习的重要内容之一。这部分内容要介绍动作技能的概念、结构及形成过程，培养动作技能的途径和方法。智力技能是技能形成的重要组成部分，对它的概念的掌握、形成过程的理解，有利于促进小学生智力技能的形成和智力的发展。

（七）品德的形成和培养

品德的形成和培养是小学儿童学习内容的重要方面。德育被置于培养人的首位，小学儿童良好品德的形成会为人生的发展打下坚实的基础。要正确理解品德和道德的含义，了解品德的心理结构，并进一步了解小学生道德认识、情感和行为形成的过程，如何预防不良品德的形成及相应的矫正方法。

（八）学习策略

教会学生学习非常重要。小学教师必须懂得学习策略的概念和成分，并了解常用的学习策略，如复习策略、组织策略、精加工策略和监控策略等。影响学习策略的因素和符合学习策略的教学措施也是有关学习策略的重要内容。

（九）学习的动力机制

培养学生积极、主动的学习态度是学习心理中的重要内容。这部分内容包括动机的含义、种类、学习动机理论以及学生学习动机的激发和培养。情绪、情感对学习也有重要的影响，也是学习动力机制的重要组成部分，教师必须掌握调节学生情绪的各种策略和方法。

（十）教学设计的心理学问题

教学心理是继学习心理之后，小学儿童教育心理学中的又一主要研究内容。教学心理中最重要的内容是教学设计，包括教学目标的设置、如何组织教学形式、创设师生互动的教学情境以及教学设计的不同类型等。此外，还包括课堂教育评价、评价的意义和功能、量的评价和质的评价等。

（十一）课堂学习管理

课堂学习管理是教学心理的重要内容，涉及课堂学习管理的含义、目标，在教学中的地位和作用，管理的基本原则以及影响课堂管理的因素等。如何创造良好的学习氛围、维持课堂学习纪律也是课堂学习管理的重要内容。

（十二）教师和学生的心理健康

这部分内容介绍心理健康的含义和标准。了解小学儿童存在的心理健康问题、影响小学儿童心理健康的因素，了解保持和促进小学儿童心理健康的途径和方法非常必要。此外，还要介绍教师职业的心理要求，教师存在的心理健康问题和如何促进教师的心理健康等。

第三节　小学儿童教育心理学的研究方法

人类对自然奥秘的认识随着研究方法的进步越来越深入，研究方法每前进一步，科学研究就会随之推进一步。小学儿童教育工作者也必须掌握科学研究的方法，才会在教育实践中不断有所发现、有所进步与提高。教师不仅是一位教育者还应是一位研究者，而进行研究必须掌握一定的研究方法。

一、小学儿童教育心理学研究的原则

（一）客观性原则

客观性原则是指研究者在教育领域的研究中，应该实事求是，按照心理现象的本来面貌加以揭示，不能凭主观臆想作结论，这样才能揭示心理现象的事实、本质、规律和机制。

对教育领域中的心理现象是否可以进行客观性研究呢？答案是肯定的，因为任何心理现象的产生都是由客观刺激引起的，并通过个体内部一系列生理、心理变化表现在行为上，这就是刺激变量、机体变量和反应变量。考察这三者之间的关系就可能客观地研究教育、教学中的心理现象。如教师鼓励和表扬学生，增强了学生学习的自信心和自豪感，能使学生更加努力地学习，从而提高学习成绩。

在进行研究的过程中，应遵循客观性原则，必须认真地收集资料，详细地记录个体所接受的外部刺激、行为反应、口头报告等；在分析和整理资料时，要采用客观指标进行评定，切忌主观臆想；下结论时，要根据事实下判断，不可推论。

(二) 系统性原则

系统性原则是指要用系统的观点来考察心理现象。人的心理规律是一个整体的系统，是动态的、开放的系统。因此，在研究教育、教学过程中的心理现象时，要考虑整体性，注重各种心理现象之间的关系。如研究智力现象时，要考虑人格等因素的影响，同时还要考虑心理活动的动态性，研究各种心理现象是如何产生的，经历哪些阶段及其发展需要哪些条件等。如在教学过程中，要考虑教与学的互动关系，探讨教与学最佳功能的分配，这样就能得到更加客观、全面的研究成果。

(三) 理论联系实际的原则

在教育心理研究的过程中，从选题到具体的研究过程，要以教育心理学的理论为指导，这样可以避免研究的盲目性，增强自觉性，提高研究的效率和水平。因此，在确定研究选题时，要重视查阅该领域的国内外文献资料，并对其研究成果进行分析和梳理。在研究的过程中，也要注意理论的指导和提升，使我们的研究从经验上升到一定的理论高度，具有较为普遍的指导意义。

在重视理论指导的同时，要重视对于教育实践的考察和研究，从教育的实际需要出发，解决教育、教学中的实际问题，与学校的教育、教学改革联系起来，这样才会有所发现、有所进步，才可能形成具有中国特色的研究成果。

(四) 定量与定性研究结合的原则

教育、教学过程中的心理现象十分复杂，在研究中既要重视定量的研究也要重视定性的研究。定量研究是对研究对象的特点进行量的分析，如平均数、中数、众数、标准差等。例如，在研究某种教学方法对于提高学生学习动机水平的影响时，就可以对旧教学方式与新教学方式对学生学习动机水平的影响进行分析，进行平均数间的差异检验。如果新教学方式所引起的学生学习动机水平的平均数高于旧教学方式，而且差异显著，说明新教学方式对于提高学生学习动机水平是有效的。定性分析就是对学生在不同教学方式下动机行为的具体特征，如注意力集中的表现、参与教学的状况、兴趣表现、师生互动的情况、课堂气氛以及学生的主观报告的内容进行分析。这样就能看到学生学习动机的实际内涵和质量，能更加确切地了解学生动机水平的情况。

二、小学儿童教育心理学研究的方法

小学儿童教育心理学研究的方法多种多样，在这里我们主要介绍常用的观察法、调查法、实验法、行动研究法和个案法等。

（一）观察法

1. 观察法的含义

观察法又叫自然观察法，它是在自然条件下，对心理现象和行为进行有目的、有计划的考察、记录和分析的一种方法。所谓"自然条件"即对所观察的现象或行为不加以人为的控制，使它们以本来面目客观地呈现出来。由于这种方法是在自然条件下进行的，因此得到的是比较真实、宝贵的第一手材料，而且不受条件的限制，简便易行。如教师观察学生在课堂上的表现，就可以了解到学生注意的稳定性、情绪状态和个性的某些特征。但是，在自然条件下获得的资料有时不够精确，有时需要等待所要观察的心理现象，有时得到的材料难免带有主观性，因此要进行严格的、科学的观察。

科学的观察即有明确的目的、有计划安排、有一定控制并且有严格记录的观察。目的性是指明确观察所要解决的问题、所要获取的资料，并对观察的问题和变量作出明确的操作定义，详细规定所要观察的具体行为。如要研究学生的友爱行为，要规定观察的具体友爱行为的类型的性质，记录有关活动的数量、频率、持续时间、涉入次数等。计划性是指对观察活动的时间、顺序、过程、对象、仪器记录方法与表格都有预先的计划、安排和准备。科学观察还要求有严格的记录。

2. 观察的客观性和可靠性

为了提高观察的客观性和可靠性，观察者在观察的过程中要注意做到以下几个方面。

（1）安排观察预备期，即观察者与学生要有一个互相熟悉的时间和过程，消除学生对观察者的陌生感。

（2）观察者观察时尽可能避免与学生直接交流意见或参与活动。

（3）观察记录应具体、详细、系统，有记录表格或仪器等。

（4）对同一行为的观察要有足够的次数或时间，保证观察结论的可靠性。

（5）避免观察者的期望效应或放任自流等现象的产生。

（6）对观察结果要及时进行分析整理，有利于下一次的观察。

3．观察的具体方法

（1）实况详录法，这种方法的目的是完整、客观、持久地对所发生的行为作描述性记录。在一段时间内（如一小时或半天内）持续地、尽可能详尽地记录被观察对象所有的行为动作表现。可用录音、录像记录。

（2）时间取样法，目的是辨别与记录预先选定并详细定义的具体行为的发生，或归入已准备好的某种类别。在一定时间间隔但同等的时段对选定的行为或变量进行记录或归类。这种研究方法常需备有一长列行为清单或某种分类系统表，现场记录某些行为是否发生，或记入已准备好的类别。如每周一、三、五上午九点到十点观察儿童的友爱和攻击行为等。

（3）事件取样法，目的是记录预先选定的某种特定类别事件的发生。研究者持续进行现场判断和记录某事件的发生，只在事件出现时记录，记录事件从发生到结束的全过程。

（4）特性等级评定，这种方法是观察后按照某种特性为某人评定等级。研究者在相当一段时间内进行多次观察后，根据某人的行为特征对预定特征作出等级评定。如可以按上、中、下或优、良、差等等级进行评定。

（二）调查法

1．调查法的内容与特点

调查法是通过间接地收集资料以了解和分析现象与问题的一种研究方法。这种方法运用得比较广泛，收集资料的效率也比较高。这种方法的特点是：向有关对象进行间接的了解。如在中小学主要通过教师和家长了解学生的情况。调查研究不受时间、空间条件的限制，手段多样化。有文献法、历史法、抽样法、普查法、典型法、重点法、内容分析法，以及运用问卷、谈话、测验、评定、报表收集书面材料和开调查会等多种手段。调查研究主要是考察现状，是在自然过程中收集材料，因此它不能确定现象之间的因果关系。调查结果的可靠性有赖于被调查者的合作态度与实事求是的精神。

2．调查研究的四种基本类型

（1）现状调查，主要研究学生发展中的某些特征、某方面发展的现状，或学校教育中的某些现象、问题的基本现状。例如"独生子女与非独生子女行为特点的调查"、"教师情绪调节能力的调查"等。

（2）关系调查，主要是通过调查两个变量的情况，分析和考察其相互联系的性质与程度。例如"家庭教育与学生个性发展关系的调查"、"惩罚与学生攻击性行为的关系"等。

（3）发展变化调查，主要是探讨学生的某些特征随年龄的增长而发生的变化。例如"不同年龄班学生智力发展特点的调查"、"学生交往能力怎样随年龄增长而发展变化"等。

（4）原因调查，主要是对学生某些特点或某种教育现象形成原因的调查。严格来讲学生某些特点形成的原因很难通过调查揭示清楚，但是这种调查可以为进一步的实证研究提供方向。

收集调查资料的具体手段有问卷、谈话、测验、收集书面材料、开调查会、评定和报表等。

（三）实验法

1．实验法的内涵

实验法是一种控制影响实验结果的无关因素，系统地探讨某些实验条件，观测与实验条件相关现象的变化，从而确定条件与现象之间因果关系的研究方法。它实际上可以说是一种在控制条件下的观察。例如，研究影响学生记忆的因素，我们可以控制记忆材料的性质、选择有意义材料和无意义材料进行对比研究，让学生在同样的时间内，以同样的次数对两种材料进行记忆，最后看学生记忆的效果，即记忆的正确率或错误次数，这样就可以比较精确地了解到材料的性质对学生记忆效果的影响。控制的因素称之为自变量，随控制变量变化的因素称之为因变量。

2．实验法的程序

实验法要求比较严密的程序，有一个完整的过程，具体内容一般应包括实验假设、实验被试、实验变量、实验控制、实验步骤、实验结果与结论。在实验报告中对这些具体组成部分应有明确的说明。因此，实验法比观察法、调查法对问题的研究更加精确和科学。

3．实验法的类型

实验法的类型主要有自然实验法和实验室实验。在教育心理的研究中，大量采取的是自然实验法。

（1）自然实验法是在教育实际的情况下，根据研究的目的，控制某些条件，观察教师或学生心理活动变化的方法。

这种方法能较好地反映教育的实际情况，并且控制了一定的变量，是比较科学的一种方法。但是，由于自然实验是在自然条件下进行的，难免有时条件控制得不很严格。因此，一般采取准实验设计，这种实验设计有实验组和控制组，但是它们不是随机分配组成的，这是准实验的主要特点。如实验组和控制组是以现存教学班来确定的，参加实验的成员不是随机分配组成的，因此不能严格地控制各种无关因素。

自然实验法也有前后测的比较。例如，研究两种课堂动机气氛对学生动机水平、目标定向和能力知觉的影响，实验选择三个小学班级的体育课作为实际的教学情境，三个班教师和学生的水平基本上是相等的。两个班是实验组，两种不同的课堂动机气氛是控制条件，另一个班是对照组或控制组，没有控制任何条件。实验开始前对三个班学生的动机、目标定向和能力知觉等水平进行测查。通过一定的体育教学内容，如跑、跳和投掷等活动的进行，最后检验三个班学生在动机、目标定向和能力知觉等因变量之间的差异，和各班前后测的差异，从而论证课堂动机气氛的作用。

（2）实验室实验法是在实验室条件下，采取一定的实验设备或仪器模拟教育、教学情境，严格按照实验设计控制实验程序，刺激呈现时间的长短，学生的反应等均在严格的控制之中。当今实验室研究大量采取计算机控制，实验中一般变量能比较好地控制，刺激的呈现、被试的反应和数据记录都能自动控制，数据的统计处理也都比较精确。这是心理学实验技术发展的一个趋势。

（四）行动研究法

1. 行动研究法的内涵

行动研究法是一种适应教育改革的小范围、探索性的研究方法，它的目的在于系统地、科学地解决实际问题。行动研究法是将教育改革行动与研究工作相结合，研究的内容是针对实际教育活动，不断提出改革意见或方案，作为行动的指南；在教育实践过程中不断提出的新问题，使研究者不断得到启示，再充实和修正方案，提出新的具体目标，因而行动又是研究的向导。有人认为行动研究是在教育科学研究和教育实践之间架起的一座桥梁。

2. 行动研究的特点

（1）实践性与参与性相结合。研究的全过程始终是对行动的诊断和干预，研究者和教师都直接或间接地参与实施新方案。

（2）合作性与渗透性相结合。在典型的行动研究中，研究成员由专家、研究人员、教师、行政领导人员等联合构成。他们之间相互作用，发挥各自的优势，组成整体化智囊团。

（3）持续评价性与即时反馈性相结合。在研究的过程中，对改革效果进行持续性评价；一旦发现较为肯定的结果，便立即反馈到教育体系中，弥散性影响教育实际过程。

（4）可变性与适应性相结合。在研究过程中，允许边行动，边调整方案；同时，在结果分析时注意实际的教育意义。行动研究的过程我们可以用这样一个结构框架来表示（如图 1-3-1 所示）。

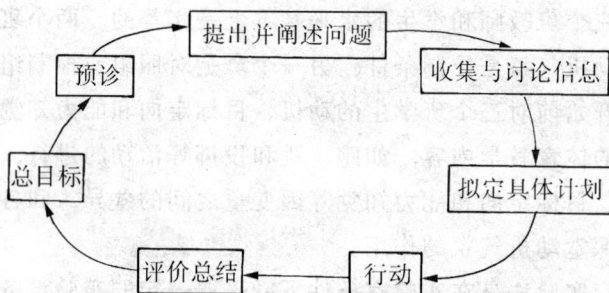

图 1-3-1　行动研究的结构框架——解决问题的各步骤

3. 行为研究的层次

根据参与者的不同，行动研究可以分为以下不同的层次：

（1）第一个层次是教师个人进行某种教学方法或将新的教育理念转变为行动的研究。

（2）第二层次是某个学校组织若干教师组成研究小组开展研究。

（3）第三层次是由专家、研究人员、教师、政府主管部门的人员组成较成熟的研究队伍开展研究。

行动研究有着明显的优越性，但也具有一定的局限性。行动研究一般是以具体情境为限，研究的样本受到限制，不具代表性，对自变量的控制成分少。

（五）个案法

1. 个案法的内涵

个案法是对某个人或某个学生进行深入而详尽的观察与研究，以便发现影响某种行为和心理现象的原因。例如，通过个案分析可以了解某个学生的问题行为，如偷窃行为、攻击行为形成的原因；也可以了解个别学生孤僻性格形成的影响因素等。这种方法可以进行短期的研究，也可以进行长期的追踪性研究。个案法有时和其他方法（如观察法、传记法、测验法等）配合使用，这样可以收集更丰富的个人资料。用个案法研究儿童的心理发展，在现代心理学发展中起到了重要的作用。例如，皮亚杰关于儿童心理发展的阶段理论，就是通过个案观察获得资料的。

2. 使用个案法须注意的问题

由于个案法限于使用少数案例，研究的结果可能只适于个别情况，因此，在推广运用这些结果或作出更概括的结论时，必须持谨慎的态度。一般地说，个案法常用于提出理论或假说，要进一步检验理论或假设，则有赖于其他方法的帮助。

上述研究方法各具特点，在使用过程中，根据研究的基础、性质和特点，可以采取一种方法，也可以采取两种或两种以上的方法，还可以综合使用多种方法。一般在教育心理学的研究中，采取综合研究方法的较多，因为教育问题比较复杂，它涉及的因素或变量比较多，所以，为了深入研究问题，一般采取自然实验法与问卷法相结合的方法，同时辅以观察法、谈话法、作品分析法甚至个案法。这样对于所研究的问题，既可以进行定性研究，也可以进行定量研究。也就是说，采取综合的方法既注重了心理活动过程、言语材料的分析和研究，同时也注重了心理活动各种变量之间数量值关系的研究，这样对于问题的研究就会更加全面、更加深入。

小　　结

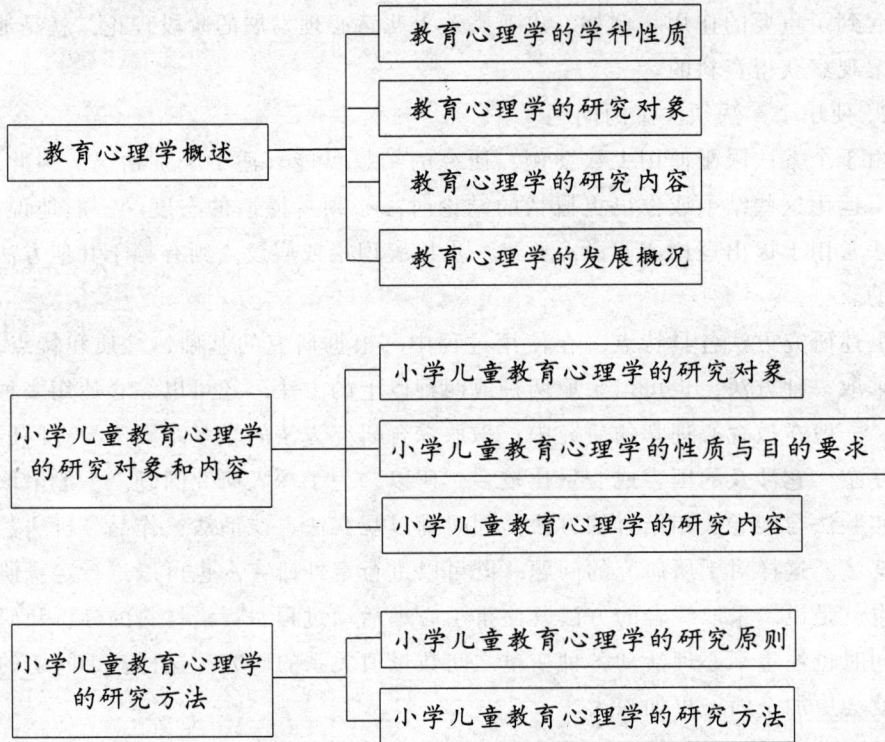

思　考　题

1. 简述教育心理学的学科性质和研究对象。
2. 试述小学儿童教育心理学的研究对象。
3. 试述小学儿童教育心理学的研究内容。
4. 小学儿童教育心理学的研究原则有哪些?
5. 小学儿童教育心理学的研究方法有哪些? 各种研究方法的主要特点是什么?

第二章
小学儿童的身心发展

教学要点

- 小学儿童的身体发展特点
- 小学儿童的心理发展特点
- 小学儿童的个别差异

学习要求

- 了解小学儿童的身体发展特点
- 掌握小学儿童的认识、情感和社会性发展特点
- 掌握小学儿童中存在的多种个别差异

☆ ....

引　子

学生是发展中的人

走过色彩斑斓、无忧无虑的幼儿期，六七岁的孩子背起书包，步入学校，走进课堂。肩头背起沉重书包的同时，他们也背负起传承人类文明的重任。然而，他们还是孩子，是发展中的个体，需要成人帮助，需要教师引领。向儿童提供什么样的帮助？怎样引导儿童顺利完成学习任务？回答这些问题的前提是了解儿童，了解儿童身心发展的特点和丰富多彩的个性。

本章将系统介绍小学儿童的身心发展特点和小学儿童中存在的多种个别差异。

.... ☆

儿童的身心发展是一个从不成熟到成熟的有规律的发展过程，在整个发展过程中既有连续性又有阶段性。连续性是指后一阶段的发展总是在前一阶段的基础上发生的，而且后一阶段既包含有前一阶段的因素，又萌发着下一阶段的新质。阶段性是指儿童的身心发展是一个从量变到质变的过程，每一次新质的出现标志着上一阶段的相对结束和下一阶段的开始。这种阶段性特征决定了儿童心理发展是有阶段的，每一个阶段都具有不同于其他阶段的本质特征，这些特征与一定的年龄相对应。目前，我国理论和实践工作者常常采用两种划分儿童发展阶段的方法。第一种是按照生理年龄的自然阶段，将儿童发展阶段划分为：新生儿期（出生至一个月），乳儿期（一岁以内），婴儿期（一岁至三岁），童年早期或幼儿期（三岁至六七岁），童年中期（六岁至十一二岁），童年晚期或少年期（十一二岁至十四五岁）和青年早期（十四五岁至十七八岁）。第二种划分是按照我国现行的学制将儿童发展阶段划分为：先学前期（托儿所阶段，零至三岁），学前期（幼儿园阶段，三岁至六七岁），学龄初期（小学阶段，六七岁至十一二岁），学龄中期（初中阶段，十一二岁至十四五岁）和学龄晚期（高中阶段，十四五岁至十七八岁）。

第一节　小学儿童的身体发展

人体的生长发育不是直线上升，而是波浪式前进的。这意味着在不同年龄阶段，发展速度是不均匀的，有时快些，有时慢些，快慢交替出现。

一、小学儿童身体发展的一般特点

儿童在经过了婴儿期的第一个生长高峰以后，逐渐进入一个平稳发展的时期，大多数的六岁至十岁儿童的身体发展会出现相对平缓的状态，所以小学五六年级之前，儿童的身体一般是稳步向上发展的（如图2-1-1所示）。

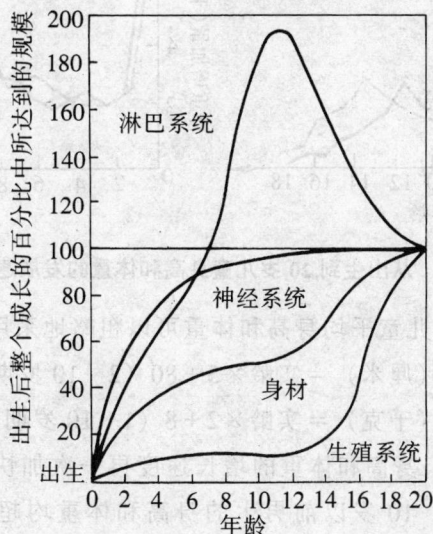

图2-1-1　四种不同身体系统和组织的发展曲线[①]

①　李丹主编：《儿童发展心理学》，99页，上海，华东师范大学出版社，1987。

二、小学儿童身体发展的表现

(一) 身高和体重

儿童身体发展的基本指标是身高和体重。身高是骨骼和肌肉发育生长的结果，体重则是身体各器官、组织和体液的总重量，身高和体重同时标志着儿童内部器官，如呼吸、消化、排泄系统以及骨骼、肌肉的发育情况。因此我们在进行体格检查时首先要测量身高和体重。

从出生到成熟的整个发育时期，儿童的身高和体重一直在增长，但在不同的年龄阶段增长的速度有所不同。出生后第一年内身高平均增长 20～25 厘米，体重增加 6～7 千克。第二年内增长速度相对减慢，但与其他年龄阶段相比，依然保持着较快的发展速度，身高增长约 10 厘米，体重增加 2.5～3.5 千克。此后，增长速度迅速下降，身高平均每年增加 4～5 厘米，体重增加 1.5～2.5 千克，保持一个相对平稳的发展速度（如图 2-1-2 所示）。

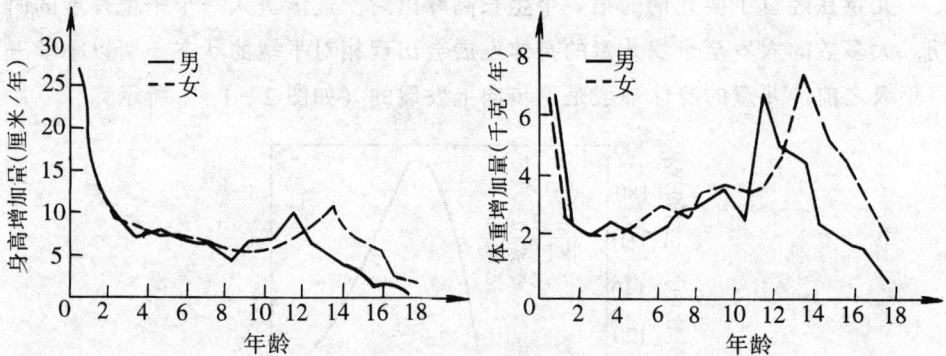

图 2-1-2　从出生到 20 岁儿童身高和体重的发展速度曲线[①]

从 2 岁到 10 岁，儿童平均身高和体重可以粗略地采用下列计算方法：

身高（厘米）＝实龄×5＋80（2～10 岁期间）

体重（千克）＝实龄×2＋8（1～10 岁期间）

进入青春期前后，身高和体重的增长速度再一次加快，所以 10 岁以后不能按上面的公式推算。10 岁以前男生的身高和体重均超过女生，但 10 岁以后，女生提前进入发展加速期，11～12 岁期间女生的平均身高和体重都超过

---

① L.E.Berk.*Child Development*，p.178，Allyn and Bacon，1989.

了男生,这主要是因为女孩比男孩提前进入青春发育期导致发育加速的缘故。

近年来,我国小学生的身高和体重发育水平较以前明显提高。表2-1-1列举了1985年和2000年的两组调查数据。从中可以发现,在最近的15年间,小学生的平均身高增长了大约3~6厘米,体重平均增长了约3~8千克。

表2-1-1 1985年和2000年全国学生体质健康调查中小学生身高和体重平均数

年龄(岁) 年代 指标		7		8		9		10		11		12	
		1985	2000	1985	2000	1985	2000	1985	2000	1985	2000	1985	2000
城市 (男)	身高(cm)	121.38	124.25	125.86	129.81	130.88	134.54	135.49	139.89	140.53	145.18	145.28	151.34
	体重(kg)	21.52	24.63	23.37	27.45	25.77	30.21	28.23	34.17	31.08	37.84	34.19	42.09
城市 (女)	身高(cm)	120.25	123.17	125.06	128.63	130.52	134.37	136.25	140.57	142.52	146.88	147.63	152.14
	体重(kg)	20.60	23.11	22.60	25.74	25.11	28.92	28.05	32.82	31.92	37.28	35.83	41.53
乡村 (男)	身高(cm)	117.64	121.04	122.66	126.42	126.65	131.29	131.52	136.05	136.01	140.91	140.56	146.91
	体重(kg)	20.29	22.18	22.11	24.57	24.27	27.08	26.57	29.96	29.01	32.90	31.85	36.95
乡村 (女)	身高(cm)	116.69	120.07	121.18	125.21	126.09	130.72	131.34	136.61	136.96	142.81	142.53	148.30
	体重(kg)	19.63	31.35	21.43	23.43	23.59	26.32	26.19	29.41	29.42	33.39	33.29	37.53

注:1985年资料来自《中国教育年鉴(1985—1986)》第51页;2000年资料由北京师范大学
高影君教授提供。

(二)大脑和神经系统的发展

大脑和神经系统是儿童心理发展的基础。大脑和神经系统的发展主要体现在脑重量的增加、脑皮层结构的复杂化及脑电波的改变上。

儿童在出生时脑重平均为390克,此后脑重迅速增加。2岁半到3岁时已达到900~1 011克,相当于成人脑重的75%。在随后的几年中发展速度减慢,到6~7岁时脑重约1 280克,达到成人脑重的90%。9岁时儿童脑重约1 350克,12岁时约1 400克,基本达到成人水平。

大脑生理学的研究表明,儿童大脑重量的增加并不是神经细胞大量增殖的结果,而主要是神经细胞结构(如图2-1-3所示)的复杂化和神经纤维伸长的结果。

树突（接收端）

细胞核
细胞质

终止扣

细胞体
轴突（传送端）　　髓鞘　　兰氏节　　　　分枝

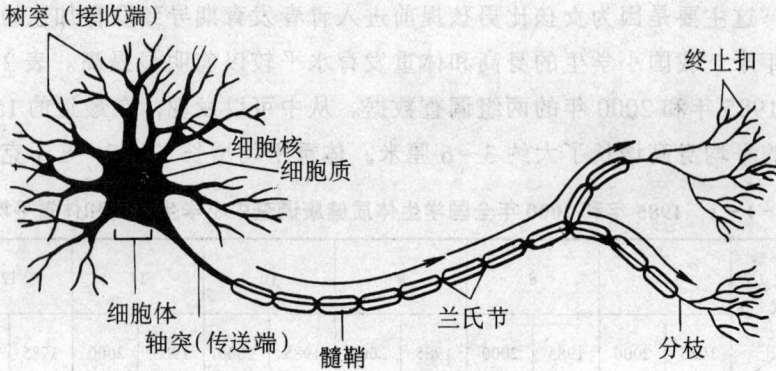

图2-1-3　神经细胞的结构[①]

　　新生儿的大脑皮层表面较光滑，沟回较浅，构造十分简单，以后神经细胞突触的数量和长度增加，细胞体积增大，神经纤维开始从不同的方向越来越多地深入到大脑皮层各层，而且神经纤维逐渐髓鞘化。髓鞘由包围在轴突外层的髓磷脂构成，具有绝缘作用，能够防止神经冲动从一根轴突扩散到另一根轴突，保证神经兴奋沿着一定的通路迅速传导。在个体发育过程中，髓鞘化是脑内部成熟的重要标志，是行为分化的重要条件。儿童到6岁末时，几乎所有的神经传导通路都已髓鞘化。

　　从大脑皮层的发展情况来看，在小学阶段，儿童的大脑皮层逐渐趋于成熟。大脑皮层的成熟奠定了记忆、思维等高级心理活动的基础。

　　脑电波是测量和分析脑发育过程的一个重要指标。人脑电波有多种形式，频率越低表明大脑皮层的活动性越低。其中α波是人脑活动的最基本节律，频率为8～13次/秒，当α波的频率保持在10±0.5次/秒时，人脑与外界保持最佳平衡节律。δ波的频率一般为0.5～3次/秒，θ波为4～7次/秒，这两种脑电波一般在皮层活动性较低时才会出现。我国心理学家发现，儿童脑电图的发展趋势是：新生儿的脑电图多为δ波，5个月时出现θ波；1～3岁时δ波减少，θ波增多，同时出现少量α波。4～7岁时θ波减少，α波增多；8～12岁时，θ波开始从大脑皮层的枕叶、颞叶和顶叶消失，α波占主要地位；13岁左右时，儿童脑电波基本达到成人的水平。

　　从以上几项生理指标来看，小学阶段是儿童脑和神经系统趋于成熟的发展阶段，到小学末期各项指标都基本接近或达到成人水平，这为他们顺利完成学

---

　　① 彭聃龄主编：《普通心理学》，45页，北京，北京师范大学出版社，2001。

习和生活任务提供了基本保证。

（三）身体其他系统和组织的发展

1. 骨骼和肌肉的发育

小学阶段儿童的骨骼系统发展迅速，其中四肢长骨和颜面骨的发展尤为明显。由于腿部增长更快，所以身体各部分的比例几乎接近成人。骨化过程仍在继续，在这一过程中，坚韧而富有弹性的软骨组织逐渐为矿物盐所代替而变成坚硬的骨头。儿童 7 岁时颅骨几乎完全骨化，腕骨骨化也变得明显，9～11 岁时掌骨和指骨完成骨化。在小学阶段，脊椎骨的骨化才逐渐开始，所以小学生要保持正确的坐、立姿势，以避免脊柱发育异常。

随着骨骼的增殖，小学生的肌肉大小和力量都逐渐增加，特别是手部的小肌肉群发展迅速。儿童 6 岁时手脚还不够灵便，到 9～10 岁时，大脑对肌肉运动的控制能力加强，而且身体的力量和耐力也有所增加，所以这时儿童的肌肉运动变得十分平稳协调。如果加以训练，他们能够表演各种完美的运动技巧。

但要注意到，小学生的骨骼肌肉系统还未达到成人的水平，特别是韧带薄而松弛，肌肉力量也还较小，因此运动量不能过大，而且在活动中成人要注意保护，防止骨折、脱臼等意外事故发生。

2. 呼吸和循环系统的发育

伴随着整个身体的增长发育，小学儿童心、肺的重量和容量也继续增大。到 9 岁时，心脏的重量增至出生时的 6 倍，心率从出生时的 100 次/分钟下降到 85 次/分钟。呼吸系统已达到成人的成熟程度。肺活量增大，呼吸频率随之下降，儿童逐渐学会用深呼吸加快气体交换的速度。总之，心、肺功能的进一步完善保证了充满活力的儿童肌体能够获得充足的能量和氧气。

但小学生的身体还比较脆弱，过于激烈的运动会导致其心、肺负担过重，成人要注意保护。

三、促进小学儿童身体发展的因素

影响儿童身体发展的因素包括先天素质和后天环境。先天素质是由遗传基因和胎儿发育过程的环境因素之间复杂的相互作用决定的，后天环境主要包括儿童生长过程中的营养、睡眠和运动。

(一) 营　养

小学儿童的身体正处在生长发育时期，机体的新陈代谢旺盛，而且儿童的活动量又大，所以能量消耗比成人大得多。为保证身体发育，他们需要摄入更多的食物，以补充能量消耗。蛋白质、脂肪和碳水化合物是食物营养的三种基本成分。蛋白质对机体的生长最为重要，它是构成身体一切组织的基本材料。脂肪包含的高热量是能量的一个重要来源，而且脂肪也参加细胞结构的构成，有利于脂溶性维生素的吸收，防止体热散失，保护脏器不受损伤。碳水化合物也是一个重要的能量来源，它保证了组织内葡萄糖的氧化，供应机体所必需的基本数量的能量。

(二) 睡　眠

睡眠是促进儿童身体发育、保证体力和精力恢复的重要条件。小学阶段儿童平均每天需要的睡眠时间是：7～9 岁 11 小时，10 岁为 10 小时，12～13 岁为 9～10 小时。有研究表明，小学生睡眠时间达到 10 小时者，大脑工作能力指数高于睡眠 9 小时以下者。所以，小学生的睡眠时间不宜少于 10 小时。为保证足够的睡眠时间，小学生的晚自习和家庭作业时间不应超过 1 小时。

(三) 适宜的运动

小学阶段正处在身体的生长发育期，这时期身体的可塑性最大，因而运动对身体发展的作用最大。研究表明，适宜的体育运动能够促进儿童身体机能的发展，其中包括人体新陈代谢机能的发展，肌肉和骨骼的增长，呼吸系统和心血管系统的组织和机能的生长发育，视觉、听觉等感官以及大脑和整个神经系统的生长发育。

例如，7～17 岁的学生平静时心率每分钟 77～78 次，在中等强度运动时，每分钟可达 130～150 次，心率加快和毛细血管的大量开放，使血液循环加快（比安静时加快一倍）。这样使肌肉组织内，包括心脏肌肉组织内，血液的流通量大大增加，加强了新陈代谢，使心脏纤维加粗、增厚，收缩力增强，射血功能增强，心脏每搏输血量增多。11～12 岁的一般男孩，心脏每搏输血量为 18～120 毫升，而同龄的学生运动员，每搏输血量可达 150～170 毫升。可见，适宜的运动有助于促进儿童心血管系统的生长发育和机能的良好发展。

又如，身体运动时，主要的呼吸肌群，如隔肌、肋间内外肌、肋提肌等，以及呼吸辅助肌群，如胸大肌、胸小肌等，都会加强收缩，从而可以促进这些肌肉本身的生长发育，呼吸的力量增强；并促使胸廓扩张，胸腔容积增大，肺泡发育较好，肺活量、肺通气量和摄氧量增大。例如，经常从事体育锻炼的11～12岁男孩，其肺活量比同龄的一般男孩大约多600毫升。因此，适宜的运动有助于儿童呼吸系统的生长发育和机能的良好发展。

运动的适宜程度依据运动时人体的生理负荷量或称运动量来确定。考察运动量的最简单方法是估算运动时心率（或脉搏）的变化。对健康的人来说，运动时当心率达到每分钟180次以上时，为大运动量；150～170次之间是中等运动量；120～150次是小运动量；120次以下是轻微运动量，锻炼身体的作用不大。这一估算方法适用于一般健康成人和儿童。

第二节　小学儿童的心理发展

儿童的心理发展表现在认知、情感和社会性等方面。在儿童心理发展过程中，认知、情感和社会性等方面既会表现出共性的一面，也会表现出个性的一面。同时，在儿童心理发展的每一年龄阶段，都有不同于其他发展阶段的任务，因而表现出心理发展的年龄特征。小学期间是儿童心理发展的一个重要阶段，儿童的心理发展具有这一阶段所独有的一些特征。

一、小学儿童的认知发展

认知就是指人的认识活动，其中包括我们通常所讲的感觉、知觉、注意、记忆、思维及想象过程。在这些认知活动中，感觉、知觉是心理活动中较低级的形式，它出现得早，发展得快，许多感觉、知觉在婴幼儿时期就已达到成人的水平。所以在小学阶段，我们重点分析小学生的注意、记忆、言语、思维和想象的发展。

（一）小学儿童的注意

注意是指心理活动对一定对象的指向和集中，它的基本功能就是对信息进行选择。我们周围存在着大量的刺激，有些对我们很重要，有些对我们不那么重要，为了保证某些任务或活动的顺利进行，就要选择合乎需要的刺激加以注意，忽略不重要的东西。例如，学生在注意听老师讲课时，就会全神贯注于老师和老师所讲的内容，而对周围的事情无暇顾及。人们在注意力高度集中的情况下，还会出现"视而不见，听而不闻"的现象。

注意可分为有意注意和无意注意。有意注意是指有预定的目的、需要一定意志努力的注意。例如，学生写家庭作业时，一方面要自觉地、主动地将心理活动集中在作业上，另一方面他还要克服疲劳、电视节目等带来的干扰，所以这是一个有意注意的过程。无意注意是指事先没有预定目的、也不需要意志努力的注意。例如，学生写作业时，如果家里开着电视机，他们会不由自主地把注意力转移到电视节目上去，指向于电视节目的注意就是无意注意。在这个例子中无意注意是一种起消极作用的注意，但无意注意还具有很多积极意义。首先，无意注意帮助人们对新异刺激进行定向，有助于人们对事物获得清晰的认识；其次，无意注意能够保证人们对伤害性刺激的警觉和提早预防，因而具有生物适应意义。对小学教师来说，掌握和利用无意注意的规律，发挥无意注意的积极作用，对做好教育、教学工作非常重要。

人们注意力的好坏集中体现在注意的稳定性、注意分配和注意转移等注意品质上。

在幼儿阶段，儿童的活动以游戏为主，不需要太多的有意注意，对注意选择性和稳定性的要求也不太高。上学后，要求有意注意的活动越来越多，课堂上和做作业时，都要求孩子的注意力高度集中于预定的目标。但小学低年级儿童由于其高级神经系统发育还不完备，其有意注意的选择性和稳定性都较差，他们还不太会控制自己的注意，容易被新颖、奇特、突发的无关刺激所吸引，因而容易分心。所以新生入学之初，一个首要的教学任务就是注意力的培养，促进儿童有意注意的发展。对小学低年级儿童来讲，一堂课 45 分钟都要求他们保持高度的集中，这是不科学的，特别是当学习内容和学习形式单调乏味的时候。教师在教学中不可以强制小学生集中注意力，而应当通过新颖、生动、活泼的学习内容和学习形式，将有意注意和无意注意规律巧妙地结合，延长学生的注意保持时间，保证学习任务的顺利完成。

到小学高年级，由于儿童高级神经系统的发展和成熟，也由于经常性的学习行为习惯训练提高了学生的自控能力，其有意注意的稳定性不断增强，同时注意分配和注意转移能力也有很大发展。有一项实验要求 20 名 9 岁儿童和 20 名 13 岁儿童对两套同时呈现的刺激进行监督并作出反应，告诉儿童当他们看到一个星时（"星"总是出现在监控的中心），就压按钮，然后要求记住屏幕角落出现的字母。实验发现，13 岁的儿童能够按照实验指示在要求注意的任务对象间及时转换，因此他们反应和回忆出的字母数比 9 岁儿童要多。这个研究表明，儿童对注意的控制能力是随年龄而发展的。在小学初期，学生按任务要求控制自己注意的能力还较差，经常需要成人的督促和提醒。到了小学高年级，学生才能够更好地按要求分配和转移自己的注意力。

(二) 小学儿童的记忆发展

记忆是人们在头脑中积累和保存个体经验的心理过程，是人脑对外界输入的信息进行编码、存贮和提取的过程，它包括三个环节：识记、保持和再现。记忆在人们的学习、生活和工作中起着重要的作用，如果没有记忆过程，人们就无法积累经验，也无法处理和解决当前的问题。对一个学生来说，记忆与学习过程形影相随、密不可分。

小学儿童的记忆发展集中体现在以下三个方面：

1. 有意记忆和无意记忆的发展

根据记忆活动有无目的性，可以将记忆划分为有意记忆和无意记忆。有明确目的和意图的记忆活动称作有意记忆，没有目的和意图的记忆就是无意记忆。记忆的这种有意性和无意性在识记、保持和再现三个环节上都有所表现。

随着年龄的增长，儿童的无意记忆和有意记忆都在发展。但一般来说，幼儿阶段无意记忆占优势，这种情况一直延续到小学一到三年级，其表现之一是无意记忆效果优于有意记忆的效果。实验研究发现，在幼儿和小学低年级儿童中存在明显的记忆偶发现象，这种现象是指当要求儿童记住某样东西时，他往往会同时记住和这样东西一道出现的其他东西。例如，实验人员把画有各种熟悉物体的图片呈现给儿童，图片颜色各异，要求他们记住卡片上的物体并复述出来，结果发现，小学低年级儿童不仅能够复述呈现在卡片上的物体的名称，对图片颜色（事先并没有提出记忆要求）的复述成绩也很好。偶发记忆现象是无意记忆的一种表现，虽然它有时会对中心记忆任务产生干扰，但小学低年级的教师也可以巧妙地利用这种现象来促进学生的学习。例如，学字词时，字词上都标有拼音，这样学生在通过有意记忆记住字词的同时，又利用无意记忆巩固了拼音的读写。

到了小学高年级（4~6年级），儿童有意记忆的发展逐步赶上了无意记忆的发展。4年级学生有意记忆的成绩开始超过无意记忆的成绩，记忆中的偶发现象也开始减少。这表明小学高年级学生记忆的目的性、抗干扰性越来越强，而且他们已能够自己确定记忆任务，这为他们完成越来越繁重、复杂的学习任务提供了保证。

2. 形象记忆和抽象记忆的发展

形象记忆和抽象记忆是按照信息在头脑中记载和表示的方式划分出的记忆类型。形象记忆中保存或再现的是事物的具体形象，它具有直观、鲜明的特征。例如，若问小学一年级学生"你们学校是什么样的?"他会边说边比画着描述学校里的建筑和景致，这就是形象记忆的一种表现。抽象记忆又称为语词逻辑记忆，它是以语词的形式对思想、观念的记忆，它具有概括性和逻辑性。

形象记忆和抽象记忆都随着儿童年龄的增长而发展，只是在不同年龄阶段上，二者占优势的情况不同。小学低年级儿童的形象记忆占优势，他们对具体形象材料的记忆效果优于对言语材料的记忆效果，在学习过程中，他们需要借助具体形象来记忆信息。我们都注意到在小学低年级课本中，配有很多与课文内容相应的插图，这些插图形象直观、色彩鲜明，它们的作用就是帮助小学生记忆和理解课文中的言语和符号材料。

小学高年级儿童对抽象言语材料识记的增长率逐渐超过了对具体形象材料识记的增长率，但他们对抽象言语材料的记忆仍然以具体事物为基础，只有到了中学以后，他们的抽象记忆才可以摆脱具体事物的支撑。所以，在小学高年级教学中，教具、学具的使用依然非常重要。

3.机械记忆和意义记忆的发展

机械记忆和意义记忆是两种不同的记忆方式。机械记忆是指识记材料之间没有意义联系或学生没有理解和把握材料的意义和逻辑关系，单靠重复背诵的记忆方式。意义记忆则是在对事物的意义和逻辑关系理解的基础上对学习材料的记忆，它是一种更有效的记忆方式。

小学低年级学生经常采用机械记忆方法来学习。例如，小学生在刚刚学习汉语拼音时，大多都能按字母表的顺序流畅地读出拼音字母，但当你偶尔从字母表中挑出一个让他们认读时，他们常常一下子读不出。这时，他们会转着小眼珠，回到字母表的开头处，沿着字母表的顺序找，一直读到那个字母的位置才恍然大悟。这说明他们在记忆拼音字母时，只是机械地记住了拼音字母表的顺序，并没有真正掌握每一个字母的意义。这就是很典型的机械识记。

小学阶段，儿童的意义记忆有了明显的增加，他们学会了用多种记忆方法和策略来促进意义识记。这些方法和策略包括复述和组织。

复述——复述是小学生常常采用的记忆方法。弗拉维尔（J. Flavell, 1969）曾做过一个实验，他向幼儿和小学生呈现一系列卡片，要求他们记住卡片上的内容。结果发现，当卡片呈现时，只有极个别的幼儿边看卡片边自言自语地复述，而有一半左右的二年级学生和所有的五年级学生都在自言自语地复述。这说明，小学生已经能够使用复述策略进行意义识记。但不同的是，小学低年级儿童倾向于从头到尾地复述和再三重复，而小学高年级学生大多是把同类的或有联系的东西放在一起重复，这说明小学高年级学生记忆过程出现了组织倾向。

组织——组织是一种重要的意义识记策略。它是指儿童把学过的材料分门别类加以整理，是材料条理化、概括化、系统化的过程。例如，在记单词表时，他们会把"床、桌子、椅子"等词用"家具"一词来概括，把"牛、羊、兔子、老虎"等用"动物"来概括。经过分类和概括，原来琐碎的内容就组合成了较大的信息块，称为"组块"。组块的形成会增加记忆的容量和记忆的稳定性。

记忆方法和策略的掌握对提高小学生的记忆效果有非常重要的作用。教师在教学中应当注意引导学生采用恰当的记忆方法和策略。有实验发现，经过训练的小学二年级学生能够用有效的重复策略把一系列物体放在一起命名，他们完成任务的情况同没有经过训练的六年级学生一样好。

(三) 小学儿童的思维发展

思维是借助语言、表象或动作实现的对客观事物的概括和间接的认识，是认识的高级形式，它能够揭示事物的本质特征和内部联系，并主要表现在概念形成和问题解决中。

瑞士著名的心理学家皮亚杰（J. Piaget）认为，儿童思维的发展既有连续性又有阶段性，每一个阶段都是前一阶段的自然延伸，也是后一阶段的发展前提，发展阶段既不能逾越，也不能逆转，思维总是朝着必经的途径向前发展。皮亚杰把人的思维发展划分为四个阶段。

第一，感知运动阶段（零至二岁），这一阶段的主要特征是儿童主要依靠感觉、知觉和动作来适应和探索周围世界，他们的思维离不开对事物的直接感知，离不开自身的动作。

第二，前运算阶段（二至七岁），在这一阶段，儿童头脑中出现了象征性表象，能够摆脱具体事物和动作进行表象性思维。例如，用木棍儿当枪玩打仗，用枕头当孩子玩过家家。

第三，具体运算阶段（七至十一二岁），这一阶段儿童开始在头脑中进行思维活动，出现了内部"运算"。"运算"一词是皮亚杰理论中的一个特定概念，指的是在头脑内部进行的智力操作。它具有可逆性、守恒性和系统性特征。

　　第四，形式运算阶段（十一二至十五六岁），这一阶段的最大特点是儿童的思维能够摆脱具体事物的束缚，把内容和形式区分开来，能运用假设、逻辑推理、归纳演绎等方式来解决问题。

　　小学生恰恰处在皮亚杰所讲的具体运算阶段，思维呈现出这一阶段的典型特征：从以具体形象思维为主要形式过渡到以抽象思维为主要形式。

　　小学生在刚刚入学时，他们的思维还离不开事物的具体形象，他们需要借助具体事物的表象来解决问题。例如，教小学一年级学生理解"十位"和"个位"的意义是很困难的，但小学生一看教材中配的插图，就很快明白了"十位"和"个位"的意义（如图2-2-1所示）。

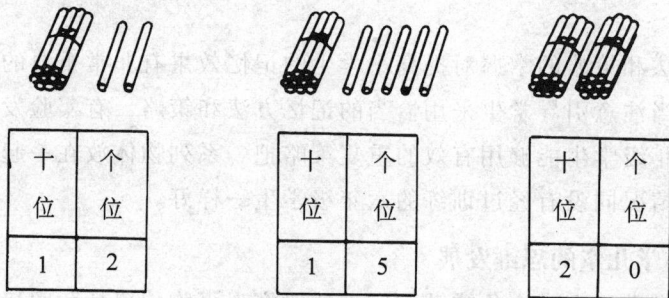

十位	个位
1	2

十位	个位
1	5

十位	个位
2	0

图2-2-1　帮助小学儿童认识"十位"和"个位"概念的插图[1]

　　初入学儿童的思维仍然保持着具体形象的特点，但儿童到八九岁时，他们的头脑中开始出现具体形象思维和抽象思维的冲突。在一个"关于儿童对物体运动速度的认识研究"中，实验人员让儿童比较两辆小汽车运动的速度是否一致（事实上两车的运动速度是一样的），研究目的是想看一看小学儿童是怎样理解速度公式（$v = s/t$）的。图2-2-2是其中的一种实验安排。

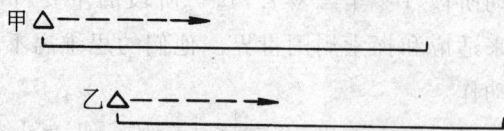

甲△-----→

乙△-----→

图2-2-2　速度判断示意图[2]

　　实验人员照上图所示向儿童演示汽车的运动情况，要求他们判断两车的速度是否一样。结果十分有趣，六七岁的儿童常常会不假思索地回答："甲、乙

---

　　①　九年义务教育六年制小学教科书《数学》第一册，79页，北京，人民教育出版社，2001。
　　②　方富熹、方格主编：《儿童的心理世界》，172页，北京，北京大学出版社，1989。

两车的速度不一样快，因为它们不是在一个地方开的，也不是在一个地方停的"。可见小学生的思维还明显地停留在感知水平上，而且他们只能知觉到复杂关系中的某一单一因素。

八九岁儿童的表现有很大的不同，他们在看完演示后，左思右想难作判断。他们因看到两车起点和终点不同而觉得速度应该不一样，又因看到两车走的时间相同而觉得速度应该一样，到底两车速度一样还是不一样，他们表现得犹豫不定。这说明儿童可以在复杂的关系中知觉到时间和空间两种因素，但还不能把两方面综合起来考虑。直到十岁以后，儿童才摆脱了这种思维冲突现象。所以在儿童心理学中，把儿童的感知和概念之间发生矛盾冲突的这一阶段称为形象思维向抽象思维过渡的阶段。这一阶段大约发生在小学三四年级，教师要做好因势利导的工作。在学生出现犹豫、动摇、拿不定主意的时候教师可以适当点拨，切忌斥责。

抽象思维的发展建立在概念形成的基础上。在学校教育的影响下随着知识经验的积累，小学生掌握了许多新的概念。这些新概念很快与新的知识发生广泛的联系，使得儿童的知识结构愈加巩固和扩展。

随着儿童抽象思维的发展，思维的基本过程逐渐完善，表现为儿童入学后的分析、综合、比较能力都有较大幅度的提高。他们逐渐学会了同时考虑事物变化的多种因素和条件并加以分析、比较，但小学低年级学生还只能在直接观察事物的条件下进行分析综合，小学高年级学生则能够在概念和表象的基础上进行更高水平的分析、综合、比较。

小学阶段是儿童思维品质发展的一个关键时期，教师要注重采用灵活多样的教学方法，培养儿童思维的独立性和创造性。

二、小学儿童的情绪、情感发展

情绪和情感是人对客观事物的态度体验及相应行为的反应，它们是以个体的愿望和需要为中介的心理活动。其中情绪主要指个体需要与情境相互作用的过程，它往往随着情景的改变和需要的满足而增强、减弱或消失，如捷报传来高兴得手舞足蹈，听到噩耗痛哭失声。情感描述的是具有稳定、深刻的社会意义的感情，如对祖国的热爱、对敌人的憎恨以及对美的欣赏等。情感比情绪具有更大的稳定性、深刻性和持久性，是在情绪的基础上发展起来的。

情绪和情感是个体适应生存与发展的重要方式，它们随着个体的成长而不断发展。小学阶段，儿童情绪和情感的发展特点主要表现在以下三个方面。

(一) 情绪的调节控制能力增强，冲动性减弱

情绪的发生、发展受神经系统发展的制约。由于小学儿童的神经系统趋于成熟，兴奋和抑制过程的平衡、调节能力进一步增强，他们逐步学会了控制自己的冲动，能够推迟需要的满足时间或改变需要满足的方式。例如，他们能做到先写作业后看电视，能够用和颜悦色的请求而不是大哭大闹得到想要的东西。

情绪调节控制能力的发展，保证了儿童情绪的稳定性，使小学生能够较好地适应学校的课堂生活和完成学习任务，并保证了他们与同伴的友好相处。但值得注意的是，小学儿童的自制力毕竟是有限的，在日常生活中还需要家长和教师长期不懈地给予引导，帮助他们调节和控制自己的情绪。

(二) 情绪、情感的内容不断丰富，社会性成分不断增加

儿童入学后，学习成了他们必须承担的一项社会任务，随之就出现了多种与学习事件、学习成败有关的愉快和不愉快的体验。例如，当小学生借助拼音自己读完了一个故事或作业得了小红花，他们心中就会美滋滋的；而遇到学习困难或受到老师批评，他们就会感到沮丧。在学校中，社会活动丰富多彩（升旗、入少先队、参观访问、打扫卫生等），儿童在每一种社会活动中都会产生与之相应的情绪情感体验。例如，参加升旗仪式会使学生产生神圣感，入少先队会产生自豪感，打扫卫生会产生责任感。

另外，小学生越来越关注生活中除父母之外的其他重要的人——老师和同伴，这促使一系列与社会交往需要相关的社会情感，如责任感、义务感、友谊感和自尊感相应地发展起来。

由此可见，小学儿童情绪情感的发展由对个别事物产生的情绪、情感逐渐转化为对社会、对集体和对同伴的情感；从由事物的外部特征引起情绪、情感转化为由事物的本质特征引起情感体验。

巴尼特（J.T.Barnett，1969）曾对228名7～12岁女孩的害怕情绪作了发展性研究，她发现，儿童的害怕对象有明显的年龄变化特点（如图2-2-3所示）。

从图2-2-3可以看出，儿童对想象中的生物和个人安全感的害怕随年龄的上升而下降，而与学校和社会有关的害怕情绪在9岁以后明显地随年龄增长而上升。

这种现象提醒学校和教师要注意营造宽松愉快的校园和课堂氛围，保证学

生在学校中有成功快乐的情绪体验，避免害怕情绪、情感的产生和膨胀。学校恐怖症、考试焦虑、攻击性和社会退缩等都对学生的学习和身心健康有危害作用。

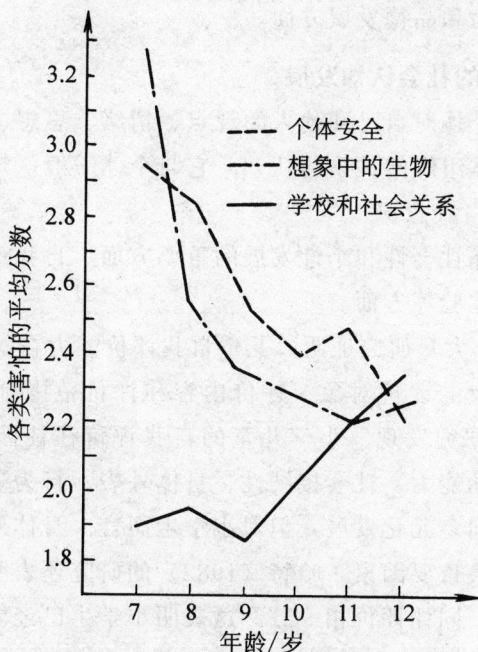

图 2-2-3　随年龄而变化的害怕

（三）高级情感进一步发展

随着年龄的增长和社会生活的拓展，小学生的社会性需要越来越丰富，这促进了高级情感的发展。儿童的高级情感包括道德感、理智感、意志和美感。小学生道德感的发展经常表现在乐于助人、拾金不昧和见义勇为等良好品行中；理智感经常表现为学习的精益求精、勤学好问、乐于探究；意志感表现为在困难面前不屈服、镇定自若、大胆尝试和勇于探索等；美感的发展则表现在欣赏美、创造美的过程中。

三、小学儿童的社会性发展

社会性是在个体社会化过程中发展起来的、与社会存在相适应的一切特征和典型的行为方式的总和。一个人生活在社会环境中，他怎样看待自己、怎样对待他人，他对社会的认识和行为是否符合社会规范等等都是一个人社会性发展的表现。

儿童入学以后，开始了一种新的社会生活，新的活动场所、新的活动任务、新的人际关系使他们的社会性发展呈现出新的特征，集中表现在小学生的社会认知、社会行为和品德发展方面。

（一）小学儿童的社会认知发展

社会认知是指个体对自己和他人的观点、情绪、思想、动机的认知，以及对社会关系和对集体组织间关系的认知，它与个体一般认知能力发展相适应。

1. 小学儿童的自我意识

自我意识是个体社会性和个性发展的重要方面。自我意识的发展集中体现在自我评价和自我体验等方面。

（1）自我评价。大量研究证明，儿童自我评价能力在幼儿期已经产生，但进入小学以后，儿童的评价对象、评价内容和评价范围都进一步扩大。哈特（S. Harter，1987）研究发现，小学儿童的自我评价往往涉及到五个独立的领域：学业成绩、运动能力、社会接纳性、身体外表、行为表现，这表明小学儿童的自我概念结构向多元化发展。但对小学生而言，身体外表依然是他们进行自我评价所依据的最重要因素。哈特（1982）的研究还表明，小学儿童对自我的评价与教师评价、同伴评价相一致，这表明小学生已经能够较客观地评价自己。

我国学者王宪清（1982）认为，小学儿童的自我评价有以下特点：从受外部条件的制约过渡到受内部道德认识的制约，大约从四年级起，儿童开始运用道德原则来评价自己和他人的行为；从注重行为的直接后果过渡到注重行为的动机，转折年龄在9岁左右；从注重行为的直接后果过渡到注重行为或后果的性质，在这个过程中，儿童逐步形成"人比物重要"的概念；自我评价的独立性日渐发展，并且有了一定的批判性；从对具体行为的评价到有了一定的概括程度的、涉及到某些个性品质的评价。

小学儿童的自我评价还存在明显的性别差异。我国台湾心理学家杨国枢（1977）在对小学四、五、六年级儿童自我概念中的自我接受度和自我和谐度加以分析后指出：男生的得分一直很稳定；女生的得分随年级上升而下降，即年龄越大，自我评价越低。这种差异是社会对男女持不同态度造成的。

小学儿童的自我评价与其情感、社会交往和学业成绩等都有密切关系。哈特（1987）研究发现，喜欢自己的小学儿童是最快乐的，对自己评价不高的儿童经常产生沮丧、悲哀、焦虑等消极情绪；库珀斯密斯（S. Coopersmith，1967）研究发现，高自我评价的男生更富有创造性，能更快地被社会团体接受并成为领导者，他们更为自信、坦率，愿意表达自己的意见，善于接受批评，学业成绩也较好，而低自我评价的男生往往比较孤独，有不良行为习惯，学习成绩不好。

（2）自我体验。自我体验指自我意识中的情绪、情感方面，如自尊感、内疚感、羞愧感和自豪感等。在整个小学阶段，儿童的自我体验与自我评价的发展具有很高的一致性，随着儿童自我评价能力的提高，他们的自我体验也越来越深刻。

在儿童的自我体验中，最值得重视的是自尊感。自尊感是自我意识中具有评价意义的情感成分，是与自尊需要相联系的对自我的态度体验。研究发现，儿童在3岁左右开始萌发自尊感，表现为犯错误时感到羞愧、怕别人讥笑、害怕当众被训斥等。学龄初期儿童普遍具备了比较稳定的自尊感。自尊感是心理健康的重要指标之一，自尊需要得到满足，将会使人感到自信、体验到自我价值，并产生积极的自我评价。有研究表明，高自尊感与生活满意感和幸福感相关，低自尊感则与压抑、焦虑、学校生活和社会关系不适应相关。

2. 小学儿童对社会关系的认识

（1）对他人的认识。小学儿童对他人的认识从了解他人的外部具体特征向了解他人的一般心理特征发展。例如7岁以下的儿童通常用姓名、身体特征及公开的行为等来描述一个人，他们对人的评价也仅仅是用好、坏等词汇。从8岁开始，描述行为特征、心理品质、信念、态度、价值观的抽象形容词逐渐增加，而且越来越多地抽取出不同时间和场合下的行动规律，推测他人行为的动机。由此可见，在小学时期，儿童开始根据他人的行动来了解其观点，并进行判断。

（2）对权威关系的认识。儿童对权威关系的认识反映了儿童对成人—儿童关系的认识特点。研究表明，5～6岁的儿童把权威看成是"必须服从的内在权力"，因为权威具有完全的优势、较强的社会威力或身体力量。

大约8岁左右，儿童开始出现一种比较成熟的看法，认为权威是一种相互关系，应该服从权威，因为他们对儿童有所帮助。到9岁时，儿童服从权威基本上是自愿的和合作的。到11或12岁时，儿童认为权威关系是完全合作性的，是由一致或同意建立起来的，并与特殊的情境有关，所以儿童在接受某人为权威时，除了需要特殊的知识和能力外，还要考虑情境的要求。

（3）对友谊的认识。儿童对友谊的认识反映了儿童对同伴关系认识的特点。儿童对友谊的认识是逐渐发展的，6～7岁的儿童认为朋友就是一起玩耍的伙伴；9～11岁的儿童强调相互同情和相互帮助，认为忠诚是朋友的重要特征，朋友关系应该是比较稳定的。小学儿童选择朋友的依据开始转向积极的人格特点（如勇敢、善良或忠诚）及志趣相投。

小学儿童友谊的发展表现在亲密性、稳定性和选择性等方面。随着儿童年龄的增长，儿童友谊的这些特性不断发生变化。赛尔曼（R. Selman，1980）曾将儿童友谊的发展划分为五个阶段。

第一阶段（3～7岁），这时儿童还未形成友谊概念，他们认为同伴就是朋友，一起玩就是友谊。

第二阶段（4～9岁），单向帮助阶段。儿童要求朋友听从自己的愿望和要求，顺从自己的同伴就是朋友，否则就不是朋友。

第三阶段（6～12岁），双向帮助阶段。儿童对友谊的互动性有了一定的了解，但有明显的功利性，还不是患难与共的合作。

第四阶段（9～15岁），亲密的共享阶段。友谊随时间的推移而发展，儿童逐渐懂得了忠诚、理解、共同兴趣是友谊的基础，他们互相倾诉秘密、互相帮助解决问题。但这时的友谊有强烈的排他性。

第五阶段（12岁开始），是友谊发展的最高阶段。择友严密，建立的友谊能保持很长时间。

（二）小学儿童的社会性交往

小学儿童的交往对象主要是父母、教师和同伴。在小学阶段，儿童的独立性和批判性不断增长，他们与父母、教师的关系开始从依赖走向自主，从对成人权威的完全信赖和服从开始走向富有批判性的怀疑和思考。与此同时，建立在平等合作基础上的同伴交往也日益增多。这对儿童的社会性发展具有重要影响。

1. 亲子交往

儿童入学以后，与父母的关系发生了很大变化，表现为儿童与父母的交往时间、交往内容和交往方式都有所改变。

在交往时间上，与学前期相比小学儿童与父母在一起的时间相对减少，父母关注儿童的时间也相对减少，儿童对父母的依恋和依赖程度减弱。

在交往内容上，小学儿童的父母更多关注孩子的学业和品德。如辅导学习、检查作业，与孩子讨论学校里发生的事情，讨论日常行为举止的适当性等。

在交往方式上，父母的控制性在小学阶段开始减弱。研究表明，随着儿童年龄的增长，儿童越来越多地自己做决定。6岁以前儿童的大部分事情是由父母决定的，6~12岁期间出现了共同控制的局面。这时父母有三个主要职责：第一，在一定距离内监督和引导儿童的行为；第二，有效地利用与儿童直接交流的时间；第三，指导儿童的自我监督行为（如解释行为标准，说明如何减少危害等），并教儿童知道如何寻求父母的指导。12岁以后，儿童更多的是自己做出重要的决定。

2.同伴交往与同伴团体的形成

（1）同伴交往。同伴交往是儿童形成和发展个性特点，形成社会行为、价值观和态度的一个独特的社会化方式。小学儿童的同伴交往特点表现为：与同伴交往的时间更多，交往的形式更为复杂；在同伴交往中传递信息的技能增强，他们能够更好地理解他人的动机和目的，能更好地对他人进行反馈；其同伴间的交流更加有效，他们更善于利用各种信息来决定自己对他人采取的行动；更善于协调与其他儿童的交往活动；开始形成同伴团体。

（2）同伴团体。小学时期是开始形成同伴团体的时期，因而又被称为"帮团时期"。小学时期的同伴团体具有以下几个显著特点：在一定规则基础上进行相互交往；限制其成员的归属感；具有或明或暗的行为标准；在共同目标下形成了一定的组织，这种组织的结构可能是松散的，也可能是严密的。

小学期间的同伴团体对儿童具有重要影响，它为儿童提供了学习与同伴交往的机会。在团体活动中，儿童学习处理各种关系中的社会问题，学会按照同伴团体的标准建立合适的反应模式来组织自己的行为，社会交往技能进一步扩展和提高；同伴团体还可以为儿童提供形成和评价自我概念的机会，同伴的拒绝与接受反应使儿童对自己有了更清楚的认识。

儿童的同伴团体按照其组织方式可以分为两大类：有组织的集体和自发的团体。

有组织的集体一般是在学校或其他组织的帮助下形成的结构严谨的团体。这样的集体具有明确的共同目标，以及由此产生的共同行为；具有统一的领导；具有共同的纪律或行为准则；有共同的舆论监督协调每一个集体成员的行动。

小学生在刚入学时，还没有形成真正的集体关系和集体生活，他们还没有形成真正的集体意识，班集体还只是一种松散的人群集合。在教师的指导下，到一年级下学期，儿童初步形成集体关系和集体意识。二年级的小学生开始明确意识到自己是班集体中的一员，能逐步把集体的要求转变为自己的要求，把班集体的荣誉当成自己的荣誉，服从集体要求，完成集体交给的任务。与此同时，班集体内部成员开始出现分化，一部分学生成为集体活动中的积极分子，一部分人成为班集体中的基本群众，这时班集体的组织和纪律也得到巩固和加强，形成真正意义上的集体。以后随着年级的增高，小学生的集体意识越来越强。

自发团体的组织结构相对比较松散，形式多种多样，而且随时随地都可能形成。他有可能成为集体的补充，也可能成为正式集体的对立面。按照社会倾向性，可以将自发团体划分为三类：亲社会团体，如学雷锋小组、助残扶困小分队等；非社会团体，这是一种建立在共同爱好、娱乐活动基础上的团体，如各种兴趣小组；反社会团体，这是一种对社会具有危害作用的团体，如盗窃团伙等。

无论是有组织的集体，还是自发形成的团体都对儿童的个性和社会性品质具有重要影响，这种影响主要是通过团体的舆论实现的。如果儿童能遵守团体的规则，其行为符合团体的标准，他就会得到同伴的好评和尊重；相反，他就会受到同伴的指责和批评。因此儿童为了获得团体地位就必须遵守一定的准则。与此同时，儿童自己在团体中的地位、团体成员对他的评价等对其自我概念的形成具有重要作用。

3. 师生交往

师生关系是小学儿童面对的又一种重要社会关系。小学儿童特有的社会认知特点决定了他们与教师的交往方式。

刚刚跨入学校大门的儿童总是对教师充满了崇拜和敬畏，教师是他们心目中的权威。有调查结果显示，84％的小学儿童（低年级小学儿童为100％）认为要听老师的话。这种绝对服从的态度有助于小学儿童迅速按照教师的要求掌握学校生活的基本规范。随着年级的增长，儿童的独立性和评价能力随之增长。从三年级开始，学生不再无条件地服从、信任教师了，他们开始对老师进行评价，他们会得出"老师的话不一定都对"的结论。他们对不同的教师也表现出不同的喜爱，这期间他们最喜欢的教师往往具有以下特征：讲课有趣，喜欢体育运动，严格，耐心，公正，知识丰富，能为学生着想等。

小学生对教师的评价影响着他们对教师的反应，他们对自己喜欢的教师往往报以积极的行动，如喜欢听这位教师的课、课上遵守纪律、课下努力，而且学业成绩较好。对自己不喜欢的老师会报以消极的行动，如上课捣乱、不注意听讲、课下不努力等。

第三节 小学儿童的个体差异

个体差异是指个体在成长过程中因受遗传与环境的交互影响，在身心特征上表现出的彼此不同。了解与鉴别个体差异，是教师"因材施教"的前提。以下着重介绍小学儿童的认知差异、人格差异和性别差异。

一、认知差异

学习是一项复杂的认知活动，学生在认知方面存在的差异是影响学生学习的重要因素。教师在教学中要做到因材施教，首先要了解学生的认知差异。下面我们从一般认知能力的差异、专门领域的知识差异和认知风格的差异三个方面进行讨论。

（一）一般认知能力的差异

一般认知能力就是通常所说的智力，其个别差异表现为智力水平的差异、表现早晚的差异和智力结构上的差异。

1. 智力发展水平的差异

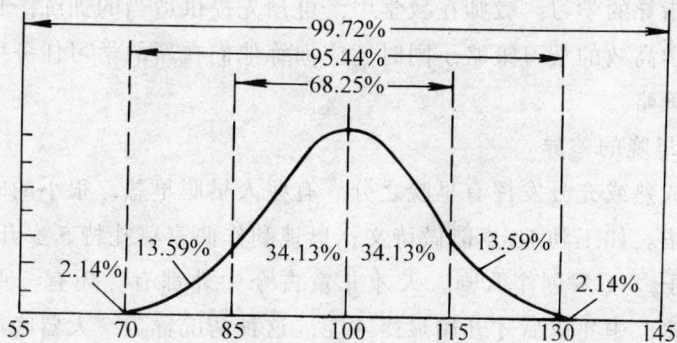

图 2 - 3 - 1 智商分布图

个体的智力发展水平有高低之分。在学生中我们常常看到，有的学生接受能力强，一教就会，有的学生则显得迟缓一些，需要反反复复地教才能学会，这可能与其智力发展水平有关。心理学家通过智力测验和统计分析指出，智力在全人口中的表现呈正态分布（分布图为两头小，中间大，如图 2 - 3 - 1 所示）。智力高度发展者（智商高于130）称为智力超常或天才，智力发展低于一般人水平者（智商低于70）称为智力低下或智力落后，这两部分在全人口中各自仅占2％，95％以上的人智商分布在70～130之间，智力在中等水平（智商在85～115）的人占全人口的68％。

智力发展水平差异在小学儿童中是客观存在的，而且小学生的智力发展水平与其学业成绩有很高的相关。国外研究发现，一般认知能力与学习成绩的相关在小学阶段是0.6～0.7，在中学阶段是0.5～0.6，大学以后则为0.4～0.5。即使是高相关也并不意味着聪明的学生学习成绩必然就好，或学习成绩差就是因为不聪明。影响学习成绩的因素是多方面的，一般认知能力只是影响学习的必要因素。研究表明，与学生认知能力发展水平相适应的教学方法可以弥补因一般认知能力差异给学习成绩带来的负面影响。国外一项研究比较了不同教学方法对小学五年级学生阅读理解成绩的影响。结果发现，一般认知能力与教学方法在学生的学业成绩上表现出交互作用，即低能力的学生在个别指导的教学方法下学习得更好（集体教学方法对学生的认知要求更高，因为它需要学生自己调控自己的学习）。还有研究表明，对一般认知能力低的学生采用学习技能和学习策略训练、补充适当的知识基础等措施可以使一个一般认知能力偏低的学生变成一个学习效率较高的学习者。

总之，对智力发展水平不同的学生应采用不同类型的教学方法。有学者建议，对一般认知能力较低的学生，教学中应采用明白、直接的结构化教学方法，采用有指导的学习。教师在教学中，可预先提供适当的训练，目的是帮助他们掌握科学高效的学习策略，同时还应训练他们在新的学习任务中能够灵活地运用这些策略。

2. 表现早晚的差异

能力的成熟或充分发挥有早晚之分。有些人早聪早慧，很小的时候就表现出卓越的才华。如王勃10岁能做诗文；奥地利作曲家莫扎特5岁开始作曲，8岁试作交响乐，11岁创作歌剧。天才儿童古今中外都有。还有一些人，年轻时显得很平庸，中年以后才开始显露才能，这种情况称为"大器晚成"。例如，达尔文年轻时被人认为智力低下，但后来却成为进化论的创始者、科学界的巨匠。这种情况在科学和政治生活的舞台上屡见不鲜，可见早年的智力发展水平并不能完全决定一个人的最终成就。

小学阶段，儿童的智力依然处在发展过程中，智力发展有早有晚的特点经常会在学习中表现出来。对于早聪早慧的学生教师要帮助他们拓展自己、完善个性；对于晚熟的学生，教师要给以扶持和鼓励，防止一个未来的巨匠埋没在不适当的教育氛围中。

3. 智力结构上的差异

组成智力的认知成分一般包括感知觉、记忆、思维和想象等，这些成分可以按照不同的方式进行组合，从而构成了智力结构上的差异。例如，有人长于想象，有人长于记忆，有人长于思维，有的学生长于言语表达等。不同的能力结构，使个体表现出不同的能力特色。例如，有的学生写作能力很强，有的学生数学推理能力很强，有的学生朗诵能力很强等等。对于学生能力结构上的差异，教师在教学中要细心地观察和鉴别，充分地尊重和利用。否则，因材施教就会变成一句空话。

例如，有一个数学教师在讲课时发现，有一名学生总是在纸上不停地画来画去，他以为这个学生没有认真听讲，就发出警告"别乱画了，坐好！注意听讲！"下课时，这位教师出于好奇，就把学生上课时画的那张纸要过来看，他惊奇地发现，学生画下来的是他讲课时涉及到的各种数量关系图，这名学生是在用图形表征自己学习的结果。看来这个学生的空间认知能力和概括能力较强，如果教师不去耐心、审慎地观察，就无从发现他的认知特点。后来，这位教师经常有意识地让这个学生用图形把所学的内容描绘出来，这一做法不仅激发了该学生的学习热情，而且也给了其他同学很多学习方法的启示。

以上例子说明学生智力结构上的差异随时会在学习中表现出来，如果教师善于发现学生的这些差异，就能够找到适应个别差异的教育教学方法。

(二)专门领域的知识差异

学生来自不同的家庭，入学之前受过不同程度的家庭教育，这样他们的知识基础就有很大的不同。例如，有的学生入学时已认识几百个汉字，而有的学生只认识几个；有的学生在学习 10 以内加减法之前已经能够计算 100 以内的加减法，有的学生还仅仅能够计算 10 以内的加减法。由此可见，学生在与学习任务有关的专门领域的知识基础方面存在很大的个体差异，这种差异对学生的学习和教学都有重要意义。

1. 专门领域的知识对学习的影响

有关个体差异的大量研究发现，根据学生在某一特定学科领域的知识基础能够准确地预测他在这一学科领域的未来成绩。例如关于已有知识在阅读理解中所起作用的研究证明，拥有适当预备性知识的学生，在学习有一定难度的课文时比缺乏这种预备知识的学生学得更好。如了解棒球规则的人，在读关于棒球比赛的文章时，其理解和记忆保持量都会更好。

2. 专门领域的知识对教学的影响

学生在某一学科领域的知识基础不同，对教学的要求也就不同。当学生缺乏预备性知识时，要求教学提供详细的背景资料，教学宜采用演示法、讲授法等高结构化的教学方法；当学生具备了一定的预备性知识时，可采用发现式教学法和非结构化教学法。适当的教学方法可以抵消学生因缺乏预备性知识给学习成绩带来的负面影响。

(三) 认知风格的差异

认知风格又称为认知方式，指个体偏爱的信息加工方式，表现在个体对外界信息的感知、注意、思维、记忆和解决问题的方式上。在平时的教学中，我们不难发现不同学生具有不同的认知风格，如有的学生爱听老师讲解，有的学生喜欢自己独立思考；有的学生深思熟虑后才举手回答问题，而有的学生想到一点就马上举手。目前，研究较多的认知风格是场独立型和场依存型、冲动型和沉思型。学生在认知风格上存在的个体差异也是因材施教必须考虑的重要心理变量。

1. 场独立型和场依存型

场独立和场依存两个概念来源于威特金 (1940) 对知觉的研究。第二次世界大战期间，威特金为了研究飞行员怎样利用自己身体内部的线索和外部仪表的线索调整身体的位置，设计了一种可以摇摆的座舱，舱内放一把椅子。当座舱倾斜时，被试者可调整座椅，使身体保持垂直。研究发现，有些被试者主要靠自己的身体感觉来调整身体保持垂直，另一些人则主要靠查看仪表上的指针来调整身体。威特金将前一种人的知觉方式称为场独立方式，后一种人的知觉方式称为场依存方式。

后来的研究发现，这两种认知方式是普遍存在的。属于场独立型的人在认知加工过程中主要参照个体的内部标准，喜欢对事物作出独立的判断，较少受外部因素的影响或干扰。属于场依存型的人在认知加工过程中倾向于以外部信息为参照依据，他们的态度和认知更容易受周围人 (尤其是权威人士) 的影响和干扰，善于察颜观色，社会技能高，在人际交往中占优势。所以场独立和场依存两种认知风格没有好坏、高低之分。

场独立和场依存两种认知风格与学习有密切的联系。具有不同认知风格的学生在学习上表现出不同的特点，不同的认知特点和不同的学习特点要求不同的教学方式与之相适应。表 2-3-1 中总结了场独立型和场依存型学生的不同学习特点和各自适应的教学特点。

表 2 - 3 - 1　场独立型和场依存型学生不同的学习特点和各自适应的教学特点

类型　　方面	场独立型	场依存型
学习兴趣	自然科学、数学 喜欢学习一般原理	社会科学 喜欢学习具体知识
学习成绩	自然科学和数学成绩好于社会科学	社会科学成绩好于自然科学
学习优势	解决需要灵活思维的问题	解决熟悉的常规问题
学习策略	独立自觉地学习 由内部动机支配	易受暗示，学习欠主动 由外部动机支配
对教学的要求	不强调"社会敏感性"的教学结构不严密的教学	强调"社会敏感性"的教学结构严密的教学

2．冲动型和沉思型

冲动型与沉思型认知风格反映了个体信息加工、形成假设和解决问题过程的速度和准确性。沉思型的学生在遇到问题时倾向于深思熟虑，用充足的时间考虑、审视问题，权衡各种问题的解决方法，最后从中挑选出一个满足多种条件的最佳方案，因而较少犯错误。而冲动型的学生倾向于很快地提出假设、检验假设，根据问题的部分信息或未对问题做深入分析就仓促作出决定，反应速度快，但容易犯错误。这里应当指出的是，并非所有反应快的学生都属于冲动型，有些学生反应快是由于对任务熟悉或思维敏捷的缘故。研究表明，大约30％的学前儿童和小学儿童属于冲动型。

冲动型与沉思型认知风格各有特点。当认知任务强调整体性的信息加工时，沉思型的学生犯错误较多，当认知任务强调细节性的信息加工时，冲动型的学生犯错误较多。有关阅读方面的研究表明，沉思型学生善于鉴别文章前后矛盾之处，而冲动型学生擅长快速浏览，但阅读质量较差。

就学校中的学习任务来讲，冲动型的认知风格处于明显的不利地位。因为像阅读、算术、推理之类的学习任务往往需要仔细辨别、逐步分析、慎重推导，粗心大意、草率决定肯定不适应学习任务的要求。为了帮助冲动型学生在发挥优势的同时，提高学习和解决问题的精确性，心理学家开发出一种自我指导训练方法。具体做法是：要求学生在解决问题过程中大声说出自己的解题过程，并通过自我对话进行自我监控和指导，当获得连续成功以后，由大声自我指导变成轻声低语，而后变成默默自语。通过这样的训练过程，可以使冲动而粗心的学生变得有条不紊，细心地学习和解决问题。

二、人格差异

在心理学中，人格是构成一个人的思想、情感及行为方式的特有的统合模式，这个模式中包含了一个人区别于他人的稳定而统一的心理品质。一个人的人格是在遗传、成熟等先天因素和环境、教育等后天因素的相互作用下形成的。在不同的遗传、生存及教育环境下，就会形成不同的人格，所以每个人的人格都有其独特性。在日常生活中，我们随时都能看到，有的人风风火火，有的人平和恬静；有的人做事果断快捷，有的人迟疑缓慢；有的人多愁善感，有的人大大咧咧——这些都是人格差异的表现。

人格差异有多种表现，气质差异、性格差异是最核心的两个方面。

（一）气质差异

心理学中所讲的气质是指表现在心理活动的强度、速度、灵活性与指向性等方面的一种稳定的心理特征，即我们平常所说的脾气、禀性。人的气质是先天形成的，受神经系统活动过程的特性所制约。孩子刚一出生，首先表现出来的差异就是气质差异，如有的孩子爱哭好动，有的孩子安安静静。

1. 四种气质类型

根据人类高级神经活动的强度、平衡性和灵活性，可以划分出四种神经类型，每一种神经类型对应地形成一种气质类型。

（1）强而不平衡的神经类型可称为不可遏制型，与之相对应的气质类型是胆汁质。

（2）强、平衡而灵活的神经类型可称为活泼型，与之相对应的气质类型是多血质。

（3）强、平衡而不灵活的神经类型可称为安静型，与之相对应的气质类型是粘液质。

（4）弱的神经类型可称为抑制型，与之相对应的气质类型是抑郁质。

以上神经活动特性的组合及其对应的气质类型如图 2-3-2 所示。

不同气质类型的人在活动中表现出不同的心理和行为的特点：

胆汁质的人情绪来得猛、去得快，情绪体验强烈，精力旺盛，生气勃勃，行动敏捷，思维灵活，勇敢果断。但又会常常犯粗枝大叶、鲁莽冒失、感情用事、刚愎自用的毛病。

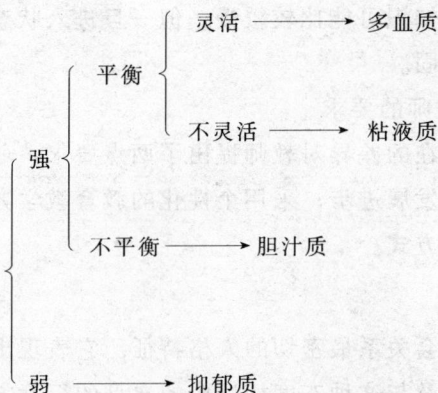

```
                        灵活 ──────→ 多血质
                平衡
                        不灵活 ────→ 粘液质
        强
                不平衡 ──────→ 胆汁质

        弱 ──────→ 抑郁质
```

图 2 - 3 - 2 神经类型与气质类型的对应关系

多血质的人情感丰富、外露但不稳定，思维敏捷但不求甚解，活泼好动，热情大方，善于交往但不善深交，行动敏捷，适应力强；他们的弱点是缺乏耐心和毅力，稳定性差，见异思迁。

粘液质的人情绪平稳，思维灵活性略差，但考虑问题细致周到，安静稳重、踏踏实实、沉默寡言、喜欢沉思，自制力强、耐受力高，交往适度、交情深厚；但这种人行为的主动性较差，行动迟缓。

抑郁质的人情绪体验深刻、细腻、持久，多愁善感，思维敏捷、想象丰富，踏实稳重、自制力强；他们的弱点是行为举止缓慢，软弱胆小，优柔寡断，不善交际，性情孤僻。

气质是表现在人们心理活动和行为方面的动力特点，它影响到个体活动的一切方面。在学校中，学生的气质特点不仅影响到他们的情绪情感表现、动作状态，而且影响到他们上课和完成作业时的表现，影响到他们注意的稳定性、注意转移的速度、解决问题的方式方法、作业的效率、对事物的评价以及在集体活动中的协调关系等。因此，教师了解学生的气质特点，对于做好教育教学工作，引导学生高效学习、健康成长，具有重要意义。

但值得注意的是，不同气质类型之间没有好坏之分。气质不能决定学生学习成绩的好坏。无论哪一种气质类型的学生都有可能获得好的学习成绩，成为学校中的优秀学生。但是，不同气质类型的学生达到同一成就水平所走的道路有可能不同；他们适应学校生活环境的方式也可能不同。例如，多血质的学生在入学时能够很轻松、顺利地适应学习生活，他们能够很迅速地将所学知识应用到适当的地方，但他们往往不求甚解，遇到困难就容易退缩。粘液质的学生适应新环境、接受新知识可能比较缓慢，但一旦进入状态，他们就会平稳地进步，知识掌握得很牢固。

2. 气质差异对教师的要求

学生气质方面存在的差异对教师提出了两点要求：尊重学生的差异，允许学生按照自己的方式发展进步；采用个性化的教育教学方法，根据学生的特点采用适宜的教育教学方式。

（二）性格差异

性格是一种与社会关系最密切的人格特征，它表现出人们对现实和周围世界的稳固的态度，以及与这种态度相适应的典型的行为方式。态度是个体的一种心理倾向，它包括对事物的评价、好恶和趋避等方面，态度表现在人的行为方式中。

人的性格特征，可以根据个人对现实的态度、自我调节以及克服困难的情况，划分为四种重要的性格特征系统，它们的不同结合方式构成了个人独特的性格。

1. 对现实的态度的性格特征

对现实的态度表现为对社会、对集体、对他人的态度特征，例如爱国家、爱集体、对他人关心、同情、体贴、热情、诚实、讲信义以及与之对立的自私自利、冷漠、虚伪、狡诈等；对学习、劳动和工作的态度特征，如勤奋、吃苦耐劳、守纪律以及与之对立的懒惰、好逸恶劳、自由散漫等；对自己的态度特征，如谦虚、自尊、自信以及与之对立的骄傲、自卑等。

2. 性格的意志特征

人的意志表现为对自己行为的调节和控制。与人的意志相应的性格特征称为性格的意志特征，具体表现在自觉性、果断性、坚毅性和自制力等方面。自觉性是人们对自己行动的目的和意义具有明确的认识，并且能够使自己的行动服从于自觉确定的目的；与之相反的是盲从性、冲动性、被动性。果断性指在紧急情况下，能够判明情况、做出正确的决策；与之相反的是优柔寡断或武断。坚毅性表现为不怕挫折与困难，在困难和艰险面前，坚持预定的目的，百折不挠地克服一切困难与障碍；与此相反的是遇到困难摇摆不定，或在失败面前灰心丧气、一蹶不振。自制力表现为能够支配和控制自己的行动，与之相反的是任性、易冲动。

3. 性格的情绪特征

人的情绪活动具有不同的特点，表现在情绪的强度、稳定性和持久性等方面。有些人情绪反应强烈，容易受情绪支配，有些人情绪比较平缓，不易受情绪支配；有些人情绪持久而稳定，有些人情绪容易波动，来得迅速去得快。生活中每一个人独有的情绪特征，为性格涂上了浓重的个人色彩。

4. 性格的理智特征

与人的认识活动相联系的性格特征称为性格的理智特征。表现为感知、记忆、思维、想象等活动中的主动与被动、易受主观控制还是易受客观控制、是精细的还是粗心的、是深刻的还是肤浅的、是广博的还是狭隘的、是严谨的还是轻率的、是顺从的还是批判的等等。

以上几种性格特征都不是孤立、静止存在的，它们在相互联系、相互作用中构成了每一个人性格的完整结构，使人的性格表现出不同的类型。关于性格类型，有许多不同的理论观点。英国心理学家培因（A.Bain）根据智力、情感和意志三种心理机能在性格结构中占优势的情况，把人的性格区分为理智型、情绪型和意志型。著名心理学家荣格（C.G.Jung，1921）根据心理活动的四种基本功能（思维、感情、感觉和直觉），结合心理活动的内、外倾向将性格划分为八种类型：（1）外向思维型，这种性格的人尊重客观规律和伦理法则，不感情用事；（2）外向感情型，这种性格的人对事物的评价往往感情用事，容易凭借主观判断来衡量外界事物的价值；（3）外向感觉型，这种性格的人以具体事物为出发点，容易凭借感觉来估量生活的价值，遇事不假思索，随波逐流，但善于应付现实；（4）外向直觉型，这种性格的人以主观态度探求各种现象，不接受过去的经验，只憧憬未来，容易悲观失望；（5）内向思维型，这种性格的人不关心外部价值，以主观观念决定自己的思想，感情冷淡，好独断，偏执，易被人误解；（6）内向感情型，这种性格的人情绪稳定，不露声色；（7）内向感觉型，这种性格的人不能深入到事物的内部，在自己与事物之间常插入自己的感情；（8）内向直觉型，这种性格的人不关心外界事物，脱离实际，好幻想。

儿童的性格具有很强的可塑性，后天的生活环境、教育和训练对儿童性格的形成起着重要作用。小学时期是儿童性格形成的关键期，广大教育工作者应切实承担起塑造儿童良好性格的任务。

三、性别差异

(一) 性别差异的表现

男性和女性基于生理和社会文化的原因，确实存在着性别差异。儿童进入学校以后，学习中的性别差异渐渐明晰。最突出的表现是：在小学和初中阶段，女生的学习成绩和其他方面的表现总体上强于男生；但升入高中以后，情况发生了变化，从总体上看，男生后来居上，逐渐超过了女生。还有一种明显的现象是：男生的物理、几何成绩一般好于女生，而女生的语文、外语成绩一般又好于男生。

儿童中的性别差异是客观存在的，它不仅表现在生理方面，而且更多地表现在心理方面。值得注意的是，要弄清楚哪些差异有充分的科学依据、哪些差异属于社会偏见。麦考比和杰克林（E.E.Maccoby & C.N.Jacklin，1974）在《性别差异心理学》一书中指出以下四种性别差异具有充分的科学依据。

第一，女孩的言语能力比男孩更强。在 26 个大规模的研究比较中，女生的平均成绩均高于男生。

第二，10 岁以后，男孩比女孩数学能力更强。在 11 个大规模的研究中，男生的数学成绩都比同龄女生高。

第三，10 岁以后，男孩逐渐显示出更高的"空间—视觉"能力。有人考察了 31 个对男女青少年的研究，发现男生的空间视觉能力高于同龄女生。

第四，男孩比女孩的攻击性更强，这种倾向在儿童两岁时就可以看出来。

麦考比和杰克林对许多传统的社会偏见提出了批评，并列出八种没有科学依据的常见观点。

第一，女孩比男孩"合群"。

第二，女孩比男孩更容易受暗示的影响。

第三，女孩的自我评价低。

第四，女孩运用机械方式进行学习时表现出色，男孩运用概念方式进行学习时表现更好。

第五，男孩的分析能力更强。

第六，女孩更多受遗传因素的影响，男孩更多受环境因素的影响。

第七，女孩缺乏成就动机。

第八，女孩的听觉功能好，男孩的视觉功能好。

（二）性别差异的成因

儿童心理上性别差异的形成有其突出的生理原因，也有明显的社会文化原因。

在生理方面，遗传因素和男女不同的生理特征为心理差异的产生奠定了生理基础。例如空间能力可通过染色体遗传给后代，而由于男女染色体的特征不同，使得男性更容易通过遗传获得这种空间能力。还有研究表明，男性大脑右半球处理空间信息的能力要早于女性，而左半球在支配言语能力的发展上，女性又早于男性。

在社会文化方面，社会文化环境对男女有着不同的角色期待。例如希望男孩更勇敢、更独立、更粗犷，而希望女孩更柔顺、更细腻，不同的角色期待决定了社会对男女行为的评价和强化方式。女孩子哭被视为正常，家长会去哄劝；男孩子哭被视为不勇敢，要受到斥责。另外，成年男女角色行为方式的分化也为儿童提供了示范。于是，在生理发展的基础上，在接受、认同和模仿性别社会定型的过程中，心理上的性别差异逐渐形成。在儿童性别社会化过程中，起主要作用的环境因素包括家庭教养方式、学校教育和更为宏观的社会文化影响。

在学校教育中，教师应当以科学的、清醒的、审慎的态度对待学生的性别差异，对确实存在差异的学习领域，教师要精心研究有助于男女学生共同提高的教学设计；对于社会偏见，可通过教学与学习的事实，消除其带来的消极影响，鼓励学生努力进取。

小　结

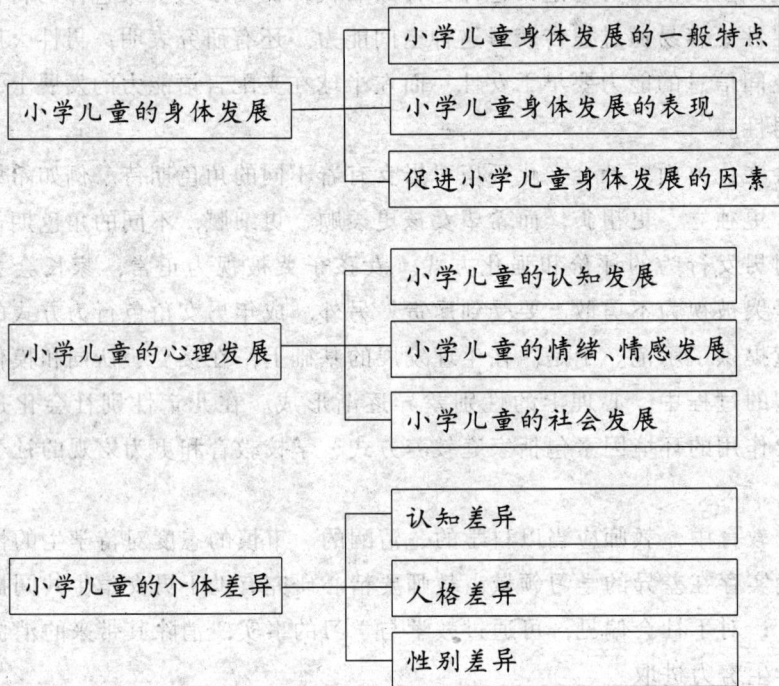

思考题

1. 名词解释

　　认知　社会性　个体差异　认知风格　气质　性格

2. 小学儿童的身体发展表现在哪些方面？促进小学儿童身体发展的主要因素有哪些？

3. 简述小学儿童认知发展的特点。

4. 简述小学儿童情绪发展的特点。

5. 简述小学儿童社会性发展的特点。

6. 请根据小学儿童个体差异的表现，论述"因材施教"的必要性。

第三章

学习心理

教学要点

● 学习的含义

● 小学生学习的特点

● 行为主义学习理论

● 认知学习理论

● 人本主义学习理论

学习要求

● 理解学习的性质和意义

● 了解小学生学习的基本特点

● 掌握主要学习理论的基本观点

引 子

学习的革命

学习是人们不断改进生存和发展条件的根本途径之一。人类的学习随着社会生产力的变革、经济的发展，也不断地发生着变化。我们已经进入 21 世纪，正在逐步走向信息社会。由于通讯的发展，人们生活和工作的方式正在发生变化。随着电脑逐步进入家庭，在未来的岁月里，家庭可能成为生活、学习和工作的场所。我国已经加入世界贸易组织，要迎接全球经济一体化的挑战，所以教育对象不再只限于儿童，每个人都面临着终生学习的问题。人们的学习也将发生深刻的变化。

我国提出科教兴国的战略方针，学校也开始实施素质教育，不再仅仅是"传道、授业、解惑"的场所，而是要促进学生生动、活泼、主动地发展，促进他们的创新精神和实践能力的形成。学生是学习的主体，学校重要的任务是使学生学会怎样学习和怎样思考。当今的教育提倡把趣味归还给学习过程；提供给学生最佳的学习状态、积极的学习气氛；提倡根据学生汲取知识的类型和思维特点进行教学等等。学生的学习也将发生深刻的变革。

本章将系统地介绍学习的性质、小学生学习的特点、学习理论的基本观点及发展的趋势。

第一节 学习的概述

一、学习的含义

学习是人们熟悉的现象，每个人都以不同的方式进行学习。什么是学习？学习有什么特点和意义？一般认为学习是个体获得知识和经验的过程，是个体适应环境的手段，通过学习个体行为或能力发生相对持久的变化。

（一）学习是个体获得知识和经验的过程

学习是一种活动过程，是由不知到知、由知之甚少到较多的过程。例如，小学生起初缺少数的概念，通过学习可以获得序数、个位数、十位数、加减乘除等概念。学习是个体获取这些知识的过程，在这个过程中，个体的行为、能力发生着变化，这就是学习。

学习是个体后天获得行为的过程，它与天生具有的本能行为是不一样的。例如，蜘蛛织网、蜜蜂采蜜等行为也是相当复杂的，但是这些行为是与生俱来的，是遗传的结果，不是学习获得的行为。

（二）学习是个体适应环境的手段

学习是一种适应性活动，个体要生存，为了生存必须适应环境的变化。人类要应付十分复杂的自然环境和社会环境，个体天生所具有的本能如吮吸、防御等无法保证个体的生存。为了保证个体与环境的动态平衡，个体必须通过学习获得、积累各种知识和技能才能生存。例如，小学生要上学必须学习、掌握交通规则才能保证每天安全地上学和回家。所以说学习是个体适应环境、维持生存的重要手段。

（三）学习使个体行为或能力发生相对持久的变化

学习效果通过个体相应的行为变化得到体现。也就是说，学习必须使学习者在行为、知识、技能或能力等方面发生某种变化。例如，小学生开始学习用笔写字，从不会到会，是一种行为和能力的变化，这就是学习，而且发生的这种变化不是暂时的，是相对持久的。当小学生学会了某种行为或掌握了某种能力以后，再进行重复性活动时，只是运用已习得的技能，在能力和行为上没有发生新的变化，这样的活动就不是学习，如我们在学习活动中用笔写字的活动就不再属于学习范畴。在人们的生活中，还有许多因素也会引起个体行为发生变化，如疲劳、饮酒、外伤、药物等都会引起个体行为变化。疲倦了要睡觉，从睡眠到觉醒机体行为发生了变化，这些变化不是学习获得的，是生理的变化，这些变化是暂时的；睡醒了、伤愈了、酒力或药力消退了，这种变化也就消失了，因此都不能称为学习。另外，学习引起的变化有时并不立即见诸外显的行为，而是一种内部的心理结构的变化，这就是行为潜能的变化。

二、小学生学习的特点

小学生学习的特点，即指小学生这个特定年龄阶段学习的特点，它与人类学习、学生学习具有某些共同点，因此我们将从人类学习、学生学习和小学生学习特点三个方面分别加以介绍。

（一）人类学习的特点

学习是人类和动物共有的现象，但是人类学习和动物学习有本质上的区别。

1．人类学习是积极、主动的

人类和动物虽然都要学习，但动物学习主要是适应自然环境，学习活动主要是满足个体的生理需要，消极地适应自然界的变化。而人类的学习不仅能积极地适应自然环境，而且能主动地适应社会环境并且自觉地、能动地改造客观世界，这是人类学习的主要动力，它是具有社会意义的。同时，这种主动性还体现在学习者在学习中会制定一定的目标，积极探索有效学习的策略和方法，提高学习的效率。

2．人类学习的方式包括直接学习和间接学习

人和动物一样有先天遗传的种族经验，也有后天以直接经验的方式获得的个体经验。人类个体不仅可以通过直接的方式获得直接经验，还可以通过与其他社会成员的交往获得社会历史经验。例如，学生与教师交往可以获得人类社会已经积累的大量文化知识经验，而且，他们还可以从与同学的交往中获得一些社会经验。这些以间接方式进行的学习无论在形式上、内容上都是相当丰富的，是动物的学习所无法比拟的。

3．人类以语言为中介进行学习

人类的学习主要是以语言为中介的，语言具有抽象性和概括性，这使个体不仅能掌握具体的经验，而且可以掌握抽象、概括的经验。正是由于这一点，

人类的心理活动才可能从感知的水平上升到高级的抽象思维的水平, 也只有具有这种心理功能, 人类个体才有掌握社会历史经验的可能性。

(二) 学生学习的特点

学生的学习与人类学习有共同之处, 同时, 还有其特殊性, 这是必须充分注意的。只有掌握了学生学习的特点, 才能促进学生的有效学习。

1. 学生的学习主要掌握间接经验

学生的学习主要是掌握人类已经积累的文化知识经验, 从学习现有的经验、理论、结论开始, 教师可以创设一定的情景或用感性经验加以论证, 帮助学生理解这些知识和结论。例如, 学生在学习加法时, 教师可以用实物呈现, 让学生操作学具, 帮助他们掌握和理解这一概念。学生的学习主要是接受、学习间接经验。学生在学习过程中, 也通过一定的实践活动获得一些直接经验, 这样的实践活动服从于一定的学习目的, 而且主要是验证性地、练习性地帮助学生更好地掌握知识。例如教师带学生到农场去认识一些农作物, 并参加一些力所能及的劳动, 能帮助他们了解大白菜、萝卜、土豆的生长过程, 增加学生的感性认识。

2. 学生的学习是在教师指导下进行的

学生在教师的指导下, 有目的、有计划、有组织地进行学习, 并要在一定的时间内, 完成一定的学习任务, 达到一定的要求。教师是经过专门教育训练的专职教育工作者, 他们按照一定的教育目的, 遵循一定的规律, 有组织、有计划地进行教育教学, 以使学生取得良好的学习效果。同时, 学生的学习承担着一定的社会责任和义务。这种学习与人们在日常生活中的学习不同。日常生活中的学习没有明确的目的和要求, 主要是通过人际间的交往进行, 学习往往有一定的盲目性、偶然性, 而且没有明确的要求和任务。

3. 学生的学习是为未来的生活作准备

学生的学习实际上是一种社会化的过程, 他们在学校里学习系统的科学知识, 形成技能, 发展智力, 并形成科学的世界观和道德品质。也就是说, 学生通过学习不仅获得了科学知识, 而且掌握了社会行为规范, 为将来参加工作做好了准备。但是, 学生在学习过程中, 有时对学习的重要性、紧迫性认识不足, 因此, 在教育教学过程中, 教师必须经常对学生进行学习目的的教育, 通过各种途径和方法激发和培养其学习动机, 调动他们学习的积极性。

（三）小学生学习的特点

小学生入学后，正规的学习成为他们的主导活动。小学生的学习既具有上述学生学习的基本特点，同时又表现出其年龄阶段的特点。

1．小学生的学习动机从直接向长远发展

小学生的学习动机是一个发展的过程，主要表现为从比较短近的、狭隘的学习动机逐渐向比较自觉的、远大的学习动机发展；从具体的学习动机向比较抽象的学习动机发展；从不稳定的学习动机向比较稳定的学习动机发展。例如，小学低年级学生的学习动机往往直接与学习活动相联系：学习是为了得好分数，为了得到家长和老师的表扬等；小学高年级学生更多的是为集体和组织而学习，为争当三好学生、评优秀班集体而学习，为个人理想、祖国前途而学习等。

2．小学生形成初步的学习态度

小学时期是学习态度初步形成的时期，主要表现在对教师、对班集体、对作业的态度上。

（1）对教师的态度。低年级小学生无条件地信任和服从教师，他们对教师有一种特殊的尊敬和依恋之情，教师具有绝对权威性。从中年级开始，小学生逐渐以选择、批判的态度对待教师。他们信任和尊敬思想作风好、教学水平高、对学生尊重和公平的教师。

（2）对班级的态度。小学生开始产生交往和归属的需要。但是低年级学生还没有集体观念，学生之间也没有形成稳定的关系。从小学中年级起，小学生开始了比较有组织的、自觉的班集体生活，初步形成集体的观念，明确意识到自己是班集体中的一员，逐步把集体的要求当作自己的要求，把集体的荣誉当作自己的荣誉。

（3）对作业的态度。低年级小学生还没有把作业看成是学习的重要组成部分，有时能按时完成作业，有时完不成作业。在教师的引导下，才逐渐学会安排一定时间认真地完成作业。

3．学习的思维活动水平从直观向抽象发展

小学生刚入学时，思维活动的水平基本上处在具体形象思维阶段，因此，小学生是通过对实物、模型及形象性言语的直接感知、对学习材料的直接操作来获取知识和技能的。同时，这时学生的模仿性强，有些知识是他们通过对教师和同伴的学习活动的模仿来获取的。到中年级，学生的言语能力有了较大的发展，特别是书面语言能力有所提高，能把自己的思维用日记和作文的形式记录下来，对数学概念可以进行简单的归纳、对比等。到高年级，学生对抽象内

容的兴趣有所提高，阅读、写作能力有很大的改善，数学的抽象运算能力、空间想象能力等都有较大的提高。

根据小学生学习的特点，教师应重视学生良好的学习习惯和正确的学习态度的培养，指导学生掌握一些力所能及的、有效的学习策略和方法。

三、小学生学习的类型

学习现象是非常复杂的，涉及不同的学习对象、内容、形式和水平等。小学生的学习主要是接受人类已经形成的知识经验，因此在这里我们根据小学生学习的内容，对小学生的学习类型进行划分。

（一）知识的学习

知识的学习是学生通过一系列的心智活动接受和获得基本知识，并使学生在头脑中形成相应的认知结构。这一认知结构逐步由简单到复杂，并形成一定的体系。学生要掌握认识世界的基础知识，例如语言学习包括学习汉语和外语，还要掌握口头表达和书面表达的能力；数学方面要掌握数的概念等；此外，还要认识大自然中的花、草、树木、空气和水等。

（二）技能的学习

技能学习包括动作技能和智力技能的学习。动作技能主要是指学习运动的技能和熟练等，例如小学生学习写字、画图、打字，体育活动中的体操、打球、投掷等，这些技能都是由一系列动作所组成的。动作技能学习就是掌握合乎法则的活动方式或完成某种任务的动作方式。

智力技能学习是指学生借助内部言语在头脑中所进行的认知活动中的心智操作。例如感知、记忆、想象、思维等活动的操作方式，也就是在数学运算、作文写作过程中的心智操作方式。

上述技能的学习不仅包括认识操作过程，还包括执行过程，也就是说，不仅要知道做什么、怎么做，还要能够进行实际操作，最终要熟练地掌握这些技能。

（三）行为规范的学习

行为规范的学习主要指道德行为技能和道德行为习惯的形成，即将对主体的外在行为要求转化为主体内在行为需要的内化过程，是一个品德形成的过程。这一类学习包括对行为规范的认识问题、情感问题和行为的执行问题。这类学习是比知识、技能更为复杂的学习。

关于学习的发生、学习的过程以及进行学习的有效途径等问题，教育心理学家进行了一百多年的探索，提出了各种不同的观点和看法，形成了各种各样的理论和派别，并进行了长时间的争论和探讨。近年来各理论与派别之间采取了取长补短、相互吸收的态度，使学习理论的研究得到进一步的发展。下面各节将重点介绍行为主义学习理论、认知学习理论和人本主义学习理论的基本观点以及发展趋势。

第二节　行为主义学习理论

行为主义学习理论强调外界环境对个体学习的作用，认为学习是个体对外界刺激的反应，即刺激—反应（S－R）是基本的模式。代表性的学说有巴甫洛夫的经典条件反射学说、桑代克的联结主义、斯金纳的操作性条件反射学说和班杜拉的社会学习理论等。

一、巴甫洛夫的经典条件反射学说

俄国生理学家巴甫洛夫（I.Pavlov）在 19 世纪末 20 世纪初发现，把食物放在一只饿狗面前，同时发出铃声，这样的程序重复多次后，铃声会引起狗分泌唾液。巴甫洛夫把铃声或无关刺激物称之为条件刺激物，把食物称之为无条件刺激物。条件反射的形成就是条件刺激物和无条件刺激物在时间上的多次结合，在动物的大脑皮层上的两个兴奋点之间形成了暂时神经联系，这就是条件反射形成的生理基础。

巴甫洛夫认为学习就是暂时神经联系的形成，并认为人们的许多行为习惯、知识、经验等就是形成的暂时联系系统。如小学生听见上课铃声就会迅速回到教室上课，这就是条件反射、暂时神经联系的形成。

同时，巴甫洛夫还将由具体刺激物所形成的条件反射称为第一信号系统，如铃声引起学生上课、下课的反应，这种系统人和动物都有。但是人还有言语，由言语或词所形成的条件反射，它是信号的信号，称之为第二信号。如教师说"上课铃响了"，学生很快就回到教室。教师的言语代替了铃声，使学生产生上课的反应。巴甫洛夫的第二信号系统的观点，对于区分人和动物的学习有重要的意义，对学习理论的发展也有贡献。

由于巴甫洛夫提出的条件反射学说，是最古老的对学习生理机制的解释，所以称之为经典条件反射。

二、桑代克的联结主义

美国著名的教育心理学家桑代克（E. Thorndike）依据大量动物学习的实验，发现学习是情境和反应之间的联结，明确提出"学习即联结，心即人的联结系统"。他从事物之间的因果关系出发，认为情境是引起反应的原因，反应是由情境引起的结果。当个体面临一个问题情境时，必须从可能的反应中选择某一种反应，使问题得以解决，这样情境与反应之间形成了联结。例如学生面临 $3+2=?$ 的数学题，正确回答是等于 5，这样 $3+2=5$ 之间形成了联结。桑代克所指的情境就是刺激，因此，他的学习观点即是刺激反应之间形成联结，所以称之为联结主义。

刺激与反应之间怎样形成联结呢？桑代克认为是通过尝试错误的过程实现的，他通过著名的猫打开迷箱的实验论证了这一观点。他将一只饥饿的猫关进一个迷箱里（如图3-2-1），箱外放有食物（鱼等），作为猫逃出迷箱的奖赏。实验开始时，猫由于饥饿寻觅食物，在箱内乱抓、乱跳、乱撞，偶然碰到了箱子的门闩装置，便逃出迷箱，吃到食物。这样经过几次后，将猫放进箱子里，猫触碰门闩装置并逃出箱外所用的时间越来越少，最后经过多次练习，猫似乎"学会"打开门闩，不乱抓乱碰就逃出箱外吃到食物。也就是说猫形成了打开门闩吃食物的联结。因此桑代克认为，人和动物一样，学习就是通过尝试与错误逐渐建立起情境和反应之间的联结，学习是一个渐进的、尝试错误的过程。

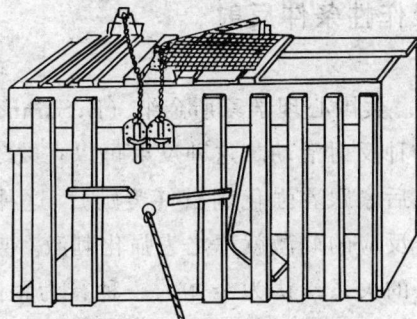

图3-2-1 桑代克的迷箱装置

（资料来源：Thorndike, 1913）

在上述实验的基础上，桑代克提出了促进联结形成的三条原则，也就是著名的桑代克学习律。这三条学习律即是准备律、练习律和效果律。

1. 准备律

桑代克把建立联结的神经系统的结构称为传导单位。他提出，在某种特定情境中对于准备好这样去做的传导单位，这样做是令人满意的，而对于没有准备好这样去做的传导单位，这样做是令人烦恼的。也就是说，开始学习时，如果学生有准备进行学习活动就会感到满意；如果学生有准备却不能进行学习活动就会感到失望；学生无准备而被强制进行学习活动就会感到烦恼。

2. 练习律

练习律又称为重复律。桑代克指出在其他条件相同的情况下，练习可以加强情境和反应之间的联结。也就是说，学会了的反应，经过多次重复练习后，会增加刺激和反应之间的联结，否则联结就会减弱。后来，他发现没有奖励的练习是无效的，于是修改为只有通过奖励的练习才能增强联结。

3. 效果律

效果律即是一个反应如果跟着发生愉快，它就得到加强；如果跟着发生不愉快，它会减弱。这就是桑代克的愉快—痛苦原则。也就是说，当学生的某一行为得到教师的表扬，学生的这种行为在类似情况下发生的可能性就会增加；如果这种行为跟着的是教师的批评，学生重复这种行为的可能性就会减少。这说明当前行为的后果对未来起着关键作用。所以桑代克认为奖励是影响学习的主要因素，学习是通过行为受奖励而进行的。

桑代克的学习联结理论对学习心理学产生的重要影响延续了整整半个世纪。

三、斯金纳的操作性条件反射

20 世纪 30 年代末，美国心理学家斯金纳（B.Skinner）提出了与巴甫洛夫经典条件反射不同的一种反射活动。这种反射可以在缺乏无条件刺激的情况下产生，它是在行为反应后紧跟着强化刺激（奖励），这种反应就有重复出现的可能。凡是能提高操作反应的刺激就称之为强化刺激。斯金纳的观点与桑代克一致，重视行为与后果的关系，认为个体的一种行为跟随着一个愉快的后果，这种行为将再次出现。这种通过操作愉快或不愉快的后果来改变行为的过程被称为操作性条件反射。操作性条件反射具有工具性的作用，能够对环境发生一定的影响，所以又被称为工具性条件反射。比如一名学生早上到学校主动打扫教室的灰尘，教师对这种行为进行了表扬，于是这个学生以后每天早上来学校做保洁工作，使得教室更加整洁了。教师的表扬强化了这种行为，使这种行为产生的频率增加了。

斯金纳认为操作性条件反射是基本的学习行为，并通过实验来论证他的观点。为了进行实验，他发明了一种学习的仪器，人们称之为"斯金纳箱"。箱内设有一个操纵杆，这个操纵杆与提供食物丸的装置相联系，按着操纵杆，食物丸便可以自动出现。如图3-2-2所示，他用此种装置来研究动物的学习，主要的研究对象是白鼠和鸽子。实验是将饥饿的白鼠放进箱内，白鼠偶然按着操纵杆，于是有一粒食物丸出现。白鼠经过多次尝试后，就不断地按压操纵杆来获得食物，压操纵杆成为白鼠获取食物的工具。这就是斯金纳操作性条件反射的典型事例之一。斯金纳箱使人们能在控制的环境下，对动物的反应进行研究，因此对于推进条件反射的研究具有重要的意义。

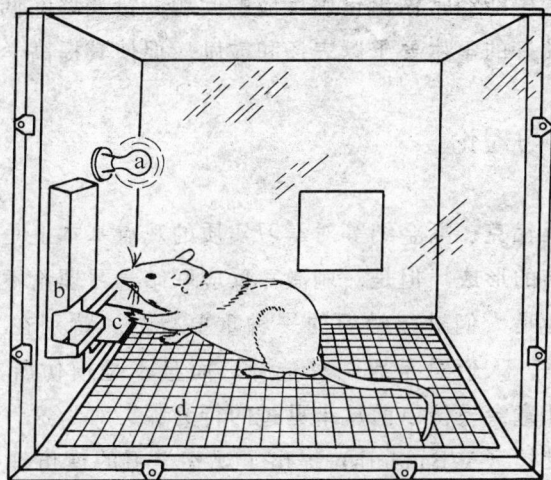

a.灯　b.食物槽　c.杠杆或木板　d.电格栅

图3-2-2　斯金纳箱

(箱内有一个杠杆，动物只要按压杠杆就可得到食物)

斯金纳把人的整个心理活动都看成是操作性的活动，并认为人类的学习也是操作性行为。人类能主动地、自发地进行学习，强化是行为形成和改变的最根本的规律，所以教师的言语的、物质的及时强化对于小学生的学习是非常重要的。斯金纳在此基础上创造了一种获取知识的特殊的教学方法。20世纪50

年代，他提倡的机器教学和程序教学，引起了人们的兴趣和强烈反响，得到了广泛的支持。斯金纳所提出的程序教学的基本思想主要包括以下几点：

1. 小步呈现

根据教材的逻辑系统，编写一系列的问题（刺激）—答案（反应）联结组成一个框面，按由易到难的"小步子"呈现。

2. 积极反应

要求学生对程序中每一个问题作出积极主动的回答。

3. 及时反馈

对学生的反应及时给出标准答案。

4. 自定步调

让学生在学习过程中根据自己的程度或水平确定自己学习的步子，使其学习达到最佳效果。

5. 提高效果

尽量安排使学生能经常做出正确反应的问题，错误率降低到最小程度。对于学习勤奋、成绩好的学生要予以表扬和鼓励，促使其提高学习的效果。

四、社会学习理论

巴甫洛夫、桑代克、斯金纳等对学习实质的观点基本上是一致的，即学习是刺激—反应联结的形成。但是，刺激—反应联结学习理论不能解释人们的模仿行为。模仿行为是人们进行学习的一种重要行为，特别在儿童时期更是常见。在模仿行为中，人们总是有一种选择，而且不是模仿所有受到强化的行为。为什么有时儿童会模仿以前从未见过的行为呢？对于这一问题，美国行为主义心理学家班杜拉（A. Bandura）提出了观察学习的模仿理论，即社会学习理论。

以班杜拉为代表的一些行为主义心理学家对儿童如何获得社会行为很感兴趣，这些行为一般是指合作、竞争、攻击、道德及其他社会反应。班杜拉认为儿童是通过观察他们生活中重要人们的行为而学习社会行为的，即模仿他们生活中人们的行为进行学习的。例如，儿童喜欢的某个影星喜爱踢足球，这些孩子也效仿去踢足球。观察学习或模仿学习是将观察或模仿的行为以心理表象、符号或文字等形式储存在人们的头脑中，也就是以认知的方式，帮助人们模仿行为。所以班杜拉强调认知对行为的影响，这样他在行为主义的观点中，融入了认知的观点，他对认知—行为的结合作出了重要贡献。

班杜拉把观察学习分为注意、保持、复制和动机四个过程。

1．注意过程

注意过程是对观察对象的特征、活动进行探究和知觉的过程，如观察到某一同学帮助他人学习的行为。

2．保持过程

保持过程是将观察或知觉到的行为转化为表象、符号等心理表征，并进一步进行编码，加以储存。例如把观察到的某一帮助他人学习的行为转化为表象出现在头脑中，进而转化为"帮助别人学习"的一串符号，进一步编码归类为助人行为、利他行为。这些表征在头脑中反复加工并记忆、储存在头脑中。

3．复制过程

复制过程是将头脑中关于行为的表象、符号等转化成适当的行为。在这一过程中，要求学习者首先选择和组织反应行为，在信息反馈的基础上进行自我观察。自我效能感在这一过程中是一个重要的因素，它是学习者对自己能否成功地执行某一行为的知觉。学习者认为自己有把握执行这一动作，行为就能进行复制，否则就无法进行。

班杜拉还提出自我效能感形成的四个途径：亲身实践、尝试和体验自己的能力；观察与自己能力水平相似者的活动，以了解自己的水平；别人的鼓励和帮助；自身状况所提供的信息等都有助于提高人们对自己能力的知觉。

4．动机过程

动机过程是在外界刺激的激励下，决定观察某种行为并进行模仿，也就是学习者要模仿某种行为的原因。在这一过程中强化起着非常重要的作用，得到强化的模仿行为更能激起学习者模仿的积极性。关于强化，班杜拉不仅同意有直接强化，还提出了替代强化和自我强化。替代强化是指学习者看到他人受到强化而间接地受到强化。例如教师表扬某一同学助人的行为，其他的同学也受到鼓励而学习这种助人的行为。自我强化是学习者根据一定的行为标准，对自己的行为进行自我评价、自我奖励或惩罚。

另外，班杜拉还提出了自我调节学习的概念，也就是学习者根据自己的标准观察自己，通过自我强化或惩罚，不断调整、修正自己的行为，使其达到应有的标准。

综上所述，我们可以看到班杜拉重视人的行为的内部原因，重视认知在行为中的作用。在行为主义框架中纳入了多种认知过程，如知觉、期望、思维、自我陈述等，因此班杜拉的社会学习理论又称为社会认知理论。

巴甫洛夫、桑代克和斯金纳对学习实质的观点基本上是一致的，即学习是刺激—反应联结的形成。后来人们将他们的学习观点进行了概括，提出了学习的四个基本要素：内驱力、线索、反应和奖赏。这几个因素形成了教育心理学的学习原理，如内驱力形成学习动机的原理；反应形成练习律或积极反应的原理；奖励即是及时强化与反馈等。这些原理在教育实践中为大家所公认。但是它们仍不能完全解释人类的学习行为。班杜拉的社会学习理论解释了人类的模仿行为，对社会行为的学习提供了有力的理论支持，对将行为主义学习观点与认知学习观有机地结合作出了有益的贡献。

第三节　认知学习理论

行为主义学习理论强调外界环境对个体学习的作用，而认知学习理论则强调个体学习的内部心理过程，注重内部心理结构、认知结构对学习的影响。在这方面有代表性的观点有苛勒（W.Kohler）的顿悟说、布鲁纳的发现学习、奥苏伯尔的接受学习和建构主义的学习理论。

一、格式塔的顿悟说

20 世纪 20 年代德国心理学家韦特海墨创立了格式塔学说。格式塔派关于学习强调整体和知觉经验的组织作用，他们持与桑代克的学习观相反的意见，认为学习是知觉的重新组织，知觉经验变化的过程不是尝试错误的渐进过程，而是顿悟。格式塔派心理学家苛勒从 1913 年至 1917 年，用了 5 年的时间，在勃涅立夫岛的大猩猩研究站，以大猩猩为被试进行了大量的学习实验研究，论证了这一观点。

苛勒的实验是给大猩猩设置各种各样的问题，观察它们解决问题的过程。例如在"叠箱问题"实验中，黑猩猩学习取香蕉。问题的情境是这样的：黑猩猩在笼子里，香蕉挂在笼顶上，笼内有几个木箱，单个放着。实验开始时，黑猩猩在箱子上跳来跳去，站在任何一个箱子上面都取不下香蕉。于是黑猩猩跳下木箱蹲在笼子里，对周围木箱和高处的香蕉进行了较长时间的观察，突然它迅速站起来把两个木箱叠放起来，爬上去站在木箱上取下了香蕉。苛勒把黑猩猩的"突然"表现称之为"顿悟"。由此，苛勒认为学习是知觉的重新组织，是个体借助问题情境中的各种事物之间的关系，通过改变它们之间的关系达到解决问题的目的。发现、重新组织事物之间的关系带有突然领悟的性质，因此苛勒认为学习就是一个"顿悟"的过程。同时，苛勒还强调知觉经验的组织作用，认为个体在学习情境中，利用过去的经验正确领会问题情境、组织情境，就会产生顿悟。

格式塔派的学习理论对认知派学习理论家们具有重要的启示，为认知理论的发展奠定了基础。同时，苛勒的学习理论对教学实践也具有重要的指导作用。在教学中，教师向学生提供某些问题情境，让学生通过知觉，观察和理解其内在联系或一定的关系，并调动学生学习的主观能动性，启发他们总结和概括出一般原理，这样可以培养学生的观察能力和独立思考能力。

二、布鲁纳的发现学习理论

美国著名的教育家和心理学家布鲁纳（J.Bruner）提出认知结构的学习理论，他认为学习的实质是学生主动地通过感知、领会和推理，促进类目及其编码系统的形成。他强调学习是掌握知识结构，也就是学习事物之间是怎样相互关联的。他指出："不论我们选教什么学科，务必使学生理解各门学科的基本结构，这是在运用知识方面最低的要求。"

基于上述思想，布鲁纳认为知识的学习是学习者在头脑中将同类事物联系起来，并把它们组织成有意义的结构，也就是学习者主动地在头脑中形成一定的知识结构的过程。什么是知识结构？知识结构是指人们头脑中的知识及其形成的相互关系的总和。它是由学科知识中的基本概念、基本原理按照一定的层级所构成的一种编码系统，如数学四则运算有加、减、乘、除等基本概念，运算时必须遵循先乘除后加减的基本原理。学习的过程是编码系统形成的过程。

布鲁纳认为，知识的学习包括三种同时发生的过程：

第一，是新知识的习得。新知识是以已有知识为基础的，可以对已有知识进行提炼，也可能替代已有知识，所以新知识的获得是一个积极主动的认知过程。如学习四则运算是以加、减、乘、除等知识为基础，同时对已有知识之间的关系按先乘除后加减的新的原则进行重新组织。

第二，是旧知识的转换。在学习过程中，学习者要采用一些策略和方法，把旧知识转换成另一种形式，使其适应新的学习任务。

第三，是知识的评价。在学习过程中，学习者要检查处理新旧知识的方式是否适合于当前的学习任务。

在这个学习过程中，学习者是一个积极主动的信息加工者，因此布鲁纳特别强调内在动机和认知需要在学习中的重要作用，认为这是人类学习与动物学习的本质区别。布鲁纳认为学习一般原理是重要的，但是更重要的是要培养学生具有一种探索新情境、提出问题、推测关系、应用自己的能力解决新问题或发现新事物的态度。在这种思想指导下，布鲁纳提出发现学习，主张教师在教学中要创造条件，让学生通过参与探究活动发现基本原理或规则。他让学生先动手，然后使用想象，最后用符号来表示，进行发现学习。例如，他依据学生踩翘板的经验，设计了一个天平，让学生调节砝码数量和砝码离支点的距离，从而使学生发现乘法的交换律，如 $3 \times 6 = 6 \times 3$。布鲁纳的发现学习不仅调动了学生学习的积极性和主动性，同时可以提高学生的智力潜能，使学生学会发现学习的最优方法和策略，并帮助信息的保持和探索，也就是说，学生按照自己的兴趣和认知结构对材料进行组织时，记忆是最巩固的。布鲁纳的认知结构学习、发现学习对于改进教学、推进教学改革具有指导意义。

对布鲁纳认知结构思想中过于偏颇、不符合实际的观点，例如"任何学科的基础都可用某种形式教给任何年龄、任何人"的观点，我们要注意批判吸收。

三、奥苏伯尔的接受学习理论

美国心理学家奥苏伯尔（D. Ausubel）自 20 世纪 50 年代致力于有意义言语材料的学习和保持的研究，建立了有意义言语学习理论，又被称为"认知同化学习理论"。

（一）机械学习与意义学习

奥苏伯尔根据学习材料和学习者已有知识之间关系的不同，把学习分为机械学习和意义学习。机械学习是学习者对学习材料缺乏理解的单纯重复、死记硬背的学习。一般指对缺乏联系材料的学习或对材料的意义联系缺乏领会的学习，如历史年代、记电话号码、强记数理公式等。什么是意义学习呢？意义学习是指在新知识与学习者已有认知结构中的知识之间建立一种实质性的联系，即在新知识与学习者原有知识之间建立合乎逻辑的有意义的联系。例如，小学生初次学习"祖国"这个词时，首先要让学生理解什么是"祖国"——祖国是我们出生和成长的国家，我们的祖国就是中国，并且把"祖国"这个词和学生头脑中已有的中国地图、国旗、国徽、天安门广场等形象联系起来，这些都是我们祖国的象征；还要和学生头脑中已有的关于北京、上海、新疆、西藏、香港和台湾等省市的形象联系起来，让他们知道我们的祖国是辽阔的。这样使学生对祖国这个词有了一个真实的理解，让学生认识到"祖国"不是一个空洞的符号，而是一个有实际意义的词。这就是一种实质性的联系、一种有意义的学习。

（二）新知识与已有知识的关系

奥苏伯尔认为，学生在课堂教学中的学习应以有意义的接受学习为主，他认为学习就是新知识与学习者认知结构建立联系的过程。新知识与已有知识之间可以构成三种关系：上位关系、下位关系和并列结合关系。如水果是苹果、梨、橘子等的上位概念；苹果、梨等是水果的下位概念；苹果与梨是并列概念。奥苏伯尔还提出已有知识对新知识的获得和保持的影响有三方面：一是原有知识对新知识的可利用性；二是新旧知识之间的可辨别性；三是原有知识的稳定性。为了提高学习的效率，发挥这三个变量在获取新知识中的积极作用，促进学习的有效迁移，奥苏伯尔提出了"先行组织者"的教学策略。"先行组织者"简称组织者，是指在呈现新学习材料之前的一种引导性材料，这种材料的作用是在学生"已经知道的"和"需要知道的"知识之间架设起桥梁，帮助学生更好地掌握新知识。例如，学生学习"祖国"这个词，教师在讲解这个词意之前，可以引导学生回忆每周星期一升国旗的情景或学生曾经到天安门参观的情景，在回忆的基础上，进一步讲述祖国的意义或讲述有关中国人民捍卫祖国尊严的故事，帮助学生理解"祖国"这个词的含义。

（三）学习动机的三个成分

同时，奥苏伯尔十分重视学生的学习动机，并认为在学校教育情境中，学生的学习成就动机包括三个成分：即认知内驱力、自我提高内驱力和附属内驱力。认知内驱力是一种要求掌握知识、技能的需要，它是来源于学生自身需要的一种内部动机。自我提高内驱力是指学生通过自身的努力，胜任一定的工作，取得一定成就，从而赢得一定的社会地位的需要，它指向社会地位，力量来源于外部，是一种外部动机。附属内驱力是指学生为了获得长者或权威（如家长、教师）的赞许和认可的需要，它的动力也来源于外部，是一种外部动机。奥苏伯尔认为学生学习成就动机的三个成分在动机中所占的比重，随着学生年龄、性别、文化等因素的变化而变化。他主张在教学过程中应鼓励学生的内在学习动机，采取先行组织者的教学策略促进学生的学习。

四、建构主义学习理论

对于学习，建构主义在认知理论的基础上对学习理论作了进一步的发展。当今的建构主义者虽然认为世界是客观存在的，但认为对于世界的理解和赋予意义是由每个人自己决定的。人们是以自己的经验为基础来建构或解释现实的，由于个人的经验以及对经验信念的不同，因此对外部世界的理解也不同。

建构主义者把学习看成是学习者通过新旧经验间双向的相互作用建构自己的经验体系的过程，强调学习的主动性、社会性和情境性，对学习和教学提出了许多新的见解。

（一）学习的主动性

学习的主动性是指学习是学习者主动建构的过程。美国心理学家维特罗克（M. Wittrock）认为，学习是学习者通过原有的认知结构，与从环境中接受的信息相互作用来生成信息意义的过程。他认为，人脑不是被动地学习和记录外界输入的信息，而是主动建构对输入信息的解释，主动地选择一些信息，忽视一些信息，从中得出推论。学习过程同时包含两方面的建构：一方面是对新信息意义的建构，另一方面又包含着对原有经验的改造和重组。

（二）学习的情境性

学习的情境性是指学习环境中的情境必须有利于学生对所学内容的意义建构。也就是说，教学设计不仅要考虑教学目标分析，还要考虑有利于学生建构意义的情境创设，并把情境创设看作是教学设计中最重要的内容之一。

（三）学习的社会性

学习者以自己的方式建构对于事物的理解，不同的人看到的是事物的不同方面，不存在惟一的、标准的理解。但是，通过学习者合作可以使理解更加丰富和全面。因此，合作学习受到建构主义者的广泛重视。

合作发生在学习过程的始终。合作对学习资料的搜集与分析、假设的提出与验证、学习结果的评价乃至意义的最终建构都是重要的。会话即是协作过程中不可缺少的环节。学习小组成员之间必须通过会话讨论如何完成规定的任务。

（四）建构主义的教学方法

建构主义从上述学习观出发，提出了一些教学方法。

1. 随机通达教学

这种教学方法认为，对同一内容的学习要在不同时间多次进行，每次学习都要对所学内容进行重新改组，而且目的不同，分别着眼于问题的不同侧面。这不是简单的重复，每次学习的情境会有不重合的方面，这样使学习者对所学的内容有新的理解。这种教学把概念放到一定的实际具体情境中，每一个概念都要有充分的实例说明不同方面的含义，这种学习使学习者可从多角度理解学习的内容。如"垂"这个概念，我们可以用这样的实例说明：⊥，也可以从不同角度来说明：├ ┬ ┤，这样就能说明"垂"的本质属性是两线相交90°，而两条线的方向可以从不同角度发生变化。

2. 自上而下的教学设计

建构主义者批判了传统的自下而上的教学设计，认为它过于简单化。他们在教学进程的设计上遵循相反的路线，自上而下地展开教学进程，即首先呈现整体性的任务，让学生尝试发现完成整体任务所需完成的子任务，以及完成各级任务所需的知识、技能，在掌握这些知识技能的基础上，使问题得以解决。在教学中，教师要提供更好的理解和解决问题的工具，使学生能单个地或在小组中进行探索，使其完成各项子任务，最终使整体任务得以完成。

3. 情境性教学

建构主义认为教学应使学习在类似现实情境中发生，以解决学生在现实生活中遇到的问题为目标。这样教学过程要与现实问题的解决过程相类似，教师不要把已准备好的知识直接教给学生，要提供解决问题的原型，指导学生进行探索，让学生在探索中学会解决具体问题。学习中对具体问题的解决过程本身就反映了学习的效果。由于是在真实性任务中解决问题，学生就有主人翁感，任务就具有挑战性，解决了问题实际上就是受到奖励，因此容易引起学生学习的内部动机。

4. 支架式教学

支架的本来含义是建筑行业中使用的脚手架，这里用来形象地说明一种教学模式。支架式教学是由教师将学生引入一定的问题情境，并且提供可能使问题获得解决的知识或技能，然后教师为学生确立目标，让学生进行尝试性探索。教师可以进行启发引导，可以做演示，提供问题解决的原型，也可以给学生以反馈等，但要逐渐增加学生自己对问题探索的成分。最后，教师要逐步让位，使学生自己独立探索，由学生自己决定探索的方向和问题，选择自己的方法，这时不同的学生可能会探索不同的问题。

综上所述，建构主义论述了认识的建构性原则，揭示了认识的能动性。目前建构主义的学习理论系统性不够强，还没有形成独立的、系统性的理论体系，还需进一步发展与完善。

第四节　人本主义学习理论

人本主义心理学是 20 世纪 50 年代末 60 年代初兴起于美国的一种心理学理论，并在六七十年代得到迅速发展，引起了很大的社会反响。作为西方心理学发展的新趋势之一，人本主义心理学被称为继精神分析和行为主义之后的现代心理学的"第三势力"。其主要代表人物是比较心理学家和社会心理学家马斯洛（A. Maslow）和教育改革家罗杰斯等人。

一、马斯洛的学习理论

马斯洛是人本主义心理学的主要发起人和理论家，他依据自己的研究及有关的心理学资料，提出了人本主义心理学的一些基本观点，并应用于人类生活的有关领域。

（一）马斯洛的动机理论

马斯洛以对人类基本需要的理解为依据，提出了著名的动机层次论。他把人的需要分为七种，即生理、安全、归属和爱、尊重、认知、审美和自我实现。他认为这些基本需要具有类似本能的性质，是由人的潜在能量决定的，它们组成了一个具有相对优势的需要层次。当低一级的需要得到满足后，人就可以从这种需要的支配中解脱出来，依次产生高一级的需要。人的动机是有层次的，由低级向高级发展（如图 3-4-1 所示）。

马斯洛依据人类需要的不同特点，又把需要分为两种：一种称之为缺失性需要，即这种需要如果得不到满足，个体的身心就得不到正常的发展，甚至危及生存，它包括生理、安全、归属与爱以及尊重的需要。另一种是成长性需要，即个体在事业和前途方面发展的需要，它包括自我实现、认知和审美的需要。这类需要是一种不断增长的需要，人类的动机有两种主要形式——缺失性动机和成长性动机。马斯洛认为缺失性动机是动机的消极形式，因为人的某种

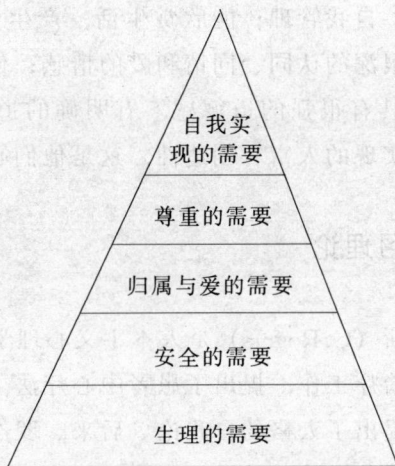

图 3 - 4 - 1　人类需要的层次

（资料来源：Maslow, 1968）

缺失性状态，如饥饿、恐惧或孤独等，会造成机体不断增强的紧张，缺失性动机正源于这种紧张，这种需要得到满足，紧张也会得到缓解。但成长性动机是积极的形式，它通过人的成长、发展和提高表现出来，需要的满足不是通过欲望的减弱，而是通过生活目标的实现来满足的。在缺失性动机中，紧张是令人痛苦的；但在成长性动机中，紧张却是令人兴奋的。受成长动机支配的人，不力求紧张的缓解，反而不断为自己树立新目标使紧张程度升高，成长性动机是心理健康的标志。

（二）学习的目的是自我实现

马斯洛认为学习的根本目的是自我实现，是完满人性的形成。所谓自我实现指的是个体的潜能得到充分的发掘和利用，能充分发挥人的友爱、合作、求知、审美、创造等潜能，使个体达到最佳状态。潜能的充分发挥能给人以最高的喜悦，马斯洛称之为高峰体验。马斯洛把以自我实现为目的的学习称为内在学习，这种学习是自我奖赏的，不需要外部强化。

马斯洛根据自己对一些著名人物所做的个案研究，概括出自我实现者所共同具有的特征。自我实现的人不仅能充分准确地知觉现实，而且能与现实保持良好的、适宜的关系；能够接受自己、他人和自然，具有民主的性格结构；他们能宽容和接受一切人；自我实现者的行为具有相对的自发性，以单纯、自然为特征；自我实现的人是以问题为中心，而不是以自我为中心，他们热爱并献身于自己的工作和事业，工作本身是最高的享受；自我实现的人独立自主，不依赖于环境，自我决定、自我管理；能欣赏生活，产生"高峰体验"；自我实现的人对人类怀有一种很深的认同、同情和爱的情感；他们关心社会，愿意帮助他人；自我实现的人具有很强的道德感，有明确的道德标准，能区分善与恶、正确与错误；自我实现的人富有创造性，这是他们心理健康的一种表现。

二、罗杰斯的学习理论

美国心理学家罗杰斯（C.Rogers）是人本主义心理学的重要代表之一，早年主要从事心理咨询和治疗工作，提出了患者中心疗法，同时他在人格理论研究方面也有很大成就，提出了人格的自我论。后来，罗杰斯将已有理论推广到教育和教学领域，形成了独具特色的学习理论。

（一）意义学习

罗杰斯主张学习是意义学习或称之为完整人的学习。他认为学习应该是与个人的生活、实践息息相关的学习。学习的内容和材料应该是学生所关心的，能够影响学生的感情，推动学生的行为，有助于学生个性的形成与发展。如果让学生自己选择学习的目标和方向，自己提出问题，自己搜集和发现学习的资料，自己决定并采取行动，这样就能亲身体验到学习的过程和结果，可以收到最大的学习效果。同时，对于学习的评价主要是学生的自我评价，这样使学生的创造性、独立性和自主性能得到充分的发展。

（二）自由地学习

罗杰斯认为每个学习者是一个独特的个体，有自己的感情和完善自己的倾向，这种倾向只有在能体验到无条件的积极关注和自由时才能得到最好的发挥。由此可见，罗杰斯所提倡的意义学习是以自由为先决条件的，即允许学生自由地进行自发的、自我依赖的学习，在这种学习系统中，教师所扮演的是一个促进者的角色，学习者可以自由地去实现自己所有的潜能。

（三）学习者中心

罗杰斯认为，人的本性是好的、是积极向上的，人类具有学习的自然倾向或学习的内在潜能，学习者是一个有目的、能够选择和塑造自己行为并从中得到满足的人。因此，他提出教学中应以学生为中心，反对把学生看作"较大的白鼠"和"较慢的电子计算机"，认为学校和教师应该尊重学生，给学生以充分的选择和发展的自由，创造一切机会和条件，促进学生的学习和变化，真正把学生视为学习活动的主体和中心。他认为这种教育、教学模式培养出来的人才是社会所需要的人。

（四）学习的动机和目的

罗杰斯认为自我实现倾向乃是人类的基本动机，是学习的主要因素。他设想真正接触生活问题的人（学习者）是希望学习、盼望成长、寻求发现、期望精通、渴望创造的，教师的作用就是为学习的产生创造合适的气氛，允许自我实现倾向的自由发展。教师只是一个促进者，通过发展一种有益于自我激励、自我实现的意义学习的气氛，来促进学生自由地学习。总之，意义学习的动机产生于人类基本的自我实现倾向。受自我实现倾向所驱动的人，明确地知道自己渴望学习什么。教育的目的是使学生成为一个能充分发挥作用的人。

（五）学习的促进

罗杰斯是把教师作为学习的促进者来对待的，这意味着促进者和学习者是平等的关系，共同组成了一个学习小组。罗杰斯认为促进意义学习的关键是存在于促进者和学习者之间的某些态度品质，这种态度品质表现在以下几方面。

第一，促进者的真实性，即教师与学生之间所建立的关系没有戴面具，能进行情感交流、直接的个人接触，形成良好的人际关系。

第二，教师对学生应无条件地积极关注、赏识、接受和信任他们。也就是说教师能够赏识学生，赏识他的情感、他的意见、他的为人，体现一种非占有式的关心；把学生作为独立的人来接受；对学生有基本的信任，相信他是值得信赖的，相信他们能够发展自己的潜能。

第三，移情理解。教师要站在学生的立场上观察世界，体验学生的感受，深入理解学生的内心世界，设身处地地了解学生的感情和想法，而不是站在教师的立场上评价学生、判断学生。罗杰斯相信，如果教师每天都努力对学生的情感作无评价的、接受的、移情的反应，那么他将发现这一态度品质所具有的巨大力量。

人本主义学习理论重视人与动物的本质区别，强调对人的学习的研究，相信人的本性是好的、积极向上的；强调意义学习、影响学生的行为与态度及性格的学习，突出学习中的情感成分，重视对学生的人格的完善；强调学生的主观能动性，尊重学生的兴趣爱好，把学生作为学习活动的主体和中心。人本主义学习理论向传统的以教师为中心的学习和教学模式提出了挑战，对学习理论的发展有很大贡献。但是，人本主义学习理论也有它的局限性，过分强调先天潜能在学习中的作用，片面强调自由选择和自我设计，忽视了人的心理和行为的社会制约性。同时，学生的身心发展是不成熟的，他们能否有效地从事自我选择、自我指导、自我发展是令人担心的。另一方面，人本主义学习理论有意无意地忽视了学生对系统科学知识和技能的掌握。不可否认，情感因素是学习活动的重要成分，学生人格的完善是教育的目标之一，但决不能因此而忽视向学生传授人类积累下来的科学知识和技能。

小 结

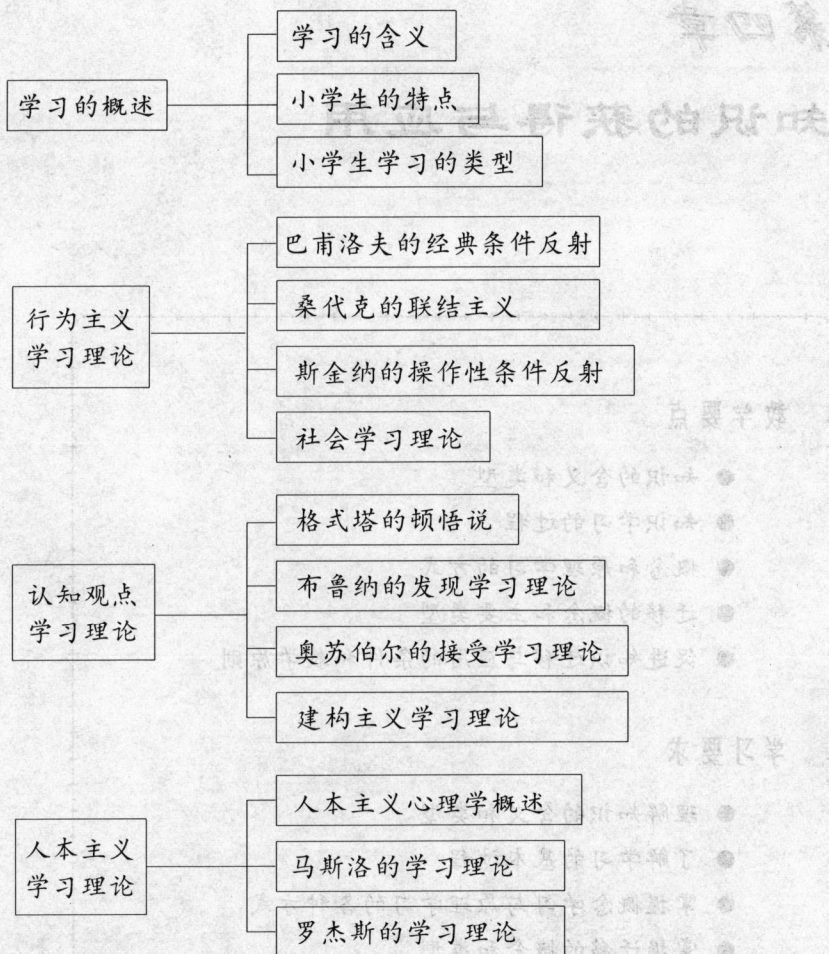

思 考 题

1. 名词解释
   学习　顿悟　发现学习　意义学习
2. 小学生学习的特点与类型有哪些?
3. 有代表性的行为主义学习理论有哪些?
4. 建构主义学习理论的主要内容是什么?
5. 试评述人本主义学习理论。

第四章

知识的获得与应用

教学要点

- 知识的含义和类型
- 知识学习的过程
- 概念和原理学习的方式
- 迁移的概念和主要类型
- 促进知识迁移与应用的条件和教学原则

学习要求

- 理解知识的含义和类型
- 了解学习的基本过程
- 掌握概念学习与原理学习的各种方式
- 掌握迁移的概念和类型
- 理解促进知识迁移与应用的条件和教学原则

☆ ....

引　子

知识就是力量

你若问一年级的小学生："一盒水彩笔有 12 根，4 盒有多少根?"他们会一盒一盒地加起来，最后告诉你有 48 根。同样的问题问二年级的学生，他们会快速地告诉你："12 乘以 4，等于 48 根。"很显然，这就是知识获得与应用的结果：一年级学生解决问题利用的是加法运算知识，而二年级学生利用的是乘法运算知识。一般来说，学生掌握的知识越多，解决问题的能力越强。然而，学生掌握和运用知识的过程并不是自然发生的，需要教育者根据知识学习规律给予正确引导。为此教师和其他教育工作者有必要了解知识获得与应用的特点和规律，承担起科学地培养学生的责任。

本章将重点介绍知识的含义与类型，知识学习的过程，概念与原理学习的特点、规律以及促进知识迁移与应用的条件和教学原则。

.... ☆

第一节　知　识　概　述

一、知识的含义

通常我们把知识看作是人们对事物属性与联系的认识，是客观世界在人脑中的主观映象，并表现为对事物的知觉、表象、概念、法则等，这些看法是在哲学层面上对知识的描述。

从心理学观点来看，知识是个体头脑中的一种内部状态。根据现代认知心理学的观点，我国心理学者把知识定义为：主体通过与其环境相互作用而获得的信息及其组织。这是一种广义的知识，它贮存于个体头脑内即为个体的知识，贮存于个体外（如书本、光盘上）即为人类的知识。

二、知识的分类及表征

知识是现代认知心理学研究的一个重要概念，认知心理学家把广义的知识分为两大类：一是陈述性知识，二是程序性知识。不同类型的知识在人脑中表征与贮存的方式不同，因而习得的过程与有效学习的条件也就不同，测量与评价的标准也不同。所谓表征是指信息被记载和表示的方式。要理解知识的获得与应用，首先要了解不同类型的知识在人脑中的不同表征方式。

（一）陈述性知识及其表征

陈述性知识主要是指作为言语信息的知识，用于回答"是什么"的问题。如"北京是中国的首都"、"圆的周长与直径之比等于 π"等都属于陈述性知识。这类知识与我们平常所讲的"知识"内涵比较一致，因而称之为狭义的知识。陈述性知识可以进一步分为三种类型，由简到繁依次为：符号，关于事物名称的信息；事实，表达两个或两个以上有名称的客体或事件之间关系的言语陈述；有组织的知识，指由许多单个事实连接成的大的知识整体。

陈述性知识主要以命题、命题网络和图式的形式来表征。

1. 命题

命题这一术语来自于逻辑学，是表达判断的言语形式，由一个关系词把主词和宾词联系而成，例如"北京是中国的首都"。在心理学中，命题是用词语表达意义的最小单位，人们可以借助于对命题的理解来认识事物、获得知识经验，所以知识的获得是通过命题学习实现的。命题用句子表达，但一个句子并不等于一个命题。例如："蚂蚁吃了甜果酱"这个句子中就包含了两个命题：命题1是"蚂蚁吃了果酱"，命题2是"果酱是甜的"。第一个命题中的"蚂蚁"和第二个命题中的"果酱"是主词，"吃了"和"是甜的"分别是两个命题中的关系词，命题1中的"果酱"属于宾词。这两个命题可以用图 4－1－1 和图 4－1－2 来表示（图中 S 代表主体，O 代表客体，R 表示关系）：

命题 1（简写为 P_1）：

图 4-1-1 命题 1 图示

命题 2（简写为 P_2）：

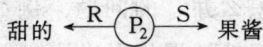

图 4-1-2 命题 2 图示

简单的事实可以通过一个或两个命题就能表达清楚，但复杂的、有组织的知识则要通过命题网络来表现。

2. 命题网络

命题网络是由若干个包含共同成分的命题彼此联系组成的，也就是说，若干个命题具有共同成分，通过这种共同成分，可以把若干个命题彼此联系起来组成命题网络。如上面两个命题中包含一个共同成分"果酱"，通过它可以把两个命题联系起来表达一个复杂的事实："蚂蚁吃了甜果酱"，参见图 4-1-3：

图 4-1-3 命题网络图示

3. 图式

著名认知心理学家安德森（J.R.Anderson, 1980）认为：命题适用于表征小的意义单元，当涉及一些特殊概念较大的、有组织的信息组合时，命题表征是不合适的。例如，关于"房子"的知识，如果简单地用"房子是人们的住所"这一命题来表征，显然不能包容有关"房子"的全部知识，因为关于"房子"的知识还可能包括以下一些方面：

（1）房子是一种建筑物。

（2）房子由一个个房间组成。

（3）房子可以用木头、砖头和石头建造。

（4）房子有门窗。

……

以上几个命题虽然列举出一些关于房子的事实，却不足以表明这些事实之间相互联系的结构。事实上，人们在把握这些事实的时候，往往是从多个维度、按照多种属性来理解的。例如：命题（1）讲的是房子的上位集合，命题（2）讲的是房子的结构，命题（3）讲的是房子的建筑材料，命题（4）讲的是房子的组成要素，所有这些均称为事物的属性。按照事物的属性组合来贮存知识的方式称为图式。图式与命题网络相比是更一般、更抽象的知识贮存方式。

（二）程序性知识及其表征

程序性知识用于回答"怎么办"的问题，例如："1/10＋1/3怎样计算？"回答这类问题使用的就是程序性知识。现代认知心理学认为程序性知识与人们常用的技能概念（尤其是智慧技能和认知策略）相吻合，因为技能总会涉及到人会做什么和怎么做的问题，它以程序性知识的掌握为前提。

程序性知识的表征是通过产生式（production）实现的。产生式这个术语来自计算机科学，指的是一系列以"如果—则"或"如果—那么"形式编码的规则，它是表征程序性知识的最小单位。例如鉴别一个图形是不是三角形的产生式：

如果　已知一个平面图形
　　　　且该图形有三条边
　　　　且三条边是封闭的
则　　　判定此图形为三角形。

实际上，产生式所描述的是人们进行心理运算的过程。按照简单的产生式进行心理操作只能完成单一的活动，而有些任务则涉及到一连串的活动，因而需要许多产生式的联结。若干个简单产生式联结在一起便可组成复杂的产生式系统，保证复杂技能的形成。

三、知识学习的过程

现代认知心理学一般把人类知识学习的过程看作是信息加工的过程，下面我们介绍两种比较典型的观点。

（一）加涅的学习与记忆的信息加工模型

在这个模型中，加涅把学习过程看作是由操作、执行控制和预期三个系统协同作用的过程。

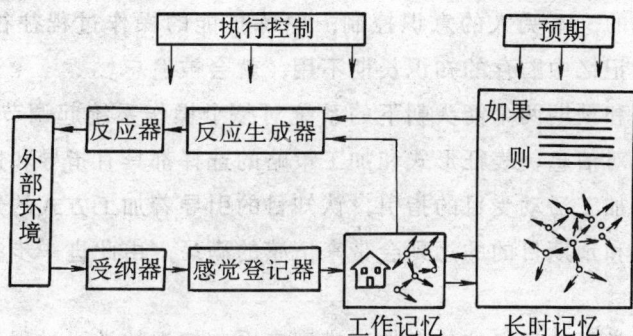

图4-1-4 学习与记忆的信息加工模型

操作系统由受纳器、感觉登记器、工作记忆（包括短时记忆）系统、长时记忆系统、反应生成器和反应器组成。

受纳器是信息的接收部分，包括人的眼、耳、鼻、舌和皮肤等，分别负责接收视觉、听觉、嗅觉、味觉和触觉信息。外界输入的信息在感觉登记器中保持极短暂的时间，一般在0.25～2秒之间，这一时段内的信息暂存称为瞬时记忆或感觉贮存。瞬时记忆系统只暂存信息，不对信息做任何加工。

经过注意，瞬时记忆系统中的信息即可进入工作记忆。工作记忆系统同时承担着对信息短时贮存和加工操作两种功能，因而在学习、思维和问题解决过程中起关键作用。工作记忆所加工的信息，一方面来自瞬时记忆系统，另一方面来自长时记忆系统。经过工作记忆加工的信息，或者进入长时记忆储存起来，或者直接引起行为，对环境施加影响。工作记忆的容量有限，研究者使用字母和数字材料进行实验，测得工作记忆的容量一般为4或5个信息单位。在工作记忆系统中，信息被记载和表示的方式（表征方式）有两种：一是表象表征，表象可能是视觉形象，如一幅图画的形象，也可能是声音形象，如一个人说话的声音形象；二是抽象的语义命题表征，例如，学生在进行心算时，从长时记忆中提取出运算法则和对当前数量关系的分析、概括就是通过命题表征实现的。

工作记忆中的信息经过加工和复述进入长时记忆。长时记忆系统是已有知识的贮存系统，其容量无限。现代信息加工心理学家把长时记忆中贮存的知识一般分为陈述性知识和程序性知识。长时记忆中信息通过两条途径进入反应生成器，一是长时记忆中的信息被提取回到工作记忆，再由工作记忆进入反应生成器，引起反应，这时人们对信息的提取和加工过程是有意识地进行的；另一条途径是长时记忆中的信息直接进入反应生成器，引起反应，在这种情况下反应是自动完成的，不受人的意识控制，熟练技能的操作过程往往属于这种情况。如果长时记忆中贮存的知识长期不用，就会被遗忘。

执行控制和预期两个箭头朝下的系统对整个操作系统起调节和控制作用。执行控制系统对信息、表征形式和加工策略的选择都具有指导和监控作用。预期指人的信息加工活动受目的指引，认知目的引导着加工方式的选择。认知加工活动的实现和预期目的的达到会带来情感的满足，由此进一步激励新的认知活动。

从加涅的学习与记忆的信息加工模型来看，知识的学习过程经历着一个信息输入—编码—加工—贮存—提取—输出的过程，根据这样的信息流程和执行控制与预期系统的作用，加涅进一步把学习过程划分成八个相互联系的阶段：动机阶段；领会阶段；获得阶段；保持阶段；回忆阶段；概括阶段；动作阶段；反馈阶段。加涅指出，与各个阶段相应的心理状态不是自发产生的，而是在教学影响下出现的。

（二）梅耶的学习过程模型

梅耶（R.E.Mayer）是美国当代著名的认知心理学家，他于1987年提出了一个简化的知识学习过程模型，如图4-1-5所示：

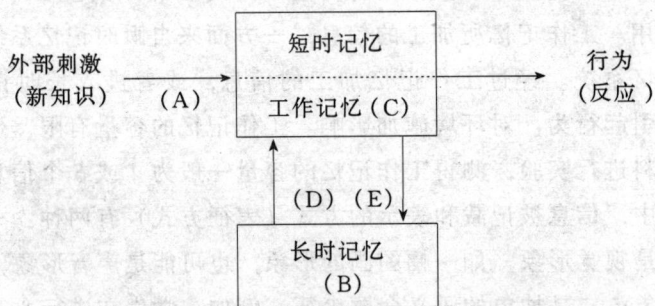

（A）=注意　（B）=原有知识　（C）=新知识的内部联系
（D）=新知识与旧知识的联系　（E）=新知识进入长时记忆

图 4-1-5　学习过程模型①

上述模型比较简捷地描述了知识学习的基本过程。从外部看，学习过程的两端是外部刺激（新知识）和可观察或可测量的行为（反应）。从内部看，学

---

① 邵瑞珍主编：《教育心理学》（修订本），44页，上海，上海教育出版社，1997。

习过程始于学习者的注意（A），注意使学习者的经验指向于与当前学习任务有关的外界信息并激活相关的原有知识（B）；当新知识进入工作记忆（短时记忆）以后，学习者找出新知识各部分的内部联系（C）；然后学习者把新知识与原有的相关知识联系起来，找出新旧知识间的相同点和不同点（D）；最后，新学习的知识进入长时记忆（E）。

　　上述两个模型分别对知识学习的动态过程做了描述。从两个模型的对比来看，加涅所描述的学习过程比较笼统地描述了学习过程中信息的流程。梅耶提出的学习过程模型则进一步描述了在学习过程中学习者内部发生的一系列互动关系，包括学习者与外部刺激、新知识与旧知识以及新知识内部之间的相互作用，揭示了学习的主动理解和建构过程。

第二节　知识的获得

一、概念学习

　　概念是思维的基本单位，是构成知识的基本成分。在日常生活中，我们时时刻刻在使用概念表达思想，理解事物，所以学生获得知识的一个主要方面就是概念学习。

（一）概念的含义

　　概念是人脑对一类事物的本质特征的认识，如花、草、植物、动物等都是概念。事物的本质特征（又可称为概念的定义特征或共同关键特征）是决定事物性质并使一事物区别于其他事物的特征；非本质特征（又可称为非定义特征）则是对事物不具有决定意义的特征。概念这一术语连同它的定义听起来都很抽象，其实它的内容非常具体。我们嘴里说的、心中想的、耳朵里注入的每一个词汇都代表着一定的概念。如"书"这个词代表的就是一类学习用品，"游泳"代表的是一类体育活动，"红色"代表的则是事物的一类属性，所以都把它们称作"概念"。

　　概念一般包括四个方面：概念名称、概念定义、概念例子和概念属性。以"等边三角形"为例："等边三角形"一词就是概念的名称；"等边三角形是平面上有三条等边和三个等角的简单封闭图形"就是概念的定义。概念的例子包括正例和反例，正例如：

由这些图形可以得出一个结论：凡一切符合等边三角形本质特征的图形，不论它的大小和颜色，也不论它的位置和方向，都是等边三角形的正例。而一切不符合等边三角形本质特征的图形都是等边三角形的反例，如：

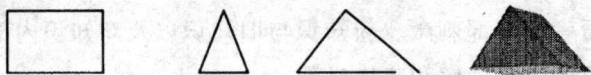

所有概念正例共同的本质特征称为概念属性，例如："在平面上"、"封闭的"、"三条边相等"、"三个角相等"，这几个等边三角形的本质特征就是等边三角形的属性。

在概念的正例中，除了包含概念的本质特征以外，还包含一些概念的非本质特征，如三角形的大小、颜色、位置和方向等就是三角形这一概念的非本质特征。在概念学习中，如果错把非本质特征当作本质特征，就会出现概念错误。如儿童经常把"有翅膀、会飞"等非本质特征当作鸟类的本质特征，因而会错误地把蝙蝠归入鸟类。

（二）概念的种类

1. 日常概念和科学概念

日常概念又称为前科学概念，它是人们在日常生活中通过辨别学习、积累经验而掌握的经验。日常概念中包含着一些非本质特征。例如："地球是圆形的"、"月亮能发光"等等。科学概念是通过科学研究揭示出来的事物的本质特征。小学儿童的科学概念一般要通过教学过程习得。儿童头脑中的日常概念有时与科学概念一致，有时又会出现不一致，例如上面举出的"地球是圆形的"和"月亮能发光"两个日常概念就与科学概念不相符。因此教师在教授科学概念时，要注意同学生头脑中相应的日常概念进行比较，二者一致时，可以利用日常概念帮助理解科学概念；二者不一致时，要通过比较、辨别和运用充分的科学依据纠正日常概念中的错误。

2. 具体概念和定义性概念

这是根据概念的获得方式进行的分类。具体概念是指可以通过直接观察获得的概念，如小轿车、吉普车、公共汽车，红色、黄色、蓝色等。定义性概念则是只能通过概念的定义才能获得的概念，如物理学中的速度、功、功率等。

3.初级概念和二级概念

这是奥苏伯尔根据概念的抽象程度所做的分类。初级概念是通过对正反例的分析概括揭示出来的概念，如小学一二年级数学教材中的圆、三角形、角、直角、米、厘米、减数、被减数等概念都是通过呈现正反例子，在对正反例子进行分析、比较、概括的基础上揭示出来的，所以它们都属于初级概念；二级概念是直接用定义的形式揭示出来的概念，例如："1/2"这一概念，就是通过定义"把整体1平均分成2份，取其中的1份，就叫做1/2"来揭示的。二级概念的抽象水平高于初级概念。小学低年级学生掌握的大部分概念属于初级概念，随着儿童知识的增长，有些初级概念还应该转化成二级概念。例如小学教学中圆、角等概念是以初级概念形式呈现的，而在中学几何课本中圆、角概念都是以严格的科学定义形式呈现的。通过二级概念，学生对知识的掌握可以达到更高的水平。

4.难下定义的概念和易下定义的概念

难下定义的概念是关键特征不明显、不易用某种规则揭示出来的概念，如书、家具、游戏、学习、智力等。易下定义的概念是关键特征明显、容易用某种规则揭示出来的概念，如圆形、三角形等。

(三) 概念学习

概念学习就是理解和掌握一类事物共同本质特征的过程。概念学习一般包括两种形式：概念形成和概念同化。

1.概念形成

学习者通过比较、辨别大量的正反例子，从中归纳出一类事物的本质特征的过程，就叫做概念形成。概念形成是儿童在生活中掌握日常概念的主要形式，也是小学儿童获得初级概念的一种典型方式。例如，儿童学习"汽车"这一概念最初是听大人指着"小汽车"说"汽车"，后来知道了"大卡车"、"公共汽车"、"送货车"，此后，他就逐渐理解了"汽车"这一概念的本质特征。又如，小学儿童的各种几何图形概念，往往是经过对大量各种各样几何图形的辨别、分类，并在此基础上加以概括形成的。

对于抽象水平较高的二级概念或定义性概念，其概念形成过程是学习者通过审慎地辨别正反例子的特征提出假设，并通过教师或其他人的肯定或否定反馈，重新提出假设并检验假设，最后把通过检验的假设推广到同一类事物的其他例证上去，才能最终获得概念。在教学情境下的概念形成一般要经过上述过程。

在教学中，为了促进学生的概念形成，教师需要向学生提供大量的正反例，并采用发现式的教学方法。例如，有人对"质数"和"合数"这两个定义性概念进行了概念形成式的教学实验，被试为小学三年级学生。实验时，先向学生呈现下列材料。

表 4-2-1　材料一及被试与主试的反应

呈现材料		被试的回答	主试的反应
$2=2\times1$	2是质数		
$3=3\times1$	3是（　）数	质数	对
$4=4\times1=2\times2$	4是合数		
$5=5\times1$	5是质数		
$6=6\times1=2\times3$	6是（　）数	合数	对
$7=7\times1$	7是质数		
$8=8\times1$	8是（　）数	质数	错
$9=9\times1$	9是合数		

表 4-2-2　材料二及被试和主试的反应

呈现材料		被试的回答	主试的反应
$10=10\times1=5\times2$	10是（　）数	合数	对
$11=11\times1$	11是质数		
$12=12\times1=3\times4=6\times2$	12是合数		
$13=13\times1$	13是（　）数	质数	对
$14=14\times1$	14是（　）数	合数	对
$15=15\times1$	15是合数		
$16=16\times1=4\times4=8\times2$	16是（　）数	合数	对
$17=17\times1$	17是（　）数	质数	对
$18=18\times1=6\times3=9\times2$	18是合数		

第一个材料学完后，主试问学生："为什么8是质数？"学生回答"后面有一个等号的是质数，8后面只有一个等号，所以8是质数。"可见学生还没有发现质数的本质特征——"只能被1和它自己整除的数是质数"。被试对第二个材料的反应全部正确。为了进一步检验学习效果，主试又向学生呈现了19，20，21，22，23，24，25，26，27，28，学生能够正确指出19和23是质数。

至此可以推断该学生已经掌握了"质数"与"合数"这两个定义性概念。

以上教学实验案例表明：概念形成就是通过辨别正反例子的特征提出假设，并通过教师的反馈检验假设，最后把通过检验的假设推广到同一类别的其他例子上去的过程。

2. 概念同化

概念同化是指教师以定义的方式直接向学习者揭示概念的关键特征，学习者利用认知结构中原有的有关概念理解新概念。例如学习"平行四边形"这一概念时，教师直接说出平行四边形的定义："平行四边形就是两对边平行且相等的四边形"。学生掌握的过程是：首先接受新概念（平行四边形），并与自己认知结构中原有的概念（四边形、对边、平行）联系起来，把新概念纳入到原有的概念（四边形）中；其次，学生必须精确区分新概念（平行四边形）和原有的有关概念（如梯形、一般四边形）之间的差异；最后学生还需要使一般四边形、梯形和平行四边形等概念融合、贯通成一个整体结构，以便于记忆和运用。概念同化方式运用得当同样是一种积极、主动的学习形式。

根据奥苏伯尔的认知同化学习理论，概念同化的关键是学习者头脑中拥有可以用来同化新概念的知识基础。如果学习者具备这样的知识基础，就可以根据新旧知识之间的关系，将概念同化学习形式划分成三种类型。

（1）当新知识从属于已有的有关知识时，产生下位学习，或称为类属学习。类属学习包括派生类属和相关类属。当新的学习材料作为原先获得的概念的特例加以理解时，就产生派生类属学习。例如，当学生已经形成了平行四边形概念后，再来理解"菱形也是平行四边形"这一命题，就属于派生类属过程。派生类属作用的结果不仅使新的概念或命题获得了意义，而且使原有的概念或命题得到了说明或证实。当新材料类属于原有的具有较高概括性的概念时，原有的概念得到扩展、深化、精确化，或受到限制、修改，同时新的命题或概念获得了意义，这一同化过程称做相关类属。例如，小学低年级学生在学习整数的基础上形成了数概念，当他们学习分数和小数时，原先具备的数概念就会得到扩展和深化，同时小数和分数才获得意义，以后学习正数和负数时，数概念再次扩展和深化。

（2）当新知识是对原有知识的总结、概括时，就产生上位学习，或称为总括学习。例如，儿童在知道了"萝卜"、"白菜"等概念后，再学习"蔬菜"这一总括性概念时，新概念总括了原有概念之后，获得了意义。

（3）当新旧知识不存在从属或总括关系，但二者可以形成某种意义上的联结时，可产生并列结合学习。奥苏伯尔认为，学生对自然科学、数学、社会科学和人文科学中的许多新概念，就是采用并列结合的方式学习的。例如，加法和减法、乘法和除法、小数和分数的关系，虽然它们之间没有什么特定的上位、下位关系，但它们仍然联系密切，加法和减法、乘法和除法可以互为逆运算，而小数和分数可以互相转化，利用这种相互关系同样可以促进学生的学习。

（四）概念教学

因为概念学习采用概念形成和概念同化两种形式，概念教学也就相应地划分成两种方式。一种是先向学生呈现某个概念的正例和反例，然后要求学生进行比较、归纳，最后概括出一个定义。另一种教学方式是先给学生一个明确的定义，紧接着呈现几个正例和反例，要求学生根据定义识别正例和反例，然后进一步分析这些例子是如何表现这一定义的。这两种概念教学方式是目前课堂教学中常常使用的，尤其是后一种教学方式。

我们看到，无论采用哪种教学方式，都必须涉及概念的四个方面：概念的名称，定义，本质和非本质特征，正例和反例。为了帮助学生有效地掌握概念，在教学中要注意以下几点。

1. 以准确的语言明确揭示概念的本质

好的概念定义具备两个要素：一是指出了新概念所隶属的更一般的概念；二是给出了新概念的定义特征，如"平行四边形就是两对边平行且相等（定义特征）的四边形（更一般的概念）"。

2. 突出本质特征，控制非本质特征

概念的本质特征是反映事物的本质，使一事物区别于其他事物的关键特征，而非本质特征对事物并不具有决定意义。例如，"有羽毛，卵生，无齿有喙"是鸟的本质特征，虽然许多鸟"会飞"，但"会飞"并不是鸟的本质特征，因为有些鸟不会飞（如鸭子），有些非鸟类却会飞（如蜻蜓）。如果在教学中不突出强调鸟的那些本质特征，"会飞"这一非本质特征就可能干扰儿童对"鸟"这一概念的准确掌握。大量研究和教学实践表明，概念的本质特征越明确、越突出，学习越容易；非本质特征越多、越突出，学习越困难。因此，在概念教学中，要明确突出本质特征（定义特征），控制非本质特征的干扰。

3. 恰当使用正例和反例

在概念教学中，举例是必不可少的环节。正例传递的是关于事物本质特征的信息，而反例传递的是与事物非本质特征相关联的信息。正例有利于概括，反例有利于鉴别。为了便于学生从例子中归纳、概括出概念的本质特征，最好呈现若干个正例，同时对照着呈现若干个反例，促进学生对概念的本质特征和非本质特征的辨别，排除非本质特征的干扰。例如，在讲"鸟类"这一概念时，可以呈现燕子、麻雀、鸭子等正例，以便突出"有羽毛，卵生，无齿有喙"等本质特征，同时可以呈现蜜蜂、蝙蝠等反例，以排除"会飞"这一非本质特征的干扰。

4. 多用变式和比较

变式指概念的正例在非本质特征方面的变化。例如，"垂直"概念的变式为：⊥，⊤，├，┤，在这些变式中，改变两交线的方向，"垂直"概念的本质特征"交角90°"并没有改变。在教学中，使用多个变式可以保证学生获得的概念更精确、更稳定。变式是呈现材料的变化，面对若干个变式，教师要引导学生进行比较，准确把握本质特征，清晰辨别非本质特征。在教学中，也可以将正例和反例进行比较，强化本质特征和非本质特征的辨别。

5. 在实践中运用概念

学生获得了某一概念之后，要尽早在实践中加以运用，通过做练习、解决问题、写作、阅读、解释等活动将概念的理解具体化。在实践活动中，学生遇到或使用了自己已经掌握的概念，会产生一种胜任感、亲切感，学习概念的积极性会进一步提高。

二、原理学习

原理学习是在概念学习的基础上进行的，原理学习与概念学习有许多共同点，概念学习的一般规律同样适用于原理学习，但由于原理比概念更加复杂，所以原理学习不完全等同于概念学习。

（一）原理和原理学习的含义

1. 原理

人们在认识世界、发现各种事物的内在联系的基础上，得出的计算公式、处理事物的法则、定理、定律等都可以称做原理。概括地讲，原理就是关于几个概念之间关系的说明。例如"风是由空气流动而形成的"，它说明的是"空气"、"流动"与风之间的关系，所以这是一个原理。而"雨下得很大，我没有去看电影"，这句话所描述的是两个事件之间的关系，而不是概念之间的关系，所以它就不属于原理。

加涅认为，在一个原理中往往包含两类概念：一类是情境性的，代表着情境的某一个方面；另一类是转换性的，代表着操作或运算。例如"距离＝速度×时间"这一原理中，"距离"、"速度"和"时间"属于情境性概念，"乘"属于转换性概念。

原理有很多种，而且在不同的学科里或不同的情况下表现方式很不一样。例如，有时原理是以定义性概念的形式表现出来，如"平行四边形就是两对边平行且相等的四边形"；有时原理是使个人在特定情境中根据各种关系作出某种反应，如语文中拼音、标调的规则；有时原理又以科学公式的形式来表现，如距离＝速度×时间。

2. 原理学习

学生能够用言语清楚地说明概念之间的关系或能够举出反映原理的例子，并不能说明学生已经掌握了所学的原理。原理学习的实质是学生能够在体现原理的不同情境中适当地应用原理。例如，当学生学习了加法结合律以后，若遇到 $3-6+5=?$ 仍然说没法算，这表明学生还没有实现真正意义上的原理学习。因为算式"$3-6+5$"虽不能直接按所给的算式顺序计算，但只要应用加法结合律将算式变为"$3+5-6$"的情境，问题就可迎刃而解。若学生能够顺利应用所学的加法结合律处理这一情境，说明他们掌握了所学的原理。原理学习的过程是改变学生行为能力的过程。

（二）原理学习的形式

小学生在教师指导下所进行的原理学习有两种形式：发现学习和接受学习。

1. 发现学习

发现学习是一种有意义的学习方式，它强调在教师的启发引导下，由学生独立发现事物的意义、规律，以及概念之间的关系。在发现学习过程中，学生通过独立辨别分析，发现本质属性；通过提出假设、验证假设等积极的思维过程来理解概念之间的关系。发现学习方式带有问题解决的性质，在认知的复杂程度上要高于概念学习，因此原理学习需要更多的智慧技能参与。通过发现学习，学生可以更多地经历发现的过程，更多地体验发现的快乐，有助于提高学生的内部学习动机和创造能力。

对小学生而言，发现学习是一种在教师指导下的发现，学习过程是从教师呈现体现规则的例子开始的，所以小学生的发现学习又可称为有指导的发现或从例子到原理的学习。例如，有的教师为了让学生发现"圆周率的意义"，在教学开始时，给学生展示或让学生自备大小不等的若干个圆，要求学生测量圆的周长、直径和半径，并将测量结果填在下列表格中。

表 4 - 2 - 3 学生的测量结果

编号	半径	直径	周长
1	2 厘米	4 厘米	12.5 厘米
2	2.5 厘米	5 厘米	15.7 厘米
3	4 厘米	8 厘米	25.1 厘米
...			

等学生将若干个测量值填入表格之后，教师引导学生寻找圆的周长与直径和半径之间的关系。当学生发现这些圆的周长与直径之比接近常数 3.1 时，教师可提示学生暂时可以做出这样的假设，然后再给出几个圆，要求学生进一步测量、计算，这是一个验证的过程。经过验证，学生即可确认"圆的周长与直径之比是一个常数 3.1"，这时教师可以欣喜地告诉大家，"同学们所发现的就是我国古代伟大的数学家祖冲之发现的圆周率"，然后，可以用公式的形式把这一原理概括出来：圆周率 ＝ 周长/直径 ≈ 3.14。

从以上教学实例可以看出，发现学习需要具备以下重要条件。

(1) 学生必须完全掌握原理中所包含的全部概念和必要的操作技能，这是发现学习必备的内部条件。如上述例子中的半径、直径、周长等概念，只有具备了这些知识基础，学生才能清楚地理解教师的言语指令。学生要能够运用线和直尺测量圆的半径、直径和周长，以便顺利地运用呈现的例子。

(2) 给学生呈现若干个体现原理的例证，这是发现学习必备的外部条件。对小学生而言，例子的呈现要尽可能采用直观的形式。

(3) 在恰当的环节上，教师要给予具有启发性的言语指导。如上面例子中，教师在呈现例子时对学生说："现在每一个同学面前都有大小不等的几个圆，请大家用自己手中的线和直尺测量一下这些圆的半径、直径和周长。"学生填完表格后，教师又给予必要的言语指导："大家可以运用加、减、乘、除等运算方法，看一看圆的直径和周长有什么关系、半径和周长有什么关系？"在发现学习中，教师的言语宜精不宜多，而且使用的时机要恰到好处，即做到："不愤不启，不悱不发"。

在学习结束之前，教师要协助学生把学生刚刚发现的原理概括出来，并以公式、定理、定律的形式加以规范化，加强所学原理在认知结构中的清晰性和可辨别性。

2. 接受学习

原理的接受学习与概念同化的学习形式相似，即由教师直接向学生呈现原理，然后通过若干个实例分析，证明这一原理的合理性和它的意义，所以在课堂教学中接受学习又常称做从原理到例子的学习。采用这种学习形式时，学习者所经历的主要学习过程是：将新的规则命题整合到已有的认知结构中去，使信息内化，与原有的知识观念融为一体储存起来，以便用的时候提取。可见，接受学习过程同样涉及到一系列积极的心理过程，与发现学习相比，它的优势是能够在短时间内扩大和充实学生的知识结构。

在原理学习中，类属、总括和并列结合三种同化学习模式同样适用，只是由于原理学习是更加复杂的学习任务，与新的原理相关联的有关概念、观念更多，而且所起的"组织"、"支撑"作用更强，所以原理的接受学习更加需要学生具备牢固的知识基础，在学习中更加需要保持积极的心理活动状态，以保证及时从长时记忆中提取出相关的知识，组织、同化新观念。除了这两个学习者内部条件外，接受学习还需要教师提供系统的练习才能保证学生对原理的理解和运用。

在课堂上，教师在呈现原理之后，一般会展示几个实例对原理加以说明或论证，这是帮助学生理解原理的过程。为了保证学生能够全面、准确地理解所学原理，教师在呈现例子时必须采用不同的变式。由于原理学习的实质是学生能够在体现原理的不同情境中适当地应用原理，所以，教师还必须由浅到深地给学生提供更多的变化情境（如练习题），促进学生在变化的情境中灵活地运用所学原理。

(三) 影响原理学习的因素

原理学习要求学生既能够理解言语的叙述，又能够真正理解原理的意义并能支配自己的行为，所以无论采用发现学习还是接受学习，都要求学习者具备一定的知识基础，有一定的背景知识支持。

1. 学习者的内部条件

（1）由于原理是对概念之间关系的说明，所以原理学习的前提是学习者能够清楚、准确地理解原理中所包含的若干概念。例如异分母分数相加的原理是"先通分，然后分数的分子与分子相加，分母不变"。学生理解这一原理的前提是已经掌握了"通分"、"分子"、"分母"等概念。

（2）原理学习关注的是对概念之间关系的理解，这需要学生有一定的认知发展水平。年龄小的儿童，只能掌握事物之间比较简单的关系，比较抽象复杂的原理，需要较高的思维发展水平才能适应。小学阶段，学生学习的大多是比较具体的原理。一旦出现较抽象的原理，教师要通过具体的事例或直观的辅助材料帮助学生理解。

（3）原理往往是以言语的形式来陈述的，所以学生的言语能力也是重要的内部条件。在小学低年级，由于学生的书面言语理解水平还较低，需要教师采用一些比较直观的形式帮助学生理解原理，如教具、实物图片、概念关系图等，借此弥补学生言语理解能力的不足。

（4）原理学习依存于积极的思维过程，所以，学习者的学习动机很重要。在原理教学中，教师要善于激发和维持学生的学习动机，保证学生的思维处于活跃状态。

2．学习的外部条件

（1）教师的教学言语指导。原理学习常常是从教师的言语叙述开始的，如教师在教分数时，首先会提出一些类似下面的问题："一张饼可以用整数 1 来表示，两张饼可以用整数 2 表示，现在我把一张饼一分为二，这其中的一半怎么表示呢？"这样的言语指导向学生提供了思考的起点和思考的方向，为原理的呈现和原理学习做好了背景铺垫。

另外，教师的言语指导可以唤起学生对相关概念的回忆，还可以为原理的回忆提供言语线索。例如学习"圆的周长和面积的计算公式"时，教师可以采用以下言语提示："一个圆包含的要素有：直径、半径、周长和面积，那么它们彼此之间有什么关系呢？"在这样的言语提示下，学生就会从长时记忆中将直径、半径等相关概念提取出来。在学习圆的周长和面积公式时，这样的言语提示很容易成为学生回忆的线索，促进原理的回忆。

原理学习的关键是对概念之间关系的理解和运用，教师清晰的、符合逻辑的言语指导有助于学生理清概念之间的关系。

（2）小学生以具体形象思维为主，所以小学生进行原理学习时，教师要通过丰富多样的直观形式向学生提供促进理解的条件。一般来讲，教学的直观形式包括以下几种：

第一，实物直观。观察实物标本、演示各种实验以及教学参观等，都属于实物直观教学。通过实物直观提供的感性材料富于真实性。在这种感性材料基础上进行比较、抽象、概括，所理解到的内容与客观实物贴近，容易在新旧知识之间建立起实质性的联系，有助于提高理解的正确性。但是实物直观在一些情况下却存在着不足，如果实物的具体性和非本质特征比较突出，就容易掩盖实物的本质属性，从而干扰概念和原理的学习。此外，实物直观还会由于时间、空间的局限，无法展示某些重要的感性材料，如植物的生长过程，南极和北极的地况、地貌等都难于通过实物直观感知、理解。

第二，模象直观，即通过模拟实物的形象提供感性材料，如各种图片、图表、模型、幻灯、电影或多媒体课件等。模象直观提供的材料虽然真实性不如实物，但它能通过各种技术手段补充实物直观所不具备的特点，弥补实物直观用于教学时存在的一些不足、不便，如在图片、模型中可以改变本质特征和非本质特征的对比强度，通过大小、颜色变化和动静变化，利用背景、对象的对比变化，突出所需呈现的实物之间的关系。因此，利用模象直观可以有目的地提供大量实物直观所无法提供的感性材料，从而为原理的理解创造有利条件。

第三，言语直观。它是指通过生动的言语描述唤起表象，这样唤起的表象不受时间和空间的限制，可以是记忆表象，也可以是再造想象，从而使可利用的感性材料丰富多样。

在小学教学中，教师应该将三种直观形式有机地结合起来，相辅相成，促进知识的理解和运用。

第三节　知识的迁移与应用

一、迁移的含义

学习是一个连续的过程，任何学习都是在学习者已经具有的知识经验和认知结构、已经获得的技能、已经习得的态度的基础上进行的，同时新的学习过程和学习结果又会对学习者原有的知识经验、技能和态度甚至学习策略等产生影响，这种新旧学习之间的相互影响就是学习迁移。概括地讲：学习迁移就是指"在一种情境中技能、知识和理解的获得或态度的形成对另一种情境中的技能、知识和理解的获得或形成产生的影响"。简单地说就是"一种学习对另一种学习的影响"。另外，运用所学的知识、技能解决问题的过程也是一种迁移过程。

凡是有学习的地方就会有迁移，保证学生能够把学到的知识应用到新的学习中或以后的生活和工作中，追求学习中的最大正迁移一直是教育和教学所追求的重要目标之一。迁移有其内在的规律性，把握迁移规律对于教材的选择和编写、教学方法的选择以及教学过程组织都有重要的实践意义，也有助于指导教师把教学实践经验迁移到新的教学中去。

二、迁移的分类

学习的迁移可以从不同角度进行分类。

（一）顺向迁移和逆向迁移

从迁移的方向来看，可以分为顺向迁移和逆向迁移。顺向迁移是指先前的学习对后来的学习的影响。逆向迁移是指后来的学习对先前的学习的影响。例如，当学生学习了长方体的表面积之后，要求他计算做一个纸箱用多少纸板，如果学生能够利用已掌握的长方体的表面积的计算方法解决问题，就是顺向迁移；如果学生在解决了当前的问题之后，他对表面积的理解更加深刻，而且总结出"应用表面积计算方法时还要注意具体问题具体分析"，这就是一种逆向迁移过程。

（二）正迁移和负迁移

根据迁移的影响效果，可以将迁移分为正迁移和负迁移。正迁移是指一种学习对另一种学习的积极影响，包括一种学习为另一种学习创造了良好的心理准备状态，一种学习使另一种学习活动所需的实践或练习次数减少，或使另一种学习的深度增加或单位时间内学习量增加，或者已经具备的知识经验使学习者顺利地解决所面临的问题等。

负迁移是指一种学习对另一种学习的消极影响，其中包括一种学习中所形成的心理准备状态对另一种学习的效率或准确性产生的消极影响，如反应定势；还包括一种学习使另一种学习花费的时间或所需的练习次数增加的情况；另外，还包括阻碍另一种学习的顺利进行、知识的正确掌握等，如骑自行车的技能对学习蹬三轮车的阻碍。

（三）特殊迁移和非特殊迁移

根据迁移发生的方式，可以将迁移划分为特殊迁移和非特殊迁移。特殊迁移是指某一领域或课题的学习直接对另一领域或课题的学习所产生的影响，如学习课文中的生字对课文阅读理解的影响。非特殊迁移是指迁移产生的原因不明确，既可能是一般原理、原则的迁移，也可能是态度的迁移。这类迁移可能是由动机、注意等因素引起的，也可能是由学习的其他准备活动或学习方法、策略引起的。布鲁纳认为一般技巧、策略和方法的广泛迁移是可能的。

三、知识的迁移与应用

（一）知识迁移与知识应用的关系

根据迁移的一般含义可以推论出知识迁移的含义，即一种情境中获得的知识对另一种情境中知识的获得或形成产生的影响，其中不仅包括顺向迁移还包括逆向迁移，不仅包括正迁移还包括负迁移。将先前所学的知识应用于新的问题解决情境的过程也属于知识迁移。

知识应用是依据已有的知识解决问题的过程，它与知识的理解、知识的巩固共同构成掌握知识的全过程，是知识掌握、原理学习中必不可少的阶段，是检验知识理解和巩固情况的重要途径，也是加深理解和巩固，使知识系统化的重要方法。知识的应用还能促使学生理论联系实际，提高学生学习的积极性，培养学生分析问题和解决问题的能力。

对于学生来说，知识的应用一般包括三种形式：第一，利用已有知识解答课堂上教师提出的问题，完成课堂练习、家庭作业等；第二，利用已有知识完成一些操作任务，如小实验、小制作；第三，利用已有知识发现并处理实际生活中遇到的各种问题。

知识迁移和知识应用二者存在着密切的联系。一方面知识的应用可以促进迁移的发生及加强效果，加强基础知识和基本技能的应用是促进知识迁移的有效条件。尤其是在教学过程中，如果教师能够及时地为学生创造知识应用的情境，就可以使知识迁移成为一种有意识的、主动的过程，从而加快知识迁移的发生，提高迁移的效果。另一方面，知识应用过程中都存在着知识迁移，知识的迁移是保证知识应用成功的重要条件。从知识应用的各种形式来看，无论是利用已有知识解答课堂上教师提出的问题、完成课堂练习和家庭作业，还是利用已有知识发现并处理实际生活中遇到的各种问题，都是已获得的知识对处理一种新的问题情境产生积极影响的过程，所以知识的应用本质上是依赖知识的迁移实现的。

但知识应用并不是知识迁移的全部，知识的应用主要是一种顺向的、正迁移过程。

（二）知识迁移与应用的有效条件

知识的迁移与应用不是自动发生的，需要具备一定的条件，其中包括学习者具备的内部条件和来自学习材料、教学指导方面的外部条件。

1. 学习者的内部条件

（1）智力与年龄。智力中包含着一个人的概括能力、分析能力和推理能力，因此智力对迁移的质和量都有重要的作用。智力水平较高的人能比较容易地发现两种学习情境中的相同要素及其关系，易于归纳总结出学习内容中包含的原理和规则，能较好地将先前获得的概念、原理、学习策略和方法应用到后来的学习中。

由于不同年龄的人思维发展的特点不同，因而知识的迁移与应用和学生的年龄特征有密切的关系。例如，小学生思维发展处在具体运算阶段，其知识迁移与应用的发生有赖于具体事物的支持，而且学习迁移更多出现在先后学习的内容有较多具体的共同要素时。而当学生的思维发展进入形式运算阶段（14～15 岁）以后，他们具备了抽象思维能力，知识的迁移与应用不必再依赖于两种学习情境间具体的相同要素。

（2）认知结构特征。认知结构是指学习者头脑中全部的知识观念及其组织。学生的认知结构特征主要体现在原有知识经验的巩固性、准确性、清晰性、丰富性、包容性和组织性等方面，学生在学习中形成的这些认知结构特征影响着学生在学习新知识、解决新问题时提取已有知识经验的速度和准确性，从而影响迁移的发生。奥苏伯尔等认为，在教学中可以通过设计"先行组织者"来操作学生的认知结构变量。先行组织者是指在呈现新的学习材料之前向学习者提供的一种引导性材料。"先行组织者"可以分为两类：一类是陈述性组织者，其抽象概括水平高于新材料，呈现它的目的是为新的学习提供上位的固定点。第二类是比较性组织者，它在某些方面可以与新材料相互比较、对照，呈现它的目的是控制新旧知识的可辨别性。

奥苏伯尔（1961）曾经通过实验考察了原有知识的巩固性、清晰性对新学习的影响。实验中先让被试学习一些基督教知识，然后对被试进行测验，根据被试的知识巩固程度将被试分为中上水平组和中下水平组。然后将这些被试分成三个等组：第一组在学习佛教材料前，先学习一个比较性"组织者"（它指出了佛教与基督教的异同）；第二组在学习佛教材料前，先学习一个陈述性"组织者"（它仅介绍一些佛教观念，其抽象水平与要学习的材料相同）；第三组在学习佛教材料前，先学习一个有关佛教历史和传记的材料。在实验后的第三天和第十天进行了保持测验。结果表明（见表4－3－1），不论在哪一组，凡原先的基督教知识掌握较好的被试，对佛教知识的保持成绩也较好。

表4－3－1 原有知识的巩固性、清晰性对后继学习与保持的影响

小组 分数	基督教知识 的掌握水平	第一组 比较性组织者	第二组 陈述性组织者	第三组 历史材料
第三天的 保持分数	中 上 中 下	23.50 20.50	22.50 17.32	23.42 16.52
第十天的 保持分数	中 上 中 下	21.79 19.21	22.27 17.02	20.87 14.40

（3）学生的心理准备状态。学生的心理准备状态又称为学习定势，它包括两种情况：一种是学生在从事某种活动之前的暂时准备状态，如自信心、紧张程度、目标等，它们对知识迁移和应用的影响可称做准备动作效应或预热效应；另一种是学生在解决一类问题或学习一类课题时使用的一般方法得到改进对后继学习或问题解决的影响，可称做学会如何学习的效应，或称为方法的改进效应。

定势的作用具有两重性，一是积极的促进作用，二是消极的阻碍作用。

例如，杜赛（M. Dorsey）和霍布金斯（L. Hopkins）曾用拉丁语源的词汇测验和应用几何学知识的测验来测量学生先前学过的知识对理解当前课题的迁移作用。实验组与控制组只在准备方面有所不同。主试在测验前先给实验组一定的训练，并提出建议："①应用你在分段时所熟悉的方法；②用你的拉丁文知识辨别测验中的字义；③用你的图形几何知识来回答问题。"控制组事先也有同样的训练，但没有得到上述建议，因而没有应用知识于当前测验课题的明确目标。结果是实验组的成绩明显超过控制组，这一结果表明学习定势对学习迁移具有积极的促进作用。

但是，学习定势并不总是起积极促进作用，有时也会起到制约和干扰作用。心理学家卢钦斯（A. S. Luchins, 1942）经典的"量水实验"证实了这一假设（详见第5章）。

2. 学习的外部条件

（1）学习材料的特性。首先学习材料中包含的知识、技能与学习者原有的知识、技能之间有共同的要素或成分是促进迁移的有效条件。著名的美国心理学家桑代克和武德沃斯（R. S. Woodworth, 1901）提出的"相同要素说"认为

两种学习间相同的要素越多，迁移发生的可能性越大。这里所讲的相同要素涉及到与学习材料有关的目的、方法、普遍原则和经验。例如，当小学生学习了两位数加一位数的进位加法（如 34＋8）后，再学习两位数加两位数或更大位数的进位加法，由于两个学习材料之间包含共同的情境（都需要进位）和共同的运算方法，所以前边的学习能够极大地促进后边的学习。

另外，学习材料的组织结构和逻辑层次以及知识的实用价值等也是影响迁移的重要因素。那些包含了正确的原理、原则，具有良好组织结构的知识，能够引导学生概括总结的学习材料，有利于学习者在学习新知识或解决新问题时的积极迁移。

（2）教师的指导。教师的有效指导有利于促进正迁移、避免负迁移。教师在教学时有意识地引导学生发现不同知识之间的共同点，启发学生对知识进行概括总结，教会学生有效的原理和学习方法，指导学生监控自己的学习等都将有利于知识的迁移与应用。

美国心理学家贾德（C.H.Judd, 1908）在"水下击靶"实验中以五、六年级学生为被试，他把学生分为两组，让他们练习用标枪投中水下的靶子。他给其中一组学生充分解释了水的折射原理，但不给另一组学生任何指导，这些学生只能在尝试中自己摸索一些经验。在开始投掷练习时，靶子位于水下 12英寸处，在练习一段时间以后，发现两组学生的练习成绩没有什么差异，说明研究者的理论指导在练习阶段并没有起什么作用。接下来，研究者把靶子移到水下 4 英寸处，这时两组的成绩出现明显的差异。没有给予理论指导的学生，表现出极大的混乱，他们先前的练习不能帮助他们适应水下 4 英寸处的投掷任务。相反，接受过理论指导的学生，迅速适应了新的投掷环境。这一实验结果表明，教师给学生提供有效的指导，可以促进正迁移的发生。

（3）学习情境的相似性。学习迁移在某些情况下，依赖于周围的环境线索。因此学习时的场所、环境的布置、教学人员等越相似，就越有利于迁移。

（三）促进知识迁移与应用的教学原则

"为迁移而教"，是现代教育中流行的口号。教师如果能够通过自己的教学促进学生将已有的知识、技能、方法和策略迁移或应用到其他的学习或问题解决情境中，那么我们的教育、教学就将极大地促进学生的发展，并为学生终生的发展打下良好的基础。

为了将"为迁移而教"的思想渗透到教育、教学的全过程中，我们的教学应该遵循以下几条原则。

1. 制定明确、具体、现实的教学目标

在开始新的学习单元之前，教师要有明确、具体、现实的教学目标，并能够通过适当的方式将这些目标传达给学生，以便学生将其转化成自己的学习目标，并对所学知识进行组织和整理。

2. 教学内容的编排应该循序渐进

为了促进知识的迁移与应用，新的学习内容必须建立在原有的知识、经验基础上，所以教学内容和教材的编排应该遵循循序渐进的原则，要注意在各个单元相对独立的前提下，尽量保证各单元和各部分内容之间的内在逻辑关系和前后衔接，充分利用先前所学的内容促进学生对新知识的理解和新问题的解决。教学的递进层次要合理，切忌出现前后学习内容之间跨度过大和相互割裂的现象。

3. 把握每一阶段学习的迁移价值

教学过程是促进新旧知识相互作用的过程，因此，教师在教学中要充分考虑到学生过去所学的哪些知识和技能有助于新知识的理解和掌握，并在开始教授新的内容之前通过复习帮助学生将这部分内容从长时记忆中提取出来。同时，教师还应当充分估计到当前的学习对学生先前学习和今后学习的影响，并在教学的适当环节上给予提示，以促进新旧知识之间的联结和知识的系统化。

4. 启发学生对所学内容进行概括总结

在教学中教师要引导学生概括出一般性的原理，充分利用原理的迁移作用促进学生有效地学习。为了避免学生对某一概念或原理的学习仅仅局限于特定的情境中，教师在教学中要充分利用变式，利用多种学习途径如观察、实验操作、现场参观等方式全面地把握某一原理出现的各种场合，使学生在一般水平上理解原理的意义。

教师引导学生的方式可以是：在学完每一课、每一单元后，给学生提出对所学内容归纳、概括的要求，使学生养成归纳、概括、总结的思维习惯。

5. 进行学习方法和学习策略的指导

成功的学习者在复杂的认知学习中善于创造有效的学习方法和学习策略，并能够将自己拥有的学习方法和策略应用到新的情境中去；他们还会通过对自己使用的方法的反思或通过接受指令和反馈不断扩展他们的学习策略。近年来的研究认为学习策略的使用是可以培养的。所以，为了学习迁移，有必要从小学阶段开始有意识地对学生进行学习方法和学习策略的指导，这些学习方法和策略包括：

（1）有效地计划和利用学习时间；

（2）利用画出重点、做摘要等形式加深对所学内容的理解；

（3）自我检查、自我监督；

（4）有效地利用周围的学习资源和身边的学习工具；

（5）自我激励等。

6. 培养学生良好的、积极的学习态度

对学生的学习和其他学校行为提供尽可能多的积极反馈是提高学生自信心的有效途径。在小学阶段，儿童还没有形成稳固且内在的评价标准，他们对待学习的态度依赖于教师提供的反馈。因此，教师要很谨慎地向学生提供关于他们学习情况的反馈信息，要尽可能多地展示学生的优点，表扬学生的进步。对学生的成功给予内归因，提高学习的控制感；将学生的失败归因于努力不够等可变化的因素，保证学生不失去对学习成功的期待、不失去自信心，从而保证学生能够以良好的心理准备状态进入学习过程。

小 结

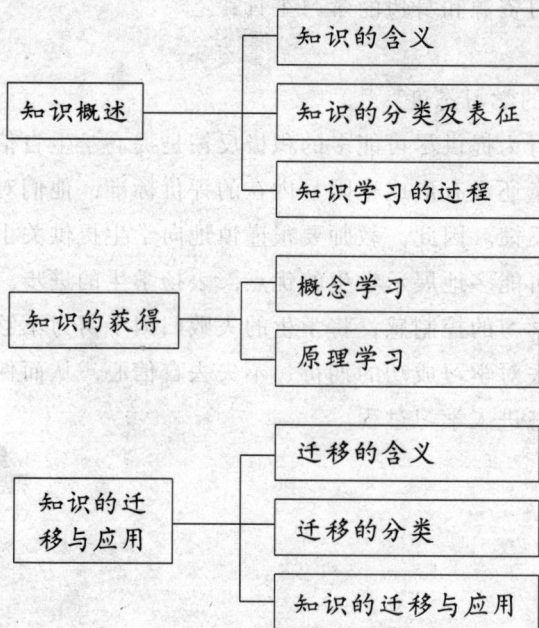

思 考 题

1. 名词解释

知识 陈述性知识 程序性知识 概念学习 原理学习 迁移

2. 简述加涅的学习与记忆信息加工模型。

3. 概念和原理学习的主要形式有哪些?

4. 概念教学应该注意哪些方面?

5. 迁移有哪些类型?

6. 试论述促进知识迁移与应用的教学原则。

第五章

问题解决与创造性

☆

引 子

神奇的顿悟

德国化学家凯库勒在寻找苯分子时，花费了很长时间，始终不能解决这一问题。一天晚上，他做了一个梦，梦见一条蛇咬住自己的尾巴并成环状旋转。他顿时省悟，采用六角形环状结构使问题得到了解决。从表面看来，凯库勒的这一创造性的问题解决似乎源于一种从天而降的顿悟，而实际上，这是他长期思考和研究，多次、多方面地试误的结果。

本章将介绍问题解决的含义与过程，影响问题解决的因素，创造性的含义，影响创造性发展的因素以及如何培养创造性等内容。

☆

第一节 问 题 解 决

一、问题解决的含义

(一) 问题的含义

在现实生活中，人们每时每刻都会遇到各式各样的问题。但是，心理学上所研究的"问题解决"中的"问题"，不是肯定、否定，或简单一句话即可以回答的问题，而是那些必须运用一系列认知操作程序才能解决的"难题"。如"小姐，请问您贵姓？您祖籍什么地方？您现在住在哪儿？"等等这类问题不包括在心理学所研究的"问题解决"的范围之内。但"21 层楼失火，人在 22

层，该如何逃生？""走在半路上，自行车胎给扎破了，该如何回家？"等等，这类问题则包括在心理学研究范围之内。此外，问题情境是否构成个人的问题，与个体的主观状况也有关，如果当事人不进入情境，没有感觉到心理困境，就构不成问题。21层楼失火，如当时在22层楼的人酩酊大醉，不省人事，对他而言，就没有逃生的问题。还有，如果问题太难，对能力不足或毫无经验的人而言，也不会构成问题。比如拿高考的数学题考小学低年级的学生，即使题目本身条件清楚，目的明确，在小学低年级的学生眼里也"不成问题"。概括起来，问题是指这样一种情境：个体想做某件事，但不能立即知道做这件事所需采取的一系列行动。

（二）问题的成分

问题包含四个成分：

第一，问题情境。

第二，已有的知识、技能。

第三，障碍。正确的解决方法不是直接的、显而易见的，必须通过一定的思维活动才能找到答案，达到目标状态。如果没有障碍，问题解决实质上成了回忆，而不是真正的思维过程。

第四，方法。即个体可以用来解决问题的程序和步骤。

（三）问题解决的含义及特点

心理学认为问题解决是指对问题形成一个新的答案或解决方案。这一答案不是简单地应用已经学过的规则，而是对已有的知识、技能或概念、原理进行重新改组，形成一个适应问题要求的方案。

根据这一定义，可以看出问题解决有以下特点：

第一，问题解决所遇到的问题是新问题，即第一次遇到的问题。例如，某一学科的教学问题，如果不是第一次试行解答，而是第二次、第三次甚至多次解答过，就称不上解决问题，只能说是一种操练，这也是解决问题与练习的不同之处。

第二，问题解决是一个思维的过程，它将已掌握的概念、原理根据当前问题的要求进行重新转换或组合。例如洗衣服、打绳结等活动，就不属于问题解决的思维活动。

第三，问题一旦解决，在解决问题过程中形成的原理或规则就贮存下来，并成为学生认知结构中的一个组成部分。以后遇到相同的问题情境时，借助回忆即可以作出回答而不再视为问题。因此，问题解决是更为高级的一种学习活动。

　　问题解决依据所采用的不同方法可以分为两种：一是使用现有方法解决问题，叫做常规性问题解决；二是运用新颖独特的方法解决问题，叫做创造性问题解决。

二、几种有代表性的问题解决的理论

　　关于问题解决的理论有许多种，其中具有代表性的主要有试误说、顿悟说、信息加工模式和现代认知理论等。试误说和顿悟说在第三章中已作了详细的阐述，这里主要对问题解决的信息加工模式和现代认知理论作一些解释。

（一）问题解决的信息加工模式

　　信息加工理论将问题解决看成是信息加工系统（即大脑或计算机）对信息进行加工，把最初的信息经过加工转换成最终的信息状态的过程。在这方面最有代表性的研究者当属纽厄尔和西蒙。他们认为，在解决问题的过程中，主体会遇到各种问题情境，这些问题情境综合起来就构成了问题状态。问题状态可以分为初始状态、目标状态以及从初始状态到目标状态的一系列中间状态。问题解决的目的就是设法从问题的初始状态一步步转变为目标状态。将一种问题状态转化为另一种状态的操作称为算子，因此，问题解决的过程就是利用算子从初始状态转变到目标状态的过程。

　　搜索算子的途径有两种：一种是算法式，另一种是启发式。

　　算法式是按照解决问题的各种可能性，逐个尝试，搜寻所有途径，以达到问题解决的方法。例如，你要通过加减乘除的方法组合 6，8，6，3 或 4，7，7，6 四个数字，得数必须是 24，就可以采用算法式，运用各种方法组合这四个数字，最终可以使问题得到解决。但是，有时运用算法式解决问题是非常烦琐的。比如，"$1 + 2 + 3 + 4 + 5 + \cdots\cdots + 10\,000 = ?$" 如果采用连加的算法，虽然也能获得问题的最终解决，但是非常烦琐。这时就可以考虑采用启发式。

　　启发式是指在解决问题时采用使问题状态转换成与目标状态更接近的状态的方法，或只探寻那些对成功趋向目标状态有价值的方案，这样可能会找出问题的答案。比如，解 "$1 + 2 + 3 + 4 + 5 + \cdots\cdots + 10\,000 = ?$" 这个问题时，就可以根据问题的特点，将其转换成加乘除法（$1 + 10\,000$）×（$10\,000 \div 2$）进行简便计算。有些问题采用算法式途径解决不仅烦琐，有时还不可能逐个尝试。

现实生活中的许多问题扑朔迷离，更没有明显的算法，因此，采用有效的问题解决的方法，就显得非常重要。电脑常使用算法式来搜索问题空间，人脑则通常使用启发式来解决实际问题。

信息加工理论从信息加工转换的角度来分析问题解决的过程，对我们理解问题解决的本质是有一定意义的，但是人类信息加工与计算机信息加工还是有本质区别的。

（二）现代认知理论

认知理论从认知的角度来解释人类解决问题的过程。他们既不利用动物也不借助于计算机，而是研究人类解决某类问题的实际过程，对问题解决技能的培养和教学具有更好的指导意义。下面介绍几种认知理论中比较有代表性的学说。

1. 奥苏伯尔等人的模式

1969 年，奥苏伯尔和鲁宾森以数学问题的解决为原型，提出问题解决一般要经历的四个阶段（如图 5-1-1 所示）。

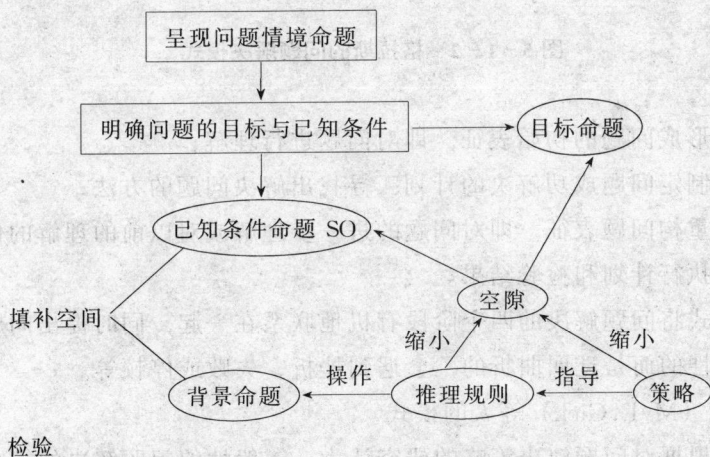

图 5-1-1 奥苏伯尔的问题解决模式

第一，呈现问题情境；

第二，明确问题的目标和已知条件，将问题情境与已有的知识基础或认知结构联系起来；

第三，填补空间，这是解决问题的核心，即根据已知条件和目标，根据有关背景命题、某些原理或策略来填补问题空间；

第四，解答后进行检验。

这一模式的特点是不仅描述了解题的一般阶段，而且指出了原有认知结构中各种成分在解决问题过程中的不同作用，为培养解决问题的能力指明了方向。但是，这一模式是以数学中的几何问题解决为原型的，并不完全适合其他学科的问题解决，所以缺乏一般性。

2．格拉斯（Class）的模式

格拉斯把问题解决的过程划分为相互区别又相互联系的四个阶段（如图5－1－2所示）。

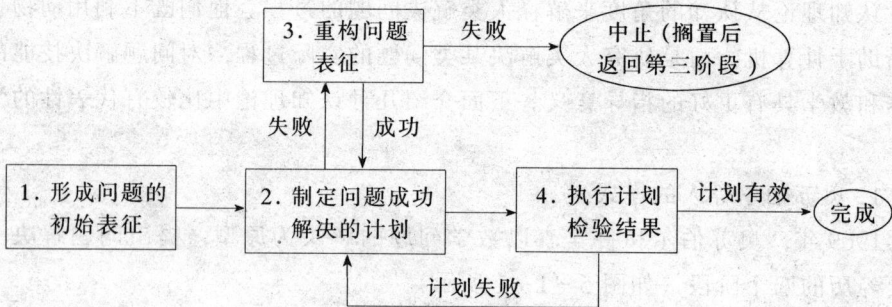

图5－1－2　格拉斯的问题解决模式

第一，形成问题的初始表征，即对问题进行理解；

第二，制定问题成功解决的计划，寻找出解决问题的方法；

第三，重构问题表征，即对问题的进一步理解或对以前的理解的修正；

第四，执行计划和检验结果。

这一模式将问题解决的四个阶段有机地联系在一起，同时提出问题解决的过程不是线性的而是迂回曲折的，会遇到挫折、失败或停顿等。

3．基克（M．L．Gick）等人的模式

基克等根据对问题解决策略的研究认为，一般性的问题解决的策略包括四个阶段，并在此基础上提出了一种有助于一般性问题解决策略教学的模式（如图5－1－3所示）。

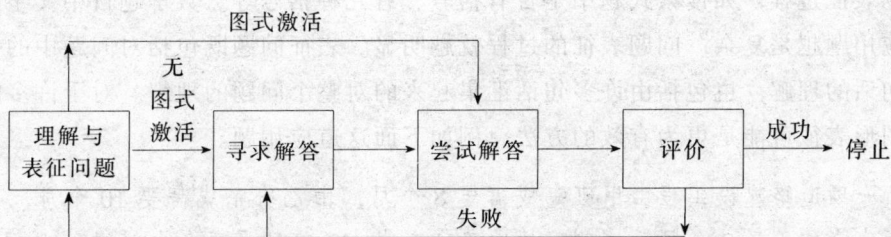

图 5 - 1 - 3　基克解决问题过程的模式

基克解决问题过程的策略包括理解与表征问题、寻求解答、尝试解答和评价等四个阶段。

三、问题解决的过程

问题解决的过程是一个非常复杂的心理过程。杜威在 1910 年出版的《我们怎样思维》一书中首次对问题解决的心理过程进行了探讨，提出了五阶段论，认为学生的问题解决过程包括五个步骤：第一，开始意识到问题；第二，识别问题；第三，收集材料形成假设；第四，接受或拒绝试探性的假设；第五，问题解决和评价。尽管在认知理论家们看来，杜威的问题解决过程过于简单化，但它在具体的数学课和科学课的教学中仍具有一定的实践意义。一般来说，将问题解决的过程分为以下四个阶段。

（一）理解和表征问题阶段

这是解决问题的第一步。也就是说我们首先要了解我们所要解决的问题是什么。这就需要从各种信息中忽略与问题无关的信息，识别出与问题相关的信息，在此基础上，理解问题并形成问题的表征。

小学儿童的问题与成人在工作和研究中要解决的问题有显著的区别，小学生所解决的绝大多数问题实际上是作业或习题。在解决简单的或十分熟悉的问题时，这一环节暴露得并不很清楚。比如数学中的大多数问题是简单的文字题、应用题，题目中一些突出的符号或关键字词已经把问题的结构表达得一清二楚。例如"$25 \times 46 = ?$"之类的加、减、乘、除式题中的运算符号就表明了问题的结构。又如在"亮亮有 6 个苹果，同学又送给他 8 个苹果，亮亮一共有多少苹果?"之类的应用题中，因为有"一共"之类的关键字词，也直接表明了问题。但是对于小学儿童来说，在解四则混合运算式题时就会有比较明显的问题表征过程，如搜索式题中是否有括号、有几种括号等。数学题目中文字题和应用题越是复杂，问题表征的过程就越明显。表征问题既包括对问题中的每一句话的理解，也包括由许多句话汇集起来的对整个问题的理解。对于许多问题图形表征可能是更为有效的方法。例如下面这道应用题。

一项道路建设工程由甲班完成需要 8 个月，由乙班完成需要 10 个月，甲乙两班合作干了 2 个月后，剩下的由乙班完成，乙班还需要多少时间？

小学儿童可以把这个问题表征为以下几个步骤。

第一，首先把工程看作整体"1"。

第二，将题目中的第一句用图形表征为：

1/8

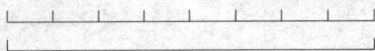

甲班单独完成需要 8
个月，那么每个月完
成的工程量为 1/8

↓

1

第三，将题目中的第二句用图形表征为：

1/10

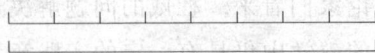

乙班单独完成需要 10
个月，那么每个月完
成的工程量为 1/10

↓

1

第四，将题目中的第四句用图形表征为：

1/8 1/10 1/8 1/10

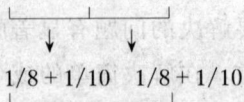

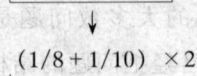

甲乙两班合作干
1 个月完成的工程
量是 1/8 + 1/10，
那么合作干 2 个月
的工程量为
$(1/8 + 1/10) \times 2$

1/8 + 1/10　1/8 + 1/10

↓

$(1/8 + 1/10) \times 2$

↓

1

第五，将题目中的第四句用图形表征为：

$(1/8 + 1/10) \times 2$　$1 - (1/8 + 1/10) \times 2$

剩下的工程量为
$1 - (1/8 + 1/10) \times 2$

1

第六，将最后的问题表征为：求乙班还需要多少时间，也就是问剩下的工程量还有多少个 $1/10$，于是列出算式：$[1 - (1/8 + 1/10) \times 2] \div 1/10$

（二）寻求解答的方案

在寻求解答时，可能存在两种一般的途径：一是算法式，二是启发式。启发式方法比较充分地利用了现有信息之间的联系，有时可达到对问题的迅速有效的解决。相对算法式方法，启发式简单省时，但往往不能保证成功。下面介绍几种启发式方法。

1. "手段—目的"分析法

"手段—目的"分析法中的"目的"就是"目标"、"手段"就是用什么活动去达到这个目标。概括起来说，就是确定一系列子问题，每一个子问题的解决都是最后解决问题的手段，通过逐步缩小起始状态与目标状态的差异，而求得问题的最终解决。

例如下面一道应用题。

一个运动员从下午 2:15 开始跑步，到 2:55 结束，这段时间他共跑了 3.5 公里，他平均每分钟的速度是多少？

采用"手段—目的"分析法，解这道题就可以这样分析：

（1）本题的最终目标是求速度，求速度需要知道距离和时间，现在只有距离和钟点，没有时间，所以，首先解决的问题是运动员跑了多长时间。

（2）要知道一段时间，可以有两种方法：一是直接表示，这道题没有；二是通过两个钟点计算，题目给了两个钟点，所以需要计算。

（3）时间算出来了（40分钟），子问题解决了；同时，解决最终问题的条件全部具备了，因此可以作最后解决了。

（4）为最后解决问题，需要回忆或查阅求速度的公式。

（5）公式出来了，式子也写好了，最后就剩下准确计算。

2. 向前探索法

向前探索法就是设立一个目标，然后选取与起始点邻近的未被访问的任一节点，向目标方向运动，逐步逼近目标。有人把它形象地比喻为爬山，因此，也称为爬山法。向前探索法只能保证爬到眼前山上的最高点，而不一定是真正的最高点。这一方法在我们日常生活中是有用的方法，不少实际问题是靠这种方法解决的。

3. 逆向反推法

采用反推法，就要从目标开始，退回到未解决的最初的问题，这种方法对解决数学中的几何证明题有时非常有效。

例如：已知下图中的 ABCD 是一个长方形，证明 AD 与 BC 相等。

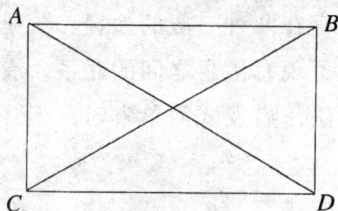

从目标出发，进行反推。"证明三角形 ACD 与 BCD 全等，就可以证明 AD 与 BC 相等"，"证明两边和一个夹角相等，就证明三角形 ACD 与 BCD 全等"。这样，从一个子目标出发反推到另一个子目标。

（三）执行计划或尝试某种解决方案

这一阶段就是把解决问题的方法应用到实际中去的过程。也就是说，当表征某个问题并确定某种解决方案后，就要执行计划、尝试解答。例如，进行到应用题的列式计算这一步，就是利用数学计算规则进行一系列的运算，以求得正确的答案。值得注意的是，有研究表明，学生常常是非常有逻辑地或"聪明"地犯错误，很少有错误是随机的、偶然的，他们通常应用某些错误的规则或程序来回答问题或解决问题。如研究发现，减法中存在这样一个错误的算法，不管哪个数在上面，学生总是从大数中减去小数。在实际教学中，教师一旦发现了错误，就要及时加以纠正，这比单纯要求学生细心或要求重做一遍要有用得多。

（四）对结果进行检验

当选择并完成某个解决方案之后，还应该对结果进行检验。这相当于教师经常告诫学生"做完题目后检查一下"的阶段。但是学生往往仅仅理解成检查计算过程或书写过程。其实，对结果进行检验阶段更主要的是评价问题的表征究竟是否合乎逻辑和实际。学生往往在两种情况下会自发地评价解题结果：一是完成了一开始觉得较难的题目时；一是得出觉得"奇异"的结果时。比如，11×31 的答案应在 300 左右，因为 $10 \times 30 = 300$，如果答案为 3 211 或 32 或 652，那么就应该马上意识到这些得数是不正确的。当然任何检验都只有在验明表征正确、合乎逻辑，并检验了每一步的运算结果后才是有意义的。

在上述四个阶段里，问题的表征阶段至关重要。在实际教学过程中，教师常常要求学生说出自己解决问题的过程，就是在训练、培养学生对问题正确表征的能力。

第二节 影响问题解决的因素

影响问题解决的因素有很多，既有情境因素（主要是指问题本身的性质），也有个人因素。

一、问题的情境因素

（一）知觉情境

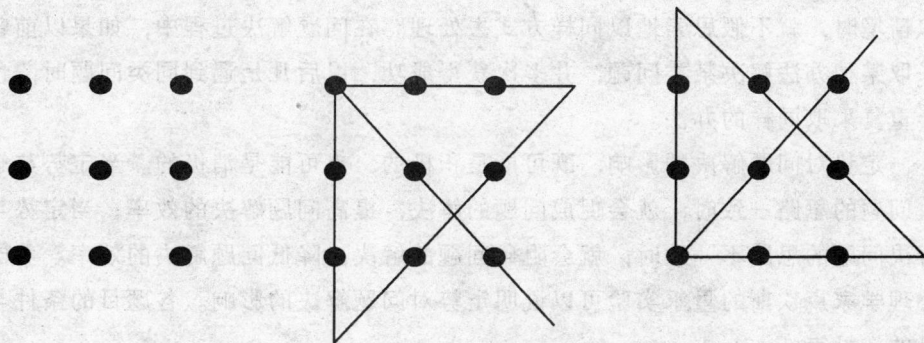

图 5 - 2 - 1 知觉情境图（一）

问题解决受到刺激模式直接产生的知觉情境的影响。一般来说，知觉情境越简单、越显著，问题之间的关系越容易被直接感知到，解决问题就越容易。相反，知觉情境越复杂、越隐蔽，解决问题就越困难。例如在解决怎样用连续四条直线一次通过九个圆点的问题时，由于九个圆点排列整齐，人很容易通过视知觉把它们组成一个"正方形"整体，如果不能突破知觉情境的束缚，超越头脑中想象的那个"正方形"边界，将思维转向九个圆点的图形外部，就很难解决这个问题（如图 5－2－1 所示）。

又如：已知圆的半径为 2 厘米，求与圆形外切的正方形的面积。这个问题的知觉呈现方式有两种（如图 5－2－2 所示）。

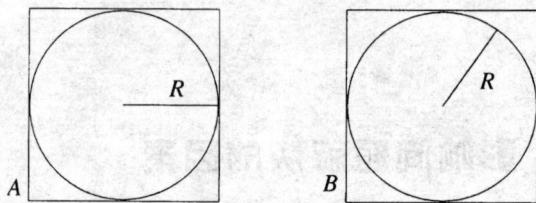

图 5－2－2　知觉情境图（二）

结果发现，由于图 B 比图 A 提供的线索更隐蔽，致使被试在解决图 B 问题时出错多，而在解答图 A 问题时出错少。

（二）定　势

定势也称心向，是指由先前心理活动所形成的准备状态。也就是对于一件事的处理，如果屡屡采用同一方法去做，久而久之就成习惯，以后每当遇到类似情境时，就不假思索地以同样方式去处理。在问题解决过程中，如果以前曾采取某种办法解决某类问题，并多次获得成功，以后凡是遇到同类问题时，也会重复采取同样的办法。

定势对问题解决的影响，既可能是积极的，也可能是消极的。当定势与解决问题的思路一致时，就会促成问题的解决，提高问题解决的效率；当定势与解决问题的思路不一致时，就会阻碍问题的解决，降低问题解决的效率。美国心理学家卢钦斯的量水实验可以说明定势对问题解决的影响。各题目的条件与目的，见表 5－2－1。

该实验的设计是用桶量水的方式来计算简单的算术题。按表所示，A，B，C 为盛水用的工具，A，B，C 下各栏数据，均代表水桶大小的容量，D 栏下的数据则代表所求的水量。总共有 11 题，题目是要求被试（大学生）运用盛水工具量水，量出的水量必须符合表内 D 栏的要求。

表 5－2－1 量水实验方法

题号	水桶容量			所求水量	习惯解法	简单新解法
	A	B	C	D		
1	21	127	3	100	$D = B - A - 2C$	
2	29	55	3	20	$D = B - A - 2C$	
3	14	163	25	99	$D = B - A - 2C$	
4	18	43	10	5	$D = B - A - 2C$	
5	20	59	4	31	$D = B - A - 2C$	
6	9	42	6	21	$D = B - A - 2C$	
7	23	49	3	20	$D = B - A - 2C$	$D = A - C$
8	28	76	3	25		$D = A - C$
9	15	39	3	18	$D = B - A - 2C$	$D = A + C$
10	18	48	4	22	$D = B - A - 2C$	$D = A + C$
11	14	36	8	6	$D = B - A - 2C$	$D = A - C$

求解此类问题，在方法上并不困难，具有小学中年级的数学能力和操作能力就可完成。在上述问题中，前 7 个问题属于一个共同的模式，解决这几个问题的方法是：$B - A - 2C$。以第 1 题为例，先装满 B 桶（127），然后从 B 桶中用 A 桶盛出一桶（$127 - 21 = 106$），再用 C 桶从 B 桶中盛出两桶（$106 - 3 \times 2 = 100$）。第 2、第 3、第 4、第 5、第 6 各题，都可采用同样的方法。如果将它们写成一个公式，那就是：$D = B - A - 2C$。经过练习后，把被试分为两组，第一组是让被试从第 1 题开始做，做到 8 题；第二组是让被试从第 7 题开始做，做到 11 题。实验结果表明，第一组的被试从第 1 题开始就一直沿用 $D = B - A - 2C$ 的解法，当解答第 7 题时，虽然既可以沿用 $D = B - A - 2C$ 的解法，也可以用更简便的 $D = A - C$ 的解法，但几乎所有被试都采用 $D = B - A - 2C$ 的解法，而对第 8 题，因无法套用习惯解法，致使该组大约有三分之二的人，不能在规定时间内完成对第 8 题的解答。为什么会出现这种现象？主要是由于前面一连 6 题采用同一方法奏效，形成了定势，产生了习惯性的僵化作用，遇到新的问题情境时失去了随机应变的能力。而第二组由于直接从第 7 题开始解答，没有受到 1～6 题解答方法的影响，99 % 的人都能用新的更为简便的方法来解答，而且也能够完成对第 8 题的解答。这也说明，用相同的方法

解答问题越少，定势的影响就越小。

思维定势的出现很大程度上是由于在教学过程中片面强调求同思维造成的。为克服定势对于问题解决的消极影响，教师在日常教学过程中，特别是在小学教育阶段，应注意培养学生的求异思维能力。

（三）功能固着

功能固着是指人们习惯性地赋予某物体某种或某些固定的功能，而忽略该物体的其他功能。

在实际生活中，问题能否解决有时取决于能否将物体变通使用。例如，钥匙是开锁用的，铅笔是写字用的，可是在问题情境中，现场中可资运用的材料，绝不可能像一把钥匙开一把锁那么容易。有了钥匙，开锁的问题就不存在了；丢了钥匙而又非开锁不可，才有了待解的问题。钥匙不在手中，一直想到钥匙，是一种功能固着心理；不尝试运用现场材料代替钥匙，是另一种功能固着心理。刀子是切割用的，必要时也可变通一下，用来撬开罐头或转紧螺丝；老虎钳是拔钉子与切割铁丝用的，必要时也可变通一下，代替钉锤的功用。能否灵活运用物体的不同功能，关键在于个人在新的问题情境中，能否灵活运用思维，发现和建立起问题情境和物体之间的新联系。但是，这个关键之处却常常因受事物固有功能的影响而不易突破。因此，善于解决难题的人的最大特征就是能突破功能固着，针对需要，恰当地改变物体固有的功能，善择手段以达到目的。

德国心理学家杜克曾设计过多种实验，用以验证功能固着对问题解决的影响。下面是其中的一个实验。两组被试在不同的安排下使用同样五种工具解决五个同样问题。一组被试（实验组）在解决问题之前，先对这五种工具的习惯用法进行一段练习，目的在于增强功能固着的影响；另一组被试（控制组）则不经练习工具的习惯用法，直接解决问题。该实验所用的工具、练习工作、要解决的问题及实验结果见表 5 - 2 - 2。

从表中实验结果可以看出，实验组的成绩远远低于控制组，说明实验组的工具经过被试的事先练习而产生了功能固着作用，从而影响了问题的解决。

诚然，克服功能固着依赖于个人的机智与灵活，也依赖于个人对事物不同功能知识的掌握，在这方面，思维灵活性的训练具有重要意义。当人们能从各种不同的方向来选择和应用事物的功能时，往往会导致对问题的创造性解决。

表5-2-2 功能固着实验结果

组别	工具	练习工作	解决新问题	参加人数	成绩%
实验组	钻子	钻洞	支撑绳索	14	71
	箱子	盛物	做垫脚台	7	43
	钳子	打开铁丝结	支撑木板	9	44
	秤锤	称重量	做钉锤用	12	75
	回形针	夹纸	做挂钩用	7	57
控制组	钻子		支撑绳索	10	100
	箱子		做垫脚台	7	100
	钳子	无	支撑木板	15	100
	秤锤		做钉锤用	12	100
	回形针		做挂钩用	7	86

(四) 迁 移

迁移是指已获得的知识、技能、学习方法或学习态度，对学习新知识、新技能和解决新问题产生一定的影响。一个人学到的概念越是基本，概念对新问题的适用性就越广，迁移范围就越大。知识概念化水平越高，迁移的范围和可能性越大；知识概念化水平越低，则迁移越难。在教学中利用辅助问题帮助解决主要问题就是利用了迁移原理。例如，问题是证明梯形两对角线构成的三角形 *AOB* 和 *DOC* 面积相等（如图5-2-3所示）。要解决这一问题，就要先证明三角形 *ABC* 和 *DCA* 等底等高，所以三角形 *ABC* 和 *DCA* 面积相等。辅助问题的目的应该是引导学生向这个方向思考。通过概念的迁移，辅助问题的解决有助于主要问题的解决。

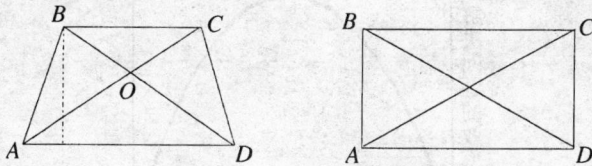

图5-2-3 迁移的作用

二、个人因素

(一) 有关的知识背景

具备相关的知识背景能促进对问题的表征和解答。探索的技能在解决问题中不能替代实质性的知识，只有依据有关的知识才能为问题的解决确定方向、选择途径和方法。对专家和新手解决问题的差异的研究，说明了拥有知识的数量和质量对问题解决的影响。在通常情况下，一个人所拥有的知识经验在数量上的多少，主要取决于一个人的年龄。年龄越小的人，其所拥有的知识经验就越少。因此，年龄小的人比年龄大的人问题解决的能力要差一些。在小学教学实际中，在呈现给学生问题时，应注意考虑小学儿童各方面知识经验较少的现实。过多地呈现与小学儿童知识背景相差太大的问题，不仅不利于问题的解决，长此以往，还可能挫伤小学儿童问题解决的积极性。

（二）智力水平与认知特点

智力水平对问题解决有重要的影响。智力中的推理能力、理解力、记忆力、分析能力等对问题解决有重要影响，一般来说，智力水平高的学生，解决问题较容易取得成功，智力水平低的学生，解决问题较容易遭遇失败。认知特点如对问题的敏感性和灵活性，认知方式如场独立性和场依存性、冲动性和反省性等，对问题解决都有一定的影响。

（三）个性倾向性及气质、性格特征

个性倾向性包括需要、动机、兴趣、理想、信念等，它们都直接影响问题解决的效率。

动机是促使人去解决问题的动力，它对问题解决的作用是明显的，动机的性质和强弱影响到问题解决的整个进程。动机的强弱与问题解决的关系，可以描绘成一条"倒转的 U 型曲线"。

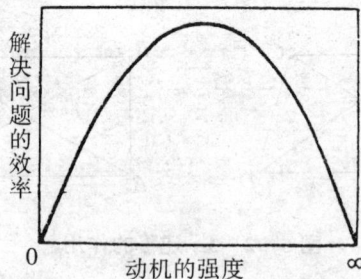

图 5 - 2 - 4　倒转的 U 型曲线

图中曲线表明：动机过弱，不能激起解决问题的积极性；在一定范围内，动机增强，解决问题的效率也随之增加，直至达到一个最高点。超过最高点，动机强度的提高，反而会造成问题解决效率的降低。我们通常所说的"欲速则不达"，就是指由于动机太强，情绪过分紧张，妨碍了对问题的正常思维，反

而妨碍了问题的解决。研究表明，处于中等强度的动机最有利于问题的解决，是问题解决的最佳水平。

气质、性格等个性差异也影响问题解决的效率。理想远大、意志坚强、情绪稳定、谦虚勤奋、富有创造精神等优良个性品质会提高问题解决的效率。反之，缺乏理想、意志薄弱、情绪不稳定、骄傲懒惰、墨守成规等消极的个性品质将有碍于问题的解决。好动、果断、大胆、自信和自我评价能力等个性特征，如果处于中等程度，可以促进问题的解决；但当大胆、果断近乎冲动，自信近乎独断专横与自命不凡，自我批评变成自我贬低时，结果将会适得其反。此外，成功的经验会提高自信心，强化大胆、勇敢的品质；重大的失败则会导致相反的结果。但是，轻微的失败可能反而有益。

另外，还有酝酿效应。当人们反复探索问题而仍没有结果时，暂时将问题放一放，转而从事其他的工作，这样做有时不仅不妨碍问题的解决，还可能在放松之余，出现"恍然大悟"、"豁然开朗"的情况，使问题较快地得到解决。许多科学家在研究工作中都有过这类经历。这种现象称之为酝酿效应，它打破了解决问题的不恰当思路的定势，从而促进了新思路的产生。

总之，影响问题解决的心理因素是多种多样的，无论是问题因素，还是个人因素，它们都不是孤立地起作用的，而是互相联系，互相影响，综合地影响问题解决。

第三节 创 造 性

一、创造性的含义、特征及其构成

从本质来讲，创造也是一种问题解决的过程，是最终产生新颖的产品的活动过程。近几十年来，由于科技竞争的加剧、知识经济的兴起，创造性问题引起了普遍的高度重视，各国纷纷组织人力，投入财力、物力，对创造性的方方面面进行研究。

创造性是人的一种心理素质，是创造型人才的关键特征。国内外关于创造性的定义有许多。我们认为，创造性是根据一定目的，运用已知信息，产生出某种新颖、独特、有社会价值或个人价值的产品的过程。就小学儿童而言，这里的产品既包括新发明、新发现、新设计，也包括新思想、新观念、新意图、新做法、新方法。

创造性和创造活动联系紧密，它在创造活动中得以表现，也在创造活动中得到发展，创造性不能脱离创造活动而孤立存在。因此，创造性和创造活动两者的本质特征应该是一致的。心理学家普遍认为，创造活动的本质特征是提供创造性产物，只有提供创造性产物的活动才能称得上创造活动。创造性产物具有两个根本特征：一是首创性，就是新奇独特，前所未有；二是有社会意义，就是对个人、集体、社会具有一定的用途，能为个人、集体、社会带来某种积极性的东西。

创造性作为一种心理现象，直接影响创造活动的效率。创造性不是与生俱来的，是后天学习和教育的结果。它在创造活动中形成和发展，也在创造活动中表现出来，但它不是创造活动本身。正常的人都可以进行创造活动，但各人所进行的创造活动的结果和效率是有差异的。

创造性由以下三部分组成：

1. 创造性意识

创造性意识，就是求是求佳意识。这种意识表现为好奇性、想象性及敢于冒险、敢于向困难和权威挑战等心理倾向。这种意识在学生的学习活动中随处可见。比如，学生对问题的回答不满足于课本和教师的答案，总想换个说法；解答习题不愿与别人的方法相同，总想另辟蹊径；做作文总想写别人不曾写过的题材并运用新词汇、新句式；对小改革、小发明、小设计之类充满热望以及凡事爱寻根问底等。这些都是小学生极其宝贵的创造性意识。

2. 创造性思维过程

创造性思维过程是指在有关因素之间形成新奇的联结，被联结的因素相互之间的距离越是遥远，这种思维过程越具有创造性。思维包含聚合思维和发散思维，与创造性思维关系最为密切的是发散思维。

聚合思维是一种有方向、有范围、有条理的思维方式。例如，已知三角形的一条边长和该边上的高，求三角形的面积。这时人们根据问题中给的条件和头脑中已有的求三角形面积的公式，就能得出正确的结论，并顺利地解决问题。发散思维是指人们沿着不同的方向思考，重组已有的信息，产生大量独特的新思想。例如，让学生把想到的一切圆形的东西说出来或者说出砖块的一切可能的用途。这时，学生需要沿不同的方向思考，根据问题所给的条件重组自己的知识经验。学生可能回答，圆形的东西有各类球、眼镜片、救生圈、硬币、纽扣、戒指、水珠、老鼠洞等；砖块可以盖房子、筑围墙、砌炉灶、修马路、垫东西、支床铺等。由于发散思维常常产生某些新奇、独特的思想，所以发散思维是创造性思维的主要成分。

发散思维又有三个重要特性，即流畅性、变通性和独特性。

一个人在单位时间内发散项目越多、反应越迅速，说明他的思维的流畅性越好，反之则差。例如，一学生在两分钟之内，能组词 30 个，远远超过其他同学的组词速度，说明其思维流畅性好。一个人发散项目的范围越大、维度越多，说明他的变通性就越大，反之则小。比如，一个孩子只知道砖块可以盖房、筑墙、砌炉灶，他的思维就只是在同一维度内发散，变通性小；如果一个孩子知道砖块可以盖房，还可以打狗、支床铺、垫东西，那么，说明他的思维能在不同维度发散，变通性大得多。如果一个人发散的项目不为一般人所有，表现出某些独特的思想和独到的见解，说明他的思维具有独特性。比如，有的孩子回答圆形的东西有老鼠洞、水珠等，这种回答在一般孩子中很罕见，因而是独特的。

3. 创造性活动

创造性意识和创造性思维过程是重要的，但它们毕竟还只是一种构思、设想、假设或意念，还只是一种观念性的停留在脑海之中的东西。要把这些变为现实的创造性产品，如新概念、新策略、新工艺、新方法等，还得借助创造性活动进行加工制作。这些"加工制作"，表现于言语、计算、操作、实验等领域；没有相应的"加工制作"，就不可能有现实的创造性产品。

二、影响创造性发展的因素及如何培养儿童的创造性

创造性由多种成分构成，影响创造性发展的因素既涉及认知因素、人格因素也涉及环境因素。这些因素在影响问题解决的因素中都已作过较详细的叙述，在此不再赘述。

随着现代社会的高速发展，我们面临着许多前所未有的经济、社会和环境等问题，这些问题都需要我们创造性地解决。因此，儿童的创造性从小就培养非常必要。我们认为培养小学儿童的创造性可以从以下几方面入手。

1. 树立良好的教育观念和注重教师的素质

从小学儿童的教育实际出发，教师与家长的教育观念、教师的素质对于小学儿童的创造性发展有直接影响。

克服不利于儿童创造性发展的教育观念，如过分追求高分数、不鼓励学生提问、过于强调权威的教学等等，都有助于培养学生的创造性。

教师的素质也影响学生创造性的培养。日本学者恩田彰（1987）提出，有利于学生创造性发展的教师具有以下特征：本身具有创造力；有强烈的求知欲；努力形成具有高创造性的班集体；创设宽容、理解、温暖的班级气氛；具有与学生们共同学习的态度；创设良好的学习环境；注重对创造活动过程的评价以激发儿童的创造渴望。

2．广开思路，促进创造性思维的发展

创造性思维是在一般思维基础上发展起来的有创见的思维，是人类思维的高级过程。人类在创造性思维中，对原有的知识经验进行创造性的重新组合，并在头脑中产生出不同以往的新思想、新产品。

实验研究也表明，开阔思路有利于发展创造性思维。也就是说一个人的思路越开阔，越容易产生创造性思维，其创造力越高。反之，一个人的思路越狭窄，越不容易产生创造性思维，其创造力越低。因此，要促使小学儿童学会开阔思路，遇到问题能够从多个角度来考虑，以提高小学儿童的创造力。比如，我们不应该问："如何改进灭蚊器？"而应该问："如何才能消灭蚊子？"这样就可以使我们的思路更加开阔，以寻求更多更好的解决问题的办法。

3．丰富想象力和快速联想能力

想象是人类创造活动不可缺少的心理因素，与创造性思维有密切关系。伟大的科学家爱因斯坦曾说过："想象力比知识更重要。因为知识是有限的，而想象力概括着世界的一切，推动着进步……严格地说，想象力是科学研究中的实在因素。"飞机设计师根据海燕的躯体特征将机身设计成流线型，就是想象力与创造性思维的结合。特别是在文学艺术创作领域，任何作品的创作都离不开想象的参与。因此，只有发展想象特别是创造想象，创造性思维才能得到较好的发展。

奥斯本提出的快速联想策略不仅是问题解决中使用最广泛的策略，而且有研究表明，创造力越高的人越能进行快速联想。因此，培养一个人快速联想的能力，有助于其创造力的发展。快速联想要与中止评判策略结合起来，即在联想过程中严格禁止使用任何方式的批评。应该对小学儿童"自由放任"，让他们想什么就提什么，重点在数量，质量是次要的。产生出来的观念越多，形成好观念的机会就越多。事实上，往往后面形成的观念比前面形成的观念质量更高一些。

4. 多利用原型启发，发展类比推理

所谓原型是指起到启发作用的事物。原型启发是指从事物的相似或类比中看到或发现问题解决的途径。

人类科学技术发展的历史已经证明，应用相似原理去解决问题，是产生创造、发明的重要思维方法。19世纪达尔文与华莱士同时发现了生物进化现象。以后人们利用生物进化原理，对天体演化、社会进步以致微观物质演变进行了各种相似的推论，取得了很多伟大的成就。在技术发明和应用方面，瓦特看到蒸汽推动壶盖产生相似联想而发明蒸汽机，以后人们把蒸汽机装在车上造出了火车，装在船上造出了轮船，装在纺车上造出了自动纺织机等，使生产力飞速发展。现代科学中普遍应用的一些方法，如类比、模型、模拟等，也都是以人们头脑中贮存的相似现象和过程为基础的。因此，利用原型启发，注重类比推理能力的发展，有助于创造力的培养。

5. 头脑风暴法

头脑风暴法，是奥斯本提出的培养创造性的一种重要方法。其基本做法是：教师先提出问题，然后鼓励学生寻找尽可能多的答案，不必考虑该答案是否正确，教师也不作评论，一直到所有可能想到的答案都提出来为止。

在我们平时的讨论中，常常有这样的现象：本来是想找出创造性的解决问题的方法，但转变成了对某一种方法好坏的争论，参与者的情绪全给搅乱了。头脑风暴法的原则就是尽可能地产生想法，不管这个想法初看起来如何片面。只有当所有可能的建议都已提完，才开始对这些想法进行评价、讨论和批评。用这种方法，一种想法可能启迪出另一种想法。也许，更重要的是，人们不会因怕受到批评而放弃可能的创造性解答。当所有的想法都列完后，人们就可以评价、修改和合并这些想法而产生一个创造性的答案。同时，有些初看起来似乎荒谬而又真正体现创造性的想法不至于被扼杀。

在课堂教学中贯彻头脑风暴法就是采用班组讨论的方式来解决问题。通过集体讨论，每个学生从各自不同的角度提出不同的见解，能拓宽解决问题的方法的范围。有时，一个学生的发言能启发另一个学生悟出或改进解决问题的方法，在学生之间产生互动，使他们互相激发、互相促进，有助于学生创造力的提高。

6. 培养创造性的人格品质

个体的创造性高低与人格有着密切的关系。在一定意义上，创造性是人格力量的显示。不同的人格特征对创造性的发展有不同的影响。小学儿童的人格正处在一个发展的过程当中，教师和家长应该注重其创造性人格品质的培养。独立的、灵活的、容纳的、主动的、痴醉的人格的形成和发展有助于儿童创造性的形成和发展。

7. 在学科教学中培养创造性

小学阶段学生学习的课程是丰富多彩的，有语文、数学、自然、音乐、美术、手工、体育等，重视在这些学科的学习和教学过程中的创造性培养非常有意义。其中语文和数学是小学阶段占课时最多的两门课程，因此要重视在语文和数学课程中的创造性培养。比如在小学语文教学中，对于低年级的学生，鼓励他们多组词、多造句、多做看图写话，对于高年级的学生鼓励写诗词、写短文等，这些都有助于丰富学生的想象力，促进学生的创造性。在数学教学中，鼓励学生自编应用题、一题多解等，这也有利于从小培养他们的创造性。在其他课程教学中，同样应该重视从实际入手，培养学生的创造性。如在美术教学中，不仅仅要求学生"画得像某一物品"，而且在此基础上，应多鼓励学生自由创意，充分展开他们的想象力，创作出丰富多彩的、有独特个性的作品。

小 结

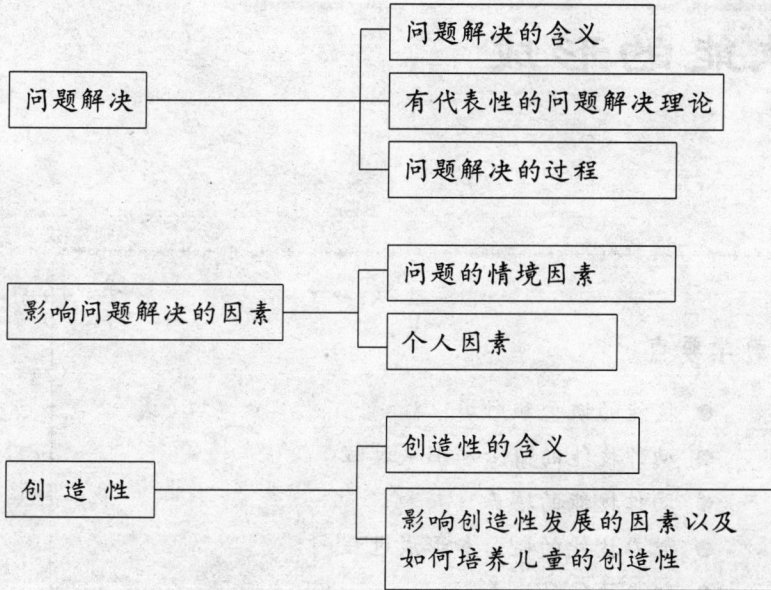

思 考 题

1. 名词解释

 问题 问题解决 定势 功能固着 迁移 创造性

2. 说明解决问题的过程，分析影响问题解决的因素。

3. 如何培养儿童的创造性？

第六章

技能的形成

教 学 要 点

- 技能的概念和种类
- 动作技能的概念和形成过程
- 动作技能的培养
- 智力技能的概念和形成过程
- 智力技能的培养

学 习 要 求

- 掌握技能的概念和种类
- 掌握动作技能的概念和形成过程
- 掌握智力技能的概念和形成过程
- 掌握动作技能与智力技能的关系

☆ ·····································

引 子

熟能生巧

在我们的日常生活、工作和学习中，技能具有重要的作用，技能的学习是小学阶段重要的教育内容。刚学写字的小学生，写字的动作受到意识的支配，只能一笔一画、一个字一个字地写。意识的调节作用稍微减弱，动作就难以进行下去。但是在书写技能熟练后，意识对每个动作的调节作用就减弱了，整个活动表现为自动化的活动，写字这一技能活动发展到了熟练这一阶段。

本章将重点探讨技能的概念和种类、动作技能和智力技能的关系及其形成过程，以及动作技能和智力技能培养等问题。

····································· ☆

"双基"，即基本知识、基本技能，历来是我国小学教学和学习的主要内容。在这一章中将着重探讨技能的性质、种类，动作技能和智力技能的概念、形成过程及其培养等问题。为教师能够更加有效地培养和提高学生的技能水平提供借鉴和参考。

第一节 技能的概述

一、技能的概念

技能是指学习者在特定目标指引下，通过练习而逐渐熟练掌握的、对已有的知识经验加以运用的操作程序。比如，小学生学写字，要先学习字的笔画、笔顺和执笔、运笔的知识，然后通过练习，逐渐掌握写字的技能。当然，技能水平有高低之别，初级水平的技能只要具有一定的初步知识和一定的练习就可获得，高水平的技能则需要较丰富的知识经验，而且在其活动中的基本动作已达到自动化水平。高水平的技能可称为熟练技巧。

技能的形成与知识的掌握有密切联系。技能的形成以掌握知识为必要条件，掌握知识不仅要掌握陈述性知识，更为重要的是掌握程序性知识，人们掌握的知识越巩固，越有助于技能的形成。反之，技能一经形成又会促进对新知识的掌握。

但是，技能的形成与知识的掌握又有区别，具体表现为以下几方面：

第一，从基本结构看，知识是符号所代表的概念、命题与原理的意义，掌握知识的关键是理解符号所表征的意义（即认知内容）；技能是对知识进行应用的程序，其基本结构是动作或产生式，形成技能的关键是对应用知识的方法的正确应用。

第二，从输入输出看，知识是相对静态的，容易用言语表达清楚；技能是相对动态的，通常难以用言语表达清楚。

第三，从意识控制程度看，知识的意识控制程度较高，激活速度较慢，往往是有意识的搜寻过程；技能的意识控制程度较低，激活速度较快。

第四，从学习速度看，知识学习速度较快，能够在短时期内突飞猛进或积累，但遗忘也较快；技能学习速度较慢，需要大量的练习才会达到熟练技巧的程度。技能的保持也比知识要牢固得多。

第五，从记忆贮存看，知识的贮存呈现网络性，知识具有结构化、层次化的特点，知识的迁移具有叠加扩充的特性；技能的贮存呈现模块性，技能的迁移具有序列转移的特性。

二、技能学习的意义

技能学习在人的学习中是非常重要的。中国古代教学非常重视技能的培养。孔子以来把礼、乐、射、御、书、数——"六艺"都作为教学的内容。在此基础上通晓棋、琴、书、画技能和技艺更是文人雅士的理想和追求。今天，科技迅猛发展，信息更新加快，特别是现代计算机技术和通讯技术的发展，要求我们不仅要有传统意义的读、写、算的基本技能，而且必须具备现代的技能，如操作电脑、通晓外语等，才能避免成为现代技能的"文盲"，从而增强在 21 世纪的竞争能力。技能的形成在学生的学习中具有重大意义。首先，技能的掌握，有利于学生能力的发展。学生学习的各种知识是不能直接转化为能力的，必须通过技能这个中介环节。现代素质教育要求教师既要把丰富的科学文化知识传授给学生，使学生知道"是什么"，而且还要使学生形成一系列的技能，知道"怎么办"、"如何做"。教师教学的关键就是使学生的知识转化为技能，发展其能力。比如，要培养和发展小学儿童的钢琴演奏能力，仅仅教给他们一些基本的钢琴键盘和乐理方面的知识是不够的，还必须通过训练其弹钢琴的技能，才有可能发展他们钢琴演奏方面的能力。所以，要培养学生的能力，只传授知识是远远不够的，必须把基本知识的教学和基本技能的训练结合起来。其次，技能的掌握有利于提高学生学习的效率，使之更经济合理地进行创造性学习。比如，小学生掌握了基本的读、写技能，在学习活动中就无需把大量的时间精力耗费在注意字的笔顺、笔画等书写细节上，而把精力和注意放到其他更重要的、有意义的理解和创造性学习中。

三、技能的种类

按照技能的性质和特点，可以把技能分为动作技能和智力技能两类。

（一）动作技能

1. 动作技能的概念

对于什么是动作技能，不同的心理学家做出了不同的解释。克伦巴赫（J.Cronbach，1977）认为，动作技能是习得的，能相当精确地执行且对其组成的动作很少或不需要有意识地注意的一种操作。加涅认为，运动技能是协调运动的能力，或者与动作的选择有关，或者与动作的顺序有关。而我国的传统动作技能概念来自前苏联，认为动作技能是依靠肌肉、骨骼与相应的神经系统活动实现的活动方式。根据现代认知心理学的研究成果，我国有的教育心理学家把动作技能定义为"在练习的基础上形成的，按某种规则或程序顺利完成身体协调任务的能力"。

2. 动作技能的基本成分

虽然不同心理学家对动作技能有不同的解释，但都认为动作技能包含三个基本成分：

（1）动作或动作组。要指出的是动作并非动作技能，比如走路、穿衣、吃饭、摇头、打呵欠等就不是动作技能。只有当人们用一组动作去完成一项具体任务，如用一组身体动作（舞蹈语言）去表现情感，这时才被称为动作技能。

（2）体能。主要包括耐力、力量、韧性、敏捷性等。

（3）认知能力。包括视觉、听觉、触觉、动觉等多种知觉能力，其中手脚协调、身体平衡能力对完成动作技能的意义更大。知觉能力完全丧失或存在部分缺陷，动作技能就会受到损害。此外，学习者还需要理解和记住训练的项目，富有想象力和创造性地解决问题等。因此，可以说，动作技能是在练习的基础上，由一系列实际动作以合理、完善的程序构成的操作活动方式。动作技能本质上必须体现为按一定的关系组织起来的成套实际动作，是动作的连锁化。也就是说技能一旦形成，只要动作刺激出现，就能自动地完成一系列的动作反应过程，表现出迅速、准确、协调、流畅、娴熟的特点。

3.动作技能的种类

根据不同的标准，又可以对动作技能进行进一步的区分。

按照动作是否连贯，可以将动作技能分为连续与不连续的动作技能。如开车、打字等属于连续的动作技能，是刺激—反应的一长串联结系统。射击、举重、打鸡蛋等属于不连续的动作技能，其刺激—反应的序列短，反应比较精确，便于计数。

按照动作过程中外部情境是否有变化，可以将动作技能分为开放性与封闭性的动作技能。如打球、开车需视外部情境的变化而调整动作，随机应变，属于开放性的动作技能；而射击、写字、打鸡蛋是在预先确定的较静态的环境中进行，动作的灵活性与变通性不大，属于封闭性的动作技能。

按照动作技能的反馈条件，可以把动作技能分为内循环与外循环的动作技能。内循环的动作技能是一种完全依赖内部肌肉反馈的技能。这种动作是闭着眼也能完成的，如在黑板上徒手快速地画圆。外循环的动作技能在某种程度上要受客观外界作用的控制，不可能仅仅通过条条肌肉的反馈对动作加以矫正，如踢足球、骑自行车等技能就是如此。因为这类技能不是一些特定的动作的简单联结，操作者必须获得某些"监控程序"才能完成。

实际上，就某一特定动作技能来说，类的归属往往是既交叉又重叠的，但是不能彼此替代，因为每种分类法强调的侧面不同，对学习者而言所需要的知识和策略也不同。

（二）智力技能

1.智力技能的概念和类别

智力技能是借助于内部言语在头脑中进行的智力活动方式，包括感知、记忆、想象和思维等认知因素，其中抽象思维因素占据着最主要的地位。按照其内容和概括化程度，可将智力技能分为一般智力技能和特殊智力技能两类。一般智力技能是在广泛的认识活动中形成和发展的，适用于一切认知活动，如学生在日常生活中学习和掌握的观察、记忆、比较、分析、抽象、概括和解决问题的技能；特殊智力技能是在专门领域的认识活动中形成和发展起来的，适用于专门领域，如阅读、写作、计算等技能。

2. 智力技能的层次

以加涅为代表的一批西方认知心理学家认为，根据复杂程度不同，可以把智力技能分为五个层次：

(1) 辨别。能区分刺激物的特征，发现事物之间的差异。

(2) 具体概念。能列举事物的名称。

(3) 定义概念。能理解以命题或公式表达的事物的本质属性。

(4) 规则。能按照规则进行操作，作出正确的反应，如造句、运用四则运算的法则计算四则运算题。

(5) 高级规则。能用简单规则解决较复杂的问题。

虽然不同心理学家对智力技能有不同的解释，但仍存在一些共性的东西。第一，他们都认为智力技能不是由单一因素构成，而是由复合因素构成；第二，智力技能也是一种操作方式，其发展从低级到高级、从简单到复杂。

四、动作技能与智力技能的关系

动作技能与智力技能是构成技能系统的两个子系统，它们既有区别又有联系，其区别在于：

第一，活动的对象不同。动作技能属于实际操作活动范畴，其对象是物质的、具体的（如打字、射箭），表现为外显的骨骼和肌肉的操作。智力技能的对象是头脑中的映象，具有主观性和抽象性，表现为从外部难以觉察的头脑中的思维过程，属于观念范畴。

第二，活动的结构不同。动作技能是系列动作的连锁，因而其动作结构必须从实际出发，符合实际，不能省略。而智力技能是借助于内部言语实现的，可以高度省略、高度简缩，甚至觉察不到它的进行。

第三，活动的要求不同。动作技能和智力技能形成的结果都是从不会做到知道如何做，再达到熟能生巧。但动作技能要求学习者必须掌握一套刺激—反应的联结，而智力技能则要求学习者掌握正确的思维方法，即获得产生式或产生式系统。

两者的联系表现在：动作技能经常是智力技能形成的最初依据，智力技能的形成常常是在外部动作技能的基础上，逐步脱离外部动作而借助内部言语实现的。比如，小学生心算、写作文等智力活动，总是从依赖数小棍棍或手指，从依赖笔算、看图说话，逐渐脱离外部动作（动手、动口）而依赖内隐的思维操作活动实现的。同时，智力技能往往又是外部动作技能的支配者和调节者，复杂的运动技能往往包含认知成分，需要学习者智力活动的参与、手脑并用才能完成。

第二节　动作技能的形成

一、动作技能的形成过程

动作技能的形成是通过领悟和练习逐步掌握某种动作操作程序的过程，复杂运动技能的形成一般要经历四个主要阶段：认知阶段、分解阶段、联系定位阶段、自动化阶段。在每一个阶段，学习者学习的重点及表现出的特征不同。

（一）认知阶段

这是动作技能形成的开始阶段。从传授者的角度看，主要是讲解与示范；从学习者的角度看，主要是理解学习任务，形成目标表象和目标期望。目标表象是指学习者了解和认知动作的要求，记住有关动作的知识及事项，在头脑中形成动作的完整表象，并以此作为实际操作的参照。目标期望是指学习者根据以往成功与失败的经验，以及自己的能力和任务的难易程度，对自己所能达到的操作水平的估价，即明确自己能做得怎样，达到什么水平。例如，上体操课，学生通过视觉观察教师的示范，通过听觉倾听教师讲解动作要领，并把教师的示范、讲解进行编码，形成体操表象，作为自己学习体操的指南，来调控自己做体操的动作方式。

在认知阶段，学习者认知的质量和学习的时间取决于对当前任务的知觉和对有关线索的编码，这些有助于此后在长时记忆中依据线索提取关于现有任务的知觉信息，以及从长时记忆中激活先前有关的信息，并有效地检索、提取出来。

（二）分解阶段

在分解阶段，传授者把整套动作分解成若干局部动作，学习者则初步尝试，逐个学习。学习者初学时，注意的范围狭小，不善于注意的分配与转移，情绪紧张，虽然分解后的动作较简单，容易掌握，但在前后两个动作的交替和过渡上则比较困难，因而学习者容易出现动作忙乱、紧张呆板、不协调、顾此失彼等现象。如儿童初学写字时，往往出现头部过低、身躯歪斜、握笔太紧、用力过大等现象。

（三）联系定位阶段

联系定位阶段的重点是使适当的刺激与反应形成联系而固定下来，整套动作联为整体，变成固定程序式的反应系统。学习者首先要弄清刺激与反应之间的步骤，使之形成联系；其次要增加练习次数和练习时间，加强动觉反馈，以提高动作的熟练性和准确性，提高动作质量。其特点是学习者经过练习把单个动作联系起来，动作趋向协调，对单个动作的注意力大为减少。

（四）自动化阶段

自动化阶段是动作技能的熟练阶段。这个阶段学习者的各个动作似乎自动流出，得心应手，甚至出神入化。学习者的紧张状态减弱，多余动作消失，动作几乎不需要意识控制，只要有一个启动信号就能够准确地按照顺序以连锁反应方式实现。当然，即使在自动化阶段，仍然存在进一步提高动作技能的可能性。

二、动作技能形成的标志

动作技能形成的标志是达到熟练操作。所谓熟练操作是指动作已达到较高速度，准确、流畅、灵活自如，且对动作组成成分很少或不必有意识注意的状态。熟练操作可以借助专门仪器和设备，通过人们完成动作的速度、准确性、协调性、反应时间、应变性等指标来测量，也可通过熟练化操作所反应的特征来衡量。研究表明，熟练操作具有以下主要特征。

（一）意识调控减弱，动作自动化

在动作技能形成初期，各种动作都受意识支配调节。学习者总是小心翼翼地注意去做好每一个动作，先集中注意做完一个动作，然后再注意做另一个动作，一点也离不开意识的控制；否则，动作就会出现停顿或错误。通过反复练习，一旦动作达到熟练程度、准确无误时，意识调控即被自动化所取代，动作是无意识地进行的。

（二）能利用细微的线索

在初步掌握动作技能时，学习者只能对那些显而易见的线索（如教练的提醒、纠正等视听线索）发生反应，不能觉察自己动作的全部情况和错误。而动作熟练后，学习者能觉察到自己动作的细微差别，仅凭细微的线索就能改进调整自己的动作，做出恰如其分的反应。如优秀的排球运动员可根据对方移动时的步伐、弹跳时的动作、手的动作，敏锐地判定对方来球的速度、重量、球的落点而迅速地选择扣球、拦网或吊球。

（三）动觉反馈作用加强

动作技能的反馈包括两类：一是外部反馈，即对反应结果的知悉；另一类为内部反馈，它通过肌肉活动本身的动觉刺激形式呈现出来。学习初期，内、外两方面的反馈都是必要的，其中来自外界的视觉反馈尤为重要。学习者主要依据外部的视觉反馈来调节自己的动作，而在动作技能的熟练期，学习者主要依据内部的动觉反馈来操作或调节自己的动作。希金斯（J.R.Higgins）等的研究表明，熟练的专家甚至尚未等到肌肉信号的到来，便能预料到它给自己的肌肉发出了不正确的指令，在错误发生之前能收回这个指令。比如初学打字的人，往往用眼睛在键盘上寻找每一个字母，如果视线一脱离键盘，便一个字也打不出来。这时对行动的控制主要靠视觉反馈。而熟练的打字员，在打字时几乎不用眼睛看键盘，而凭借感觉控制就能准确无误地打字。偶尔出现误打，很快就有动觉反馈产生。

外在视觉反馈的减弱、运动感觉反馈的增强，在运动技能的形成和进行中具有重要意义。第一，运动感觉反馈的增强，既可以使动作加快，也可以使操作者有更多的精力注意活动中的其他环节。比如，驾驶汽车时，驾驶员必须靠运动感觉来调节、控制驾驶动作，用视觉注意外界发生的事情。如果用视觉直接控制动作，便可能发生事故。第二，许多熟练活动都必须凭借感觉器官反馈来完成。纺织工人的接线头、打字员的打字动作都是以触觉、动觉为主；舞蹈、体操运动员的运动技能以保持身体平衡和身体各部位的协调关系为主，必须凭借肌肉和关节运动来调节。

（四）形成运动程序的记忆图式

所谓运动程序的记忆图式，是指经过长期的练习而在长时记忆中形成的关于动作的有组织的系统性知识，它使完整的操作流畅地执行。拉斯罗（J. I. Lasz1a, 1967）做过一个在剥夺视觉、听觉、触觉和动觉条件下，用早已熟练了的手指敲桌子的技能去按打字机键的再学习实验，结果发现，运动技能的熟练程度达到某一阶段时，人的头脑中就会产生运动的指导程序，并以此程序来控制运动。

（五）在不利条件下能维持正常操作水平

检验动作的熟练程度，更重要的是应考察在不利条件下表现出来的操作水平。一般说来，越熟练的动作，越能在外界情况变化或面临紧急情况时维持正常操作水平。如优秀的飞行员能在遭遇雷电突袭的恶劣条件下，维持协调和准确的操作，保证飞机安全飞行。

三、动作技能的理论

关于动作技能的形成以及动作技能的本质等，心理学家做出了多种解释，其中最具有代表性的是行为主义理论和认知理论。

（一）行为主义的理论

行为主义的理论建立在经典条件反射和操作条件反射的基础上。巴甫洛夫认为，动作技能是先行动作通过条件反射建立起暂时神经联系而变成后继动作的信号来实现的。比如，学生学做广播体操，总是先看着教师的动作去学，教师的第一个动作是学生的第一个动作的刺激，教师的第二个动作是学生的第二个动作的刺激……当学生学会做体操以后，只要教师一声令下或做出第一个动作，学生就可以连续地做下去。在这里教师的先行动作成了学生后继动作的条件刺激。

行为主义心理学的核心概念是反应，所以行为主义心理学家用刺激—反应来解释人的行为，特别重视用强化概念来说明有机体行为的塑造、保持与矫正。他们认为，有机体的某种学习行为倾向完全取决于先前的这种学习行为与刺激因强化而建立的牢固联系，如果有机体的某些活动产生积极的后果、行为受到强化，那么有机体就会增加其反应，再次重复该行为，并逐渐巩固下来，成为它的全部行为储备中的一部分。同时，这些活动便获得了习惯强度。以后，只要出现适当的环境刺激，活动便会自动地出现。因此，行为主义心理学家认为动作技能形成的本质就是形成一套刺激—反应的相互联结系统。例如，儿童学习使用钥匙开门，就必须学会一系列的肌肉反应动作：首先，手拿钥匙对准锁孔，然后确认插入的位置是否准确，还要将钥匙完全插入并按正确方向旋转，最后推开门。如果最后环节上缺少强化物（打开了门），儿童使用钥匙开门的行为就会发生消退，整个联结也将随之消失。

（二）认知理论

认知心理的核心概念是认知，所以认知心理学家在承认动作本身是一系列刺激—反应联结的同时，更强调动作技能的学习必须有感知、记忆、想象、思维等认知成分的参与。他们认为，在动作技能的形成中，学习者必须理解与某一动作技能有关的知识，回忆过去学习过的、与眼前任务相关的动作行为，预期与假设解决问题所需要的反应和动作范式，形成目标表象和目标期望，把自己的反应与示范者的标准反应进行比较分析，进行归因，找出误差，采取对策监控，调节自己的反应。动作技能的水平越高，越是需要学习者有较高水平的认知。韦尔福德（Welford，1968）用动作技能形成模型来说明动作技能的形成过程。他将动作技能的形成分为三个连续的阶段：感觉接受阶段、由知觉到运动的转换阶段、效应器阶段（如图 6-2-1 所示）。

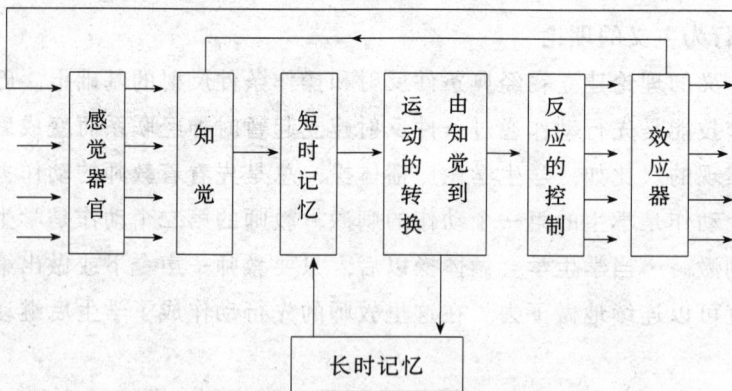

图 6-2-1　动作技能形成模型

1. 感觉接受阶段

感觉接受阶段学习者面临着一定时间内输入多少信息的问题。信息量超载，会造成学习者负担过重，无法处理超负荷；信息量贫乏，会削弱学习者的警觉，降低操作标准。因此，学习者必须通过知觉对信息加以选择性注意，才能把重要的信息储存在短时记忆中。

2. 由知觉到运动的转换阶段

由知觉到运动的转换阶段既对感觉的输入作出反应，又激起效应器的活动。在这个模式中，反应取决于信号的传递和主体"作出决定"。技能的学习就是通过练习、训练，使学习者已有动作之间及它们与新学习动作之间达到同化和融合，从而缩短其反应。而效应器的活动能够通过提供反馈进一步矫正或加强反应，最后把经过长期练习而形成的运动程序图式储存在长时记忆中。

3. 效应器阶段

当转换完成后，大脑发出的神经冲动，沿着运动神经纤维传到相应的效应器官，产生动作。同时，动作的进行受到反馈的调节，形成一个反应环路。

虽然韦尔福特在动作技能形成模型中将动作技能的形成划分为三个阶段，但事实上它们是一个统一整体。

四、动作技能的培养

动作技能可以通过分阶段采取相应的教学措施进行有计划的培养。

(一) 理解任务性质和学习情境

学习者要学习任何一种动作技能首先必须要理解任务的性质和学习情境，这样才可能有的放矢。首先，教师应使学生认识到学习某种动作技能的重要性，从而激发其强烈的学习动机。其次，教师应向学生明确提出动作技能应达到的目标、可能出现的困难和问题，向他们提出切实可行的期望，使学生明确"做什么"和"怎么做"，形成对自己的正确估价，能根据自己的能力与学习任务的目标而调控自己的练习过程。如果没有明确的任务，即使不断地重复练习，动作技能水平仍不会有大的提高和改善。比如长期写字的人，虽然不断地重复写字，但他的书法水平并没有多大的提高和改善。如果能明确制定出写字要达到的目标，并规定各个阶段要达到的目标，就有助于提高书法水平。

(二) 示范与讲解

教师的示范与讲解在动作技能的形成中具有导向作用，能引导学生做出规范性的动作。教师在示范之初一方面应放慢速度，分解动作，便于学习者准确地把握动作的结构和特点，并观察和模仿；同时教师还要简明扼要地讲解一些操作原理尤其是动作概念，帮助学习者掌握动作技能的操作性知识，避免在动作技能的学习中只重动作示范、忽视讲解作用而导致练习效果不佳。研究表明，指导者的示范与讲解不同，学习者的学习效果也不同。汤普森（L. Thompson）曾把 25 名儿童分为五组，在不同的示范方法下让其学习装配齿轮的七巧板。由于示范时对各组儿童活动的要求不同，主试的言语指导不同，各组儿童独立完成拼装的效果呈现出明显的差异，见表 6 - 2 - 1。

表 6 - 2 - 1　不同指导方法的不同效果

组别	儿童在观察时的活动	示范者的言语解释	拼容易的七巧板所需的时间（分钟）	拼困难的七巧板所需的时间（分钟）
1	连续加 2 至 100	无	5.7	25*
2	说出示范者所演示的	无	3.1	22
3	静默观看	不完整地描述	3.5	16
4	静默观看	完整地描述	3.2	14
5	说出示范者所演示的	纠正儿童叙述中的错误	2.2	12

*25 名儿童中仅有 3 名完成了任务

由表 6 - 2 - 1 可见，第 5 组效果最佳，即教师示范—学习者描述示范动作—教师纠正学生的错误是最有效的指导方法。

（三）练习与反馈

任何复杂的动作技能都必须通过练习才能形成，最后达到熟练的程度，但练习不是单纯的或简单机械的重复。要想使练习达到较高的效率，必须注意以下几点。

1. 掌握正确的练习方法

一般来说，练习方法主要有以下几种：

（1）实地练习法。即在实习基地，让学生依据所学的知识从事实际操作，以形成动作技能的办法。

（2）程序训练法。即运用程序教学原理，把学生的动作技能划分为若干阶段，要求学生由易到难、由简到繁、循序渐进地学习，教师不断给予强化与矫正，以提高动作效率的方法。

（3）动作—时间分析法。即测量每个动作所需要的时间，排除无效动作，减少不必要的动作环节，以取得最佳活动效率的办法。这也是工效学研究的一种重要方法。

（4）心理练习法。即指身体不实际活动，而是在头脑内进行练习的形式。如里查森（A.Richardson，1967）曾评述了11个有关心理练习的研究，包括打网球、倒车、投标枪、肌肉耐力、理牌、玩魔术等技能。研究结果显示，心理练习与作业改进有一定相关，如果将心理练习与身体练习相结合，其效果更佳。

（5）集中练习与分散练习法。集中练习是指长时间地连续练习，中间没有休息，直到掌握为止；而分散练习把练习分为若干阶段，在各个阶段之间插入一定的休息时间。一般说来，分散练习可以避免长时间练习所产生的疲劳或厌烦情绪，效果较佳。但怀特利（Whitely，1970）的研究表明，在集中练习的条件下，学习者的动作在一段时间的休息之后，能恢复到分散练习的效果。

当然，在实际练习当中采取哪种练习方法，取决于所练习的动作技能种类、难易程度和练习者本身的水平等多方面因素。

2．要注意练习周期，克服"高原现象"

心理学的研究表明，总的来说，动作技能的成绩随练习而不断地提高，但是在这个总的进步过程中，会出现练习时而进步、时而退步的波动起伏现象，有时甚至出现进步一时性停顿的"高原现象"。

最早用实验方法证明高原现象的是1897年布瑞安（Bryan）和赫特（Herter）的研究。布瑞安等研究了收发电报中动作技能的进步，结果发现：在收报练习15～28天之间，成绩一度停顿下来，虽有练习但成绩不见提高（如图6－2－2所示）。这就是练习进程中的高原时期。

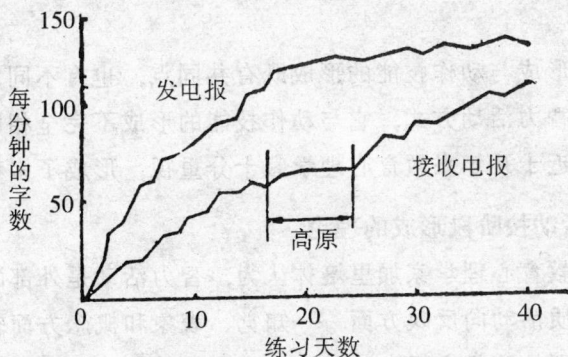

图6－2－2　电报作业的学习曲线

高原现象出现的原因很多。一是练习时间长，练习兴趣下降，练习要求不如以前强烈，产生厌倦消极情绪以及疲劳所致。二是旧技能结构已不能满足技能进一步提高的需要，要求建立新的技能结构。由于新旧交替要有一个过程，会出现暂时不适应，成绩暂时下降。三是练习环境、练习工具或教师指导方式的改变等。

练习过程中练习成绩波动起伏是正常现象。但如果学习者在练习中的成绩有明显下降，就应该帮助学习者分析原因，找出关键所在，对症下药，加强指导和调节，使其成绩能尽快地提高。

3. 提供恰当的反馈

通过反馈，使练习者了解练习的结果。每次练习之后，能知道自己的成绩和错误、优点和不足，就可以把符合要求和规范的动作保留下来，把不符合要求和规范的动作抛弃。反馈可分为内部的与外部的、及时的与延迟的。采用何种反馈，应根据任务的性质、学习者的学习进程而定。埃尔林（A.L.Irion, 1966）研究了有关文献认为，对于连续的任务，如开车、滑冰等，及时反馈是重要的；对于不连续的任务，如徒手画一条规定长度的线段、投掷铅球等，延迟反馈并不影响效果。

第三节　智力技能的形成

一、智力技能的理论

智力技能的形成与动作技能的形成既有共同点，也有不同点。智力技能是在头脑内进行的智力活动方式，它与动作技能的形成不完全相同。对于智力技能的形成问题，近十几年来教育心理学家十分重视，形成了多种理论。

（一）智力活动按阶段形成的理论

前苏联著名教育心理学家加里培林认为，智力活动是外部的、物质活动的反映，是外部物质活动向反映方面——知觉、表象和概念方面转化的结果，这种转化通过一系列的阶段实现。基于这种认识，加里培林进行了长期大量的实验，概括出智力活动形成的五个阶段：活动的定向阶段、物质活动或物质化活动阶段、出声的外部言语活动阶段、无声的外部言语活动阶段、内部言语活动阶段。

1．活动的定向阶段

活动的定向阶段是智力活动的准备阶段。在这一阶段，学习者应了解、熟悉活动的任务，知道做什么和怎么做，在头脑中形成活动本身及其结果的表象，对活动进行定向。教师应向学生提供活动的样本，指出活动的操作程序以及关键点。比如教小学儿童进位加法，它的定向是在演示这种运算时，使学生知道运算的目的是求两个数量之和，知道运算的客体是事物的数量，运算的关键点是进位、为什么要进位以及如何进位等。

2．物质活动或物质化活动阶段

在物质活动或物质化活动阶段借助于实物或实物的模型、图表、标本等进行学习。如小学生学习加法时，利用小石子、小棍、手指来完成计算活动。小学生做应用题时，教师要求他们用文字、图表等形式列出题目的条件、问题，以此培养学生的智力活动。这一阶段在智力活动的形成上具有重要作用。因为在很多情况下，物质化的形式是最易理解和最方便的教学手段。特别是当学生所学习的对象超出他们的感性认识范围、感到难以理解时，利用物质化的手段就更有意义。

物质活动或物质化活动阶段的关键是展开和概括。展开就是把智力活动分为若干个大大小小的操作单元，全部展示给学生。展开是智力活动进行压缩的基础，展开工作做得越好，以后的压缩越容易。如小学生学习9加2的进位加法时，教师可结合实物的演示，将运算步骤分为可操作的想、分、算三个环节（如图6-3-1所示）。

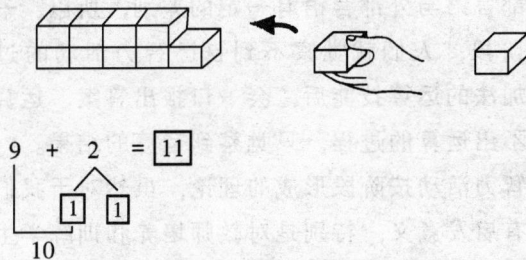

想：9和几组成10

分：2可以分成1和1

算：9＋1＝10　10＋1＝11

图6-3-1　9加2智力活动过程

概括是指在学生初步掌握展开的外部操作的直观水平上，形成关于智力活动的较为概括的表象，要求学生把操作与言语结合起来（即边做边说），以促使智力活动向第三阶段转化。

3. 出声的外部言语活动阶段

在出声的外部言语活动阶段，智力活动已摆脱了实物或实物的替代物，代之以外部言语为支持物。如小学生进行加法运算，不再借助于小棍、手指，而是用言语说明"从右边起，数位对齐，个位对个位，十位对十位……"的运算过程（即口算）。本阶段是外部的物质活动向智力活动转化的开始，是智力活动在形式上发生质变的重要阶段。

4. 无声的外部言语活动阶段

无声的外部言语活动这一阶段的特点在于智力活动的完成是以不出声的外部言语来进行的，如小学生的心算。与前一阶段相比，此阶段似乎很简单，只是言语减去声音而已，其实不然。它要求学生的言语机制有很大发展，因而这种言语形式需要对学生进行专门的练习。

5. 内部言语活动阶段

内部言语活动阶段是智力活动形成的最后阶段。其主要特点是智力活动的压缩和自动化，似乎不需要意识的参与。这一阶段脱离了自我观察的范围，在言语的结构与机制上都发生了重大变化。在结构上，外部言语必须符合语法，连贯流畅，清晰易懂，而内部言语常常被压缩得不合语法，可以用一个词或词组代替一个句子或观念，是片断和简约的；在机能上，外部言语是与他人交际的手段，是指向别人的，而内部言语则为自己所用，是为调节智力过程的进行服务的。正因为内部言语与外部言语有一定的差别，所以，一旦智力技能形成达到内部言语活动阶段，人们就觉察不到自己智力活动的过程。如 $9 + 2 = ?$学生熟练掌握进位加法的运算技能后，会一口报出答案，运算过程已经简化和自动化，他已觉察不出运算的过程，只觉察到运算的结果。

加里培林关于智力活动按阶段形成的理论，虽然对于我们了解智力技能的实质和形成规律具有启发意义，特别是对教师培养和训练学生的智力技能具有较大的指导作用，但是这一理论也存在一些不足。如阶段的划分不尽合理，特别是后面三个阶段实际上描述的是智力技能"内化"的三种水平，而且都是借助言语来实现的，所以有的阶段可以合并或省略。另外，如何建立有利的教学条件促进阶段之间的转移，还有待实验的进一步检验。

（二）认知理论关于智力技能的产生式系统的理论

现代认知心理学家依据知识的不同表征和作用，把知识概括为陈述性知识和程序性知识两类。现代认知心理学的广义知识观实际上已把智力技能包含在其中。从广义知识观来看，智力技能实质上是个人习得的一套程序性知识并按照这套程序去办事。根据计算机模拟实验的结果，他们提出，程序性知识以产生式贮存。

智力技能的学习，"本质上是掌握一个程序，即在长时记忆中形成一个解决问题产生式系统。以后若遇到同样类型的问题，就可以按照这一产生式系统的程序，一步一步地做下去，直至解决问题"。

现代认知心理学家所提出的产生式系统理论，为揭示智力技能的心理机制，为整个思维、学习的研究提供了新思路。

现代认知理论认为智力技能的学习一般分为三阶段。第一阶段，新信息进入短时记忆，与长时记忆中被激活的相关知识建立联系，从而出现新的意义的建构。第二阶段，通过应用规则的变式练习，使规则的陈述性形式向程序性形式转化。第三阶段，是程序性知识发展的最高阶段，规则完全支配人的行为，智力技能达到相对自动化。

二、智力技能形成的特征

根据国内外心理学家对智力技能的研究，智力技能形成的特征可以概括为以下几点。

(一) 智力技能的对象脱离了支持物

在智力技能形成的初期，学习者必须借助具体、形象、直观和明显的支持物进行操作（如实物、出声言语、动作和表象等）。而在最后阶段，内部言语成为智力技能活动的工具，学习者运用科学的概念和规则可以成功地解决问题。

(二) 智力技能的进程压缩

在智力技能形成的初期，智力活动的展开是全面、完整和详尽的。而在最后阶段，整个智力进程已高度压缩、合理省略，思维变成了记忆，学习者以检索信息的方式解决问题，智力活动达到自动化。

(三) 智力技能应用的高效率

学习智力技能，是将一种"如何做"的规则程序系统地移植、内化，从而形成智力操作程序，即产生式系统。学习者一旦形成产生式系统，就能举一反三，触类旁通，快速、高效率地解决问题。

三、智力技能的培养

智力技能以陈述性知识为基础，是陈述性知识的运用，因此对智力技能的培养，应同知识教学结合起来。

（一）形成程序性知识

智力技能形成的关键是把所学知识与该知识应用的"触发"条件结合起来，形成程序性知识，即在头脑中储存大量的"如果……那么……"的产生式。学习知识的同时，要把握该知识在什么情况下适用。为了促进学生形成程序性知识，在教学上一是要编制产生式样例题，让学生进行样例学习；二是向学生呈现与实际生活背景相似的知识，提高知识在解决实际问题中的可检索性和应用性。

所谓样例题，"是一套通向问题解决的解题程序"，其中蕴涵着"条件—行动"的产生式。样例学习就是学生通过学习或阅读样例题，从中找出解决问题的条件，根据条件采取行动，最终形成解决问题的产生式系统。例如，学生学习"$9+2=9+1+1=10+1=11$"这样一个例题，就包含了这样的条件化知识：如果两个一位数相加的和超过了 10，那么将其中较小的一个加数分成两个数，分出来的一个数要和较大的一个加数加起来为 10。

通过样例学习，学生能得到一个智力技能习得所必需的信息或步骤，把一些无关的信息排除在知觉范围之外，从而减轻认知负担，促进对产生式"条件"的认知与概括，最终掌握一般的产生式规则。

学生在样例学习中的知识有时会变成僵化的知识。僵化的知识只能在一个有限的背景中提取，应用时只能生搬硬套，不能举一反三，这是一种应用性缺陷。例如，许多高中生具有对数知识，但只能在课堂计算的背景下使用，却不能把对数看成是一种"简化解决问题过程"的有效手段，不知在实际生活中如何应用。为克服上述缺陷，教师在教学中应注意理论联系实际，向学生呈现与实际生活相类似的知识，把课堂教学与课外情境联系起来，以保持知识的可检索性和活跃性。

（二）促进产生式知识的自动化

现代认知心理学的研究表明，产生式知识必须经过练习达到十分熟练的程度，甚至达到自动化的程度，才能变成一种心智技能。H.A. 西蒙和 D. 西蒙对专家和新手解决一般动力学问题的能力做过一个实验。问题是：一颗子弹射出的速度为 400 米/秒，枪膛长半米，假定子弹在膛内做匀加速运动，求子弹在膛内的平均速度。研究者发现，新手解决问题所花的时间是专家的四倍，新手会出错，专家没有类似错误。尽管专家与新手在有的方面是一致的，比如他们都从阅读问题开始、都能回忆用哪个方程、都能解决这个问题等，但专家解题时是两步或几步合成一步，解题时并不具体想某个公式、定律或方程式，而新手总是先从以前学过的公式、定律中选择某一公式进行解题。因此，专家的言语记录比新手的言语记录短得多，专家说话的速度也比新手快一倍，而说话的数量只是新手的一半，这是由于他们对问题所需要的一系列产生式规则已异常熟悉，看到题目即可不假思索，立即作出相应的操作运算。

（三）加强学生的言语表达训练

许多学者研究发现，言语活动有利于减少学生思维的盲目性，帮助学生寻找新的更佳思路，引发执行的控制加工过程，使注意集中于问题的突出方面或关键的因素，导致问题解决的成功率更高。言语表达水平可以相当程度地体现内部思维水平，提高解决问题的速度和迁移水平，促使智力活动内化。因此教师在教学中应有意识地加强对学生言语表达能力的训练。教师可以指导或要求学生大声描述观察内容、直观教具的操作过程以及思维过程和概括的结论，鼓励学生互相问答和相互议论等。此外，教师还应注意为学生创造一个民主、宽松、融洽的课堂心理环境，使学生喜欢、愿意和敢于用言语表达。

（四）要科学地进行练习

练习是促使陈述性知识向智力技能转化的必要条件。

1. 教师要做到精讲多练

"精讲"就是教师上课要突出重点、难点，讲关键，讲主干，讲方法；"多练"不是搞题海战术，而是通过变式、操作等学习活动，增加学生灵活应用知识的机会。目前我国的教育现状是：教师讲得太多，留给学生思考和练习的时间太少。这就造成了相当一部分学生贮存了许多知识，却不能熟练地运用，或不知"如何用"，变成了知识的容器。这势必会影响学生智力技能的形成与发展，造成高分低能的现象。其实，教师完全可以减少课堂上的讲课时间，多留给学生一些思考和练习的时间。博格（W.Borg，1972）曾用微型教学训练技术训练教师在课堂上尽量少讲一些，并鼓励学生参与课堂讨论。训练后，教师上课时间由 70％下降为 33％，四个月后再抽查，讲课时间为 34％，三年以内都保持在这个水平。可见，只要教师深入钻研课堂教学技术，精心进行教学设计，精讲多练是能够做到的。关键是教师要转变"讲得越多、越细，学生就掌握得越好"的观念。

2. 丰富练习形式，注意举一反三

为了防止刻板僵化的练习导致学生产生负迁移现象，在练习中教师要特别注意变式练习。要通过大量变化的练习，引导学生概括出一类课题的共同特征和共有方法，使学生掌握其原理和规则，把所学的陈述性知识转化为智力技能，达到自动化水平。同时，要注意引导学生对练习的思路和方法进行反思与总结。

3. 练习要适量适度，循序渐进

练习量太少，不足以使智力活动达到自动化；练习量太大，则可能因为练习曲线有"高原期"，使学生事倍功半、"练而无功"，甚至给练习带来负面影响。因此，要提倡适量。适度是指练习要从易到难、从简单到复杂地进行，练习要适合学生的认知发展水平。只有当学生通过练习对基本知识达到熟练掌握的程度、获得成功的喜悦感和价值感后，学生练习难题的条件才真正成熟，更自信，更加喜爱练习。

小　　结

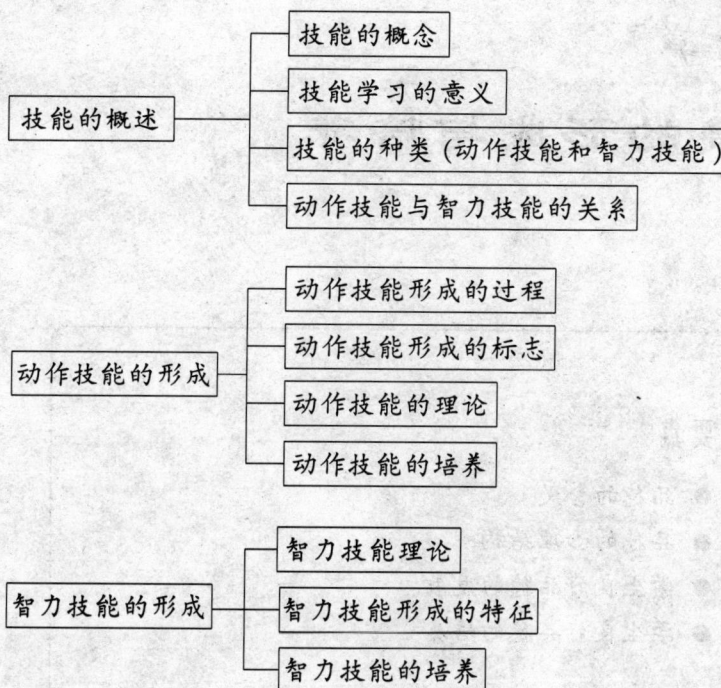

思 考 题

1. 名词解释

　　技能　动作技能　智力技能　高原现象
2. 论述技能的形成与知识的掌握的区别与联系。
3. 技能的种类有哪些？
4. 动作技能和智力技能的关系如何？
5. 论述动作技能的形成过程与标志。
6. 如何培养动作技能？
7. 简述加里培林的智力活动形成理论。
8. 简述智力技能的产生式系统理论。
9. 智力技能形成的标志是什么？
10. 如何培养智力技能？

第七章

品德的形成与培养

教学要点

- 品德的含义
- 品德的心理结构
- 学生良好品德的发展
- 学生良好品德的培养

学习要求

- 正确理解品德和道德的含义
- 了解品德的心理结构
- 掌握良好品德发展的过程

☆ ......

引 子

德者，才之帅也

宋代的司马光曾说："德者，才之帅也；才者，德之资也；德才兼备者为圣人，德多才少者为君子，德少才多者为小人，德才均无者为愚人。"此话意蕴深长，耐人寻味。司马光在谈论德与才的关系时，始终把德放在第一位，德在人的素质中是首要的。

从世界上最早的教育专著《大学》旗帜鲜明地提出"大学之道，在明明德，在亲民，在止于至善"的教育目标到《中华人民共和国公民道德建设纲要》，以德治国的思想源远流长。一个重伦理、重道德的民族才是有希望的民族。

三岁见大，七岁见老。行为的规范、习惯的塑造、态度的形成、品德的完善，应从娃娃抓起。与知识的掌握、技能的形成、能力的开发一样，品德的形成有其内在的规律。本章主要阐述品德的含义、品德的心理结构、学生良好品德的形成和培养等四方面内容。

...... ☆

第一节　品德及其心理结构

品德与道德是两个密切相关的概念，弄清它们之间的区别和联系、把握品德的结构，是理解小学生品德形成规律、培养其良好品德的基础。

一、品德的含义

(一) 道 德

道德是一种社会现象，是指通过社会舆论力量和个人内在信念系统，支持和调整人们相互关系的行为规范的准则。

人不能离开群体而孤立地生活，一个人生活在社会中，其行为必须顾及别人或自己所属群体的利益，否则就会引起纠纷或冲突。道德是调整个人与个人、个人与集体、个人与社会之间关系的依据，是分辨是与非、美与丑、善与恶的尺度。遵守既成的行为规范，会得到舆论的赞许，自己也会感到心安理得，否则就会受到舆论的谴责，或觉得内疚。

道德并非一成不变，道德随着人类社会的发展变化而变化，不同的历史时期有不同的道德。在阶级社会中，道德具有阶级性，是为一定统治阶级服务的工具。

道德有其自身存在和发展的规律。某一历史时期的道德总是与先前历史时期的道德既有区别又有联系，总是在继承和吸收先前道德的基础上发展而来的。有些道德的内容如热爱祖国、尊老爱幼等，在不同社会形态中又具有一定的普遍性。

(二) 品 德

品德是道德品质的简称，是人的个体现象，它是个体将社会道德内化为道德意识并在行动中表现出来的稳定的心理特征。如热爱祖国、热爱人民、勤奋学习、遵守纪律、助人为乐、谦虚诚实等，都是我国教育要求学生具有的优良品德。

品德与性格、态度不同。性格是人对现实的稳定的态度系统和相应的习惯化的行为方式，如对人热情或冷淡。品德和态度也有区别。态度涉及范围大，有的涉及社会道德规范，有的不涉及道德规范；而品德一定要涉及道德规范，既有认识又要在行动中表现出来。

品德具有以下几个主要特点：

1. 道德品质以道德意识为指导

道德品质以道德意识或道德观念的指导为基础，并在这个指导基础上进行道德判断，产生道德情感和道德行为。因此，一个人具有某种道德行为或不道德行为是由道德意识、道德情感与行动统一决定的。幼儿不理解道德标准，可以说还没有完全形成道德意识，因而他们的行为即使符合社会准则，也不能称为道德行为，他们的行为即使不符合道德准则，也不能称为不道德行为。从这个意义上说，不道德行为是指有道德意识而又故意违反道德准则的行为。

2．道德行为是道德品质的外在表现

道德品质和道德行为是密切联系的，离开了道德行为就无所谓道德品质。品德是道德行为习惯化的结果，并通过道德行为表现出来，而道德行为又是判断道德品质的客观依据。

3．道德品质具有稳定的倾向和特点

个人的品德不是表现在偶然事件的言行中，而是表现于一系列行为的各个方面。人的品德不是天生就有的，也不是从它自身中产生和发展的，品德是在一定的社会关系和社会情境中习得的，是长期习得的一种有关道德的比较稳定的行为倾向。

(三) 品德与道德的关系

品德与道德，既有密切的联系，又有一定的区别。

1．品德与道德的联系

第一，品德是社会道德的个体表现。品德的内容来自社会道德，是社会道德的组成部分，离开社会道德就不会有个人品德；同时，个人品德的发生、发展与社会道德一样都受到社会发展规律的制约。

第二，品德是在社会道德影响下形成的。品德不是遗传获得的，而是在后天社会环境的熏陶、学校道德教育的影响和家庭成员的感染下，通过自己的实践活动形成和发展起来的。

第三，个人品德对社会道德有一定的反作用。个人品德影响着社会道德，特别是优秀人物的品德，作为一种道德品质的典范，往往对整个社会道德风气产生十分深远的影响。

2．品德与道德的区别

第一，从内容上来讲，个体品德只是社会道德的部分表现，品德与道德反映的内容不同。道德作为社会意识的一种形式，是对社会关系尤其是现实道德关系的理性反映，即以社会观念形式概括反映社会道德行为规范对社会成员的基本要求；品德作为个体意识的一种形式，反映了个体道德需要与社会道德要求的关系，即个体将社会道德规范内化为自己的内在信念，形成稳定道德品质意识的过程和结果。可见，从反映的内容看，道德反映的内容比品德反映的内容广阔得多、概括得多。

第二，品德是一种个体现象，道德是一种社会现象，品德与道德产生的力量源泉不同。道德产生的力量源泉是社会需要，即按照一定社会的要求，协调社会生活中的物质利益关系和社会关系，以保障社会稳定、和谐、平衡地发展。品德产生的力量源泉则是个人需要。个人为了归属于一定的社会群体，就必须适应现实生活，协调个人与社会（含群体）、个人与他人的关系，自觉地按照社会道德规范发展、完善自我品德。另外，品德的形成发展不仅受社会发展条件的制约，还要受个体生理、心理发展规律的制约，而道德完全受社会发展规律的支配。

第三，品德与道德表现的方式和发挥作用的途径不同。社会道德一经确立，就以传统、公德、舆论等方式表现出来，并对整个社会关系的维持起调节控制作用；品德一旦形成，就以个人信念、理想、稳定的心理倾向和惯常的行为倾向等方式表现出来，并对个体的品德行动起支配调节作用。

第四，品德与道德的发展是互动的过程。社会道德的发展不但受社会需要的驱动，而且受个体（社会成员）原有品德基础的制约，没有品德基础的道德是空洞的道德，这样的道德不仅难以转化为个体的信念，而且还会妨碍品德的形成和发展。品德的形成、发展以一定的社会道德为基础，没有道德基础的品德是虚假的品德。

第五，品德是教育学与心理学研究的对象，而道德则是伦理学、社会学研究的对象。研究个体品德不能脱离一定的道德环境和规范，个体品德的研究成果反过来又丰富了社会道德的内容，促进了社会道德的发展。

二、品德的心理结构

（一）品德心理结构的基本成分

任何一种品德都包含有一定的道德认识、道德情感、道德意志、道德行为等心理成分，这些成分既相互独立，又相互联系、相互影响，构成一个完整的品德结构，简称为品德的知、情、意、行结构。

1. 知

知，即道德认识，是指人们对道德行为准则及其执行意义的认识。其中包括道德的概念、原则、信念与观点的形成以及运用这些观念去分析道德情境，对人、对事、对己作出是非善恶的道德判断。认识是行动的先导，没有正确的认识就很难形成良好的品德。学生只有懂得了什么是善恶、美丑、是非，才能根据这些原则或准则指导自己的行为，其行动才是自觉的，也就是说，他才能按照真、善、美去做，反对那些假、恶、丑的东西。有人认为，大部分的罪行和不道德的举动，都是由于愚昧无知，由于缺乏对各种事物的正确认识造成的。因此，道德认识是培养学生道德品质的基础和依据。

2．情

情，即道德情感，是人们用一定的道德标准评价他人或自己言行时所产生的情感体验。如对善良美好的道德行为产生敬仰，对不道德行为产生厌恶和憎恨等。道德情感是学生品德形成的重要因素，它能推动人们对某一事物或某一行为赞同或反对、追求或舍弃。正像列宁所说的："没有'人的情感'，就没有也不可能有人对于真理的追求"。有人把道德情感的推动作用生动地比作道德认识转化为道德行为的"催化剂"。

3．意

意，即道德意志，是人们按照道德原则进行道德抉择、克服困难、支配道德行为的心理过程。在品德形成过程中，学生对善恶有了认知，有了情感，那么是否就一定去执行呢？不一定。因为中间还有道德意志这一环节，要实现一定的道德行为，就必须作出一定的努力，就要有坚强的意志。毛泽东同志曾说过，"一个人做点好事并不难，难的是一辈子做好事"。"一辈子做好事"就离不开道德意志的调节作用。

4．行

行，即道德行为，是实现道德动机的手段，是道德认识和其他心理成分的外部标志和具体表现。列宁曾明确地指出："判断一个人，不是根据他自己的表白或自己的看法，而是根据他的行动。"人的道德面貌是以自己的言行举止来展现的，也是在实际行动中形成和发展的。有人甚至认为，知识多的人不见得品德好，人的品德是一定行为习惯的总和，是"我们所有的各种习惯系统的最终产物"。一个人只有养成良好的行为习惯，才会形成高尚的品德。

（二）品德心理结构的特点

1．品德心理结构的统一性

在品德结构中，知、情、意、行四要素尽管具有不同的地位和作用，然而，它们又是一个彼此互相联系、互相制约、互相促进的整体。一方面，知、情、意、行无论哪一方面发展得不好，都将影响其他几个因素的顺利发展；另一方面，正是因为知、情、意、行的和谐发展，才保证了品德的相对稳定性。

2．品德心理结构的矛盾性

所谓矛盾性，一方面是指知、情、意、行之间的对立、不适应。例如"理达情不通"，即道德上明白，感情上接受不了；或"通情不达理"，即感情上同情，但道德上讲不通；或"知"、"行"脱节，即认识和行为的脱节现象。另一方面是指知、情、意、行四要素之间发展方向与水平的不适应。发展方向指各要素的内容、性质；发展水平指各要素发展的程度，如认识的深刻或肤浅、意志的坚强与否等。从理论上来讲，正是矛盾性促进了品德结构的动态发展，即不断从不平衡到平衡、由不适应到适应的矛盾运动过程。

3. 品德心理结构

品德是在一定的个体身心发展水平和社会关系中逐步形成和发展起来的。儿童从呱呱坠地开始，就同他人有着不同的社会关系。由于个体的社会关系和个体身心的发展状况不同，因此每个人的品德结构就具有一定的独立性。

第二节　学生良好品德的发展

学生品德的发展是在学校、社会多方面综合影响下，知、情、意、行矛盾运动的过程。教育者的道德要求与学生原有思想和道德发展水平之间的矛盾是品德形成和发展的动力，这种动力促使品德心理结构产生量和质的变化。

一、品德发展的理论

品德发展的代表性的理论有皮亚杰的品德认知发展理论和柯尔伯格的品德发展阶段理论。

（一）皮亚杰的品德认知发展理论

皮亚杰是当代著名的儿童心理学家，他通过谈话法研究儿童品德发展，把儿童品德发展分为四个阶段：自我中心阶段、权威阶段、可逆阶段、公正阶段。

1. 自我中心阶段（2～5岁）

在自我中心阶段，规则对儿童还没有约束力，他们没有把规则看成是应该遵守的。儿童按照想象去执行规则，把外在环境看作是自我的延伸，还没有把主体与客体分离，不能将自己与周围环境区分开来。他们的游戏活动只是个人独立活动的任意行为，与成人、同伴之间还没有形成合作关系。

儿童在自我中心阶段，由于受认识的局限和思维发展水平的影响，还不理解成人或周围环境对他们的要求，往往是我行我素。对这一阶段的儿童活动应以认真、耐心、细致的具体指导为主，而不应多加干涉。

2. 权威阶段（6～8岁）

权威阶段又称他律阶段，儿童的品德判断受外部的价值标准支配和制约。处于这个阶段的儿童认为应该尊敬权威，顺从外在的要求。他们认为服从和遵守了成人的或规则的要求就是正确的行为，否则就是错误的行为。皮亚杰做了这样一个实验：星期日下午，有位母亲要她的女孩和男孩帮她料理家务，要女孩去把一叠盘子揩干，要男孩去取一些柴禾来。但是男孩（或女孩）却上街玩了。于是，妈妈就叫另一个孩子去做这两件事。这个孩子应该怎么做呢？皮亚杰询问了150个6～12岁的儿童，结果是年龄越小的儿童越倾向于服从妈妈的决定，认为妈妈的命令都是正确的，应一律服从。

由于处于权威阶段的儿童绝对尊重和服从权威，所以在品德教育中，教师要加强对他们行为的正确指导，合理组织他们的各种活动，并注意自身的表率和示范作用。

3. 可逆阶段（9～10岁）

可逆阶段又称自律阶段，儿童的思维发展进入具体运算阶段，突出的特点就是具有守恒性和可逆性，他们达到了基本遵从品德关系的阶段，从而导致一定程度的自律。处在可逆阶段的儿童既不简单地服从权威，也不机械地遵守规则，他们不再把准则或成人的命令看作是应该绝对服从的或不可改变的，已开始认识到规则是由人们根据相互之间的协作制订的，也可以按照人们的愿望加以改变。在道德教育过程中教师应对他们讲清道理，辨明是非，进行正确引导，并且在教育中一定要注意对他们一视同仁，避免采用强制、压服、粗暴或厚此薄彼的态度。由于这一阶段的儿童已经认识到同伴之间的相互关系的意义，因此，这一时期是培养儿童自制能力和集体主义思想感情的好时机。

4. 公正阶段（11～12岁）

在公正阶段儿童的观念不再只是判断是非、单纯的准则关系，而开始形成关心、尊重、同情别人的道德关系。儿童与成人的关系开始从权威性过渡到平等性，儿童的公正观念开始形成。比如惩罚，儿童认为惩罚不能千篇一律，要依据每个人的具体情况，作出与其所犯错误的程度相适应的惩罚，而且把惩罚看作是对过失者的一种教训。例如，皮亚杰提出这样的问题：有一个女孩不去割草而擅自去看电影应当怎样惩罚？结果儿童普遍认为，应该罚她两周不准看电影，叫她去割草。皮亚杰认为，儿童的道德观念应从同伴间的可逆关系转到公正观念的阶段。

在品德教育中，要根据这一阶段儿童的利他主义特点，培养他们真正公正的品德观念，发展儿童和同伴之间的友谊关系，教育他们要关心、尊重、同情别人，培养他们的人道主义精神。

皮亚杰认为儿童的道德品质在很大程度上依赖于儿童思维的发展。品德发展的阶段不是绝对孤立的，它们是连续不断的发展，而且发展的阶段顺序是不会改变的。

(二) 柯尔伯格的品德发展阶段理论

继皮亚杰的研究之后，美国的教育心理学家柯尔伯格（L. Kohlerg）对儿童品德发展问题进行了大量的、卓有成效的研究，提出了品德发展阶段理论，要点如下。

1. 品德发展与认识发展

该理论认为：

第一，品德的发展是认识发展的一部分。

第二，道德判断能力与逻辑判断能力的发展有关。柯尔伯格认为，逻辑判断能力的发展是道德判断能力发展不可缺少的条件，但也是不充分的条件。

第三，社会环境对品德发展有巨大的刺激作用。人的品德发展在很大程度上受社会环境的支配。

2. 应用"道德两难论"方法研究品德的发展

在研究儿童品德发展问题时，柯尔伯格采用了道德两难论的方法。这种方法是虚构一些故事，用问答的方式讨论故事中人物行为的品德性质。有代表性的道德两难例子是"海因茨故事"。意大利某城市有个名叫海因茨的人，他的妻子得了癌症，危在旦夕。城里有个药剂师，他研制了一种治癌的特效药，但要价极高，每剂要价 2 000 美元。海因茨家穷，他变卖了家产，从亲友中借贷，总共凑到 1 000 美元。他求药剂师降价卖给他一剂药，药剂师不同意。他请求分期付款，药剂师也不答应。妻子病危，药又买不上，海因茨万分焦急。不得已，他在晚上去破门偷药，结果被抓进了警察局。柯尔伯格围绕这个故事提出了一系列问题：海因茨该不该偷药？为什么应该？为什么不该？海因茨犯了法，从道义上看，这种行为好不好？为什么？等等。柯尔伯格让被试参加讨论，从而研究被试进行道德判断所依据的原则及其品德发展水平。

3. 品德发展的三水平六阶段模式

从 1958 年起，柯尔伯格用两难论方法对 71 名 10 岁、13 岁和 16 岁的儿童进行了实验分析，他提出了品德发展的三个水平六个阶段模式。三个水平的内容是：前习俗水平、习俗水平和后习俗水平。六阶段是指每个水平中又可划分为两个不同的阶段。

具体地讲，三水平六阶段模式的基本思想如下。

（1）前习俗水平（0~9 岁）。这个水平的主要特征是儿童的道德观念是纯外在的，儿童是为了免受惩罚或获得奖励而顺从权威人物规定的行为准则。前习俗水平包括两个阶段。

第一阶段：以惩罚与服从为准则。这个阶段的儿童对行为好坏的判断并没有固定的准则概念，而是以是否会受到惩罚或是否服从父母或权威人物的命令为准则。

第二阶段：以行为的功用和相互满足需要为准则。如果行为者最终能取得成功、获得奖赏、满足相互间的需要，就是好的，它带有浓重的互利交换的实用主义色彩。也可以说，儿童的道德判断往往是从自身利益出发的。

（2）习俗水平（9~15 岁）。这一水平的主要特点是儿童为了得到赞赏、表扬或维护社会秩序而服从各种准则，也可以说是为了满足社会的需求和希望而服从各种准则。习俗水平也可分为两个阶段。

第三阶段：以人际和谐为准则，又称为"好孩子"取向。在这一阶段，儿童心目中的道德行为就是取悦于人，有助于人或获得别人的赞赏。所以，他们判断道德行为好坏的主要根据是是否被人们赞许。

第四阶段：以权威和维持社会现有秩序为准则。这时儿童所作判断的根据是相信准则和法律维护着社会秩序，因此应当遵循权威和有关规范去行动。

（3）后习俗水平（15 岁以后），又称原则水平。达到这一水平的人，其行为原则已经超出了某个权威人物的规定，而有了更普遍的认识。它表现为个人的义务感、责任感。后习俗水平也可以分为两阶段。

第五阶段：以社会契约和法律为准则。这个阶段的道德判断特别看重相互之间的契约关系，即相互承担的义务和享有的权利。同时，看重法律的效力，认为法律可帮助人们维持公正。但同时认为契约和法律的规定并不是绝对的，而是可以改变的，个人应尽的义务和责任显得更为重要。

第六阶段：以普遍的道德原则和良心为准则。这是进行道德判断的最高阶段，它完全诉诸个人的良心和人类普遍的道德原则和道德规范。在这个阶段，他们认为人类普遍的道义高于一切。

柯尔伯格是根据美国的社会情况作出的上述划分，它展现出品德发展是一种连续变化的过程。柯尔伯格认为，这些发展的顺序是一定的、不可颠倒的，各个阶段的时间长短不同。同时，就个体的道德发展水平而言，有些人可能只停留在前习俗水平或者习俗水平上，而永远达不到后习俗水平。

二、品德各因素的发展

（一）道德认识的发展

道德认识的发展是一个复杂的过程，它主要表现在两个方面：道德观念的形成和发展，道德评价的发展。

1．道德观念的形成和发展

第一，道德观念的形成。道德观念，有时也作为道德意识的同义语，它泛指人全部的道德认识或个人对社会道德的基本看法，它所反映的是历史上变化着的和发展着的人们之间的道德关系，即是对人们在道德活动中所产生的各种关系及如何处理这种关系的行为准则的反映。道德观念不是与生俱来的，它是人们在教育的影响下将社会道德规范内化为自己的道德观点的过程。因此，道德观念的形成过程可分为两个阶段：道德规范的学习和道德规范的内化。

道德规范的学习需要经历从道德印象到道德知识的发展过程。道德印象又称道德表象，是学生的直接道德经验，是形成学生道德知识的基础。道德知识是抽象的道德规范，在道德规范的掌握过程中，道德概念的形成具有重要意义。掌握、了解了道德概念表明学生已不是直观感性地认识道德现象，而能大概掌握是非、好坏、善恶的道德标准，知道什么是道德的、什么是不道德的，从而能辨析社会道德现象，同时指导自己的行为。

道德观念的形成不仅需要学习社会道德规范，而且要内化为自己的道德观点。离开了道德规范的内化，学生只把道德规范作为一种知识来掌握，就很难形成正确的道德观念。例如，有的学生对一些行为规范的要求和意义能够理解记忆，在书面测验中可以得高分，但是在内心深处却不愿意接受规范要求，在行为上并不执行。因此，必须帮助学生把学过的社会道德规范进一步内化为自己的需要，使其从内心深处愿意接受并遵循这些道德规范。

道德规范的内化有两种形式：一种是将新道德知识纳入已有的道德观念之中；另一种是把已有的道德观念进行改组，与新掌握的道德知识重新组合，形成能容纳新道德知识的新道德观念。

第二，道德观念的发展。小学生由于抽象思维能力较差，道德观念比较狭隘、模糊、片面、肤浅，对一些抽象的概念常常模棱两可，容易混淆一些相似的概念。例如，他们对"勇敢"和"冒险"分辨不清，往往认为别人不敢做的事自己敢做就是勇敢，因而把爬树、爬墙、从高处跳下等举动当做勇敢的行为。教师应该帮助小学生改变错误观念，学会分辨是非。

初中生的理性思考日渐增多，他们逐渐了解社会，理解道德规范，较多地在掌握道德概念的基础上形成道德观念。因此，初中生的道德观念具有一定的自觉性和坚持性，但也有部分学生道德观念偏激，常伴有逆反心理。例如，把尊敬教师错误地理解为"逢迎""拍马"，把违反纪律当做"英雄行为"。消除这种逆反心理，关键在于教育者要注意教育方法，民主平等地对待他们，尊重他们的需要及独立愿望。

高中生随着世界观、人生观的初步形成，道德信念开始确立。所谓道德信念是人们认为自己一定要遵循的、在人的意识中根深蒂固的道德观念。道德信念具有稳定性、坚定性、情感性和社会性等特点。我国一项研究表明，学生约从15岁开始到高中毕业形成道德信念的占41.5%，他们的信念可能是建立在科学知识的基础上，也可能是建立在伪科学的基础上。为此，教师要用辩证唯物主义的思想和科学的知识去武装学生，使其树立共产主义的道德观念。

2.道德评价的发展

道德评价是对业已形成的思想品德或目前已有的品德发展状况的一种评价。了解道德评价的发展趋势，有助于培养学生的道德评价能力。道德评价是道德认识的另一个重要组成部分。道德评价一般包含两类问题：一类是指个体对别人行为的道德判断和推理，另一类是关于个体对自己是非、善恶的觉察和意识。这两个方面都是个体对道德因果关系的认识，都是人们在道德情境面前决定怎样行动的客观基础。道德评价发展的基本规律如下：

第一，小学低年级儿童最大的特点是他们容易从行为的结果来评价一个人的行为。随着自身道德知识的丰富和内化，到了中高年级，小学生开始从主观动机来评价别人的道德行为。皮亚杰用间接故事法论证了这一特点，例如要儿童对"过失"的大小作出判断。

故事A：妈妈喊约翰吃饭，约翰开门到饭厅里去，他不知道门后有一个盘子，盘内还放有15个杯子，推门时门碰到盘子，结果把15个杯子都打碎了。

故事B：一天，亨利的妈妈外出，亨利想从碗柜里偷东西吃，便爬上椅子去拿，因为柜台太高，手探着去摸结果碰倒了旁边的一个杯子，把杯子打碎了。

六七岁的儿童认为损坏程度大的行为更坏一些，所以打碎 15 个杯子的约翰比亨利更坏一些，因为亨利只打碎了一个杯子；而 10～12 岁的儿童对这两个孩子的道德行为判断相反，认为打碎一个杯子的亨利的行为要比打碎 15 个杯子的约翰更坏，因为亨利是想偷东西吃，而约翰是无意打破的。这说明年龄大的儿童是根据行为的动机去判断行为的好坏。

皮亚杰还认为，9 岁左右的儿童大体处在由效果判断向动机判断的过渡阶段。

第二，少年道德评价的发展突出表现在自我评价能力上。大多数少年能够对别人做出比较公正的道德评价，但他们在自我道德评价方面往往夸大自己的品质，当教师对他们作出客观的评价时，许多学生仍会埋怨老师"不了解人"。另一方面，他们的自我道德评价不稳定，时而高估，时而低估，停留在表面现象。

第三，青年时期，高中学生综合评价的能力得到提高，他们不仅看到了行为的直接结果，而且能明了其普遍的道德意义。青年的自我道德评价，已深入到自己的个性特点，成为自我形象最重要的一个方面。随着自我道德评价的发展，青年的自我教育发展起来了，这有助于促进他们道德品质的发展。

（二）道德情感的发展

道德情感在人的思想品德形成过程中起着极为重要的作用，有的教育家甚至认为道德原则和要求应当变为受教育者的行为动机，但只有在这种情况下，即道德原则和要求触及学生的情感范围的时候，这种转变才是可能的。

1. 道德情感的内容

从内容方面来说，由于时代和阶级不同，道德标准不一样，道德情感也不尽相同。爱国主义情感、集体主义情感、责任感、义务感、荣誉感、同志感、友谊感、自尊感等，都是我国青少年儿童应该具有的道德感。其中，爱国主义情感是核心，义务感、责任感和羞愧感对小学儿童品德的发展有特殊的意义。

义务感是个人对所负社会道德任务的认识和体验，它促使人们在活动中对社会积极承担一定的道德责任。责任感是人在道德活动中，对自己完成道德任务的情况持积极主动、认真负责的态度而产生的情绪体验。责任感与义务感有密切联系，如果说义务感使人在社会生活中积极履行道德义务，那么，关于完成这个道德任务的程度或者在没有完成时个人过错的程度问题，则属于责任感的强弱问题。羞愧感是当人意识到自己或自己所属团体违反道德行为准则时产生的自我谴责的心理，其表现包括羞耻、惭愧、懊悔、羞怯等情绪反应。

如果一个人对别人可以为所欲为，没什么义务和责任可谈，犯了错误也不知羞耻，就会给个人的品德发展造成严重障碍。没有义务感、责任感和羞耻感，也就无所谓个人品德的发展。

2．道德情感的表现形式

人们对自己做的事，有时感到"心安理得、万分欣慰"，有时又感到"自责悔恨、惭愧不安"，对别人的行为也时而感到"钦慕赞赏"，时而感到"厌恶愤慨"，这些都是道德情感的表现。具体来说，学生道德情感的发展表现形式可分为三种：

第一，直觉的道德情感体验。它是由某种情境的感知而引起，具有突发性。由于产生得非常突然，因而往往对道德准则意识不明显，缺乏自觉性。例如，某人要穿过铁路，他看见远处正有一列火车风驰电掣般地开过来，于是他停了下来，就在他刚要下路基时，突然发现还有两名年幼的儿童正在铁路上嬉戏，万分危急的情况使他果敢地跃上铁路推开两名儿童，孩子得救了，可他自己却因此负了重伤。直接驱使这位英雄模范人物采取行动的并不是清晰意识到的某种道德观念，而是由于迅速感到的危急情况引起的直觉的道德情感，它是已形成的道德认识、道德经验的直觉反应。

第二，道德情感体验。它是与具体的道德相联系的，是通过人的想象发生作用的。例如，人们想起了屈原、岳飞、文天祥、杨靖宇等人物的形象与事迹，便产生了对英雄人物的敬慕与爱国主义情感；想起白求恩、黄继光、罗盛教的形象便激起国际主义、革命人道主义的情感；想起雷锋、李素丽的形象便唤起全心全意为人民服务的精神。这些之所以能引起人们的道德体验，是由于形象是一定的社会规范和抽象的道德标准的具体化和人格化，可以使学生在富于想象力、感染性和现实性的范例中获得难忘的印象和受到深刻的触动，从而引起情感上的共鸣。

第三，伦理性道德情感体验。它是一种意识到道德理论的情感，具有较强的自觉性、概括性与深刻性。爱父母、爱集体、爱祖国等，都是这种高级情感的表现，培养伦理性道德情感，既需要一定的道德实践及情感，又必须将这些与理性认识结合在一起。

3．道德情感的发展

道德情感是一种社会性的情感，是儿童产生交往的需要之后，在与周围人的实际交往过程中产生的。

道德感大约在儿童两岁以后开始发展起来。幼儿道德感的主要特点是：最初与行为的直接后果联系在一起，而后才逐渐同一些概括化的道德标准相联系。但这种道德标准往往又是以成人的评价为根据的。

小学儿童在教育影响下，开始能用道德标准对各种行为作出评价，责任感、义务感、爱国主义情感、集体主义情感和友谊感、羞愧感等都有了新的发展。但是，这些情感常常是与具体事件、人物联系在一起的，因而具有直接性、具体性和模糊性。他们还不能较好地理解各种道德情感的社会意义。

初中阶段是儿童道德情感发生重大改变的时期。这一时期，身心的迅速发展、知识经验的不断积累、认识能力的提高、交往范围的扩大，不仅使少年的道德情感更加丰富，而且有了更大的自觉性。他们不只开始关心别人的内心世界，对自己的心理品质也有了较多的关注，他们渴望用成人的标准衡量自己——哪些情感是道德的，哪些情感是不道德的，还需要具有一些什么情感，这就为道德情感的自我改造和培养创造了条件。少年期的道德情感虽然有了明显的发展，但仍存在许多不足。他们的道德情感往往表现出某些矛盾和不稳定性，容易冲动，难于自制。

高中阶段是学生开始形成世界观、准备走向独立生活的时期，他们的道德情感已趋于成熟。他们的情感生活中占主导地位的是与世界观、人生观相联系的情感，如爱国主义、国际主义、正义感等。但是由于他们在这个时期很容易受到社会不同思潮、不同风气的影响，有时也会产生不良的道德情感。

(三) 道德意志的发展

有些学生虽然了解道德规范，但是意志薄弱，不能坚持用正确的认识指导行为，而是受个人欲望支配，不能抵抗"诱惑"因素，因此出现"明知故犯"、"知行不一"的情况。林崇德教授曾举过这样一个例子，一个少年有偷窃行为，屡教不改，林教授问他知道不知道偷窃是违法行为，他说："知道，我也不想偷，可改不了了"。他看到别人的钱包不偷比自己丢了钱包还难受。这个例子说明这个少年意志薄弱，自控能力差。

道德意志是调节道德行为的内部力量，人们借助道德意志，确定道德行为目的，排除各种困难，执行道德动机引出的行为决定。

道德意志行动过程，可以分为两个阶段：采取道德决定阶段和执行道德决定阶段。采取道德决定阶段是个体按照道德准则，抗拒诱惑因素、克服个人愿望的过程，一般要经过确定行为目的、制定计划和道德动机斗争等环节。执行道德决定阶段是克服内外困难，以顽强的毅力和恒心实现道德行为的过程。执行道德决定是道德意志行动最重要的环节，因为，即使有美好的行为目的、高尚的道德动机，拟定的计划也很完善，但如果不付诸实际行动，所有的一切就失去意义，也就谈不上道德意志行为的完成。

（四）道德行为的发展

道德行为是人的道德认识的外在的具体表现，是实现道德动机的手段，是品德结构的最终环节，是品德好坏的最终衡量者。道德行为的发展是从形成道德行为方式开始的，不同的年龄阶段具有不同的特点、不同的发展水平。

1. 道德行为方式的形成

关于儿童的道德行为方式如何形成，20 世纪 60 年代美国社会学习理论家、斯坦福大学教授班杜拉提出了富有启发性的理论——观察学习理论。

所谓观察学习，是人们在社会交往中，通过观察、模仿他人的行为而进行的学习，这种学习使人比较容易、较快地习得某种社会行为。为了证明这一论点，班杜拉等人设计了一系列实验，例如攻击反应实验。他们把儿童分成两组，分别观看一个成人玩金属玩具和玩具娃娃。第一组，成人先装配金属玩具约一分钟，然后把注意力转移到玩具娃娃身上。成人拿起玩具娃娃，拳打脚踢，同时还喊着："打他的鼻子"、"打倒他"等等，这样连续进行 9 分钟。第二组，成人只安静地摆弄金属玩具，而不去侵犯玩具娃娃。然后让每个儿童拿这些玩具单独玩 20 分钟，结果儿童们倾向于模仿成人的动作。那些目睹成人侵犯活动的儿童们，对玩具娃娃的侵犯性，比那些目睹成人安静摆弄金属玩具的儿童们严重得多，他们同侵犯性的成人表现得一样，对玩具娃娃又打又踢，并说了侵犯的话。可见，模仿是学生向社会学习、形成某种道德行为方式的重要途径。

在观察学习中，榜样的行为对观察者起了什么作用呢？与上述实验类似的另一实验是让儿童观看同样有踢打玩具场面的影片片断。不同的是第一种情境影片片断中的榜样的攻击行为受到了奖赏，第二种情境片断中榜样的攻击行为则受到惩罚，第三种情况是榜样的攻击行为既没有受到奖励，也没有受到惩罚。实验时把儿童分成三组分别观看上述不同的影片片断。结果发现，观察踢打玩具受到惩罚的那组儿童，他们的攻击行为少于另外两组。但是，后来又让他们观看榜样因攻击行为受到奖赏的影片，于是也出现了攻击行为。实验说明，榜样具有一种替代性的作用。学习者不必直接受到强化，只要以榜样为媒介，通过观察榜样受到的奖罚，就能受到间接的替代性强化，从而做出相应的反应。

班杜拉的理论揭示了模仿是学生向社会学习、形成道德行为方式的重要途径。榜样在儿童道德行为方式的形成和改变中发挥着巨大的作用。

2．道德行为的发展

儿童的道德行为是在掌握言语以后才逐步产生的。婴儿期只有一些道德行为的萌芽表现。学前初期的道德行为动机往往受当前刺激的制约，如儿童对行为本身有兴趣，或成人对儿童提出明确的要求。只有在学前晚期，才初步可以看到独立的、主动的社会道德动机，但是这些道德动机基本上仍然受具体的道德范例所支配，同时也还不能把行为动机和行为效果统一起来。儿童道德意识的产生和用它来自觉地调节和支配自己的行为，是从小学时期开始的，是在教育影响下逐步实现的。小学生的道德认识和道德行为常常出现不一致的情况，道德行为还不稳定。观察性学习或模仿在儿童的社会行为的形成中有相当重要的地位。对中学生来说，道德意识在道德行为中的作用日益加强。

3．道德行为发展的等级

道德行为可以依据不同的标准划分成不同的等级。美国心理学家佩克与哈维豪斯特于 20 世纪 50 年代末 60 年代初，在研究了美国中西部青少年的道德发展之后，根据所得资料将人的道德行为概括为五种类型，即非道德性的、自我中心的、依从传统惯例的、良心主义的以及理性的利他主义的行为型。

第一种类型，非道德性的行为型。在没有形成是非、善恶的观念，不能了解自己的行为对他人是否有什么影响的情况下产生的行为属于非道德性的行为。婴儿以及智能低下和精神失常的成人的行为即是如此，对他们的一举一动很难做出道德的评价。

第二种类型，自我中心行为型。这是一种自私自利的人，他们的一切行为总是以满足个人的欲望为出发点，以获取个人利益为目的。有时，虽然他们也表现出道德行为，但背后却常隐藏着个人的意图。这种行为在儿童和成年人的身上都可能有明显的表现。

第三种类型，依从传统惯例行为型。依随社会传统的习俗、遵从集体的决策以及接受权威人物的影响而产生的行为，可以概括为依从传统惯例的行为。它的特点是自己不采取独立的主张与果敢的行动，常常是照章办事。

第四种类型，良心主义行为型。良心主义的行为是以内心是否会感到负疚为转移的行为。精神分析学家曾将人的自我人格分为三级，即本我、自我与超我。"本我"，即自私的欲望。"自我"可视为面对现实的态度，它使人能现实地预测自己的行为后果，以达到目标。"超我"即社会的价值系统或道德标准。超我即良心，当人们违背了道德标准时便会感到负疚。良心主义的行为，不是外力的影响，而是出自内心的激发。

第五种类型，理性的利他主义行为型。理性的利他主义的行为，是属于符合社会道德标准的最高级的行为。

佩克的划分侧重于行为的社会意义，即行为是自利的、顺从于社会的，还是利他主义的。这种划分对我们了解儿童的道德发展过程具有一定的启发意义。

第三节 学生良好品德的培养

一、学生良好品德培养的心理学技术

（一）说 服

说服是品德培养的常用方法。说服就是在说服过程中，教师向学生提供其态度或行为习惯的支持性和非支持性的两方面证据，使其对问题的看法更加全面、合理，从而改变其原有的不良品德，发展良好行为。有效的说服技巧应注意以下几个方面：

1. 关于提供单方面证据和双方面证据

研究表明，教师说服低年级学生主要应提供正面论据，而说服高年级学生提供正反两方面的证据效果较好；如果急需解决眼前的问题，要提供正面证据，但如果说服的任务是为了培养长期稳定的行为习惯，提出正反两方面的证据比较有利。

2. 关于说服的理智因素和情感因素

研究表明，以情感人见效快，但说服效果不能持久，以理服人的说服容易产生长期的效果；对于低年级学生，富于情感色彩和引人入胜的说服内容容易发生影响，而对高年级学生，逻辑性强的内容效果会更好。对于一般学生而言，说服开始时，加强情感感染以引起学生的兴趣，然后再施以理论上的影响，可以取得良好的说服效果。如果教师的说服引起了学生的恐惧情绪，对于改变诸如考试作弊、吸烟酗酒、抄袭作业等比较简单的道德行为问题有明显效果，但不利于改变复杂的道德行为问题。

3. 学生原有的品德水平与说服者所提要求之间的距离应恰当

如果学生原有的品德水平与说服者所提要求之间的差距过大，则个体具有不自觉地扩大自己与说服者之间差异的倾向，容易使个体产生错误判断，使品德行为的改变比较困难。如果两者的差距较小，则其品德行为容易改变。因此，为了有效地改变学生的品德行为，必须先了解其原先的品德水平，估计其与说服者的要求之间的距离，若两者过于悬殊，就要降低要求。可以低起点，逐步提高要求，不能急于求成，否则会欲速则不达。

（二）角色扮演

角色扮演是指人在不同情境下体现角色身分的不同行为。通过角色扮演的方式，可使受训者养成某种角色行为习惯或获得某种经验。角色扮演可使学生适应自己感到焦虑的事情。例如，某学生不敢或不善于当众讲话，可让他单独或逐步增多听众去扮演讲演者的角色，消除其惧怕心理，培养当众讲话的信心。角色扮演也可使个体置于他人的位置上，按照他人的角色规范行事。如学生在教师不在的情况下扮演教师，按照教师的行为规范、职权来行动，带领同学学习和组织集体活动，这是儿童社会化的重要途径。角色扮演也是行为矫正的一种有效方法。要改变差生不良的行为习惯，可让他（她）担任全班或全校总值日生，角色任务会要求他衣着整齐，提前到校，遵守纪律，对其他学生的行为进行检查或纠正其不良行为，从而转变他原来的不良习惯，并增强其社会责任心。角色扮演也可用于改变态度。一名对外语学习不感兴趣的学生，一旦让其扮演课代表的角色，能够尽快使其养成与外语课代表身分相符的行为模式，转变学习外语的态度，外语成绩也会得到提高。

角色扮演能否成功，取决于两个条件：一是取决于扮演者对自己在群体中所处地位的认知是否准确，对角色期待的把握是否得当；二是扮演者的角色技巧运用得如何。

（三）榜样学习

榜样学习是指学生通过观察别人的行为而习得自己的行为的一种社会学习方式，是使榜样的优良品质转化为学生自身品质的过程。

儿童模仿榜样存在着一般规律，如他们开始模仿周围亲近的人，随后模仿距离较远的人；先模仿父母、教师，而后模仿社会上的人；先模仿现实存在的人，而后模仿文学、电影等艺术作品中的人物等等。

教师在为学生选择榜样时要注意：榜样的优点既胜过学生的优点，但又是可以学到的，不是高不可攀的；榜样应该是公认的，具有权威性，能引起学生敬仰的心情；榜样的特点要突出、生动，能使学生易于重现；榜样要有针对性，向榜样学习要激发学生的上进心和解决学生的实际问题；要引导学生学习榜样不要只停留在口头上，要落实到行动中；学生学习榜样在行动上有效果时，要及时表扬，给予鼓励；要注意坏榜样（例如，电影、电视中的反面角色）对学生的不良影响。最好事前进行要学什么、不学什么的引导或事后对人物进行评议。对坏榜样的仿效现象一旦出现，教育者要及时制止、批评和通过讨论及舆论的谴责加以正确引导。

（四）奖励、惩罚

奖励是运用物质的或精神的手段来激励学生的一种教育方法。利用奖励教育学生可以鼓励学生重复良好的行为，有利于良好习惯的形成。教师进行奖励时要注意以下几点。

首先，学习上奖励的真正目的应该是奖励学生勤奋、认真、刻苦的学习态度；在品德上的奖励是奖励他怎样做一个利他的人和怎样做一个有益于人民的人。这样，学生就会逐渐懂得个人和他人的关系、人生的价值以及更多更深的道理。

其次，奖励要注意年龄特点和个性差异。思想消极的学生对教师有偏见，过分的奖励会使他产生反感；有的学生好表现自己、好在教师面前显示自己的所作所为，表扬就应适当或减少，以防其骄傲情绪抬头、虚荣心增长；有的学生得到的奖励少，挨批评的机会多，教师就要增加表扬和奖励，以增强其自信心；对年龄小的学生要及时表扬，多奖励；对年龄大的学生不宜使用过多的表扬，而要注重引起学生心灵的震动；对性格外向的学生则不宜过多地使用表扬、奖励，对性格内向的学生应及时表扬、奖励。此外，奖励还要符合学生心理的需要：学生不需要奖励时，给予奖励则达不到应有的目的；学生需要奖励时，没有进行奖励就错过了奖励的时机。

最后，奖励要注重教育性和权威性。通过奖励应使学生产生光荣感、幸福感、胜任感和进取心。有权威者的一次奖励胜过无权威者的百次奖励。心理学研究表明，经常得不到表扬、奖励的人得到一次奖励，其奖励印象极为深刻。

惩罚是对犯有错误的学生给予适当的处置，是对个体施予心理上不愉快的反馈刺激，从而抑制或减低不良行为的重现。惩罚和奖励一样，也是品德教育的一种手段，有助于激发学生的荣誉感或羞耻心；有助于他们分清是非，明确努力方向；发扬优点，纠正错误；也有助于维护学校的纪律和规章制度。

正确使用惩罚，应注意以下几点：惩罚的实施越及时，其效果越好；掌握好惩罚的强度，惩罚过轻等于没有惩罚，惩罚过重又会引起学生恐惧、焦虑、回避和害怕；惩罚要兼顾公平，对所有学生平等相待，教师之间也需保持一致；要注意惩罚的负作用，惩罚使用不当会让学生产生怨恨、焦虑、恐惧和退缩，甚至起到反面榜样的作用。

（五）小组道德讨论

小组道德讨论是美国教育家布莱特（M. Blatt）设计并实施的道德教育模式。他认为，儿童通过对假设性两难道德问题的讨论，能够理解和同化来自同伴的、高于自己一个道德阶段的道德推理，排斥低于自己道德阶段的同伴的推理。

小组道德讨论涉及三个要素，即课程要素、班组要素和教师行为要素。

1. 课程要素

课程要素即小组道德讨论的内容必须是由能引起学生认知冲突的道德两难故事组成。

2. 班组要素

班组要素按照异质同组的原则编组，每个组必须由处于不同道德阶段的学生混合组成，使道德判断水平较低的学生有机会接触到高于他们推理水平的道德判断，触动其原有的经验结构，使其产生不满足感，以达到改变自己原有的道德经验结构的目的。

3. 教师行为要素

教师行为要素即教师应根据儿童道德发展的理论和阶段特点，启发学生在小组中积极思考，主动交流或辩论，作出判断，寻找自己认为正确的答案。教师还应鼓励学生在讨论中考虑他人的观点或意见，协调与他人的分歧。

二、学生道德行为的训练和道德行为习惯的培养

当一个人把道德认识和道德情感当作自己道德行为的内部动力时，便成为道德动机，这种道德动机在道德品质的形成中起着重要的作用。但是，一个人的道德品质总是通过他的行为举止表现出来的，而且也是在实际行动中形成和发展的，因此道德行为的训练对于道德品质的形成也具有非常重要的作用。

道德行为的训练，主要包括道德行为的掌握、道德行为习惯的养成和道德意志的培养等三个方面。

（一）道德行为的掌握

在一般情况下，道德动机与行为效果是统一的，但有时由于儿童不善于组

织自己的行为，也可能产生不同的效果。有这样一项研究：为了培养学生完成社会委托的品质和态度，研究者委托小学一年级学生给幼儿园的小朋友制造一套彩色方块。研究者先通过专门的方法使两组学生都形成了相应的动机，然后让他们各自完成自己的任务。对第一组学生只是告诉他们交出成品的时间，对第二组学生则除此以外还告诉他们完成任务的方式方法。结果第一组完成了36％，而第二组完成了75％。这清楚地说明，在学生的道德表现中，除了道德动机以外，还有道德行为的方式方法问题。因此，教师的重要任务之一是要在这方面加以指导。

对学生道德行为方式方法的指导有很多形式。例如通过对学生守则进行讲解与练习，使学生了解学校生活中最基本的行为要求；通过品德课或故事的讲述，使学生理解某些英雄人物行为的合理性；组织学生讨论为了完成一件好事所应采取的行动步骤；不断总结、分析道德行为的成功经验与失败教训等等。通过多种方式的指导，能够逐步培养学生们独立地、创造性地选择道德行为方式的能力。

（二）道德行为习惯的养成

培养学生的道德品质，只靠动机的教育和行为方式的指导是不够的，还要促使学生的行为形成习惯，这是使不经常的道德行为转化为道德品质的重要因素。因为通过练习获得的巩固了的行为还会在新的情景中发生迁移。例如从小使儿童养成作业整洁、精确、细致，遵守作息时间，积极劳动等习惯，久而久之，就会使他们逐渐形成工作的准确性及爱清洁、爱劳动等道德品质。一个人形成了某种道德行为习惯后，一旦这个习惯受到破坏，就会引起不愉快的情感，这时道德行为习惯也就成为道德行为的一种动力。因此，在道德教育中，培养学生的好习惯、改正坏习惯是很重要的。

习惯是在生活实践和教育过程中形成和培养起来的。习惯形成的方式一般有：简单的重复、不断模仿、有目的的练习、不断与坏习惯作斗争。在培养学生行为习惯时应注意：创设良好行为的情景，不给不良行为重复的机会；提供良好的榜样；在组织学生练习时，要明确练习的目的、意义与要求；要坚持不断地学习；在根除坏习惯时，使学生明白坏习惯的坏处，加强其克服坏习惯的信心等。

道德行为习惯是与一定的道德倾向相联系的，无须外在监督与意志努力即可自动实现的道德行为。美德大多存在于良好的习惯之中。学生道德行为的培养，仅仅靠行为方式的指导是不够的。在学生的思想和行为之间还有一定的距离，需要用实践把这条鸿沟填满。

中小学是人一生中形成道德行为习惯的关键时期。所以，在小学阶段，教育者应做好小学生的养成教育工作十分重要，错过这个时期，以后再教育训练就会事倍功半。那么，如何才能抓好小学生的养成教育？

1. 要从小学生的日常行为规范抓起

小学生日常行为规范从 1988 年颁布试行后至今已有十几年。这些行为规范如小学生要孝敬父母、待人有礼貌、诚实不说谎话、知错就改等都很具体，看得见，抓得住，坚持下去，就可以帮助学生养成良好的行为习惯。良好的行为习惯一经养成，终身受益。

2. 要从小学生的实际出发

对学生进行哪些行为习惯的训练、训练到什么程度、怎样进行，都要考虑学生不同年龄阶段的行为能力。只有这样，我们的品德教育工作才能做得扎扎实实，才能产生实效。

3. 要特别强调训练和强化

行为习惯的培养仅靠说服教育是远远不够的，关键是进行训练，因为不经过持之以恒的训练，很难形成良好的行为习惯。教育要运用多种训练方法，如行为重复训练法、行为模拟训练法、评比训练法、角色扮演训练法等，结合多种强化手段，如表扬与批评、奖励与惩罚等使学生克服不良的习惯，最终使其形成良好的道德行为习惯。

(三) 道德意志的培养

在培养学生道德品质的过程中，学生虽然有了一定的道德动机，掌握了一定的行为方式，甚至养成了某些道德习惯，但还有一个能否坚决行动的问题。在这里，道德意志就起着重要的作用。所谓道德意志是指人在完成道德行为过程中所表现的克服困难的心理成分。它主要表现在：道德动机能经常战胜非道德动机；能排除内外障碍，坚决执行由道德动机所引出的行为决定。道德意志坚强的人能将自己的道德动机付诸实现，而道德意志薄弱的人则不能做到这一点。

为了培养学生的道德意志，应该做到：

1. 使学生获得道德意志的概念和榜样

在教学中要充分利用教材内容，如愚公移山、董存瑞和邱少云的故事，或请英雄模范人物作报告等，使学生受到生动的道德意志的教育。

2. 组织行为练习，提高学生的意志力

意志行为练习的途径很多，如完成学习任务，遵守公共场所与学校的纪律，以及执行委托的任务等都可以锻炼学生的意志。

3. 针对意志类型，采取不同的锻炼措施

学生的意志有着各种差异。从消极方面说，有的学生比较软弱、易受暗示，有些则非常执著、固执；有的学生遇事常左右徘徊、犹豫不决，有些则表现得冒失、轻率；有的学生终日萎靡不振，有些学生则过分活跃而缺乏自制力；有的学生缺乏精力、总是干劲不大，另一些则缺乏毅力、常表现出五分钟的热度。针对上述这些情况，应采取相应的措施，或从自觉性、目的性、原则性方面着手培养，或注意培养其大胆、果断、沉着、耐心的品质，或设法调动他们的积极性和提高他们控制自己的能力，或不断激发他们热情奔放和坚韧不拔的精神。

所有这些措施，都应该针对儿童的年龄特点进行。如对低年级儿童进行培养时，角色游戏很重要。角色游戏本身就是儿童生活中社会关系的反映。如在游戏中，扮演司机、乘客、站长的儿童，都必须担负自己角色应担负的责任，否则游戏就会受到破坏。培养儿童的意志行动要求他们首先服从游戏纪律。而对高年级学生要培养他们维护自己的班级、学校、少先队组织等集体的尊严和荣誉的意向，这是促成他们意志行动的重要动机。这个时期，培养他们的集体责任感在克服困难的行动中起着重要作用。同时，要帮助他们树立共产主义的伟大理想，把实现祖国的社会主义现代化与当前的学习生活结合起来。

三、学生品德不良的预防和矫正

学生的不良品德是外在的不良环境因素和内在的不良心理因素相互影响、相互结合的产物，分析不良品德的成因将有助于采取有效的预防和矫正措施。

(一) 学生品德不良的环境因素和主观心理因素

造成学生品德不良的环境因素大致可概括为三个方面，即家庭不良因素、社会不良因素和学校教育工作上的失误。

1. 家庭不良因素的影响

家庭不良因素的影响，主要表现在以下两方面：

第一，家庭环境不良。例如，家庭结构破损；家庭气氛紧张、压抑；家庭生活方式不良；家庭成员品德不良等。第二，家庭教育功能不良。例如，只养不教，放任自流；教育方式不当，或无原则地溺爱袒护，或粗暴压制；家庭意识形态结构不纯，教育思想不端正等。

家庭对学生不良品德形成的影响，可通过两种方式进行：一是直接影响，如直接教唆、不良榜样；一是间接影响，通过形成不良性格而对品德的形成发生作用。

家庭在儿童少年性格形成上起着极其重要的作用，而性格与品德的关系极为密切，性格不良的学生极易出现品德不良。研究表明，幸福、愉快、轻松的家庭气氛，较为温和、民主的教养方式，有利于学生优良品德的形成。

2. 社会不良因素的影响

社会不良因素的影响，主要表现在以下三个方面：

第一，社会不良文化。如西方社会的个人至上主义文化、极端自由文化，直接导致儿童青少年个性的畸形发展。如我国社会的封建残余思想、等级观念等，对儿童品德的形成也造成了消极影响，使少年儿童滋生攀比、势利、轻视劳动人民等不良倾向。

第二，社会不良现象。如一些地区的封建迷信活动、某种群体纸醉金迷的腐朽生活方式、充斥色情或暴力的影视读物、社会治安的恶化等对青少年的毒害都决不能低估。

第三，社会不良思潮。如"成则王，败则寇"，"事不关己，高高挂起"，"有钱能使鬼推磨"等，此类不良思潮对青少年学生具有直接教唆作用，使阅历浅、知识经验不足、意志水平尚未成熟的青少年迷失正确的发展方向。

3. 学校教育工作上的失误

学校教育工作上的失误，主要表现在以下两方面：

第一，教育思想上的失误。重智育轻德育，以"一好"代"三好"，法制教育、政治思想教育不力。

第二，教育方式上的失误。如德育缺乏时代性，学校思想教育与学生的思想发展不合拍；德育活动机械、教条，引不起学生的兴趣；教师没有树立正确的学生观，教育方法简单粗暴，任意辱骂、体罚学生等。这些引起了学生对品德教育的轻视、抵触等情绪，使学生德育工作失去教育力量，严重的甚至有可能使学生"破罐子破摔"，直接导致学生不良品德的形成。

小学生品德不良的主观心理因素有如下表现：

1. 缺乏正确的道德认识

学生的道德认识、道德观念、道德评价能力是通过学习、实践和教育逐渐产生、发展和形成的。由于小学生的道德认识还处在形成过程中，他们的道德认识、道德观念还不稳定，还缺乏道德评价能力，往往产生一些模糊观念和错误理解，因此容易为个人的想法和愿望所驱使，产生各种违反道德准则、损害他人利益的行为。还有的小学生因为道德上的无知产生不道德行为。

2．表现异常的情感

由于不良环境的感染，加上缺乏正确的道德认识，还有错误道德观念的长期影响，学生可能形成情感上的异常反应。他们可能不明是非、颠倒美丑，只要触及他们的一点个人利益就暴跳如雷，在感情冲动下往往爆发出不良的道德行为。

3．明显的意志薄弱

小学生的意志力、独立性和自制力还有相当大的局限性，不能有效地克服个人不合理的欲念和不正当的需要。尽管有时他们懂得道德准则，但不能付诸行动，不能用正确的道德认识战胜邪恶的欲念，可能导致不良行为。

4．养成了不良的行为习惯

不良的行为习惯，开始可能出于偶然，但经过多次反复，这种不良行为与个人的某种需要、某种满足发生了联系，就形成了坏习惯。一些小学生屡犯错误就是受不良习惯的支配。要改变一种不良的行为习惯不那么容易，要付出艰苦的努力，要破坏原有的动力定型，建立新的动力定型。

（二）学生不良品德的类型

有关研究表明，学生的不良品德主要有以下几种类型。

1．过失型

过失型的不良品德类型表现为心理发展水平较低，主要是认识能力较低，多数未形成较为稳固的意识倾向或个性特点。在行为上往往采取违反纪律或一般行为规则的行为方式，如骂人、打架、恶作剧或偶尔说谎、损坏东西、逃课等，一般带有偶发性、情境性、盲目性等特征。其后果可能对集体、对他人造成不良影响，有碍于良好品德的形成。

2．不良行为型

不良行为型表现为对道德规范有错误的认识或明知故犯，缺乏道德感和抗拒诱惑的能力，多数已形成某些不良的道德意识与个性特点。行为上采取违反道德规范的方式和手段，如偷窃、欺骗、斗殴、浪荡、破坏公物等，一般带有经常性、倾向性、有意性等特点，在青少年中还可能有集团性。其后果是对集体、对他人造成损害，妨碍良好道德品质的形成和发展。

3．攻击型

攻击型的不良品德类型表现为情绪易激动，易发生不适当的激情；气质多为强型，性格外倾，倔强、急躁者居多。为了消灭由愤怒造成的内心紧张，主要采取发泄的方式，对特定的对象采取对抗、报复、迁怒等行为，一般带有公开性、爆发性的特点。其后果往往对他人或对集体造成某些不良影响，妨碍个性的健康发展。

4. 压抑型

压抑型的不良品德类型表现为情绪易消沉，易产生不良心境，气质多为弱型，性格内向，怯弱、沉郁者居多。为了消减由焦虑造成的内心紧张，主要采取逃避的方式，如不参加学习、交往等活动或活动时消极应付，以及对自己悲观失望、自暴自弃等，一般带有隐匿的、持续的特点。其后果一般对集体或对他人无明显危害，主要是妨害个性的健康发展。

以上几种不良品德的类型在各年龄阶段有所不同，小学期间一般是过失型在问题行为中居多数，约占 77.5%；少年期过失型约占 27.5%，攻击型约占 27.2%，品德不良型约占 38%。各种问题行为在一定条件下可以相互转化，也可以在一定条件下向正常状态转化。

(三) 矫正不良品德的心理学依据

从对学生品德不良的原因分析中可以看出，虽然导致学生出现不良品德的原因是多方面的，但最根本的还是自身的心理因素，环境因素只是外部条件，内在的心理因素才是品德变化的根据。因此，对品德不良学生的矫正也应从提高学生的道德认识、增强道德感入手，训练学生逐步掌握道德行为方式，再配合外部环境的改善，即能达到标本兼治。

1. 晓之以理，以知引人

品德不良的学生一般道德认识水平低下，道德观念淡薄，或者在长期的负强化下，巩固形成错误的道德观念。因此，要教育好品德不良的学生，首先就要晓之以理，以正确的道德知识、道德理论促其醒悟，为进一步教育、矫正奠定基础。在说理教育过程中，应注意以下几点：

(1) 消除疑惧心理，打开心扉。大凡品德不良的学生因经常受到成人、教师的斥责、惩罚和同学们的耻笑、歧视，形成心虚、敏感的心理，对教育者一般都存有戒心和敌意，常以沉默、回避或粗暴无礼的态度对待教育者。在这种情况下，教育很难奏效。为此，教育者必须真正地尊重他们、理解他们，从各方面帮助和关怀他们，要让学生感到你是他们的朋友，是真心为他好，而不是高高在上的教育者。另外，教师还要教育其他学生正确对待和热情帮助这些品德不良的学生，使其感受到集体的接纳和温暖，努力营造教育者与受教育者之间平等的心理地位，拉近心理距离，从而消除品德不良学生的疑惧心理，促使其打开心扉，只有这样，教育者才能了解其内心，教育影响也才能走进学生的心灵深处。

（2）讲究谈话艺术，提高道德认识。品德不良的学生向教育者敞开心扉后，教育者就应有意识地逐步对其施加教育影响，促膝谈心，从而使其认识到过去思想和行为的错误及其严重性，提高其道德认识，促其悔过。为此，讲究谈话的艺术，提高其可接受性就显得十分重要。在此过程中，要注意以下几点：

第一，心理接触。谈话前，一定要摸准"病根"，找到其欲求自解而又难以解决的苦闷。在谈话中教师的语气要平和、严肃、带有启发性、少威胁指责、不伤人格。允许对方讲话，并耐心听取，不要随意打断，努力营造讨论的氛围，双向交流，使谈话触及其思想深处，动摇他们的错误观念，促其自省。

第二，心理相容。教育措施要适合品德不良学生的认识水平和个性特点，要有耐心，循序渐进，不可急于求成。如果向他们输出的信息量过大、要求过高，会使他们接受不了，因而激发心理和行为的反抗，使教育失去功效。因此，要注意谈话时机的选择。一般情况下，品德不良学生的心理处于平静、愉快的状态时，比较容易接受教育者的教育影响。在谈话过程中教师还要注意把握"火候"，对方产生厌烦、抵触情绪时就退一步，其心扉敞开时就进一步，视其接受程度灵活进行。一切教育影响只有与受教育者的心理相容时，才能发挥其效用，否则再明智的教育、再美好的愿望也是徒劳。

第三，提供范例，增强是非感。品德不良学生是非观念差，缺乏辨别是非的能力，因此，在说理教育中，还要注意说理与举例相结合，通过有正反两方面经验教训的生动事例或文艺作品等，启发讨论，促其明辨是非，分清好坏，从中得到借鉴，领悟到改正自己行为的必要性和可能性，从而提高其辨别是非的能力。

2．动之以情，以情感人

在对不良品德学生的矫正过程中，以情感促认识，可以增强其告别过去、重塑新我的动力，激发其积极上进的动机水平。

（1）真诚地热爱学生，引发其上进的理智感。热爱学生最终必然能得到爱的反馈，形成尊师爱生的风气。罗森塔尔的"教师期望效应"表明，师生之间这种爱的情感交流，有利于使教师的要求转化为学生的行为，激发学生上进的理智感，增强上进的信心和决心。学生一旦发现教师是真正地爱护和关怀他们时，便会感到这是教师、学校、社会对他们的信任，因而感到温暖，受到鼓舞，对前途充满信心，乐意接受教师的教育。特别是那些经常受歧视的品德不良的学生，更需要教师的爱。这些学生由于自我保护心理特别强，因而表面上显得很蛮横，或者很冷漠，但其内心却十分脆弱。他们如同病弱的幼苗，像渴望阳光雨露一样渴求真正的爱护和帮助。所以教师应该真正地去理解他们，帮助他们，以爱的力量感召他们。由于品德不良的学生很敏感，刚开始他们往往把教师的爱当作同情和怜悯而充满厌恶和敌意，因而教育要有足够的耐心和信心。

（2）善于发现学生的积极因素，增强其自尊和自信。善于发现并利用学生的积极因素，帮助他们扬长避短、择善去恶，使其逐步增长起克服缺点和错误的内在精神力量，也是教育品德不良学生的有效措施之一。每人身上都有长处和积极因素，品德不良的学生也不例外，只是他们身上的消极因素占了主导地位，加上人们的刻板印象，使他们身上的一些积极因素被忽视或掩盖了。实际上，只要留心观察，还是能发现他们身上的一些闪光点。比如，他们的心灵虽然受到了创伤，但他们仍然渴望受到别人的尊重和教师的表扬，对未来仍充满美好的憧憬，这表明他们仍存自尊和上进的要求，如果利用得当，可进一步提高其自尊水平。他们中还有不少人精力旺盛和具有某些特殊才干，如心灵手巧，眼明手快，有组织才能，或者有文艺、体育方面的特长等。如果教师能及时发现这些心理品质，不断培育，使他们在某方面获得成功，就能重新点燃其自尊的火种，激发其上进的信心，达到长善救失的目的。

（3）抓住转变时机，引起其内心震动。学生犯错误后，心中感到不安、恐惧、羞愧，感到继续坚持错误的危险性，开始有了改正错误的愿望，努力做出好的表现，一心希望做出个样子给大家看看，希望得到教师和同学们的关注和赞扬。此时是最有利的转变时机，教师如果能及时抓住，给予鼓励和帮助，对他们哪怕是很微小的进步也要给予肯定和表扬，这会进一步激起他们前进的热情和信心，并使其正确的行为不断得到强化而巩固下来。这时如果对他们置之不理，对他们的积极表现熟视无睹，或者采取冷漠监督的办法，就会扼杀他们的上进心，使他们重犯旧错。因此，如何发现并抓住他们醒悟和转变的关键时机，促进他们向好的方向转化，对转变品德不良的学生有着决定性的意义。

3. 导之以行，以行练人

品德矫正最终须以道德行为及其效果来表现、表明和确认。品德不良学生的一个重要特点是错误行为已成了习惯，如果教育的重点仅仅放在一般道德认识的教育、道德情感的培养上，而忽视道德行为习惯的培养，便是不彻底的。由于缺乏正确的道德行为经验和较强的道德意志，他们难免会出现反复、动摇、言行不一的现象。因此，在实践活动中有意识地引导和组织学生进行必要的道德行为训练是非常必要的。

（1）引导他们掌握正确的行为方式。实验研究表明，有了良好的行为动机，但缺乏完成任务的技能和方法，还是不能顺利地使道德认识转化为道德行为，甚至有时因为"好心帮倒忙"而受到谴责，反而失去了改造的信心。因此需要对其行为方式进行必要的指导。可以通过提供榜样、组织练习、活动矫正等方式进行，使学生逐步习得正确的行为方式，培养他们独立地、创造性地选择行为方式的能力。

（2）锻炼其与诱因做斗争的意志力，巩固其良好的行为习惯。在矫正的初期，由于新的行为习惯还不够巩固，旧的习惯定型的潜在影响仍很大，学生对不良诱因的抑制能力仍很差。所以在此期间，应让这些学生更换环境，暂时避开有关诱因，如远离繁华的都市、易犯错误的场所、不良伙伴群体、迷恋的对象等，以尽可能有效地控制外部诱因的影响。

应该注意的是，回避诱因只是权宜之计，是比较消极的。彻底而成功的改造应是增强他们抵制诱因的能力，使他们在各种有害诱惑面前能提高警惕，明辨是非，坚持正确的方向。为此，应在新的动机和新的行为习惯初步形成的时候，适度给予他们与诱因接近的机会，使其经受考验，锻炼其抵制诱惑的能力。如让有偷窃行为的学生去收管班费，让违反过纪律的学生担任纪律检查员等。在考验过程中，学生能感受到教师的信任，从而产生一种尊严感。成功的考验会使旧的坏习惯受到抑制、进一步被削弱，新的高尚的行为得到强化，并增强改正不良习惯的自信心和意志力。应该指出的是，考验应当在一定的基础上进行，即在学生确实已有悔改之意，并已初步形成了正确的行为习惯、意志较强后进行。此外还要有适当的监督，确保成功。否则，失败的考验等于人为地给其提供了一次重犯错误的机会，使他们旧的动力定型又受到一次强化。另外，品德不良学生的矫正，一般要经历醒悟、转变、反复和稳定几个阶段，要正确对待矫正过程中的反复现象，要有足够的耐心和信心。

4. 持之以恒，以志树人

品德不良的学生大多缺乏正确的人生观和远大的生活目标，在此情况下，即使通过教育矫正，使他们获得了正确的道德观念，养成了正确的行为习惯，但如果没有从根本上解决他们空虚、没有奋斗目标的心理状况，他们容易滋生不良言行的心理环境还存在，就难以确保他们在以后新的情景中不犯其他错误。因此，在对品德不良学生的矫正中，要使其新的道德行为习惯能持之以恒，还必须对他们进行人生观和理想教育，指导其形成正确的人生观和价值观体系，确立并不断提高其志向水平，以此引导他们积极发展，彻底告别过去，巩固矫正效果。

5. 考虑学生的个别差异，运用教育机制

在整个品德教育过程中，由于学生的年龄、性格不同，所犯错误的性质、严重程度及表现方式不同，教师的教育措施也应该灵活多样。年龄较小的学生的某些不道德行动常常是由于不了解或不理解道德行动准则，或出于好奇而产生的。对于他们宜采用正面诱导的方法，如肯定他们的探索精神，指出其行为的不当之处，并且指导他们应该用什么方法来实现目的，再通过活动矫正，并给予信任，一般就可以有效地达到教育的目的。年龄较大的学生，由于他们已经具备一定的道德知识和道德评价能力，对于他们的明知故犯可以采取比较严厉的教育方式。对于初犯而又自尊心强的学生宜采用不公开、个别警告的方法；对于重犯、缺乏自尊、不接受别人意见的学生，宜采用群众性说理的方式，以集体的力量鞭策其改正错误，重新赢得集体的信任和自尊的地位。

小　　结

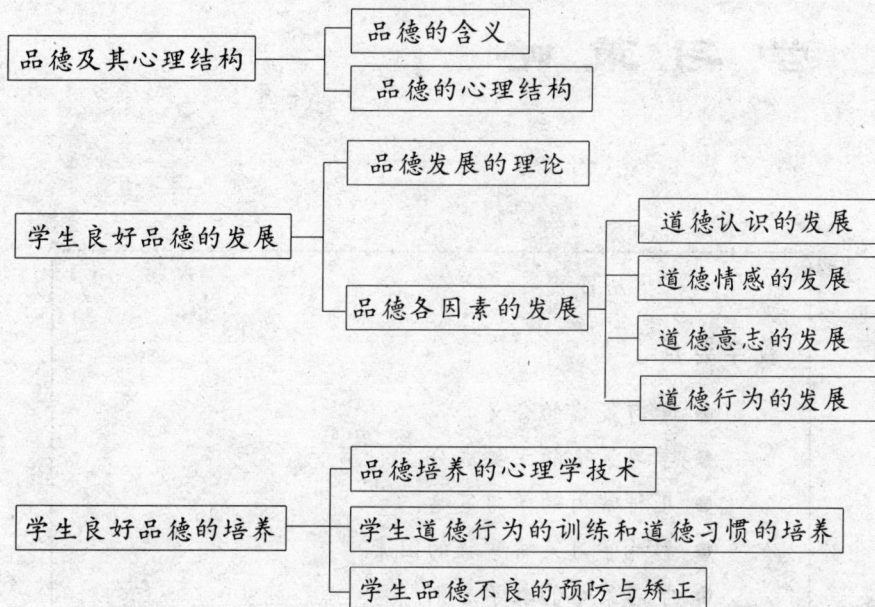

思 考 题

1. 名词解释

　　品德　　道德　　自律　　他律　　习俗的水平

2. 简述道德与品德的关系。

3. 简述品德的心理结构。

4. 简述皮亚杰的道德认知发展理论。

5. 简述柯尔伯格的道德发展阶段理论。

6. 培养小学生良好品德的心理学技术有哪些?

7. 品德不良的表现与矫正方法有哪些?

第八章

学习策略

教学要点

● 学习策略的含义

● 学习策略的主要成分

● 几种常用的学习策略

● 影响学习策略掌握的因素

● 学习策略的教学原则

学习要求

● 理解学习策略的含义

● 掌握学习的主要成分

● 了解学生常用的学习策略

● 了解学习策略的影响因素

● 掌握学习策略教学的基本原则

☆ ⋯⋯⋯⋯⋯⋯⋯⋯⋯⋯⋯⋯⋯

引 子

学会学习

古人有句名言："授人以鱼，只供一饭之需；教人以渔，则终身受益。"意思是，把现成的鱼送给人，不如教给他捕鱼的方法。教师教学也是同样的道理，在教学中，教师的任务不仅仅是教给学生知识，还应该引导学生发现和掌握适合于自己的学习策略。只有当学生拥有了获取知识的方法、策略时，他们才能真正成为学习的主人，成为具有终生学习能力的人。20 世纪 80 年代以来，学习策略成为教育心理学研究的一个热点。本章基于已有的研究成果，对学习策略的含义和成分、学生常用的学习策略和学习策略的教学进行概括介绍。

⋯⋯⋯⋯⋯⋯⋯⋯⋯⋯⋯⋯⋯ ☆

第一节 学习策略概述

一、学习策略的含义

随着时代的发展，人们的学生观和教学观发生了许多变化，那种把学生看作被动的知识接受者的陈旧观念已被摒弃。人们普遍认为有效的学习者应当是一个积极主动的信息加工者、解释者和综合者，他能够使用各种不同的策略来加工、贮存和提取信息，并努力使学习环境适应自己的需求和目标。正如著名心理学家齐默尔曼（B.J.Zimmerman, 1995）所强调的"学习不是对学生发生的事情，而是由学生发生的事情"。

与上述学生观相适应的教学观强调，有效的教学不仅要给学生大量的机会去实践和运用新的知识和技能，还要关注学习者对教学过程、教学结果的反馈；在学习过程中要给学生提供机会，让他们在不同领域内获取和练习各种学习策略，从而促进学生思维的发展和有效运用；鼓励学生运用问题解决、计划、争论、小组讨论等方式，以促进其高级思维的发展和元认知策略的运用。上述观念的转变，使得学习策略的研究成为当代教育心理学研究的重要问题之一。

20 世纪 80 年代以来，许多心理学家对学习策略进行了界定。杜菲（G. G. Duffy，1982）认为学习策略是一种计划或方案，是一套内隐的学习规则系统；尼斯比特（R. E. Nisbert，1986）等认为学习策略是学习的过程、程序与步骤；梅耶则认为学习策略指具体的学习方法和技能等。

根据上述看法，我们把学习策略定义为：学生在学习活动中用来保证有效学习的规则、方法、技巧及其调控措施。这个定义有以下几个要点。

（一）学习策略是学习者为了实现学习目标而主动使用的措施和方案

学习策略的运用是学生在学习中进行自我调节的过程。一般来说，学生在接受一项学习任务后，会根据自己的情况和周围的环境条件制定初步的计划，如什么时间、在什么地方、用什么办法、与谁一起来完成等等，这样的计划会成为学习活动初期的指导，也会成为检验今后活动效率的依据。当然，随着学习进程的发展，这样的计划还需要不断调整。

（二）学习策略是提高学习效率、保证学习效果的基本条件

一般来说，学习策略的使用是为了提高学习效率和学习效果。例如，要记住一份学习材料，如果采用一遍又一遍的死记硬背的方法，最终也能够把材料记熟，但是将材料进行系统的组织、加工之后再记，可能只需要很少的时间，后一种方法我们称为学习策略。

（三）学习策略是一种程序性知识，由一系列规则和技能系统构成

由于学习策略是针对学习过程制定的，其中规定了学习时做什么、不做什么，先做什么、后做什么，遇到困难和干扰时如何做等等，所以它描述的是学习时的规则和技能，因而可以纳入程序性知识。

（四）学习策略可以通过教学来发展

虽然学习策略一般由学习者自己制定和使用，但已有的研究发现，通过教师有意识的教学，可以促进学生学习策略的改善。

二、学习策略的成分及层次

许多学者对学习策略的成分及层次提出了不同看法，下面介绍几种有代表性的观点。

(一) 尼斯比特等人的六成分说

尼斯比特等人认为学习策略包含六种成分。第一，质疑。通过质疑确定问题、确立假设、建立目标和基本思路，把当前的任务与先前的工作联系起来。第二，计划。制定时间表，对任务或问题进行归类，确定完成任务、解决问题必需的知识和技能。第三，调控。使问题的初始状态和目标状态匹配起来，并不断作尝试性回答。第四，审核。对成绩与结果进行初步评价。第五，修正。在先前的活动和审核的基础上修正学习计划或修正最初设置的目标。第六，自评。对结果和成就进行自我评价。

尼斯比特认为，可以将学习策略要素按照三个层次排列起来。第一层次是一般策略，其中包括态度和动机。第二层次是宏观策略，主要有调控、审核、修正和自评，其主要特征是：高度概括化；随年龄增大而提高；随经验积累而提高。第三层次是微观策略，主要有质疑和计划，其主要特征是：概括化程度低；与高度有序的技巧形成一体。

(二) 温斯坦的四成分说

温斯坦 (C.E.Weinstein, 1988) 认为学习策略包含四种成分：第一，认知信息加工策略，如精加工策略；第二，积极学习策略，如自我检查；第三，辅助性策略，如处理焦虑的办法；第四，元认知策略，如监控新信息的获得。温斯坦基于这一划分，编制了学习策略量表，该量表中包括 10 个分量表，分别是：信息加工，选择要点，考试策略，态度，动机，时间管理，专心，焦虑，学习辅助手段和自我检查。

(三) 丹塞伦的学习策略系统

丹塞伦 (D.F.Dansereall, 1985) 等人认为，学习活动是一个由多种内容紧密关联的活动构成的复杂的活动系统。在学习过程中，认知活动无疑扮演着最为关键的角色，但与此同时，还需要适宜的心理氛围来支持认知活动的进行，使之更为有效。因此，学习策略可以划分成两大类：一是直接用来操作学习材料的基本策略，二是用来维持适宜心理状态的辅助策略。

基本策略包括获得和存储信息的领会和保持策略、提取和利用这些信息的策略。领会和保持策略又包括理解、回忆、消化、扩展、复查等五个子策略。提取和利用策略又包括理解、回忆、详述、扩展和复查等五个子策略。

辅助性策略包括三个子策略：计划与时间安排，注意管理，监控与诊断。注意管理又可划分为心境设置和心境维持。这些辅助策略有助于学生产生和维持适宜的心理状态，保证学生有效地完成认知任务。

在学习过程中，基本策略和辅助性策略是相辅相成的。例如，在学习的领会和保持阶段，学习策略的运作可分为如下几步：设置学习的心境——理解阅读（标出重点和难点）——试着回忆材料——矫正回忆结果——引申和储存材料以便消化——通过自我检查来扩展知识——最后复查错误。提取和利用策略阶段的运作包括下面几步：设置学习的心境——理解任务的要求——回忆与任务要求有关的要点——用具体信息详细解释要点——将信息扩展成提纲——复查最后反应的适当性。基本策略系统直接运用于学生的认知活动，是学生学习过程中的主导性策略。辅助性策略系统则是学生在学习过程中形成适宜的认知气氛，使已有的学习活动得以顺利进行的保证性策略。

以上策略成分以及它们之间的关系，可参考图8-1-1。

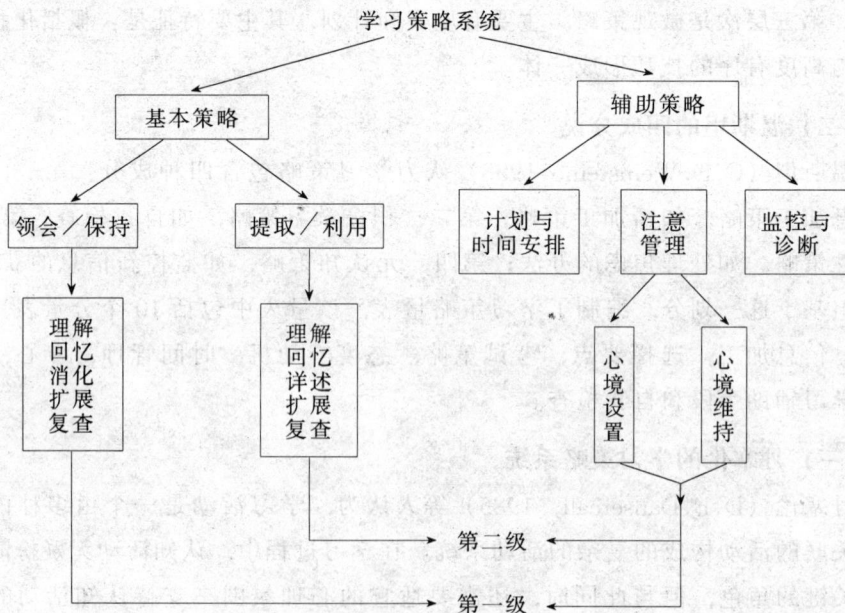

图 8-1-1 学习策略系统总图

（四）迈克卡的学习策略分类系统

迈克卡（W.J.Mckeachie，1990）等人对学习策略中包含的各种成分进行了总结概括，认为学习策略中包含着认知策略、元认知策略和资源管理策略三大部分。认知策略是指学生用来加工和组织学习材料的策略，它主要包括复述策略、精加工策略和组织策略等；元认知策略是学习者用来评估自己的理解、安排学习时间、选择有效的计划来学习或解决问题、监控自己的学习情况等方面的策略，它主要包括计划策略、监控策略和调节策略等；资源管理策略是用来辅助学生管理可用的环境和资源的策略，这些策略与学生的学习动机具有密切的联系，它主要包括时间管理策略、学习环境管理、努力管理、寻求支持等。这些策略之间的关系如表8-1-1所示。

表8-1-1 学习策略的分类系统

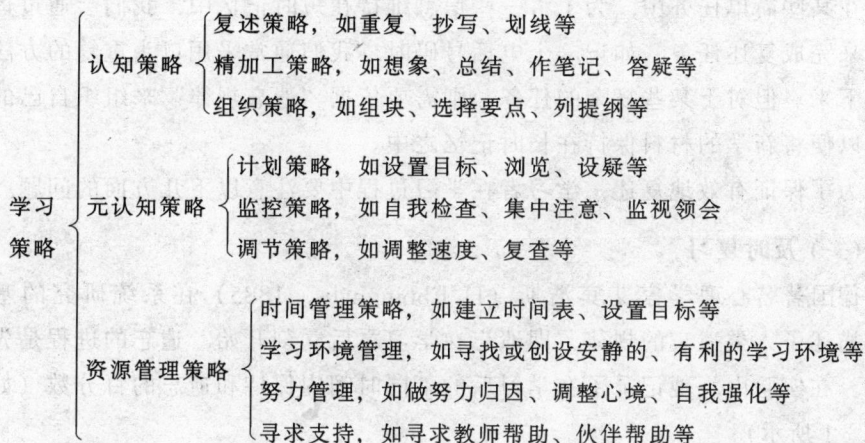

学习策略	认知策略	复述策略，如重复、抄写、划线等
		精加工策略，如想象、总结、作笔记、答疑等
		组织策略，如组块、选择要点、列提纲等
	元认知策略	计划策略，如设置目标、浏览、设疑等
		监控策略，如自我检查、集中注意、监视领会
		调节策略，如调整速度、复查等
	资源管理策略	时间管理策略，如建立时间表、设置目标等
		学习环境管理，如寻找或创设安静的、有利的学习环境等
		努力管理，如做努力归因、调整心境、自我强化等
		寻求支持，如寻求教师帮助、伙伴帮助等

以上概括介绍了一些研究者关于学习策略的成分及组织层次的观点。总起来看，这些观点都涉及到直接影响学习材料的组织和加工的成分、影响信息加工过程的成分以及管理学习环境、学习时间和学习工具的成分。至于学生在学习过程中使用哪些策略，则要根据学习的类型、学习的阶段、学习的环境特点和学生的个人特点而确定。

第二节 常用的学习策略

在知识的获得、领会与保持阶段，学生常常要用到下面的学习策略。

一、复述策略

复述策略是指学习者为了保持信息，在短时记忆中对信息进行反复重复的过程。复述是保证信息处于活跃状态并转入长时记忆的基本条件，因而复述策略通常是学习过程中必不可少的环节。但复述策略仅仅是一种识记策略，与其他学习策略相比，它的作用仅仅是保持信息，因而是一种较低水平的信息加工策略。在学习和教学过程中，不能把复述与死记硬背划等号。复述是认知策略的一种形式，在学习过程中可以与其他认知策略结合在一起运用。死记硬背往往指学习者把复述作为获得知识的惟一认知策略，不分内容、不分条件、不分场合地进行机械重复。

在某些简单任务中，为了将一些信息维持在短时记忆中，我们会通过口头重复来完成复述任务。如记一个电话号码时，我们通常采用口头重复的方法将它记下来。但对于某些复杂的任务，则需要依据"遗忘规律"来组织自己的复述，以便将新学的材料保持在长时记忆之中。

为了保证有效地复述，学习者在学习过程中要注意以下几方面的问题。

(一) 及时复习

德国著名心理学家艾宾浩斯（H.Ebbinghaus，1885）在系统研究的基础上，描述了人类遗忘的规律，即遗忘在学习之后立刻开始，遗忘的进程是先快后慢。在实验中，他记录了在学习后的不同时间内保持和遗忘的百分数（如表8-2-1所示）。

表 8-2-1　遗忘的进程

次序	时距（小时）	保持的百分数	遗忘的百分数
1	0.33	58.2	41.8
2	1	44.2	55.8
3	8.8	35.8	64.2
4	24	33.7	66.3
5	48	27.8	72.2
6	144	25.4	74.6
7	744	21.1	78.9

从表中可以看到，在学习 0.33 分钟以后遗忘就达到了 41.8%，1 小时后

达到 55.8%，以后遗忘的速度逐渐减慢，8.8 小时后遗忘达到 64.2%。根据以上结果，艾宾浩斯绘制出著名的艾宾浩斯遗忘曲线（如图 8-2-1 所示）。

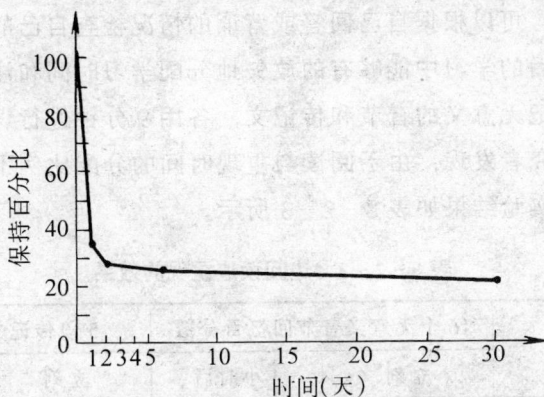

图 8-2-1 艾宾浩斯遗忘曲线

根据这一遗忘规律，学生有必要采取及时复习的策略，以便减少短时间内的大量遗忘。

（二）集中复习和分散复习

正确分配复习时间对复习效果具有很大影响。复习时间的分配一般有两种情况：一是集中复习，就是集中一段时间重复学习许多次，如期末总复习；二是分散学习，就是每隔一段时间重复学习一次或几次，如家庭作业和单元复习。对大多数学生和学习材料而言，分散复习的效果好于集中复习的效果。在一个实验中，让小学四年级的学生反复阅读一首诗，甲组集中复习，乙组每日复习两次，直到记住为止。实验结果表明，分散复习的效果优于集中复习（如表 8-2-2 所示）。

表 8-2-2 集中复习与分散复习比较

次 数 　　　方 式	集中复习	分散复习
准确呈现的平均复习次数	18	7
错误的平均次数	9	4

虽然有时候我们发现，考前突击复习也能取得高分数，但是这种效果是临时性的，因为突击复习并不能帮助学习者把所学知识与其原有知识很好地融合到一起，而分散复习则有助于学生消化吸收学习材料。因此能帮助所学新知识与原有知识紧密衔接的家庭作业、单元复习都是有效的复述策略。

（三）试图回忆

试图回忆就是将学习与重现交替进行，这样可以提高复习效率。学习者借助这种复述策略，可以根据自己回答或背诵的情况检查自己的学习效果和薄弱环节，从而在随后的学习中能够有的放矢地分配学习时间和注意力。在一项实验中，让被试识记无意义的音节和传记文，各用 9 分钟进行识记，其中部分时间用于重现。研究者发现，由于阅读与重现时间的分配比例不同，记忆的效果有明显的差异。实验结果如表 8-2-3 所示。

表 8-2-3　边阅读边重现的效果

时间分配	16 个无意义音节回忆百分数		5 段传记文回忆百分数	
	立刻	4 小时后	立刻	4 小时后
全部时间诵读	35	15	35	16
1/5 用于重现	50	26	37	19
2/5 用于重现	54	28	41	25
3/5 用于重现	57	37	42	26
4/5 用于重现	74	48	42	26

（四）利用记忆中的系列位置效应

记忆中的系列位置效应是指一份材料的开始部分和最后部分的记忆效果优于中间部分。在一项实验中，研究者要求被试学习一份有 32 个单词的词表，并在学习后进行回忆，回忆时可以不按原来的先后顺序。结果发现，最后呈现的项目最先回忆出来，其次是回忆出最先呈现的那些项目，而最后回忆出来的是中间的部分。从回忆的正确率来看，最后呈现的词遗忘得最少，其次是最先呈现的词，遗忘最多的是中间部分。

在学习时可充分利用学习材料的系列位置效应，通过巧妙地安排材料的系列位置和时间顺序，把学习的重点和难点放在最有利于记忆的位置和时间上，以保证这些材料的学习效果。

（五）调动多种感官参与学习

通过多种感官掌握所学内容是一种有效的学习策略。特瑞奇勒（Trechler）曾对人的各种感觉与学习和记忆之间的关系进行了研究，结果表明：我们的学习一般有 1% 通过味觉、1.5% 通过触觉、3.5% 通过嗅觉、11% 通过听觉、83% 通过视觉。而且，人一般可记住自己阅读的 10%、自己听到的 20%、自己看到的 30%、自己看到和听到的 50%、交谈时自己说话的 70%。这些研究结果说明多种感官的参与能有效地增强记忆，提高学习效率。

（六）利用情境和心境的相似性提高复述效果

常言道："触景生情，睹物思人。"在一定的情景下，人们能够联想起相似的情景下曾经发生的事情，这表明情境的相似性有助于回忆。斯密斯（S.M.Smith，1978）曾做过一个实验，在实验中，被试在不同的日期、不同的场合下分别学习两个配对联想的项目单。一次是被试在靠近密歇根大学校园的一间没有窗户的楼房里学习，当时主试衣着整洁，打着领结，把成对的联想项目用幻灯机放映出来。在另一次，被试是在一间窗户开向校园主楼的小屋里学习，还是原来那位主试，只是这次衣着随便，穿一件法兰绒衬衣、斜纹布工裤，配对联想项目是用录音机播放的。一天以后，让一半被试在原来的场合下进行回忆，另一半被试在另一种场合下回忆。结果发现，学习与回忆场合一致的情况下，被试能回忆出原来所学项目的 59%，而在学习与回忆场合不一致的情况下，被试只能回忆出原来所学项目的 46%。由此看来，学习与回忆情境的相似性有助于提高回忆成绩。

另外，学习与回忆时心境的相似也能提高回忆成绩。因此，在学习过程中，教师可借助情境创设和心境诱导来帮助学生记忆学习材料。

二、精加工策略

精加工是指学习者主动把所学的新信息和已有的知识联系起来，增加新信息的意义，从而促进新知识的记忆和理解的过程。与复述策略相比，精加工策略是一种更高水平的更精细的信息加工策略。

研究发现，学习者对材料加工得越细致、越深入，他们对知识的掌握就越牢固。例如，在一项实验中，要求被试在两种情况下记忆简单的主语—动词—宾语句子。第一种情况是主试把现成的句子提供给被试，第二种情况是主试把主语名词和宾语名词提供给被试，要求他们自己用一个动词把两个名词连接起来造一个句子。在两种情况下使用的主语名词和宾语名词是一样的。学过这些句子后，主试向被试提示主语名词，要求被试回忆出句子中使用的宾语名词。结果发现在第一种情况下能回忆出宾语名词的被试只有 29%，而在第二种情况下有 58% 的被试回忆出宾语名词。原因就在于，在第二种情况下被试通过自己造句子的过程，对两个名词的意义和彼此之间可能存在的相互联系进行了仔细思考，这便是一种精加工的过程，精加工促进了他们在最后回忆中成绩的提高。

在教学中，教师可能不难发现这样的例子：教师为了让学生牢记生字词，就增加作业中抄写的遍数，尽管学生经过一遍又一遍的抄写完成了作业，但记忆效果并没有提高。这是因为学生为了完成作业而急于抄写，忽略了对字词意义和结构的精加工，因而没有收到教师预期的效果。相反，有些教师并不给学生留反复抄写的作业，而是要求学生在抄写生字词的同时，分析字的组合结构并组词，其结果是通过很少的作业，学生不仅记住了生字词，还学会了利用这些字词，可谓"事半功倍"。两种方法的根本区别在于前者只是简单地重复，而后者则使用了精加工策略。

有助于学习的精加工策略很多，其中有些属于记忆过程中的精加工策略，称作记忆术。还有一些是知识理解过程中的精加工策略。下面分别来介绍这两方面的精加工策略。

（一）记忆的精加工策略

1. 位置记忆法

位置记忆法是一种传统的记忆术。这种技术在古代不用讲稿的演讲中曾被广泛使用，而且沿用至今。传说这一方法的发明归功于一位希腊诗人西蒙尼德斯（Simonnides）。有一次，这位诗人在一个大宴会厅里朗诵一首抒情诗，朗诵完后，他被诗中赞美的两位神叫出宴会厅外。正在这时，宴会厅倒塌了，厅内宾客无一幸免，尸体模糊，亲属难辨。而西蒙尼德斯却根据每个人在宴会厅里的座位把尸体全部辨认了出来。准确的辨认结果使西蒙尼德斯相信，把要记住的东西按照次序安放在自己熟悉的位置上，是一种很有用的记忆方法。

位置记忆法实质上是一种视觉想象法，就是学习者在头脑中创建自己熟悉的一幅场景，在这个场景中确定一条明确的路线，在这条路线上确定一些特定的点，然后将所要记住的项目视觉化，并按照顺序将这条路上的各个点联系起来。回忆时，按照线路上的各个点提取记下的项目。例如，想象一下从家到学校的路上要经过书店、邮局、电影院、酒店和公共汽车站等。现在要记住的项目是沙发、黄油、舞蹈、香蕉、啤酒，在这些项目和特定的位置之间可以建立如下联结：在书店里人们坐在沙发上看书；在邮局里人们全用黄油贴邮票；电影院的舞台上著名的芭蕾舞演员在表演优美的舞蹈；酒店里每天给客人送两只香蕉；在公共汽车站的广告牌上贴满了啤酒广告。位置记忆法对于记忆按照顺序排列的项目特别有效。古代罗马元老院的政治家常常用这种方法记住自己演说的要点。他们常常用自己身体器官的位置顺序、自己房间内的摆设作为建立联系的位置线索。

2. 首字联词法

这种方法是利用每个词或每句话的第一个字组成缩写，例如"个人电脑"（personal computer）缩写为"PC机"。又如本章第一节中，丹塞伦曾经把基本学习策略和辅助策略相互作用的运作过程简称为 MURDER，代表心境设置（mood setting）——理解阅读（understand）——回想材料（recall）——矫正回忆、消化材料（digest）——扩展知识（expand）——复查（review）。这种方法简便易行，在材料很多时还可以编成歌谣，如"五笔字型输入法"的口诀。

3. 谐音字法

生活中，人们常常利用谐音字法来记电话号码，所谓的"吉利"、"不吉利"号码很多是根据谐音确定的，如把"888"读成"发发发"等，其实它们并没有必然联系，只是谐音而已。然而在记忆中谐音法能带来很好的记忆效果。古时候，有个私塾先生每天让学生背诵圆周率（$\pi=3.1415926535897932384626\cdots$），自己却到山上一个寺庙里与一个和尚喝酒，学生们总背不会。有一天，一个学生编了一个顺口溜，学生们很快就背会了，先生回来后大吃一惊。原来这段顺口溜是："山巅一寺一壶酒，尔乐苦煞吾，把酒吃，酒杀尔，杀不死，乐尔乐"。顺口溜中的每一个字都对应于圆周率中每一个数字的谐音字，这样一串数字转换成一段顺口溜，记忆起来就顺利多了。

4. 意义识记

意义识记就是在给定的信息之间建立联系，寻找信息之间的内部联系。有研究者曾做过一个实验，实验以 581215192226 和 293336404347 两组数字为学习材料。被试分为两组，一组做意义识记，主试告诉被试，这些数字是有组织规则的，努力把规则找出来进行记忆；另一组被试做机械识记，主试告诉被试，学习这些数字的最好方法是以三个数为一组来进行记忆。然后分两次测验其学习结果。结果表明，半小时后的第一次测验中，意义识记组的保持量为38%，而机械识记组的保持量为33%，两组差异并不十分显著；但在三周以后的第二次测验中，意义识记组的保持量为23%，而机械识记组的保持量为0%。这表明，经过精加工，能提高学习材料的意义性，有助于长时记忆。

（二）理解的精加工策略

为了更好地领会和理解学习材料，也有必要对材料进行精加工。最常用的精加工策略是提要法，这是一种去粗取精、删繁就简、提炼关键信息的方法，其中包括划线法和笔记法。

1．划线法

划线能使学生快速找到和复习课文中重要的信息。有研究表明，如果学生划出课文中重要的和相关的信息，就能从课文中学到更多的东西。学生谨慎使用划线并且只划出他们认为重要的信息，这一点很重要。在划线的旁边做些注释可能是一种更为有用的方法。在小学低年级，教师就可指导学生使用划线法。如把算术应用题中的问题划出来，把课文中的生字标出来或把学生自己认为用得好的词标出来。经验表明，划线法有助于学生牢固地掌握重点学习内容。

下面是一些常用的划线加注释方法。

（1）圈出不知道的词；

（2）标明定义；

（3）标明例子；

（4）列出观点、原因或事件序号；

（5）在重要的段落前面加上星号；

（6）在混乱的章节前划上问号；

（7）给自己作注释，如检查上文中的定义；

（8）标出可能的测验项目；

（9）画箭头表明关系；

（10）注上评论，记下不同点和相似点；

（11）标出总结性的陈述。

学生在学习中经常使用划线法，但划线法能不能促进学习，关键在于学生是不是划在了材料的关键之处。有研究表明，当要求学生每段只划一句最重要的句子时，他们确实能记住得多一些，这可能是因为决定哪一句是最重要的句子需要较高水平的加工。所以，教师要有针对性地对学生进行划线法的训练。

2．笔记法

俗话说："好记性不如烂笔头"，记笔记是阅读和听讲中用得较为普遍的精加工策略。研究也表明，学生借助笔记可以有效地监控自己的学习过程，有助于发现新知识的内在联系和建立新旧知识之间的联系，还有利于知识的概括、总结。美国康奈尔大学的研究者曾总结出一种有效的笔记方法，称为 5R 笔记法，又名康奈尔笔记法。这种方法几乎适用于一切课堂自学场合。

5R 即指由 5 个以 R 字母开头的术语。

(1) 记录 （Record），在听讲或阅读过程中，在笔记本的主栏内尽量多记录有意义的概念、论据等。

(2) 简化 （Reduce），随后 （或课后）将主栏中内容恰当概括，并简明扼要地写进辅栏 （回忆栏）。

(3) 背诵 （Recite），即遮住主栏内容，以回忆栏中的内容为线索，叙述课堂上 （或阅读中）学习过的东西。不要求机械地叙述，而是在充分理解的基础上用自己的话叙述。叙述过后，再核实叙述的正误。

(4) 反省 （Reflect），即把自己听课或阅读时的想法、意见等，写在卡片或笔记本的某一单独部分 （与课堂记录内容分开），并加上标题和索引，分门别类地编制成提纲、摘要。

(5) 复习 （Review），每周花一定时间快速浏览笔记，主要是看回忆栏。

三、组织策略

组织策略是将经过精加工提炼出来的知识点加以组织、概括，形成更高水平的知识结构。具体方法是把学习材料分成一些小的单元，把这些单元归入适当的类别中，从而使每项信息与其他信息联系在一起。许多研究表明，组织有序的学习材料比杂乱无章的材料易学易记。材料经过分门别类的组织，就好像把东西分类装进了一个个抽屉中，存取就变得很轻松。鲍尔 （G.H.Bower, 1969）等人曾做过一项实验，实验中他们教学生 112 个矿物方面的词，把学生分为两组，一组以随机的顺序进行学习，另一组按照一定的组织顺序学习，然后进行回忆。学习材料的组织顺序如表 8-2-4 所示：

表 8-2-4 矿物分类表

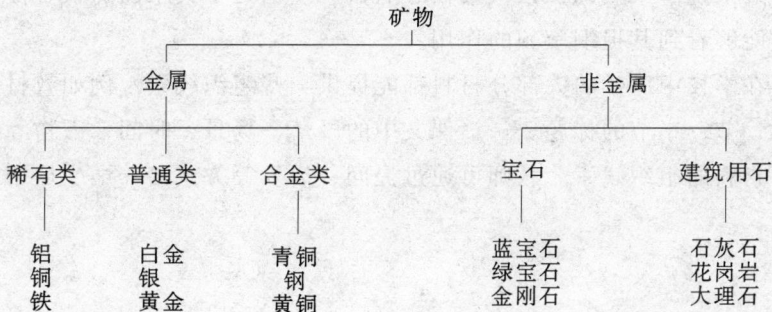

```
                              矿物
              ┌────────────────┴────────────────┐
            金属                              非金属
    ┌─────────┼─────────┐              ┌─────────┴─────────┐
  稀有类    普通类    合金类          宝石              建筑用石
    │         │         │              │                   │
   铝        白金      青铜          蓝宝石             石灰石
   铜        银        钢            绿宝石             花岗岩
   铁        黄金      黄铜          金刚石             大理石
```

实验结果表明，按照组织顺序回忆的学生平均回忆出 100 个词，而按照随机顺序学习的学生平均只能回忆出 65 个词。这表明学习中的组织策略将大大提高学习效率。

温斯坦和梅耶（1986）提出两种有用的组织策略：列提纲和画图。这些技术能够帮学生分析课文的结构，形成知识的结构网络，从而使他们更好地把握材料。

（一）列提纲

列提纲是以简要的词语写下主要的和次要的观点，也就是以金字塔的形式组织材料的要点。每一具体的细节都包含在高一级水平的类别之下。

在教列提纲技能时，教师可先提供一个列得比较好的提纲，然后解释这些提纲是如何统领材料的，下一步就可以利用各种不完整的提纲，分步对学生进行训练：第一，提供一个几乎完整的提纲，需要学生听课或阅读时填写一些支持性的细节；第二，提供一个只有主题的提纲，要求学生填写所有的支持性细节；第三，提供一个只有支持性细节，而要求填写主要观点的提纲。如果学生进行适当的练习，就能学会写出很好的提纲。

教师也可以采用另一种方式进行训练：第一，向学生传授如何列提纲的技巧；第二，要求学生独立列提纲；第三，教师提供自己事先列好的"样板"提纲；第四，通过对比分析，说明学生的提纲哪些地方不如样板好，如何改进。

（二）画关系图

画关系图就是用图来描述各知识点之间的相互联系，也就是先提炼知识点，然后图解它们之间的关系。

在作关系图时，应先找出主要的知识点，这些知识点由核心概念来表示。然后分析这些知识点之间的关系，再用适当的图解标明这些知识点之间的内在联系。一般来说，某一知识领域最核心的概念应当处于关系图的核心位置，在关系图中能够看到其提纲挈领的作用。

学生在学校中所学的大部分材料都能提供一些组织线索，例如教材的内容目录、章、节、小节的标题，一篇课文中的段落、场景、时间、人物等都可以作为学习材料的组织线索。教师可通过提问、启发等方式培养学生运用组织策略的能力。

四、计划和监控策略

计划和监控策略又称为元认知策略，是指学生对自己的学习过程进行有效监视和控制的策略。例如，学习者评价自己的学习或理解状况，估计自己的学习时间，选择解决问题的方法等都属于学习中的计划和监控策略。虽然小学生的计划和监控策略发展水平还较低，但教师仍然有必要了解这些策略，因为这些策略是学生未来发展的一个重要方面，也是教师在教学中需要为之努力的方面。下面对计划策略和监控策略进行概括的介绍。

(一) 计划策略

计划策略包括设置学习目标、了解目前具备的学习条件、产生待回答的问题以及分析如何完成学习任务。成功的学生在开始执行学习任务之前，就会估计任务的难度，预测完成任务大约需要多长时间，考虑完成这项任务将会遇到哪些困难以及在遇到困难时如何解决等，这些估计和预测实际上是学习者在运用自己的计划策略，为学习活动做积极准备。

(二) 监控策略

监控策略包括学习时控制自己的注意，对学习材料进行自问自答，考试时监控自己的速度和时间分配。监控策略使学习者警觉自己在注意和理解方面可能出现的问题，以便找出来加以修改。学习一份材料时，成功的学习者通常能够意识到自己哪里懂了、哪里还不懂，如果自己还不懂问题出在哪里，是把握的信息不够还是方法或策略不得当等等。对小学生而言，重要的监控策略体现在集中注意和领会监控上。

1. 集中注意

对小学生而言，在课堂上把注意力集中在学习任务上是一件很难的事情。由于他们的控制力水平还较低，因而特别容易分心于那些有吸引力的、分散注意力的刺激。教师常常埋怨课堂上那些不能维持注意力的学生不成熟、注意力有缺陷或者不想学。

柯诺（L.Corno, 1987）指出，注意力关系到自我管理的问题，教师要帮助学生对行为进行自我管理和自我调节，如注意此刻自己正做什么，避免接触分散注意的事物等。为此教师要做的第一件事就是帮助学生挑选重要的材料，鼓励他们对其加以注意，减少能分散注意力的事物，并且教他们应对注意力分散的技巧。要做到这一点，教师可以采用以下五种方法来维持学生的注意力，所有这些方法都是为了"唤醒学生的兴趣"。

（1）教师可以设置教学目标，告知学生本课的目标。在上课之前，告诉学生要注意的目标，学生会学得好一些。

（2）使用标示重点的线索。有些教师通过提高或降低讲话的声音，表明他们正在说关键的信息；有些教师使用手势，重复表达同样的信息；课本常常用不同的颜色或不同字体的排版指明要点。教师要教会学生识别这些线索。

（3）增加材料的情绪性。有些宣传媒体常常选择情绪色彩浓的词汇来赢得注意，因为使用情绪色彩浓的词，比使用中性的同义词更能吸引人们的注意力。教师应该借助这类词汇吸引学生的注意力。

（4）使用独特的或奇特的刺激。例如，自然科学课的教师上课时，经常做演示，以引起学生的好奇心，从而吸引学生的注意力。

（5）提前通知学生后面讲的内容对他们非常重要。许多学生常常会预期在随后的测查中会有什么问题，以此来确定课文中重要的信息。有研究表明，这种技能能增强学生对相关材料的注意。当然，教师有必要告诉学生哪些材料不重要，这可使学生能有效地利用学习时间。

2．领会监控

领会监控是一种重要的监控策略。例如在阅读过程中，熟练的读者在阅读时自始至终都在为实现自己设定的学习目标而监督自己的操作情况。

一些研究表明，从幼儿到大学生有许多人都缺乏这种领会监控技能，很多学生总是把重复（如再读、抄笔记等）作为他们的主要学习策略。为了帮助这样的学生，德文（Devine，1987）建议他们使用以下策略来监控自己的领会过程。

（1）变化阅读的速度，以适应不同性质的课文领会要求上的差异。对于比较容易的章节读快点，抓住作者的整体观点；对于较难的章节则要放慢速度。

（2）容忍模糊。如果某些事不太明白，继续读下去，不要中止，作者可能会在后面填补这一空隙，增加更多的信息，或在后文中会有明确的说明。

（3）猜测。当所读的某些事不明白时，养成猜测的习惯。做出一种猜测后，即使猜不透段落的含义，也要继续读下去，到最后再看看自己的猜测是否正确。

（4）重读较难的段落。重新阅读较难的段落，尤其是当信息仿佛自相矛盾或模棱两可时，最简单的策略往往是最有效的。

第三节 学习策略的掌握

一、影响学习策略的因素

学习策略的掌握和运用，既受学习者的内部因素影响，也受学习者的外部因素影响。下面分别对这两方面的因素加以说明。

（一）内部因素

1. 学习动机

国内外大量研究表明，学习动机影响着学习策略的掌握和运用，学生的成就目标、动机归因、自我效能感不同，其学习策略的掌握和运用情况往往也不同。品特瑞克（P.R.Pintrich，1996）发现学生的成就目标定向与学习策略的联系非常密切。以掌握目标（任务目标）定向的学生倾向于采用深层认知和自我调节策略，例如将新信息与先前的知识联系起来，与日常现象建立联系，监控自己的理解，并确定主要思想；成绩目标定向的学生倾向于使用表层加工策略，例如暗暗记住、猜测，或是为了快速地完成任务把最先出现在脑子里的东西写下来。李燕平、郭德俊（2001）发现个人掌握目标、学习兴趣与自我调节策略存在正相关，这意味着当学生关注学习任务的掌握和个人的进步与提高、对学习具有浓厚兴趣时，他们就倾向于使用各种自我调节策略来促进学习。王振宏（2000）发现自我效能、内部动机和掌握目标与学习策略的使用呈正相关，而外部动机与学习策略的使用呈负相关。这些结果表明当学生受内部学习动机激发、有较高的自信心时，他们才倾向于运用各种有益的学习策略，而靠竞争、奖励、表扬等外部因素激起的学习动机则不利于学习策略的掌握和运用。

2. 学习者的认知发展水平

学生的认知发展水平是其掌握和运用学习策略的前提。对于小学低年级学生而言，较低的概念发展水平、元认知发展水平都是制约其学习策略掌握和运用的重要因素。由于概念发展水平低，他们掌握和运用精加工策略和组织策略的能力就有很大的局限；由于其元认知水平较低，他们掌握和运用计划与监控策略就会有一定的难度。到了中学阶段，学生相对来讲能够比较有效地使用学习策略，学习和掌握学习策略的自觉性也提高了。例如，研究者发现，同样一个策略，年长和年幼的儿童用起来的效果就不一样。写阅读提要对于成人来说可能是一种有效的学习方法，但对小学低年级学生则可能相当困难，因为年幼的儿童反思他们自己思维过程的能力差。小学一年级的学生，知道某些学习任务比其他学习任务难，三年级的学生通常清楚自己哪些知识还没有弄懂，但年幼的学生在这些方面的能力是有限的。直到儿童晚期和青少年时期，学生才有能力评价某个学习问题、选择一个策略去解决这一问题，并且评价他们的成功。这并不意味着学习策略对年幼的儿童不重要，这仅仅意味着针对学习者的发展水平，要确定哪些策略是最有用的。所以，教师要针对不同年龄阶段学生的认知发展特点，帮助学生发展和运用适合于他们特点的有益的学习策略。

　　3.学习者原有的知识经验

　　丰富的知识经验为学习策略的形成提供了基础，同时又促进学习策略的掌握和运用。以记忆策略为例，林德伯格（M.Lindberg, 1980）曾要求小学三年级的学生和大学生分别记忆一组单词，如猫、狗等，共 30 个。结果大学生比小学生回忆的数量多，而且他们应用了归类策略。但当要求被试记忆另外 30 个有关周末的电视节目名称和儿童卡通人物的名字时，小学生比大学生回忆出更多的信息，而且小学生也应用了归类策略。这一研究结果说明，在第一组材料上，大学生较好的知识基础促进了他们记忆策略的使用，从而提高了记忆成绩；而在第二组材料上，小学生的知识基础好于大学生，这促进了他们记忆策略的使用，并最终得到较好的记忆成绩。

（二）外部因素

1.学习策略的训练方法

　　学习策略训练是直接影响学生掌握和运用学习策略的主要外部因素。从已有的研究来看，策略的训练方式主要有两种：第一种是对学习策略进行直接的专门训练，单独开设学习策略训练课，教授一般的学习方法和思维技巧；第二种是对特定学科内的学习策略进行训练，即根据具体的学科内容教授适合特定领域的方法与思维技巧。研究结果表明，将一般性的策略训练与具体的学习内容结合在一起是比较好的训练方法。例如，在指导学生复习学过的生字时，就可以教给他们归类记忆的方法。比如把学过的偏旁相同的字写到一起，把读音相同但意思不同的字放在一起进行比较等。

2.教师日常的教学方法

在教学过程中，教师教授知识技能的方式间接地影响着学生学习策略的掌握水平和应用意识。如果教师经常采用发现式的、探究式的教学方式，学生就倾向于使用更高层次的认知策略；相反，如果教师经常采用灌输式的教学方式，学生就倾向于采用表层的加工策略，如简单的复述策略。

另外，教师本人在学习和问题解决过程中体现出来的策略运用风格，为学生提供了很好的模仿对象。

3. 学习氛围

有研究表明，强调掌握、自主与合作的学习气氛有助于促进学生使用、发展和运用深加工策略和适宜的求助策略。而在一种强调通过竞争超越他人、服从教师指令的学习环境中，学生则更多地运用表层加工策略，并倾向于回避求助。

二、学习策略教学

现代教育心理学认为，学习策略可以通过教学过程来发展。但是在以往的教学中，教师在学习策略的教学上花费的时间极少。国外有一项研究发现，小学教师只用了 3% 左右的时间向学生提供记忆和学习策略方面的建议。在我国，教师把课堂上的绝大部分时间用于教授知识、技能，也同样很少向学生提供学习策略方面的指导，其结果是学生只会跟在教师后面亦步亦趋地模仿，或把大量精力花在对所学知识的简单重复上，无从发展起自主学习的能力。因此，学习策略教学应当成为学校教学中的一项重要课程内容。但是，学习策略不同于一般的知识技能的学习，有其独特的原则、内容和技术。

(一) 学习策略教学的主要原则

学习策略是一种告诉学生应该如何学习的程序性知识，它不是一般意义上的"教"就能教会的。如果只是教给学生一些现成的学习方法，或让他们读一些有关学习方法的指导书，而缺乏在实际的学习情境中坚持不懈地实施、练习，即使学生知道了很多有关学习策略的知识，那也只是一些无效的学习策略。同时，一种学习策略还有一个适应性问题，不同的策略可能适用于不同类型的学习任务和材料，所以学生掌握有效学习策略的一个标志是能够根据学习情境的特点，灵活地选用合适的学习策略。

在考虑学习策略学习特点的基础上，托马斯和罗瓦 (J.W.Thomas & W.D.Rohwer, 1986) 提出了一套适用于具体学习方法的有效学习原则。

1. 特定性

学习策略一定要适合于学习目标和学生的类型，即通常所说的具体问题具体分析。教师要针对学生的年龄、学生已有的知识水平，以及学生的学习动机类型，帮助学生选择学习策略或改善对学习不利的学习策略。同时，还要考虑学习策略的层次，必须给学生大量的各种各样的策略。不仅有一般的策略，还要有非常具体的适合于特定学习任务的策略，比如前面所讲的划线策略。对小学生而言，非常重要的一点是选择适合于他们的认知和元认知发展水平的学习策略。

2. 生成性

生成性是有效使用学习策略的最重要的原则之一，是指在学习过程中要利用学习策略对学习材料进行重新加工，产生某种新的东西。这就要求学习者进行高度的心理加工。要想使一种学习策略有效，这种心理加工是必不可少的。生成性程度高的策略有：写内容提要、提问、列提纲、图解要点之间的关系、向同伴讲授课文的内容要求。生成性程度低的策略有：不加区分的划线、不抓要点的记录、不抓重要信息的肤浅的提要等，这些方法对学习都是无益的。对小学生而言，"提问"、"向同伴讲授课文的内容"都是有效的生成策略。

3. 有效的监控

教学生何时、何地与如何使用策略非常重要。尽管教师都清楚这一点，但在实际教学中却很少去实践。齐默尔曼在其自我调节模式中，把对策略执行结果的监控看作是自我调节的重要环节。对策略执行结果的监控强调学生要把注意力集中在学习结果和学习过程二者之间的关系上，监控自己使用每种学习策略所导致的学习结果，以便确定所选策略的有效性。例如，某一学生运用分组策略记忆地理中的核心概念，他发现使用有意义的分类方式（例如，将湖泊、沙漠、山脉等分门别类）比随意的分类记忆效果更好。但在其他任务上，他又发现这一策略不适用，于是又开始选择尝试其他策略，并监控这一新策略与学习结果的关系。经过这样的监控实践，学生就能够灵活地把握何时、何地与如何使用何种策略。

4. 个人效能感

个人效能感是指学生在执行某一任务时对自己胜任能力的判断，它是影响学习策略选择的一个重要的动机因素。那些能有效使用策略的人相信只要自己使用某一策略就会对自己的成绩产生影响。教师一定要给学生一些机会使他们感觉到策略的效力。策略训练课程必须包括动机训练。学生应当清楚地意识到一分努力一分收获，还要有信心学好学习策略，树立学习策略学习的个人效能感。教师要树立这样一种意识：在学生学习某种材料时，要不断针对学习策略向学生提问和测查，提问和测查结果也应成为评定学生成绩的内容之一。如此促进学生使用学习策略会让学生感到，运用学习策略学习会有更大的收获。

（二）学习策略教学内容的选择

学习策略包括不同的要素、不同的层次，这些不同要素和层次的学习策略所具有的知识、技能、作用、效果和可教程度又不尽相同，因此我们很难笼统地确定学习策略教学的具体内容，只能就怎样选择和确定学习策略的教学内容谈一些基本的原则。

一些研究者提出，确定学习策略的教学内容至少应考虑以下三个具体目标。

第一，教给学生大量可供提取或选用的学习方法和技能。这些技能包括复述、记笔记、拟提纲等具体方法。面对所有课程中的所有任务，有些学生只会使用一两个自然而然学会的学习策略，面对复杂的材料时缺乏可选择的有效学习策略，常常是导致一些学生学习失败的重要原因。

第二，训练学生知道如何确定学习目标，即知道需要学什么（目标）。首先，要培养学生区别学习材料中主要观点和次要观点的能力，这是学生动用记忆术、笔记法、提问法、概要法及其他学习方法的前提技能；其次，学生能够确认自己应该学什么，也是策略性学习所必需的能力；最后，学生要善于根据不同的学习目标选择合适的学习方法。

第三，帮助学生储存有关学习及学习方法或策略的信息，其中包括了解影响学习因素的知识、各因素与学习策略的关系，并且知道何时及如何使用这些策略的知识。

（三）学习策略的教学措施

学习策略的教学其目的是为了提高学生的学习能力，也就是促使其最终形成自觉、主动、灵活的学习调节与控制能力，从而有效地在各种实际情境中应用所形成的学习策略。

学习策略教学可以在两种教学情境下进行。第一种是把它放在自然的学习情境下进行，即把它与具体学科知识的教学结合起来；第二种是把它从具体学科的教学中分离出来独立于学科教学内容，进行专门的训练教学。一般说来，较为具体的、适用于某类材料和学习情境的学习策略，适合于在第一种教学情境中学习；而更为一般的、适用范围较广的学习策略适合在第二种教学情境中学习。这两种方案各有利弊，策略教学应兼顾两者，而不要将两者对立起来。

在具体的教学过程中，教师应该注意以下几点：

第一，明确地告诉学生如何使用具体的方法并进行示范。

第二，强调学生自己来管理策略学习，但教师要告诉学生在什么时候检查自己策略的使用效果，以及如何进行检查。

第三，提供足够的教学时间。学习的调节与控制是否自动化、学习方法的使用是否熟练，是学习策略持续使用和迁移的条件之一。为此，提供给学生足够的策略训练的时间，使之达到自动化的程度也非常有必要。一些学者认为，只有当学生能够真正理解选择恰当学习方法的重要性的时候，他们才可能策略地学习。而要做到这一点，则必须提供足够的、长期的教学时间。

第四，教师要根据学生的学习结果与策略学习之间的关系反思自己的策略教学实践，及时调整教学中存在的问题，以适应改进学生学习策略的要求。

小　　结

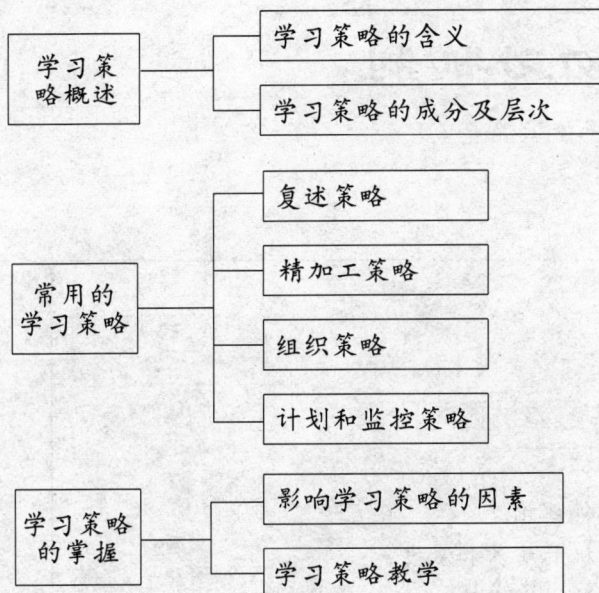

思 考 题

1. 名词解释

　　学习策略　复述策略　精加工策略　组织策略　计划和监控策略

2. 简述迈克卡的学习策略分类系统。

3. 为了保证有效复述，学生在学习过程中应注意哪些方面？

4. 小学生常用的精加工策略有哪些？

5. 影响学习策略掌握和运用的因素有哪些？

6. 学习策略教学应遵循哪些基本原则？

第九章

学习的动力机制

教学要点

- 动机
- 学习动机
- 学习动机理论
- 学习动机的培养和激发
- 情绪、情感与感情
- 情绪对学习的影响
- 调节学生情绪的策略

学习要求

- 正确理解动机、情绪及其相关概念
- 了解课堂教学中的主要动力机制
- 了解培养学习动机和调控学生情绪的条件

☆ ·······························

引　子

揭开学习行为的谜底

形成条件反射的狗听到铃声能分泌唾液，饥鼠为食物丸按压杠杆，黑猩猩为香蕉而顿悟，老鼠凭"地图"而过迷津……一个个惊人的事实表明，动物在为"需要"而行动。

那么，人呢？人为什么而行动？

关于什么是人类行为的动机问题，几千年来得到的回答都是一样的：生物内驱力，或叫生理需要，是动机的基本来源。这种观点一直到20世纪70年代才受到挑战，有人认为，把内驱力的强度和紧迫性归之于内驱力本身是错误的。譬如，口渴是对人体内血液浓度变化的感觉（一种内驱力或生理需要），口渴本身不足以导致找水喝的行为，只有伴之以口渴时的紧迫感（情绪），才最后导致了找水喝的行为。也有人干脆认为，即使简单的意志行为也起源于原始情绪。看来，在理解人类的行为动机方面，除现有的动机理论之外，情绪一直是没有被充分重视的行为动因。

对学习行为的动力问题的理解也是这样。学习行为的产生不是无缘无故的，也应该有其内在的动力机制。本章试图从"学习动机"和"情绪"两方面揭开学生学习动力问题的神秘面纱。

······························· ☆

第一节 学习动机概述

一、动 机

(一) 动机的含义

动机是指引起和维持个体的活动,并使活动朝向某一目标的内部心理过程或内部动力。人的各种活动是在动机的指引下向着某一目标进行。

动机是一种内部心理过程,它不同于外界刺激的作用。人眼接受光的刺激产生视觉,人耳接受声音的刺激产生听觉,这是外界刺激对人的作用。这些刺激不是引起人们活动的内部原因,因而它不是动机。相反,当室内的光线太弱,人们为了阅读的需要而打开电灯,这种支配和调节行为的内在动力便是动机。人们可能意识到自己的动机,也可能意识不到,但没有这种内部动力,人就不会有各种各样的活动。

(二) 动机的特征

动机总是表现出与其他心理概念截然不同的显著特征。

1. 启动性

动机具有发动行为的功能,能使个体从静止状态转向活动状态。人类各种各样的活动总是由一定的动机引起的,没有行为动机就没有行动。动机由某种动力因素引起,无论是内部动力因素,还是外部动力因素,或者是由于本身主观的原因,行为总是被具体的原因所支配和控制。正是基于这样的观点,现代教育心理学不再认为激发学生的学习动机只是教学过程初始的事情,而是像一条红线一样贯穿于整个教学过程的始终。

2. 方向性

动机支配的行为总是指向一定的对象。它像北极星指引着行人的方向一样,使活动朝着预定的目标前进。如人在饥饿时要获取食物,而不是掌握知识;追求成功和成就的人总是积极地努力,应对挑战,知难而进。

3. 持久性

动机具有使某项活动持续进行的特点。由动机发动的行为,在未达到目的之前通常不会自行终止。曹雪芹写《红楼梦》用了 10 年时间；孔尚任写《桃花扇》用了 15 年时间；司马迁写《史记》用了 18 年时间；达尔文写《物种起源》用了 28 年时间；哥白尼写《天体运行论》用了 30 年时间；徐霞客写《徐霞客游记》用了 34 年时间；摩尔根写《古代社会》用了 40 年时间；马克思写《资本论》用了 40 年时间；歌德写《浮士德》用了 60 年时间。他们之所以能十几年甚至几十年坚定不移地顽强拼搏，并做出惊人的成绩，如果缺少行为的动机是不可能做到的。

4. 强度

动机在发动行为和指导行为方向的同时，也决定着行为的强度，行为动机与由其诱发的行为具有强度上的对应性。一般而言，强烈的动机会诱发持续时间较长、频率比较高、强度比较大的行为；微弱的动机使人的行为持续时间较短、频率比较低、强度较小。例如，具有强烈求胜动机的运动员，每天可能比别人训练的时间长、次数多、运动强度大；具有强烈的追求成功动机的学生，每天要学习更长的时间，尽可能做更多的练习题，复习的次数更多。

二、学习动机

（一）学习动机的含义

动机总是和一定的实践活动联系在一起的，可以说，参与不同实践活动的动机，其性质是各不相同的，因此才会有运动动机、学习动机、成就动机等等。学习动机就是推动、引导和维持人们进行学习活动的一种内部力量或内部机制。

学习动机一旦形成，它不仅使学生对所学的东西有一定的指向性，比如，用主动积极的学习态度去学习，对学习表现出浓厚的兴趣，上课能集中注意力去汲取知识等，而且也有一定的动力使学习过程中的注意状态、兴趣水平保持下去，在遇到困难时有克服困难的意志力。可见，对于教师来说，了解学生的学习动机，并采取一定的教学手段，激发和培养学生的学习动机是十分重要的，也是提高教育和教学质量的前提和保证。

（二）学习动机的分类

由于学习动机所采取的形式及其影响的范围不同，借以实现的活动的具体内容以及所起作用的持续时间也不同，因而我们可以从不同的角度和侧面对学习动机进行分类。

1. 内部动机与外部动机

从学习动机的来源上，可以划分为内部动机和外部动机。在学校教育中，有多种多样的外在条件可以吸引、激励和诱发学生，从而成为驱使他们积极进行学习的某种诱因或动力。如父母的鼓励、教师的表扬、竞争的奖励等等，都可能成为激发学生学习动机的外在条件。这种由外在力量激发产生的动机，可以称为外部动机。另外，学生本身的内部心理因素，如兴趣、信念、理想、好胜心、荣誉感等等，在一定条件下，也可以成为推动学生积极进行学习活动的内部力量。这种由内在心理因素转化而来的学习动机，可以称为内部动机。一般说来，内部动机比较持久，使学习者有较大的主动性；外部动机起作用的时间比较短，使学生的学习比较被动。

2. 认知的动机、自我提高的动机和附属的动机

认知动机是指要求了解和掌握知识、解决问题的动机，这种动机指向学习任务本身，满足这种动机的强化刺激是由学习本身（知识的获得）提供的，因而也是内部动机的一种。自我提高的动机是个体要求根据自己的能力赢得相应社会地位的动机，把成就看作是赢得地位与自尊的根据。附属动机是指为了获得教师或家长的赞许而开展学习活动的动机。自我提高的动机和附属动机都是为着某种外在的目的，所以都属于外部动机。

3. 长远动机与短暂动机

根据动机持续作用的时间，可以把动机划分为长远动机和短暂动机。例如，一个学生立志要在数学上取得一些成就，这种抱负不仅在小学、中学、大学的学习中起作用，而且在以后长时期内都将起作用，它就是一种长远而持久的动机；如果学生的期望只是为了某一次数学考试取得高分，这个动机就比较浅近短暂，它只会在此次考试之前起到一点作用，考试之后就消失了。

4. 正确的动机与错误的动机

根据动机内容的性质，可以把动机划分为正确的与错误的、高尚的与低下的。在社会主义制度下，那些符合并有利于社会发展与进步的动机就是正确的或高尚的；相反，那些违反社会发展与进步的动机就是错误的或低级的。

（三）学习动机与学习目的的关系

1. 学习动机与学习目的的区别

学习目的是学生学习所要达到的结果，而学习动机则是促使学生去达到那个结果的某种动因，学习动机要回答"为什么?"的问题，学习目的回答的则是"为了什么?"的问题。

2．学习动机与学习目的的联系

（1）学习动机与学习目的是紧密相关的。首先，学习动机和学习目的统一在某种具体的学习活动之中，没有离开具体活动的动机，也不可能存在没有目的的活动。其次，学习目的是学习活动的外在原因，是诱发学习动机的条件，往往是学习动机的出发点和归宿，不存在没有学习动机的学习目的，也没有无学习目的的学习动机。

（2）学习目的和学习动机可以相互交替、彼此转化、共同促进。在学习过程中，在此一阶段为学习目的在下一阶段可能变为学习动机。例如，一个学生为了精通一门外语，必须掌握大量单词，这样，"精通一门外语"就成了"掌握大量单词"这一学习目的的学习动机。进言之，为了掌握现代科学知识，就必须精通一门外语，这样"精通一门外语"便成了"掌握现代科学知识"的学习动机。

（3）学习动机与学习目的之间的关系错综复杂。一个学习动机不一定只有一个学习目的，一个学习目的也不一定只存在一种学习动机。比如，产生争取优异学习成绩的学习目的，有的人可能是因为认识到自己对祖国的责任，有的人是为了将来能进重点中学，有的是为了得到父母的赞许等等。同样，学习动机相同的学生，他们各自的学习目的也可能不同。比如同样刻苦努力的学生，有的可能只有短近的目标，有的可能胸怀大志。

（四）学习动机与学习行为的关系

学习动机是学习行为的原因，学习行为是学习动机的外在表现，但是学习动机与学习行为之间的关系并不是一种简单的线性关系，而是一种复杂的关系，这表现在四个方面。

1．学习动机不一定导致学习行为的发生

学习行为的发生还受制于其他条件，如客观环境因素、人的主观认识等条件。例如，我国某些边远落后地区有的失学儿童虽然有较强的求学动机，但受制于经济条件，不得不辍学，不能表现出学习行为；有的学生对考试过分担忧，心里特别想考一个好成绩以回报家长的期望和教师的教诲，但在学习行动上就是紧张不起来，无限期地推迟学习和复习任务。更极端的，有的学生甚至寻找借口，采取逃避的方法以缓解内心的考试压力，不像一个将要参加重大考试的学生；也有的成就动机比较高的学生，在学校不好好学习，一旦回到自己家里，刻苦努力，直至凌晨两三点钟才肯睡去。这样的学生为什么在学校不表现出学习行为呢？因为他们担心：自己付出很多努力所取得的成绩如果不好，会被同学看不起，说自己笨；如果自己表现得不努力，取得同样的成绩，同学们会认为自己聪明。

2. 有的学习行为没有学习动机

这是一种学习行为的假象，包括以下几种情况。例如，有的学生认为，天生我才必有用，学习好坏无所谓，做作业是不得已而为之；有的学生非常听话，遵守学校守则，从不迟到早退，教师让做什么，他就做什么，但他很可能是一个对学习毫无兴趣和热情的人；有的学生甚至干脆认为，到校学习是履行自己的生命所赋予的使命，因为同龄人都在学习，自己也没有别的去处，跟别人表现相同，可给自己带来暂时的心理上的安全；也有的学生虽然表现出一定的学习行为，但没有相应的学习动机，这在学习差生中是最为常见的现象。这类学生因为体验不到学习成功带来的快乐，因而丧失了学习的动力。

3. 同一学习动机可产生几种学习行为表现

在学习动机的驱使下，学生可能表现出一系列的学习行为，如刻苦学习、锻炼身体、发展特长等。心理学研究表明，在一般情况下，优等生的学习动机较广，水平也较高，表现出较多类型的学习行为；而差生的学习动机范围比较窄，水平也较低，表现出较少种类的学习行为。这可能是因为优等生往往具有较强的自我价值感，敢于在多方面做出尝试；差生较低的自我效能限制了他们在班集体或学校生活中的表现。

4. 同一学习行为受多种学习动机驱使

努力学习的行为可能受取得成就、获得奖赏和赞扬以及增长知识等多种学习动机的驱使。在外部动因中，班风、校风、社会环境和家庭环境的影响是最重要的因素。有时这些动因单独起作用，有时这些动因混合起来协调一致地影响学习行为。

因此，对于学习动机与学习行为不一致的情况要具体问题具体分析。我们不能因为有的学生表现出学习行为就认为他们已具有一定的学习动机，也不能期待具有正确学习动机的学生一定表现出良好的学习行为。分析学习动机与学习行为不一致的原因，使其渐趋一致，激发或培养学生良好、适度的学习动机，使其表现出更多更好的学习行为，是教师的重要任务。

（五）学习动机与学习效果的关系

学习效果是经过一定时间的学习，学生可能达到的最终结果。学习动机是影响学习效果的一个重要因素。学习动机通过影响学习行为进而对学习效果产生影响。探讨学习动机与学习效果的关系，只有把它们放在"学习动机—学习行为—学习效果"的整体框架中才能把握两者之间的关系。

一般而言，学习动机与学习效果是一致的关系。强烈的进取心、旺盛的求知欲与良好的学习效果是相辅相成的。然而，有时学习动机与学习效果也存在不一致的情况，表现为：学习动机好，短期内学习效果差；学习动机不好，短期内学习效果好。我们时常看到有些学生具有满腔的学习热情、高涨的学习斗志，人也很聪明，但就是学习成绩不好。学生本人也非常焦急，这类学生大多是没有找到真正适合自己的学习策略。也有的学生并没有正确的学习动机或合理的学习动机结构，或因学习基础扎实，或因学习方法得当，也取得了较好的学习成绩。

学习动机与学习效果之间的关系不是直接的，而是间接的。学习行为是学习动机影响学习效果的中介变量，即学习动机通过学习行为影响学习效果。通过学习行为影响学习效果的因素有很多，学习动机只是其中的一个原因，这就有可能使学习动机与学习效果之间的关系不一致。

应该看到，学习效果受学习动机特点的影响，具体表现在三个方面。

第一，学习动机的强度。一般情况下，学习动机强度越高，学习就越努力、越积极。但这并不能说明学习动机强度越高，学习效果就越好。学习动机强度与学习效果呈"倒U"型关系，即过高或过低的学习动机都不会取得好的效果；中等强度的学习动机才能取得最佳的效果。我们通常也说，一个人没有学习愿望不行，但学习愿望太强烈也不行。例如，面对考后神情沮丧的学生，教师常常会充满同情地说：她（他）太想考好了！

第二，学习动机的清晰度。学习动机的清晰度是指学习动机所指向的学习目标的明确程度。对学习目标认识越明确，说明学习动机的清晰度越高，那么学习就越会集中精力，全力以赴，就越有望取得较好的学习效果。反之，学习目标及如何实现学习目标不明确，即学习动机的清晰度低，在学习中就会犹豫不决，不能集中精力，就无望取得较好的效果。"头悬梁"、"锥刺骨"的学习行为往往是学习动机明晰的结果。大凡学习成绩较好的学生，学习目标都比较明确——或者使自己的成绩不致掉到前五名以外，或者使现在的自己比以前更好。这样的学生对自己的学习行为有控制感，知道自己如何努力才能达到优秀。学习较差的学生没有清晰的学习目标，即使有了学习目标，也不能确信自己能够完成，对学习行为很少有控制感，已有的目标也会渐渐成为模糊的目标。

第三，学习动机的力矩。学习动机的力矩是指个体目前状况与目标的距离。相对而言，个体目前的水平距离目标越近，学习动机力量越大；个体目前水平距离目标越远，学习动机的力量越小。布朗曾进行过这样的实验：把白鼠用线套住，连接在一根弹簧上，在离白鼠不同距离的地方放一些食物。实验发现，目标离白鼠越近，白鼠越用劲拉，弹簧拉得越长；目标离白鼠越远，则白鼠拉的力越小，弹簧拉得越短。这里弹簧的紧张度可以代表诱因（食物）引起的学习动机强度。这一实验说明，越是接近目标时（学习动机的力矩越小时），由于胜利在望，个体越振奋，积极性也越高，越容易取得较好的效果。学生的学习也是如此，如果只有远大的理想，但不与短期、切近的目标相结合，远大的理想就会成为空谈，不能调节学生的学习行为。教师常教导学生说：为了实现心中的梦想，需要从现在做起，从我做起，就是这个道理。

总之，学习动机与学习行为之间的关系是复杂的。学习动机通过学习行为影响学习效果的过程也是复杂的。对于学习动机来说，任何简单的、片面的认识都是危险的甚至是错误的。把握学习动机，需要对学习的动力机制及其对学习行为的影响有全面的理解。

三、学习动机理论

（一）强化理论

强化理论是由行为主义心理学派的理论家们提出的。他们认为人的一切行为都是后天在环境中通过条件反射的方式建立和形成的，而动机则是由外部刺激引起的一种对行为的激发力量，外部刺激对行为的增强作用就叫做强化。在人类行为的习得过程中，强化是一项必不可少的因素，它使外界刺激与学习者的反应之间建立起条件反射，并通过不断重复使二者的联系进一步加强和巩固。行为主义心理学理论中，经典性条件反射理论、操作性条件反射理论和社会学习理论对强化有不同的解释。

1. 经典性条件反射的强化

为什么命令能够让人去行动、禁令可以阻止人的行为呢？俄国生理学家巴甫洛夫通过动物实验揭示了其中的奥秘。在经典性条件反射中，巴甫洛夫用一定频率的节拍器声响（条件刺激 CS）与肉粉（无条件刺激 UCS）多次结合，原先只有肉粉（UCS）能引起唾液分泌（无条件反应 UCR），现在节拍器单独出现也可以引起唾液分泌反应（CR）。这就是说，节拍器已经成为肉粉的信号，具有引起唾液分泌的能力。这种安排与条件刺激（如节拍器声响）同时或稍后于无条件刺激（如食物）的呈现，从而增强了以后条件反应（分泌唾液）的出现频率，这就是经典性条件反射的强化。在此情况下，强化作用因食物而产生，所以把食物叫做强化物，因为强化物具有刺激的性质（无条件刺激），所以又叫强化刺激，也叫诱因，因为它能诱发行为。学生听到铃声就知道上课或下课的时间到了，铃声本不具有指示上下课的意义，因为铃响多次与教师宣布上下课的命令结合，受教师所说的上下课命令的强化，铃声就具有了教师宣布上下课的含义。

2. 操作性条件反射的强化

（1）操作性条件反射的强化的定义。一个具体行为发生（操作性行为）后，有一个直接结果紧随着这个行为（强化刺激），这导致了这个行为在将来被加强了（这个人将来更有可能表现这个行为）。通过行为强化过程得到增强的行为就叫做操作性行为，这个增强了操作性行为的结果就叫做强化刺激，行为被紧随其出现的直接结果加强的过程就叫强化。在斯金纳的实验中，老鼠做出的按压杠杆的行为被称为操作性行为，所带来的刺激或结果（食物）被称为强化刺激。得到食物（强化刺激）就是对按压杠杆行为（操作性行为）的强化，因为得到食物这种行为的后果使按压杠杆的行为在将来更有可能发生，增加了操作行为发生的概率。再比如，当学生在课堂座位上集中注意力听课时（操作性行为），教师对他微笑并表扬他（强化刺激），结果学生就更有可能集中注意力听课。

（2）正强化和负强化。正强化是指操作性行为之后出现了强化刺激或强化刺激强度的增加，负强化是指操作性行为之后出现了刺激的移去或者刺激强度的降低，所以负强化往往导致行为的减弱。比如，一个孩子晚上上床后有哭闹的行为（操作性行为），她的父母就到她的房间安慰她（强化刺激出现），结果这个孩子上床后就不再哭闹了，这就是正强化的例子。又如，当孩子在商店要妈妈给他买糖而妈妈不给买他就大发脾气，妈妈不理他，独自走了（操作性行为），孩子停止了发脾气（强化刺激的移去），结果孩子就跟着妈妈走了，这是负强化的例子。

（3）物质强化和精神强化。从性质上分，强化刺激可以分为物质强化和精神强化两种。物质强化包括有形奖品的奖励和剥夺，精神强化则包括教师的表扬、称赞、积极的关注或批评等，对表现好的小学生给更多的小红旗，发三好学生奖状，让他当升旗手等都属于精神强化。在社会生活水平不断得到提高的情况下，应该多多使用精神强化来激发学生的学习积极性。例如，有一个小学五年级班主任老师为了扭转班级在年级评比中落后的尴尬局面，与学生约定：如果连续得四个"优"，可以在作业本上盖一个"小博士"的红章；如果连续得四个"小博士"，可以在作业本上盖一个"大博士"的红章；如果连续得四个"大博士"，可以有权利同包括校长、书记在内的自己心爱的老师合影，将合影放在学校布告栏里，周知全校师生。此举一出，极大地调动了学生的积极性，一学期后，这个班跃入先进班集体的行列。

3. 社会学习理论的强化

美国社会心理学家班都拉将强化分为三种方式。

第一种方式，直接强化。即当学生出现某种行为时，直接给予一定的强化刺激，使这种行为重复出现的概率增加。在学习活动中，当学生学习刻苦努力、成绩优异时，立即给予鼓励和奖励，属于对学生优异学习行为的直接强化。

第二种方式，替代性强化。即通过一定的榜样来强化相应的学习行为或学习行为倾向。"杀鸡给猴看"、"身教重于言教"都是替代性强化的经验做法。再比如，通过个别教育全班的"个别教育与集体教育相结合的原则"，当教师强化一个学生的助人行为时，也会唤起班上其他同学的友爱行为。榜样教育作为重要的德育手段，其发挥作用的机制也是替代性强化。

第三种方式，自我强化。即学生在活动中给自己确定一个标准，并在每次达到这个自定的标准时便进行自我奖赏。其结果是，这些能为自己制定奋斗目标并能进行自我奖赏的学生，与由别人给予奖励的学生在学习上同样富有成效。有些研究还表明，善于自我奖赏的学生，其学习动机的持久性超过由别人给予奖励来激发其学习动机的学生。

强化理论对于年龄越小的学生越具有良好的教育效果，但也应该看到它的局限性。只重视外部诱因控制，则不利于培养学生的学习自觉性。因为一般学生都有寻求奖励、逃避惩罚的想法，有些学生可能因为追求高分而丧失了其他兴趣的发展；还有一些学生希望不要因为失败而受到惩罚，使生活变得压抑、乏味。把奖惩和考得高分作为学习目的不利于学生个性的发展，短暂的功利取向的学习不易产生学习迁移。

(二) 成就目标理论

1. 成就目标的含义

埃姆斯（Ames）认为成就目标是指"学生对学习活动、学业成就和成功的意义或目的的知觉"，简而言之，成就目标要回答：个体为什么从事某种成就行为？从事这个成就行为要达到的目的是什么？

　　个体对成就活动目的的认识决定了其判断成功的标准。一般而言，评价成功的标准有三个：首先是任务标准，主要看个体是否达到活动任务的要求。例如，今天老师的讲课内容我是否都听懂了？其次是自我标准，主要看个体是否比自己以前做得更好。例如，我今天是不是比昨天更有进步？最后是他人标准，个体与群体中的其他人相比是否做得好。例如，我是否比班里其他同学的学习成绩更好？个体的成就目标不同，用以评价成败的标准也不同，反过来，我们可以通过一个人评价成败的标准，确定其成就目标的类型。

　　2．成就目标的类型

　　成就目标的类型（成就目标的定向）从大的方面来讲，可以分为两种：掌握目标（也叫任务卷人、学习目标、任务目标）和成绩目标（也叫自我卷人、能力目标）。掌握目标是指从事成就活动的意义在于掌握、理解任务，提高自身能力，往往根据任务标准或自我标准来评价个体的表现。成绩目标是指以证明或显示自身能力为目标，努力完成任务的理由是要证明自己有胜任该项工作的能力。个体倾向于把自己与他人作比较，根据常规标准评价自身的表现，认为比别人做得好才算成功。成绩目标又分为成绩接近目标和成绩回避目标两种。成绩接近目标关心的是在完成任务中胜过别人，比别人聪明，使用的标准是获得最好或最高分数，在班上是最好的学生。成绩回避目标的特点是回避次等，防止使别人觉得自己愚蠢，使用的标准是避免获得最坏的分数，避免自己成为班上最差的学生。总的来看，三种目标分类中，掌握目标和成绩接近目标旨在获得积极的活动结果，是一种趋近的目标状态，成绩回避目标旨在避免消极的活动结果，是一种回避的目标状态。

　　3．成就目标对认知、情感和行为的影响

　　德威克（Dweck）等人进一步分析了掌握目标和成绩目标对认知、情感和行为的影响。

　　（1）成就目标对认知的影响。在成就情境中，掌握目标定向的个体关心的是如何发展能力，掌握知识，倾向于对成败作出努力归因。在这种情况下，失败并不表示低能，它仅仅意味着目前的策略不当或努力不够。相反，成绩目标定向者关心的则是自己是否胜任，他们关注能力测量和评价的结果，倾向于对成败作能力归因，认为失败意味着能力不足。另外，两种目标定向的个体对能力和努力的关系的认识也不同。持掌握目标的个体把努力看成是学习知识、获得能力的途径或手段，相信努力和能力是一种正向关系；持成绩目标的个体则认为努力和能力是一种反向关系，高努力的失败固然意味着低能力，高努力的成功却也不代表有能力。在同等成就水平下，努力越少说明个体越有能力。因此，他们更向往低努力的成功。例如，有的学生在教师上课时，不认真听讲，而是看杂志、读小说，回到自己家中关起门来刻苦学习，目的是博得同学们的认可：不努力，照样学得好，说明我聪明。

（2）成就目标对情感的影响。两种目标定向反应模式的差异主要表现在面临失败的情境中。对掌握目标定向的个体来说，失败并不代表能力低，而是意味着挑战和更多的学习机会，同时努力学习的过程本身也可以带来愉快、自豪感等内部奖赏，因而即使面对困难也能保持积极的情绪。而对成绩目标定向的个体来说，失败就意味着能力不足，容易导致焦虑、羞耻感等消极情绪的产生。因此，在面临失败时，个体常常会采取自我防御的方式，如减少努力，拖延时间，贬低学习任务价值，表现出对成就活动的厌倦等，来维护自尊和自我价值感。

（3）成就目标对行为方面的影响。在成就情境中，掌握目标定向的个体倾向于选择挑战性的任务，能有效运用深层加工策略和自我调节学习策略，具有较高的坚持性和任务专注程度。成绩目标定向者对任务的选择受到能力知觉情况的影响，理想的任务是能使能力的积极评价和自豪感达到最大而消极评价降到最低。因此，不自信的个体往往倾向于选择容易的学习任务，能力知觉高的个体则愿意寻求挑战性任务和竞争性评价。另外，由于成绩目标的个体关心的主要是高成绩和好评价，因此，在完成任务的过程中，倾向于选择那些可以短时间见效的学习策略，如死记硬背等浅层加工策略。

（三）成就动机理论

成就动机是指个体对自己认为重要或有价值的工作，不但愿意做，且力求达到更高标准的内在心理过程。简而言之，就是要求获得优秀成绩的欲望。成就动机理论是一种对人们追求成就行为给予认知解释的动机理论。阿特金森（J.W.Atkinson）是成就动机理论的主要代表人物。

1. 总的观点

阿特金森认为成就动机由两种不同因素或相反倾向组成：一种是追求成功的动机，是人们追求成功和由成功带来的积极情感（如自我满足、自豪）的倾向性，表现为趋向目标的行动；另一种是避免失败的动机，是人们避免失败和失败带来的消极情感（如羞耻、屈辱）的倾向性，表现为想方设法逃脱成就活动，避免料想中的失败的结果。每当一个人面临任务时，这两种动机在个体身上同时起作用，每个人的成就行为是这两种动机综合作用的结果。如果一个人追求成功的动机高于避免失败的动机，这个人就会努力去追求特定的目标；反之，他就会去选择那些减少失败机会的目标。当两种动机力量势均力敌时，便会产生心理冲突，体验抉择的痛苦。

2．追求成功的动机

追求成功的动机或倾向是三个因素——追求成就动机的强度、在某项任务上成功的可能性、成功的诱因值共同作用的结果。这些因素之间的关系为：成功动机的强度、成功的可能性、成功的诱因值三者之积的数值越大，则追求成功的动机或倾向也越强；当一个人有了较高的成就动机水平，当成败的可能性各占一半，成功诱因值适中时，追求成功的动机或倾向最为明显；当两个人所处任务难度（成功的可能性）和成功的诱因值都相同时，成就动机程度越高的人追求成功的动机或倾向越强烈。

3．避免失败的动机

追求成功的动机或倾向并不能单独地决定最终行为，避免失败的动机或倾向在决定行为中同样扮演着重要作用。阿特金森认为在成就情境中，追求成功的动机和避免失败的动机同时被唤起。他假定避免失败的动机是避免失败动机的强度、完成某项任务失败的可能性以及避免失败的诱因值的函数。其中，避免失败的动机强度，可由焦虑测量问卷测定。很明显，客观上要求对行为给予评价时便导致了这种动机的唤醒，因而一个人在测验中的正常反应便提供了他的这种动机的很好度量。

4．成就动机

阿特金森认为成就动机是追求成功的动机与避免失败的动机相减的关系。当追求成功的动机强于避免失败的动机时，成就动机水平高，表现为趋向成就活动，他就敢于冒风险去尝试并追求成功。当避免失败的动机强于追求成功的动机时，成就动机水平低，表现为逃避或抑制参与成就活动，他就有可能退缩不前，畏首畏尾，无所作为。

阿特金森的理论模式对解释与预测人们的成就行为有一定的作用，但也招致了很多批评。比如，许多学生害怕学习，可以说避免失败的动机强于追求成功的动机，但仍能坚持上课，这岂不与实际情况不相符吗？阿特金森认为，人们参与学习的行为，可以被多种动机驱使，如赢得父母高兴、逃避失败的惩罚、在同伴中争得优越的地位等。它们虽然不是成就动机的组成部分，但可以抵制消极、逃避的动机力量。成就行为除了取决于成就动机外，还有环境引发的外部动机力量的作用。

阿特金森的成就动机理论把人的动机的情感方面与认知方面统一起来，揭示了影响成就动机的变量和规律。其主要局限在于：认为人的成就动机仅仅由内部因素所激发，没有看到社会生活条件等外部因素对人的动机的影响；虽然看到了认知在形成成就动机中的重要性，但他对认知作用的认识是模糊的、笼统的和不具体的。

（四）韦纳的归因理论

归因是人们对导致自己行为结果的原因的认识和评价。韦纳系统地考察了人类的归因类型，把人们对行为成败结果的认知、情绪和行为整合在一个理论模式中。

1. 韦纳归因理论的维度和类型

韦纳（B. Weiner）认为导致个体行为的原因均可归入内外源、稳定性和可控制性三个维度中。

内外源维度分为外部控制与内部控制两种类型。外部控制型的人常常认为自己的行为及其结果是受外部力量控制的，这种外部力量可以是运气、机会、命运、权威人士的摆布以及周围其他复杂而无法预料的力量等等，这种人缺乏自我信念。而内部控制型的人具有强烈的自我观念，并认为自己所从事活动的结果由自身所具有的内部因素决定，是由内部力量控制的，认为控制自己成功和失败的原因是自己的能力、技能和努力的程度，而不是来自外部的各种力量。

稳定性维度分为稳定与不稳定两种归因类型。稳定性原因是指导致成功和失败的诸因素中稳定地起作用的因素（如能力和任务难度），这一因素是客观的、相对不易改变的。不稳定因素是指导致成就行为结果中的那些容易改变、较易变化的因素（诸如努力和运气）。按照韦纳的划分，能力是内部的、稳定的因素，努力是内部的、不稳定的因素，任务难度是外部的、稳定的因素，机遇是外部的、不稳定的因素。根据这两方面的因素，我们可预测行为的结果。例如，如果人们认为，甲生考试发挥出色是由于他的能力强或任务简单，那么人们就会预测，如果再给予同样的任务，他还会干得出色。如果人们认为成功的原因是由于不稳定的因素，如个人努力或机遇好，那么，将来是否照样成功人们就难把握了。同样，归因于稳定因素的失败，可以预测将来的失败；归因于暂时因素的失败，可以预测将来的改善。

可控制性维度把归因分成可控和不可控两种类型。可控制性归因是指产生行为结果的原因在本人控制之下；不可控制的归因是指产生行为结果的原因不在本人控制之下。影响行为结果的所有因素中只有"努力"是惟一可控制的因素，其余都是不可控制的。当一个人把行为结果归于可控制的原因时，就很难再把行为结果归于外部的或不可控制的原因。

2．归因对情绪的影响

（1）内外源维度对情绪的影响。内部归因会引发与自我价值有关的情绪体验。例如，当人们将成功作内部归因时，会体验到自豪、自信、自我胜任、自我满意等与积极自我价值有关的情绪；而当人们将失败作内部归因时，会体验到自卑、羞愧、自我厌弃等与消极自我价值有关的情绪。外部归因与之相反，无论是成功还是失败，都不会导致与自我价值有关的情绪体验。另外，人们有一种普遍存在的归因倾向：将成功归于内部原因以提高自尊心和自我价值；将失败归因于外部原因以保护自尊心和自我形象，并回避责任。

（2）稳定性维度的归因与未来的期望密切相连。将成功归于稳定的原因，会增强希望、自信；将成功归于不稳定的原因，则会感到担忧、惧怕。将失败归于稳定的原因，会产生失望、焦虑甚至自暴自弃；如果将失败归于不稳定的原因，则会感到还有希望，相信通过自己的努力，下一次可能取得成功。

（3）控制性维度对情绪的影响。将失败归于可控制的原因，会感到内疚；将失败归于不可控制的原因，不会感到羞愧。如果将失败归因于他人可以控制的原因，认为他人对自己的失败负有责任时，如学生把考试成绩不好归因于教师教得不好或教师对自己有偏见，就会感到愤怒；如果将失败归因于他人不可控制的原因，就会埋怨。如果将成功归因于他人可控制的原因，即认为这种成功是因为他人自愿或有意的帮助、努力产生的，就会产生感激之情；如果人们将成功归于他人不可控制的原因，则通常不会产生指向他人的情绪。

韦纳建立了一种比较系统的认知动机理论，在教育、管理等领域中具有广泛的应用前景，但也有其自身的不足和缺陷。人类的行为是复杂的，把寻求理解作为人们行为的一种动因是可以的，但不可能用它来解释人类行为的全部；人们对行为原因的解释存在着很大的个体差异，不总是按照韦纳的三维结构进行。

四、学习动机的培养和激发

学习动机的培养是使学习动机从无到有的过程，目的在于使学生产生学习的动力。学习动机的激发是使学习动机从内隐向外显行为转化的过程，能使学习中的动力因素真正发挥作用。

（一）学习动机的培养

小学生学习动机的培养，应该注意以下五点。

1. 培养学习兴趣

学习兴趣是学习动机的重要心理成分，其特点是在进行学习活动时伴随愉快的情绪体验，进而产生学习的需要。情绪心理学家拉扎勒斯做了兴趣与智能的对比研究，发现具有浓厚学习兴趣的学生更能努力地学习，勤奋钻研，乐而不倦。他还认为兴趣与智能相比，兴趣更重要，兴趣较浓的学生比智能较高的学生在学业上更占优势。为了培养学生的学习兴趣，教师应注意做到以下几点：

（1）满足学生的需要。需要是产生兴趣的基础，学生的学习兴趣既可以是直接的，由学生对知识本身的需要而产生，也可以是间接的，由知识的社会意义诱发产生，而且通过对知识的社会意义的理解而形成的需要更为稳定和持久。实践表明，只要教师在教学工作中从学生的实际出发，采用生动、具体、适合学生年龄特征的方式，诸如讲故事、主题班会、科技讲座、参观访问等就可以成功地培养学生的学习兴趣。

（2）组织学生参加实践活动。实践活动主要是指校内的活动，如练习、实验、实习、课外活动等。实践活动可以使学生体会到知识的实践意义，从而激发他们的求知欲，使他们体验到成功的喜悦和快乐，并了解自身的不足和缺陷，从而更有效地培养学习兴趣。

（3）教师有效地教学。成功的教学能够使学生卷入其中而无法逃避，教学本身是一种巨大无形的力量，应该成为培养学生学习兴趣的主要来源和渠道。

2. 设置有效的目标，掌握达到目标的方法

学生树立的目标不同，目标结构也不同，这影响着学生的动机和学习。拥有掌握目标的学生，不管他们犯多少错误或遇到多大困难，仍勇于进取。拥有成绩目标的学生，关注别人对自己的评价，因而不敢冒险，知难而退。

有效的目标设置主要有以下五个方面的要求：

（1）确定表现的而非结果的目标。表现的目标是指那种可以实现的、不依赖于他人的特殊行为。表现的目标应该大大优于结果的目标，因为学生只能够更好地控制他们自己的学习表现，而难以控制学习的结果。学生如果只是根据是否能实现那些不能完全由他们自己控制的目标来评价自己的学习成就，几乎没有什么实际意义。

（2）确定挑战性的而非轻而易举的目标。挑战性的目标或中等难度的目标比轻而易举的目标更能激发学生的优异表现。目标不应太难以致学生不能认真对待或经过反复努力也不能实现，使他们得出自己是失败者的结论。目标也不应太容易，过于容易学生则产生不了学习的积极性。所以在教学过程中，教学的目标应以学生上一次的表现为基线，然后设计一系列等级，每一个等级的难度逐渐比上一次大一些，一个月内设置的等级不要超过三至四个。

（3）设置现实的而非非现实的目标。现实的目标是指通过努力能够实现的目标。学生应该知道自己的真实水平，不要把自己的真实水平与希望自己应该具有的水平混为一谈。

（4）设定具体的而非笼统的目标。具体的目标是给定成功的标准，以便更准确地指导学习行为。这要求具有使行为数量化的能力，具体的目标才是有效的。"尽你的最大努力"这样的目标似乎是最完美的目标，但学生从来就没有超越过这个目标，因为没有人知道"最大努力究竟有多大"。它同样也是一个保险的目标，学生也不会失败，因为他们总是可以说自己已经尽了最大的努力。

（5）设置短期目标而非长期目标。通过一系列短期"目标"，才有可能达到长期的"目的"。短期目标之所以有效，是因为它们更具有刺激性，为应该采取的行动提供及时的指导。长期目标可能会因为在时间上太遥远而缺乏刺激效果。应该抬头看路（辨明方向），低头做事（着力于短期目标的实现）。

3．成就动机训练

成就动机是在一定条件下形成和发展的，可以通过训练加以培养。成就动机的训练可以分为以下六个阶段：

（1）意识化，通过谈话让学生有意识地注意与成就动机有关的行为。

（2）体验化，通过具体活动，让学生产生成就动机的情绪体验，有切身的感受。

（3）概念化，引导学生在体验的基础上理解与成就行为有关的概念，如"成功"、"失败"、"目标"、"成就动机"等等。

（4）练习，实际上是前两个阶段的重复。多次重复使学生不断加深体验和理解。

（5）迁移，使学生把学到的行为策略应用到学习场合中去，不过这时的学习场合往往是教师有意安排的特殊场合，这种场合具备学生可以自选目标、自己评价、能体验成败等条件。

（6）内化，这时取得成就的要求成为学生自身的需要，学生可以自如地运用所学到的行为策略。

很多研究表明，对成就动机进行训练是有效果的。直接效果表现为受过训练的学生对取得成就更为关心，并能够根据自己的实际情况去选择所追求的目标。间接效果是能够提高学生各学科的学习成绩。这些效果在原来成就动机低、学习又差的学生身上更为明显。

4. 注意学生的归因倾向

归因作为比较稳定的认知方式，能够诱发不同的情绪状态，从而影响学生的学习行为。要避免不良的归因，形成期望的归因。不良的归因就是那些会给学生带来消极影响的归因，期望的归因是指那些会给学生带来积极影响的归因。如果有必要可以通过归因训练的程序，改变一个人的不良归因倾向，以期引起行为的积极变化。参见图 9－1－1。

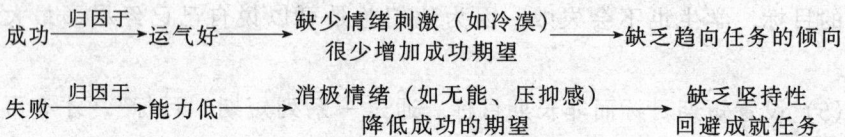

成功 ——归因于—→ 运气好 ——→ 缺少情绪刺激（如冷漠） ——→ 缺乏趋向任务的倾向
　　　　　　　　　　　　　　　很少增加成功期望

失败 ——归因于—→ 能力低 ——→ 消极情绪（如无能、压抑感） ——→ 缺乏坚持性
　　　　　　　　　　　　　　　降低成功的期望 　　　　　　　　　　回避成就任务

图 9－1－1（1）　不良的归因

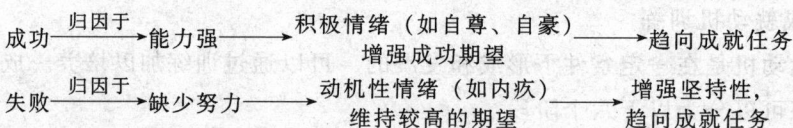

成功 ——归因于—→ 能力强 ——→ 积极情绪（如自尊、自豪） ——→ 趋向成就任务
　　　　　　　　　　　　　　　增强成功期望

失败 ——归因于—→ 缺少努力 ——→ 动机性情绪（如内疚） ——→ 增强坚持性，
　　　　　　　　　　　　　　　维持较高的期望 　　　　　　　　趋向成就任务

图 9－1－1（2）　期望的归因

面对成功或满意的行为结果，应该做稳定的、内部的归因；经常体验失败的人选择不稳定的、内部的、可控制的归因，才是正确、合理、科学的，这样能使人认识到失败不是不可避免的，有助于学生承担责任。当然，无论哪种归因都必须实事求是，从实际出发，从而科学、正确地总结经验教训。

5. 利用原有动机的迁移，使学生产生学习的需要

心理学家普雷马克指出，用学生喜欢的活动去强化他不喜欢的活动往往是有效的。对全部的学习活动，有的学生并不都表现出兴趣，可以在他感兴趣的

活动中加入他不感兴趣的活动，或者规定只有先从事自己不感兴趣的活动才能从事感兴趣的活动，使之产生对不感兴趣活动的需要，从而培养其学习动机。这在本质上也可以称之为学习动机的迁移，即使学生把喜欢的活动的学习动机迁移到他们不喜欢的学习活动上来。例如，前苏联的莫洛佐娃在一个六年级的班上，利用男生想做海员又缺乏学习动力的情况，组织有关的主题活动。在各种活动游戏中，要求学生们学习各种有关的知识（历史、地理、音乐等），从而增强他们的学习需要和认识兴趣。

（二）学习动机的激发

小学生学习动机的激发，可从以下五个方面进行：

1. 从外在动机转化为内在动机

学习动机的形成有外在的与内在的原因。前者指学习动机由外在诱因引起，而后者则是由个体内在的需要引起。从学校中一般学科的教学来看，多数知识性学科的学习动机，是要靠学科本身所具有的正诱因特征来引发的。因此，在教学之初，教师如何设计教材教法以及教学活动，使之具有正诱因的特征，从而引导学生喜欢学习，自然是培养学习动机的首要条件。外在学习动机获得适度满足之后，就有可能转化为内在学习动机。所以，学生的外在学习动机，可以看成是激发学生内在学习动机的手段。

2. 从基本需要提高到成长需要

根据人本主义心理学家马斯洛的需要层次论，认知的需要位于第五层；只有认知下面四层的基本需要获得满足之后，认知的需要才会产生。从学校学科教学的观点来看，认知的需要也就是指内在学习动机。要释放学生的内在学习动机，就必须设法先满足学生的基本需要；否则，学生的求知需要就不会成为其成长的动力。

3. 从需要满足发展到价值追求

教育的基本目的是从了解人性中去改变人性。从教育心理学的观点来看，了解人性与改变人性的构想落实在学校教育上，就是配合并选择学生心理上的需要，给予适度满足，从而使其产生价值感，进而自发地去追求。从需要满足到引导学生趋向价值的追寻，是教学成功的最佳结果。

4. 使每个学生都获得成功的经验

心理学家托尔曼的潜伏学习实验表明，没有良好的学习表现的学生并不等于在他身上没有发生学习，学习往往是以潜伏的形式存在着，一旦遇有合适的条件（得到鼓励或奖赏），就会取得惊人的进步。对于学生的学习而言，获得成功的学习结果是产生学习行为的助力。

学习动机在性质上是追求成功的内在动力。假如追求成功的努力屡遭失败，学习动机自然不能维持。因此，教师必须针对学生的个别差异，使每个学生都获得成功的经验，以使他在努力之后获得满足，从而肯定自己的价值，学生只有"学会"、"会学"才能"爱学"。因此，教师在对学生的作业进行评定时，不宜只按团体标准，而应重视个人的进步，以进步作为成功的指标。

5. 善于利用教师的反馈激发学生的士气

教师对学生学习行为的反馈，对学生以后的学习动机有很大的影响。无论教师的反馈是正面的（赞许或鼓励）还是负面的（批评或训斥），都会成为学生对自己学习成败归因的根据。根据教师的反馈进行归因之后，学生就可能对自己以后的行为形成一种预期：如果预期自己会成功，他就会努力去追求成功；如果预期自己会失败，他就会稍遇困难立即退缩放弃。于是个人对自己未来的预期与以后的成败之间无形中变成了因果关系，这是教师应该注意的。

第二节 情绪与学习

一、情绪、情感与感情

(一) 情绪、情感与感情的含义

人在认识世界和改造世界的过程中，与周围世界交互作用，与现实事物发生多种多样的联系和关系。现实事物对人总是具有一定的、这样或那样的意义，人对这些事物就抱有一定的、这样或那样的态度。人对客观事物的态度与人对事物的认识有所不同，它总是以带有某些特殊色彩的体验的形式表现出来。顺利完成学习任务使人轻松和愉快，遭遇危急可能引起震惊或恐惧，美好的事物使人产生爱慕之情，丑恶的现象令人产生憎恶之感。所有这些喜、怕、爱、恶等，都是人的具有某种独特色彩的体验，而这些不同的体验是以人的不同的态度为转移的。因此，情绪和情感就是人对客观事物的态度的一种反映。人对客观事物抱有何种态度，又总是以人的需要是否获得满足为先决条件的。因此，可以说情绪又是人对客观事物与自己需要的关系的反映。

情绪和情感是与人的特定的主观愿望或需要相联系的，一般统称为感情

(affection)，也就是说感情包括情绪和情感。一般用情绪概念主要说明感情过程，即情绪是动物或人的需要发生的特定过程。情绪具有较大的情景性、激动性和暂时性。它往往随着情景的改变和需要的满足而减弱或消失，因此具有明显的冲动性和外部表现。而情感经常用来描述具有稳定的、深刻的社会意义的感情，如对祖国的热爱、对敌人的憎恨以及对美的欣赏等。而且情感还表达着人们对这些事物的社会意义在感情上的体验和感受，因而情感具有较大的稳定性、深刻性和持久性。另外情感还比较内隐，如深沉的爱、殷切的期望、痛苦的思虑等等。所以情绪和情感都是感情心理活动，但情绪更多地反映感情的心理活动的过程，而情感则偏重于感情性过程的体验和感受。同时情绪和情感是相互依存、不可分离的。稳定的情感是在情绪的基础上形成的，而且它又通过情绪来表达。情绪也离不开情感，情绪的变化反映情感的深度，在情绪的过程中蕴涵着情感。心理学对于感情性心理活动的研究，往往着重在它们的发生、发展过程和规律的探索上，因此较多地使用情绪这一概念。

（二）情绪是多成分的复合过程

情绪具有独特的主观体验和外部表现，它们与生理唤醒一起被看作是构成情绪的三种成分。

主观体验（subjective experience）是个体对不同情绪和情感状态的自我感受。每种具体情绪的主观体验的色调是不相同的，它们分别代表人们不同的感受；每种感受和体验是情绪和情感的心理内容或心理载体。人们的情绪和情感的主观体验与外部反应是共生的，它们之间存在着固定的关系，即有什么样的主观体验则伴随着相应的表情模式，如愉快的体验必然伴随着欢快的面容或手舞足蹈的外显行为。

情绪与情感的外部表现形式，通常称之为表情（emotional expressions）。它是情绪和情感状态的身体各部分的动作量化形式，包括面部表情、姿势表情和声调表情。面部表情是全部面部肌肉变化所组成的模式，如高兴时额眉平展、面颊上提、嘴角上翘。面部表情模式能精细地表达不同性质的情绪和情感，因此是鉴别情绪的主要标志。姿势表情是指面部表情以外的身体其他部分的表情动作，包括手势、身体姿势等，如人们痛苦时捶胸顿足，兴奋时手舞足蹈等。声调也是表达情绪的一种主要形式，声调表情是通过语气的声调、节奏和速度等方面的变化来表达的。如高兴时语调高昂，语速快；痛苦时泣不成声，语调低沉，语速慢。在上述三种表情中，面部表情在交流中起主导作用，其他两种形式起辅助作用。

生理唤醒 (physical arousal) 是指情绪与情感的生理反应。生理唤醒是一种生理的激活水平。情绪发生在一定的生理激活水平上, 神经系统某些部位的激活为情绪的发生和活动提供能量。一般主要是指中枢脑干网状结构神经兴奋和皮层脑电模式协同变化, 同时引起相应的外周反应, 如心率加快、血压舒张、瞳孔放大、外周血管的舒张与收缩、神经内分泌的变化等。不同情绪、情感的生理反应模式是不一样的, 如满意、愉快时心跳节律正常; 恐惧或暴怒时, 心跳加速、血压升高、呼吸频率增加甚至出现间歇或停顿; 痛苦的紧张情绪引起血管容积缩小, 而且血管收缩持续的时间与情绪的呼吸程度成正比。这说明神经激活梯度变化不但表示神经唤醒水平和情绪的强度水平, 而且提示各种具体情绪之间性质的差别。

二、情绪对学习的影响

(一) 情绪对学习的影响

情绪具有激发学习动机、组织学习行为的作用。

1. 动机功能

情绪情感是动机的源泉之一, 是一个基本的动机系统。它能够激励人的活动, 提高人的活动效率。适度的情绪兴奋, 可以使身心处于活动的最佳状态, 进而推动人们有效地完成工作任务。研究表明, 适度的紧张和焦虑能促使人积极地思考和解决问题。如兴趣和好奇心是驱使人们注意的选择和集中、支配感知的方向、思维的加工、对新异事物进行探索的内在动力。

同时, 情绪对于生理内驱力 (drive) 也具有放大信号的作用, 成为驱使人们行动的强大动力。如人们在缺氧的情况下, 产生了补充氧气的生理需要, 这种生理驱力并没有足够的力量去激励行为, 但是, 这时人们所产生的恐慌感和急迫感就会放大和增强内驱力, 使之成为行为的强大动力。

从情绪和行为的关系来看, 情绪对行为有促进作用, 也有干扰作用。我们知道, 动机是引发并维持个体行为的内在动力, 由动机引发、维持的行为是有组织、有目的、有方向的活动。情绪和情感是激励人的活动、提高人的活动效率的动力因素之一。适度的情绪兴奋, 可使身心处于活动的最佳状态, 进而推动人有效地完成工作任务。研究证明, 适当的紧张和焦虑能促使人积极地思考和成功地解决问题。没有一点紧张, 或者过度的紧张、焦虑都不利于问题的解决。在学习过程中, 许多学生不怕困难, 坚持不懈, 取得了优秀的学习成绩, 可见, 积极的情绪、情感可以产生巨大的力量，推动实现既定的学习目标。

但是情绪和情感有时也有干扰作用。当学生的学习行为受到阻碍而产生消极情绪时，这种情绪会干扰有序的动机性行为，妨碍学习活动的进程，降低学习活动的效率。

2. 组织功能

情绪是一个独立的心理过程，有自己的发生机制和发生、发展的过程。有学者认为情绪作为脑内的一个检测系统，对其他心理活动具有组织作用。这种组织作用表现为积极情绪的协调作用和消极情绪的破坏、瓦解作用。研究表明，愉快和兴趣在中等强度激活水平时对学习活动能提供最佳的状态，有利于提高学习活动的效果。过低或过高的愉快激活水平不利于学习活动。而消极的负性情绪如恐惧、痛苦的激活水平与操作效果之间则是直线负相关，也就是说，恐惧与痛苦情绪的激活水平越高，操作效果越差。

自 20 世纪 70 年代以来，不少学者开始了关于具体情绪对认知过程的影响的实验研究。研究表明，成人被试在愉快情绪下学习背诵单词后，他们在愉快中回忆起的单词，比在悲伤中回忆起的量要大；而在悲伤情绪下记忆的单词，在悲伤中的回忆量比在愉快中的回忆量要大。另一项实验让成人被试回忆童年事件，处于愉快情绪中的被试，回忆曾经引起愉快的事件的数量，比曾经引起痛苦的事件的数量要多；而处于痛苦情绪中的被试，回忆引起痛苦事件的数量比曾经引起愉快事件的数量要多。这些研究都表明，所回忆的材料的性质和回忆时被试的情绪状态，都影响着回忆的数量和质量。

情绪的组织功能还表现在对人的行为的影响上：当人们处在积极、乐观的情绪状态时，易注意事物美好的一面，其行为比较开放，愿意接纳外界的事物；而当人们处在消极情绪状态时，容易失望、悲观，放弃自己的愿望，有时甚至产生攻击性行为。

（二）课堂教学中的主要情绪

课堂教学中最基本的情绪因素有好奇、兴趣、愉快和焦虑（郭德俊，2001）。

1. 好奇

好奇是一种以认知为基础的情绪，当学生知觉到他们的知识存在不足时就会产生好奇。好奇是由新异刺激引起的一种生理唤醒水平或认知冲突的探究倾向。

一般认为好奇是认知冲突的结果，个体有一种"发现的渴望"。当人的认知预期与现实相反时就会产生认知冲突，引起认知不平衡，导致以恢复认知平衡为目的的探究行为。

探究是学生好奇情绪与引起好奇的不确定性之间的行为桥梁。在好奇的驱动下，学生努力同化和顺应信息，优化已有的认知结构。有关的研究指出，当人们对事物感到好奇时，往往是创造性思维与创造性想象迸发的时候。

2. 兴趣

兴趣是主要的正性情绪之一，是个体力求认识、探求某种事物的心理倾向。兴趣分为个体兴趣和情景兴趣。个体兴趣是学生自身带入课堂的兴趣；情景兴趣是学生在一个特殊的情景中，参加一种特殊活动时体验到的兴趣。

当个体的需求、能力、技能与某种活动提供的机会、挑战和要求匹配时，便产生了兴趣。影响个体兴趣的因素有个性倾向、情绪经验、胜任能力、生活经历等。影响情景兴趣的因素有实际操作、认知失调、新奇性、社会交互作用、榜样、游戏、幻想、幽默等。

兴趣对人的认识活动有重要影响。有学者认为一种缺乏兴趣的智力活动，相当于脑组织的损伤，甚至更严重。因为脑损伤有时仅仅是某一部位，如果缺乏兴趣，个体的知觉与思维就没有办法发展。个体对于某一事物有兴趣，就会主动排除其他因素的影响，否则个体的注意、知觉等随时都可能转换。个体在避免失败、恐惧和焦虑等负情绪下进行学习，即使记住某些事实，这样的学习也不能充分发挥个体的潜能，对于生活的价值也是有限的。有人甚至认为，一个学生对一种活动或一个知识领域的兴趣程度可以预测他参与、加工、理解、记忆这些信息的程度。

3. 愉快

愉快是一种正性情绪，是人或事物符合个体当前优势需要时的一种主观体验，愉快是幸福的最主要因素。

愉快主要来源于对需要的满足和个体实现的体验；具体的、可以胜任的活动是个体体验愉快的前提。克希克兹米海利（Csikszentmihalyi）提出令人快乐的任务中有四个核心要素：是能够完成的，提供了清晰的目标，即时得到反馈，可以挑战和发展行为者的技能和能力。

愉快在体验上有强弱程度之分，过分的或强烈的愉快情绪会减缓思维，过低或过弱的愉快情绪会抑制思维。促进学习的最适宜的愉快可称之为"流"。研究表明，当人们知觉到任务提供的挑战与他的相关技能相匹配时，能体验到最大的愉快（流），从而激起高的学习动机。"流"理论提出适宜的挑战产生"流"，其中有两个变量：挑战和技能。当挑战淹没技能时（高挑战，低技能），个体担心失败，体验到能力的威胁；当技能淹没挑战时（高技能，低挑战），个体感觉厌倦，这时注意力分散，产生最小的任务卷入；只有在挑战和技能相匹配时，个体感到任务既能胜任又不是轻而易举的，经过探索而获得成功，能使个体体验到肯定自我能力和增强自信心的快乐。

愉快在层次上也有高低之分。感官上的愉悦是低层次的。从探索、创造、孜孜不倦的学习中获得的，与求知欲、创造欲等高级需要相联系的愉快是高层次的。这种好学、乐学的情感镶嵌在人的个性结构之中，在具体的情境中能通过情绪的形式表现出来。低层次的愉快可以转化为高层次的好学情感，高层次的情感形成后又制约一个人在具体情境中的情绪体验。

4. 焦虑

焦虑是一种负性情绪，是没有明确对象的恐惧或担忧。学习焦虑产生于学生不能应付成就情境的自我知觉，即当学生感觉到不能胜任任务，同时又体验到成绩的要求和压力时就产生焦虑，这种心理状态主要相伴以紧张和恐怖情绪，并有明显的生理表现（如失眠、出汗），还会出现一些行为表现（如逃避、自责、自卑等）。

焦虑与学习之间的关系是复杂的，它对学习起促进作用还是起抑制作用，是由多方面因素决定的。这些因素包括学习者原有焦虑水平的差异、学习材料难易的程度以及学习者本身的能力水平。

许多研究发现，对于机械的学习或不怎么困难的有意义接受学习和发现学习，焦虑有促进作用。但是当个体遇到了一种新的学习情境，尤其是遇到了一些已有的认识结构中尚无现成答案的问题时，不同的焦虑水平则会对学习产生不同的影响。

高度焦虑，对于非常生疏或者需要依靠随机应变技能的较为复杂的学习和问题解决具有抑制作用。有人曾运用一种行为的能量系统模型对这种现象加以解释。在能量系统模型中，能量的输入导致唤起，输入的能量越多，唤起程度越高。如果输入能量已经超过了该系统的承受量，那么转换过程的功能就不能正常有效地进行，于是反应的效能就变得差了，从而缩小了感知范围的精确性，影响了对事物的注意。一定的焦虑水平有助于复杂材料的学习。很多学者指出，高度的焦虑只有与高度的能力相结合才能促进学习；高度的焦虑与低能力或一般能力相结合，则往往会抑制学习。因此，就大多数人而言，应当把焦虑控制在中等程度才能有利于学习。

三、调节学生情绪的策略

课堂教学是教学的基本组织形式，对学生学习情绪的调节主要发生在课堂上。

（一）课堂教学中促使好奇心实现的策略

1. 刺激性或情境的变化

反复呈现的刺激将很快失去它的"新异性"，学生将很快忽视它。刺激必须以一种新的或不能预料的形式呈现。在课堂教学中，教师应运用多样性、新奇、不可预测性使刺激产生变化，可以通过定时的小组讨论、电影、客串演讲、轮换座位安排、实地旅行、提问或回答问题、合作学习、课堂示范、角色扮演、思考难题、逻辑、猜谜语、准备一天的词汇用语等，刺激学生的好奇心。厌倦是课堂中经常出现的情绪，教师可以通过增加教学的唤醒强度来克服冷漠和厌倦，例如，丰富教学信息、多样化刺激、一般的测验或随机叫学生回答问题等。

2. 悬念或不确定性

人为地制造概念冲突、不确定性和问题困难等情绪性困扰是制造悬念的常用手段。将学生的注意力集中到具有不确定性结论的竞争性假设和问题上，就是把信息嵌入心理努力的背景上。

3. 反馈

教师上课前需要明了：这节课计划教给学生哪些新的和不熟悉的知识或理论，以及如何以问题的形式或备猜（呈现几个可能的答案供选择）的形式介绍这些内容。反馈是使行为前后相继的保证。教学过程中的每一环节应使学生减少"不知感"，增加"已知感"，跨越焦虑驱策的回避动机，趋向好奇增强的探索动机。

（二）课堂教学中培养学生兴趣的方法

兴趣的特征是保持学生的活力。为了发展学生的兴趣，教师应该围绕下列目标构造他的课堂。

1. 新奇

新奇的物体容易引起兴趣。新奇有相对新奇和绝对新奇：过去经历的事物以新的方式重新组合，是相对新奇；从未经历过的事物的出现，是绝对新奇。教师在教学中要善于创造新奇的事物，无论是教具的使用还是内容的讲解，应当力求做到新、奇、准。

2．组织多样性活动

为学生提供涉及他们需要的活动，向他们提出发展的适宜的挑战。如果符合教学目的的需要，可以组织学生参观、浏览、郊游等，有生气的事物容易引起学生的兴趣，增加学生特定领域的知识。

3．让学生参与活动

邀请学生参与对个人和对班集体都有意义的规划。多采纳学生的意见，学生如有意见或奇特的想法，即使错了也不要紧，要利用它们作为线索加深学生对学习内容的理解。学生知道教师利用了自己的意见，会对学习产生兴趣。教师在上课时可以故意造成一些错误，让学生去发现和改正。

4．主观期待也容易产生兴趣

如认知活动中，新知识与原有认知的不一致、矛盾等都会引起学生的主观期待，并由此产生兴趣。

5．在提问上下功夫

教师的提问有助于引起学生的学习兴趣。问题应该能够刺激学生的好奇心、疑问和惊奇感，有助于加深理解和概括。当然，提问的形式应适合学生的性格和能力。

此外，"利用小组进行学习"、"适当表扬"、"让学生参加活动"、"让学生感到学习的重要性"等都是行之有效的方法。

总之，教师促进学生好奇和兴趣的努力的目的是使学生产生较高的学习动机。学习者不仅需要信息的通道，也需要学习动机，两者的结合能使学习变得强而有力。

（三）调节焦虑的策略

下列三种方法可以降低学生的焦虑。

1．学习指导

明确学习目的，使目标适应学生的能力；把复杂的、困难的课题分成小的单元，而且从易到难逐步进行；给予鼓励，使学生具有自信心；高焦虑型的学生用归纳—发现法教学较为有效，低焦虑型的学生用演绎—说明法比较有效。

2．应付评价压力策略

用一种最大限度减少评价压力的方式营造考试情境。三种因素决定了大部分学生体验到的评价压力，即时间限定、自我卷入的教育、容易和困难问题的排列。时间限定使焦虑的学生产生一种评价的压力和一种认知的、情感的混乱，非焦虑的学生也必须去竞争；考试教育可能是高自我卷入的（"这种考试测量的是能力"），因而是具有威胁性的；教师可以组织变换难易问题的考试，用以平衡评价过程中学生成功和失败的经验。当教师花费时间让学生掌握应付他们面对的评价压力的技能时，学生的成绩确实得到提高，特别值得注意的是那些高焦虑学生。在学校教育早期中，教师努力使学生掌握这些应付评价压力的技能，会显示出更大的收益。

3. 使用档案性评价

档案性评价标明了教师对学生的成绩、努力尤其是优点和缺点的评价。大多数情况下焦虑是因为同学之间的不恰当比较而产生的。多数学生认为自己是失败者，或至少认为自己不能实现教师或父母的期望。档案性评价是一种自我比较的方法，它详细地记录了个人成长的有关信息，学生可以从自我比较中，增强自信心和满足感。

（四）愉快教育的教学策略

有研究指出，如果学生喜欢学校，教师需要发现一种允许学生卷入教学任务的方法，给他们高挑战和高技能结合的机会。为此，教师应做到以下几点：

1. 把握愉快四因素

按照愉快产生的四个核心要素（任务完成、清晰的目标、即时反馈、技能挑战）设计安排教学内容。

2. 明确挑战性任务

将学生的注意力集中到完成挑战性任务和学习新东西将带来的内部满足上，而不是集中到与任务相关的外部压力，例如成绩上。持续挑战和发展学生的个人技能，明确地向学生表达教师个人的体验以及教师提出的任务所明示的挑战。

3. 形成灵活的教学方式

有时挑战学生的能力（例如，为增加挑战而工作）；有时通过教导和训练支持他们正在形成的技能（为提高技能而工作）；有时从学生的卷入中退出，以便他们能体验他们自己的"流"——愉快。

4. 强调掌握目标

发展一种使学生的注意力集中在掌握目标而非成绩目标的教学方式。掌握目标强调把教育任务当作获得锻炼、提高能力、学习和成长的机会，而成绩目标把教育任务当作区分胜利和失败、及格和不及格、自我价值和自卑等导向结果的机会。

5.专注于完成任务过程的评价

教师要努力淡化活动结果的重要性。当学生告知教师他们所完成任务过程的好坏程度时，这种信息会帮助维持其愉快的心境。相反，当学生使用反馈来诊断活动结果的成功或失败时，这种评价就会干扰其愉快的心境。

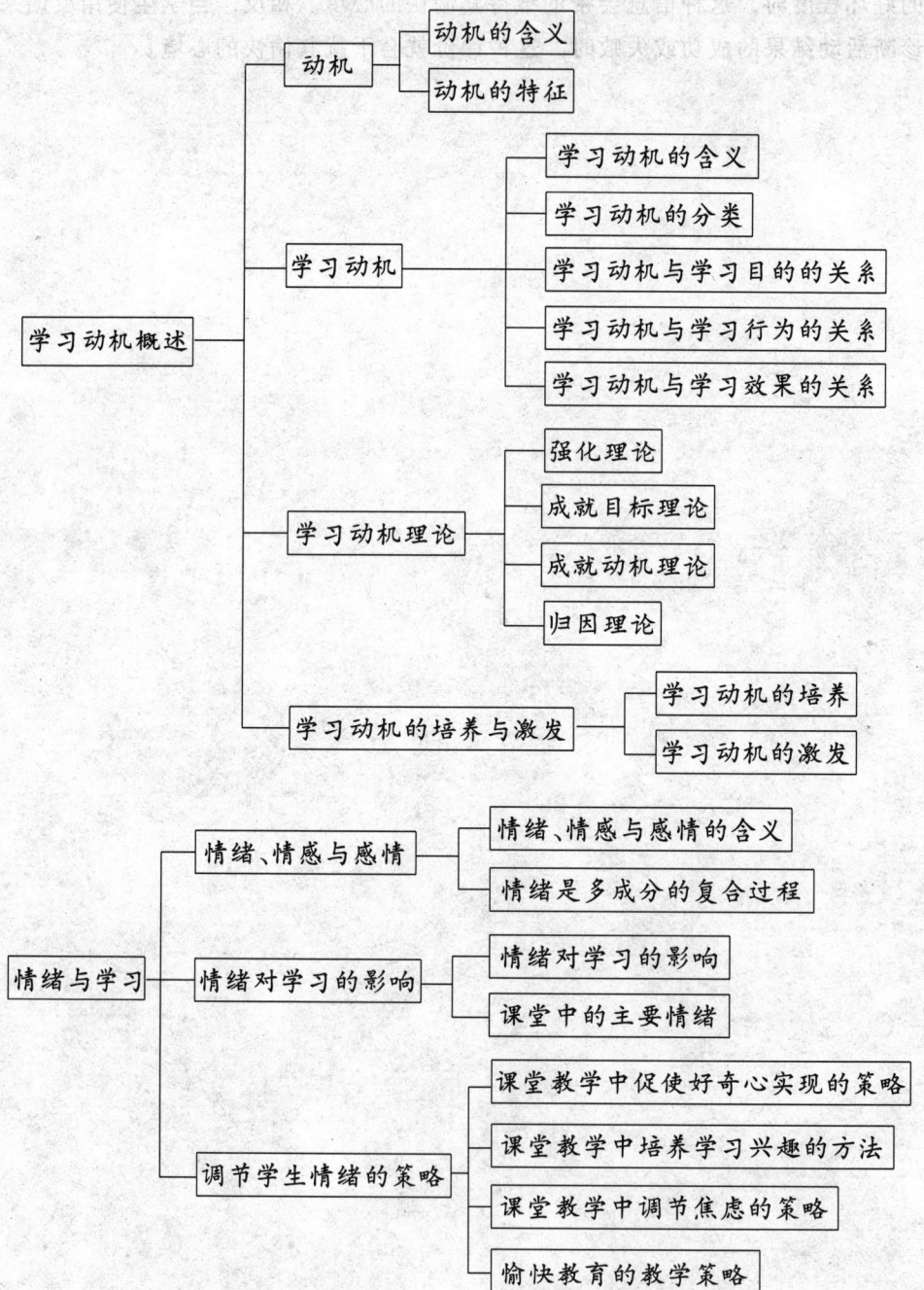

小　　结

```
                          ┌─ 动机的含义
                 ┌─ 动机 ─┤
                 │        └─ 动机的特征
                 │
                 │              ┌─ 学习动机的含义
                 │              ├─ 学习动机的分类
                 │              │
                 ├─ 学习动机 ───┼─ 学习动机与学习目的的关系
                 │              ├─ 学习动机与学习行为的关系
学习动机概述 ────┤              └─ 学习动机与学习效果的关系
                 │
                 │                  ┌─ 强化理论
                 │                  ├─ 成就目标理论
                 ├─ 学习动机理论 ───┤
                 │                  ├─ 成就动机理论
                 │                  └─ 归因理论
                 │
                 └─ 学习动机的培养与激发 ─┬─ 学习动机的培养
                                          └─ 学习动机的激发


                   ┌─ 情绪、情感与感情 ─┬─ 情绪、情感与感情的含义
                   │                    └─ 情绪是多成分的复合过程
                   │
                   ├─ 情绪对学习的影响 ─┬─ 情绪对学习的影响
情绪与学习 ────────┤                    └─ 课堂中的主要情绪
                   │
                   │                        ┌─ 课堂教学中促使好奇心实现的策略
                   │                        ├─ 课堂教学中培养学习兴趣的方法
                   └─ 调节学生情绪的策略 ───┤
                                            ├─ 课堂教学中调节焦虑的策略
                                            └─ 愉快教育的教学策略
```

思 考 题

1. 名词解释

动机 学习动机 情绪 好奇 兴趣 焦虑 愉快

2. 简述学习动机与学习目的、学习效果的关系。

3. 试述强化理论的主要内容。

4. 试述成就目标理论的主要内容。

5. 评述阿特金森成就动机理论。

6. 试述情绪对学习的影响。

7. 试述课堂教学中调节学生情绪的策略。

第十章

教学设计的心理学问题

教学要点

- 教学目标设计
- 教学内容设计
- 教学环境设计
- 教学评价设计

学习要求

- 明确教学设计各部分的基本要求
- 掌握不同类型教学设计的设计要求
- 了解课堂教学中质与量的评价方法

☆ ···

引　子

不以规矩，不成方圆

常言道："凡事预则立，不预则废。"教学活动也是如此，要想取得教学上的成功，必须在课前对教学活动进行系统的准备与谋划，即进行教学设计。教学设计犹如"规"和"矩"指导着教学活动的开展，规范着教学的方方面面，使教学合理有序而富有成效。

从夸美纽斯提出要在课堂上"把一切事物教给一切人"到现代社会所要求的"发展为本、主动参与、重在思维、合作成功、探索创新"，都对课堂教学要实现的功能提出了非常高的要求。要达到这些要求，没有科学而合理的教学设计是难以想象的。

教育心理学为"教"与"学"确立了学科范式，教育心理学的所有原理都是为了使教学设计更符合人性和理性。本章主要涉及教学目标设计、教学内容设计、教学环境设计和教学评价设计等四方面内容的心理学问题。

··· ☆

教学设计是指在实施教学之前对教学进行规划和组织，对教什么、怎么教、达到什么结果和如何评价进行设计。具体而言，教学设计包括教学目标设计、教学内容设计、教学环境设计、教学评价设计等内容。教学设计可由教学设计专业工作者或教学专家、教师、科研人员独自进行，也可相互配合共同完成。教学设计的目的是优化教学过程。

第一节　教学目标设计

一、教学目标的含义

教学目标是指教学活动预期所要达到的结果，它规定了通过具体教学过程学生应该学会什么，它是教学活动的出发点和归宿。

（一）教学目标与教学目的不同

首先，教学目的是为实现教育目的而提出的一种概括性的总体要求，它对各级各类学校所有的教学活动都具有普遍的指导意义，而教学目标只是对特定的教学活动起指导作用。有的学者把教学目的称为方向目标，把教学目标称为到达目标。方向目标是把期待学生具备的能力和水平作为方向提出来的，而到达目标是把学生应掌握的知识、能力和应具备的个性品质作为确定的、可检验的要求提出来的。其次，教学目的是教学领域里必须贯彻的教育目的，它体现了社会的意志和要求，具有强制性，而教学目标较多地体现了教学主体的要求，具有自主性和自由度。

（二）教学目标与培养目标、课程目标不同

培养目标（或称办学宗旨）用来界定某一阶段教育（如小学、初中、高中）要努力实现的总体目标，并为安排的各种类型的课程和领域提供依据，是一种相对抽象、陈述较为宽泛的目标，在编制某一级、某一类或某一所学校的教学计划时需要这类目标。课程目标比培养目标稍具体一些，是根据某一具体的学习领域和学生的发展状况，用行为目标的形式把宽泛的目标分解得更具体，通常用来作为课程标准，这些以行为方式陈述的目标对界定一门教程或一系列教程的目标较为有用。课堂教学目标是把目标分析到操作化程度，与具体的教学情境相联系，对学生的学习结果予以明确界定，指导教学的开展。在具体教学任务中，教师接触的主要是教学目标或课堂目标，即课时或由若干课时构成的教学课题的目标。

（三）教学目标对学生的学习、课堂行为及教学评价的意义

教学目标有利于提高学生学习的主动性和自觉性。学生根据教师所表述的

教学目标，自觉地确定自己学习的方向、内容和方法。如阅读课文时，对教学目标的表述能帮助学生记忆段落的信息，有利于提高学习的效率。教学目标的表述，有利于课堂活动的一致性，使师生之间和学生之间能得到进一步的交流。目标的确立使师生的活动有一个共同的方向，大家可以采取与目标相一致的行为和活动。同时师生之间可以围绕共同的目标展开讨论和研究，共同为实现教学目标而努力。设置目标有利于教学的评价和检验，即有了目标，教学评价就有了方向、要求或标准，教学目标完成的情况能说明教学的有效性。

二、教学目标分类

所谓教学目标分类，就是运用分类学的理论把各项教学目标由最高的类依次分为较低的类、更低的类，形成一个渐次具体的多层次系统，以实现教学目标的系列化、细目化和可操作化。影响比较大的有布卢姆（B.S.Broom）的教学目标分类理论、加涅的学习结果分类理论。

（一）布卢姆的教学目标分类体系

布卢姆认为各种意识水平都可用行为形式表现出来，并把它们分为认知领域、情感领域和动作技能领域三个领域，又按照层次将各个领域分成若干个亚领域。他认为教学目标分类的作用就在于向教师提供一套统一的术语，为测量评价教学效果和编制测验题提供客观标准。在三个领域中，布卢姆的贡献主要在认知领域。

1. 认知领域目标分类

认知领域目标是指认知的结果，包括知识、领会、应用、分析、综合和评价等六级水平。

（1）知识，是指学生所获得的实际信息，也就是必须知道的确切的事实、术语和方法，如四则运算的过程、方法，学生能回忆这些信息。知识（知识的记忆）还可再细分为特定知识的记忆、处理特定知识方法的记忆、一般及抽象知识的记忆。用来表示此种能力的行为动词有描述、认出、配对、界定、说明、列举和阐明等。

（2）领会，是指学生对教材、观念和事实的理解能力，也就是学生对知识的吸收能力，表现为他们能否用自己的言语来表达或解释所学的知识。领会能力还可再细分为转译能力、解释能力、推论能力。用来表示领会能力的动词有转换、估计、说明、举例、预测、摘要、归纳和重写等。

（3）应用，是指学生运用所学的概念、原理解决实际问题的能力。应用能力还可再细分为运用所学技能的能力、运用原理和原则的能力。用来表示此种能力的动词有预测、证明、解决、修改、表现和发现等。

（4）分析，是指学生将教材分解为若干成分，并能较准确地理解各成分之间的关系的能力。如学生能通过抓住一篇文章中各段落的意思、观点，并了解它们之间的关系而理解这篇文章的中心思想。分析能力还可再细分为分析组成要素的能力、分析关系的能力、分析组织原理的能力。用来表示此种能力的行为动词有选出、分析、判断、辨别、指出和分解等。

（5）综合，是指学生集合部分形成整体的能力，主要是指创造新产品的能力、结合多种观点形成新看法和新见解的能力，如写一篇作文或新闻报导等，也可由要求学生拟定一套计划来评价。综合能力还可再细分为表达个人见解能力、规划或建议能力、抽象关系的综合能力。用来表示此种能力的行为动词有联合、设计、组织、综合、筹划和创造等。

（6）评价，是指学生根据一定的原理、原则去判断教材和过程的价值的能力，它是包含了以上几种能力的一种综合判断能力。文学作品或艺术创作价值的批判即属于此种能力。评价还可再细分为依内在证据逻辑的评价、依外部准则逻辑的评价。用来表示此种能力的行为动词有评价、判断、比较、支持、批判和评论等。

2. 情感领域目标分类

柯拉斯霍（D.R.Krathwohl）出版了情感教育目标分类专著。他认为情感领域的教育目标主要有态度、兴趣、理想、欣赏和适应方式等，其亚领域可分为接受、反应、形成价值观念、组织价值观念和价值体系个性化五个方面。

（1）接受，是指学生主动注意课堂教学活动、教科书等，是一种选择性注意。通常所说的学生注意听讲即属接受现象。教师如果要引导学生学习，首先要使学生愿意接受。接受可再细分为觉察、乐意接受和有选择地接受。

（2）反应，是指学生积极主动地参与教学活动，对教师的要求作出反应，如上课积极发言、表示对某学科有兴趣等。反应可再细分为按指令反应、积极的反应和兴高采烈的反应。

（3）形成价值观念，是指学生对一定事物、现象和价值重要性的认识。如学生认识到为同学、为班级服务的价值，就会主动为班级和同学做更多的工作。"态度"和"欣赏"即为此层次的行为。此层次可再细分为接受价值、喜爱价值和对价值的确信。

（4）组织价值观念系统，是指学生协调自己内部不同价值观念之间的冲突，建立一个较稳定的价值体系，如学生能以个人利益服从班级利益的原则来调节自己的行为。学生能确定其人生观或处世哲学就是此层次行为。此层次可再细分为建立价值观念和组织价值体系。

（5）价值体系个性化，是指学生具有了某一种价值体系，并以这种价值体系调节、控制自己的行为。学生在长期的生活过程中形成了一种特定的行为方式，也就是形成一种个性特点，如有的学生助人为乐，形成一种热心服务他人的行为方式，也就是形成了一种个性特征。此层次可再细分为一般品格的建立和品格的形成。

3. 动作技能领域目标分类

这个领域的目标主要涉及动作技能发展的目标，包括骨骼和肌肉的使用、发展和协调。辛普逊（E.J.Simpson）和哈罗（A.Harrow）发表了运动技能目标分类的专著。哈罗把动作技能目标分为反射动作、基本动作、知觉能力、体能、技巧动作、有意的沟通等六种。

辛普逊的分类更能为人们所接受，她将技能领域分为知觉、准备状态、引导的反应、机械练习、复杂的反应和创作等六种。

第一种，知觉，包括感官刺激、线索选择和转换等三部分，借以了解物体、性质和关系。

第二种，准备状态，包括心理、身体和情绪三个方面，目的是为某一动作作准备。

第三种，引导的反应，是指在教师或说明书的指导下表现出有关的动作行为，包括模仿和尝试错误。

第四种，机械练习，是指反复练习所学的动作，由熟练而养成习惯。

第五种，复杂的反应，指个人能够表现复杂的动作和行为。

第六种，创作，指创作出新的行为方式及动作。

以布鲁姆为代表的教学目标分类理论是历史上最早的系统的教学目标分类学，其具体、可操作的特点改变了以往始终沿用的常模参照测验的作法，促进了标准参照测验的实现。但他忽视了认知、情感和动作技能的内在联系，各个领域的目标也不够详尽。

（二）加涅的学习目标分类体系

加涅（Gagne）按照学习的结果将学习分为以下五类：

1. 言语信息的学习

言语信息的学习，即学习理解言语信息和形成陈述观念，用言语信息表达学习的结果。能帮助学生解决"是什么"的问题。

2. 智慧技能的学习

智慧技能的学习，即学习解决"怎么做"的问题，处理外界的符号和信息，如把分数转换成小数，使动词和句子的主语一致等。

3. 认知策略的学习

认识策略的学习，即学生学习调节和支配自己的注意、记忆和思维等内部学习过程，学习一种内在的有组织的策略、"管理"学习过程的方式。

4. 态度的学习

态度的学习，即学习获得一种内部倾向或状态，这种倾向或状态影响着个人对某种事物、人物以及事件所采取的行动。

5. 运动技能的学习

运动技能的学习，即学习获得平稳而流畅、精确而适时的操作能力。

由于加涅的目标体系是以各层次智力技能的心理机制为依据的，对教学具有非常直接和明确的要求，许多教学设计都采用了这种目标体系。

三、教学目标分类的心理学技术

布卢姆等人的教学目标分类体系有助于我们全面正确地认识教学目标，为我们进行教学目标分析和设计提供了可操作的技术基础。那么，作为教师，应该如何在课堂教学中设立自己的教学目标呢？

（一）教学目标设置的表述

由于教师所持的学习观不同，教学目标表述的内容、方式等也有所不同，教学目标设置的表述大体上可以划分为行为主义目标设置的表述、综合性的目标设置的表述和表现性目标设置的表述三类。

1. 行为主义目标设置的表述

行为主义者在教学目标的表述上，往往着眼于学生可观察的行为表现，一般喜欢用"列出"、"定义"、"计算"等术语来表达目标。在这方面研究中，最有影响的是梅杰（R.E.Mager），他开发了一个表述教学目标的系统，认为一个好的目标必须包括三个部分：意想中的学生行为、行为发生的条件、给出测验的标准（如表 10-1-1 所示）。

表 10 - 1 - 1 梅杰的教学目标系统

部 分	中心问题	例 子
学生行为	做什么	用字母 F 陈述文字中的事实、用字母 O 标画其中观点
行为条件	在什么条件下	给一篇报纸中的文字
行为标准	有多好	标对陈述中的 75%

（1）意想中的学生行为。也就是通过教学后学生能够做什么，表述的方法是"动词＋宾语"。动词说明学习的类型，宾语说明学习的内容。动词要用那些能够描述可观察行为的动词。如，能列举三至五个质数和合数，能计算两位数的加减法等等。这里一定是学生的行为，而不是陈述教师打算做什么。

（2）行为发生的条件。规定学习者行为产生的条件，即在什么情况下表现行为。例如，"能参考教科书，列举三至五个质数和合数"。这里，参考教科书是行为发生的条件。学习行为产生的条件一般有如下几种：自然环境因素（空间、光线、温度、气候、室内或室外、安静或嘈杂等），社会环境因素（单独进行、小组学习或班级授课），设备因素（工具、设备、图纸、说明书、计算器等），信息因素（资料、教科书、笔记、图表、词典等）和问题明确性因素（引发行为的刺激因素是什么）等。

（3）给出测验的标准。即指出评价上述行为的标准，行为标准是评估和管理学生学习行为的定量化或行为化的标准体系。也就是说，测验的标准是一个标准体系，它必须是定量化的，如果难以定量化那么也必须是行为化的。如果定量化和行为化这两个标准都无法满足，就不符合行为主义的测验标准。标准的制定要遵循 SMART 原则：S（specific）代表具体的、适度细化的，而非抽象的、未经细化的；M（measurable）是可度量的、数量化和行为化的，而非不可度量、主观判断和非行为化的描述；A（attainable）是可实现的，而非过高或过低的、时间过长的；R（realistic）是现实的、可证明的、可观察的，而非非现实的、不可证明的、假设的；T（time - bound）是有时间限制的，而非不考虑时效性、使用模糊时间概念。

测验行为的标准有四个方面：数量、质量、时间和成本。在制定测验行为的标准时，一般要回答这样的问题：①在评价学生的行为时，我们关心什么（数量、质量、时间、成本）？②我们怎样来衡量学生行为表现的数量、质量、时间和成本？③是否存在我们可以追踪的数量或百分比？如果存在这样的数量标准，把它们列出来。

以上是衡量学习行为的三要素，按照台湾学者郭生玉的意见，如果加入教学对象的表述，会使行为的表述更加全面。因为教学设计要说明的是学习者做什么，而不是教学者做什么。教学对象是指明学习者是谁，即指明教学对象是小学一年级的学生还是小学二年级的学生等。这样根据教学对象、行为产生的条件、具体行为和行为的标准编制教学目标，可以使教学目标具体、明确，有利于操作和测量。例如，在规定"计算机操作能力"的教学目标时，可表述为"小学×年级的学生（教学对象）在教师指导下（行为条件）能够完成计算机的基本操作（行为），正确率不低于80%（行为标准）"。当然，这四个因素并非在陈述每项教学目标时都必须完备，除教学对象和行为条件之外可以视情况省略。

行为主义的教学目标的设置，克服了传统教学目标陈述含糊、难以操作和测评的缺点，但也存在许多不足。有的学者将这些批评和反对的理由归纳如下几点：①教学只重视明显的行为目标，忽视不易测量的目标；①不重视人性化的目标，忽视创造性、想象性的目标；③教学只重视机械性和琐碎性目标的完成；④教学只重视事先所预期的目标，忽略了非预期的意外目标的完成；⑤对教育心理学以外的人士来说，他们并不觉得使用行为目标比使用一般性目标更有价值。

行为主义教学目标设置的缺点，刺激了教学目标设计的认知主义倾向的发展，但如果仅用描述内在变化的术语，则很容易造成模糊，又回到传统目标陈述的老路上去，因此人们不得不考虑用综合的方法陈述教学目标。

2．综合性的教学目标设置的表述

持认知学习观的人在表述目标时，往往强调学生内在的变化，常常采用"理解"、"再认"、"创造"或"应用"等术语，目标相对抽象一些，可测量性差一些。要克服行为主义和认知主义在教学目标设计上的不足，需要采用综合的观点和方法。在这方面研究比较突出的是格兰伦德（N. Gronlund）。格兰伦德设定教学目标的公式为："一般的认知目标＋具体的行为样例"。他认为教师对教学目标的表述是一般的、原则的中心目标，还应该用一个例子加以具体说明，这些样例就是教学目标的依据。这样不仅避免了认知目标或情感目标的抽象性和模糊性，同时也在一定程度上防止了行为目标可能产生的机械性和表面性（如表10－1－2所示）。

表 10 - 1 - 2 格兰伦德的表述目标的综合系统

部 分	例 子
一般的目标	理解元认知的一些术语
子目标 A	用自己的话定义这些术语
子目标 B	用上下文识别这些术语的意义
子目标 C	区分在意义上相似的术语

3. 表现性目标设置的表述

行为主义或综合性的目标设置都是着眼于对已经达到的结果进行考察，无论是外在的还是内在的。然而，有些行为或情感的变化是缓慢的，并不能在短期内显示应有的效果，因而不能用行为主义或综合性的目标设置来检测，如元认知能力、对学习的兴趣等。为了弥补上述两种目标设置的不足，有的学者提出表现性目标设置方法。这种目标设置要求明确规定学生应参加的活动，但不精确规定每个学生所应达到的最后结果。例如，创新教育的一个表现性目标可以设置为：小学生积极参加社会实践活动，使自己的社会实践能力不断得到提高。这种目标只能作为以上两种目标设置的补充。

（二）教学目标的呈现

教学目标设置完成后，如何在课堂教学中呈现呢？梅尔顿（R.F.Melton）曾对教学目标呈现的有效性进行了研究。他认为：可以期望行为目标起定向作用或强化作用，这取决于行为目标是直接放在有关材料的前面（前置目标）还是后面（后置目标）；前置目标和后置目标都能够提高学习效果，但后置目标比前置目标效果更好；前置目标具有学习定向的刺激作用，可以提高有关的学习效果，但也可能降低伴随的学习效果，因为这时学习者仅仅重视学习目标中规定的学习任务；如果将行为目标分散在整个学习单元的各处，而不是集中呈现在单元的开始或结束之处，那么无论前置目标还是后置目标的刺激作用都可望得到提高；就学习者总的学习成绩（包括有关内容学习和伴随学习）提高而言，后置目标比前置目标更有促进效果；尽管可以期望在有关行为目标的研究中观察到上述效果，但是在学习者的学习动机得到高度激发的情况下，这些效果完全可能是隐性的，也可能为其他条件所掩盖。

我国教育工作者的研究表明：展示目标自然，才能达到水到渠成的效果；分散展示目标的效果优于集中展示目标；展示目标与回扣目标（教学内容结束时回扣目标）结合效果更佳；每一课时目标不宜太多，且要定出重点目标、难点目标；呈现的目标不宜过细，否则教学容易机械、呆板，容易使学生思维受到限制；鉴于小学低年级学生对目标理解的有限性，对他们不展示目标或只变相展示目标；对于跳跃性的、术语生僻、难度大的内容，教学目标的展示最好放在课堂的最后一个环节完成；高年级以自学为主的课型最好课前展示目标，以起到组织策略的作用；情感目标在课堂上不一定展现，但设计中必须有其地位，这样教师在课堂教学中，才能有计划地、不失时机地渗透情感教学内容，实现情感教学目标。

第二节　教学内容设计

　　教学内容是教学目标的具体化，是实现教学目标的保证。教学内容设计包括两方面：一是教学内容的选择；二是教学内容的组织。关于教学内容的选择，从宏观上讲，课程理论规定了教学内容所涉及的学科范围和知识范围，从微观层次上看，教学内容应该考虑该学科的基本知识、基本技能和具体教学要求，而不是简单地以知识的学科领域划分作为教学内容选择的依据。本节主要阐述教学内容的组织和不同知识类型的教学设计问题。

一、教学内容的组织

（一）布鲁纳的螺旋式教学内容组织

　　早在 20 世纪 60 年代，布鲁纳就提出了螺旋式教学内容的组织方式。他认为，"任何学科都可以以理智上最忠实的方式教给任何年龄阶段的任何儿童"。"理智上最忠实的方式"就是关于某学科的基本知识、基本概念、基本原理。如果学生掌握了作为该学科知识结构核心的基本概念和原理，在学习其他知识内容时就可以收到事半功倍的效果。当然，他认为教材的组织只有与儿童的智慧发展相匹配，才能使基本概念和原理的教学顺利进行，才能"教给任何年龄阶段的任何儿童"。儿童的智慧发展有三种水平：第一，表演式再现表象，指运用适当的动作反应去体现过去的经验；第二，映象式再现表象，指以表象或图解来反映或表示个体的认识；第三，象征式再现表象，指以抽象的符号来反映经验内容。学科的基本概念和原理，都可分别从动作的、表象的、符号的三种不同智慧发展水平出发加以组织。年龄不同的儿童教学内容也应不同，随着年龄的增大，基本概念和原理的教学可能相同，但教材的直观性降低、抽象性提高，从而体现螺旋上升的特点。

布鲁纳的螺旋式组织不同于传统的直线式组织和同心圆式组织，而是两者的有机结合。直线式教材组织是指按照一定的逻辑顺序一个接着一个地呈现出来，前后绝少重复。同心圆式组织则是同一内容反复多次呈现，有一定量的重复。螺旋式组织既保留了直线式组织的后一内容比前一内容深入、分化的逻辑次序，又体现了同心圆式一波又一波、一圈又一圈扩散的组织方式，是使教学内容既有深度又有广度的教学内容基本组织方式。

（二）加涅的层级教学内容组织

从学习繁简水平不同的角度进行分类，美国心理学家加涅提出了连锁学习、辨别学习、具体概念学习、定义概念学习、规则学习和解决问题六类学习。连锁学习即是一系列刺激与反应动作的联合；辨别学习是指识别多种刺激的异同，分别作出不同反应；具体概念学习是对刺激进行分类时，能对一类刺激作出同样反应，也就是对一类事物的共同特征作出反应；定义概念学习的含义是能对一类刺激的本质特征或抽象特征作出反应；规则学习，即掌握两个或两个以上概念之间的关系，也就是概念之间联结的规则；解决问题的学习是能在各种条件下，运用所学的规则解决问题。

这六类学习依次按"简单—复杂"这一维度组成一个层级系统，每一高层次的学习必须以低层次的学习为基础。这样，要求我们在组织教学内容时，应该对教材作具体分析，明了个体处于哪一个层次，引导学生向更高一层级迈进，以取得良好的教学效果。

二、不同知识类型的教学设计

以上是教学内容设计的一般原理，一般原理有不适应具体情况的困难。教学内容是有差异的，不同的教学内容对教学设计的要求不同。下面介绍陈述性知识、程序性知识和策略性知识三种不同知识类型的教学设计。

（一）陈述性知识的教学设计的要求

1.明确学生能否回答"是什么"的问题

明确学生能否回答"是什么"的问题，即要求学生能口头或书面陈述学到的知识，这是判定其教学效果的依据。所以教学目标的设计应以学生回忆知识的能力为中心。

2．教学安排应注意新旧知识之间的联系

奥苏伯尔认为，下列三种变量需要关注：

（1）学生认知结构中能与新教材建立联系的有关概念是否可以利用。如果可以利用这些概念，就为学习新教材提供了必要的固定点。

（2）这些概念与要学习的新概念之间区别的程度如何，即要防止新旧概念的混淆，使新概念能够作为独立的实体保持下来。

（3）认知结构中起固定点作用的概念是否稳定、清晰。这将既影响到为新知识提供的固定点的强度，也影响学生能否对新旧概念作出区别。

3．使用符号标志技术

符号标志是在学习材料中加入的，虽不增加实际内容但却有助于强调材料的概念结构和组织的标志或词语。它们虽不提供实际的信息，但材料的结构更为清晰，使人一目了然。使用符号标志的形式多种多样。例如：列出小标题，使用不同字体，突出关键词，用1，2，3等序列数字指出内容的要点，使用暗示内容结构的语词等等。

4．考虑学生原有的知识和习惯

有利于学生掌握知识的教学方法设计应考虑学生原有的知识状况和学习习惯，可选用讲解、图示、提问、回忆等方法。

5．运用现代化教学媒体

在进行教学媒体设计时，应尽可能运用现代化教学媒体来展现事物的结构和事物发展的过程，帮助学生更加生动形象地理解知识，并做好及时反馈。

（二）程序性知识的教学设计要求

1．提高学生运用概念、规则解决问题的能力

程序性知识的教学判定教学效果的标志是看学生能否运用概念、规则去解决相应的问题，应以学生应用概念和规则办事的能力为中心。检验这种能力的指标不是让学生告诉我们学到了什么，而是能够应用学过的概念、规则顺利进行运算和操作。

2．使学生理解概念和规则

教学内容和教学方法的设计应强调经过充分的练习让学生理解概念和规则。如果教学内容是概念，应重视运用正例和反例，用正例有助于概括和迁

移，用反例有助于辨别并更准确地把握概念。如果是规则的教学要重视把它们运用于各种新情境，做到面对适当条件就能立即作出反应。

3．把握知识的结构关系

如果是由一系列产生式组成的较长的程序性知识，应注意把握分散与集中、局部与整体的关系。

（三）策略性知识的教学设计要求

1．使学生会学习

策略性知识教学组织，应明确其效果是使"学生会学习"，传统教学对此未给予充分重视。如要求学生能够有效地调节和控制自己的注意力，会通过设计图表来系统整理所学的某节、某章的内容。

2．学习方法与思维方法并重

既可组织专门的关于学习方法的教学，教给学生认知的、元认知的和资源管理的策略，又要把思维方法渗透到陈述性知识和程序性教学组织中。

3．展示教师思路

教师可以把自己内隐的思维活动的监控和调节的过程展示给学生，使学生能加以仿效。

第三节　教学环境设计

课堂教学环境包括物理环境和心理环境。物理环境是指教学的物质环境，如温度、光线、通风，以及必要的教学设备等等；心理环境是指通过一定的教学组织形式、教学方法而形成的师生的心理状态，表现出课堂教学中人的因素的能动性的方面。本节主要探讨课堂物理环境设计、教学组织形式设计和合作学习的教学设计。

一、课堂物理环境设计

课堂中的物理环境以一种无形的方式影响着教师和学生的教学活动。一般坐在教室前面和中间的学生是最积极的学习者。对课程感兴趣的学生总是选择前面的坐位，前面的坐位能增加学生参与教学活动的机会。后面坐位的学生较少参与教学活动，也容易走神。因此，许多教师每隔一段时间变换学生的坐位，以便更多学生能更好地参与教学。课堂环境的设计有哪些形式？在课堂环境设计中应注意哪些问题呢？

（一）课堂设计的形式

根据教学内容的要求和学生的特点，课堂设计一般有三种设计形式：基本的课堂设计、特殊的课堂设计和暂时性的课堂设计。

1. 基本的课堂设计

基本的课堂设计以教师为中心，教师的活动主要在教室的前面，所有的学生都面向教师。学生只与教师进行目光接触和交流，学生的坐位以纵横排列的方式安排（如图 10 - 3 - 1 所示）。

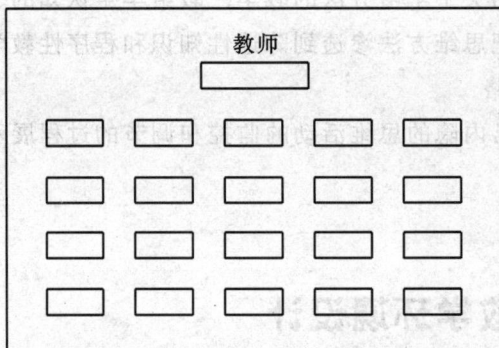

图 10 - 3 - 1 基本课堂坐位设计模式

基本的课堂设计模式有利于教师的教学活动，如讲解和演示等。教师能较好地调节和控制学生，有利于学生的注意力集中在教师身上，适合于进行提问、回答和课堂作业等活动。学生能更多地与教师进行接触和交流。特别是在我国大部分地区，班级人数比较多，课堂坐次排列一般更倾向于采用这种基本的设计模式。

2. 特殊的课堂设计

特殊的课堂设计是以学生为中心、以课程为中心的一种坐位排列模式。这种模式一般在需要学生对教学内容进行集体讨论时才采用。学生和教师一样面对其他人，也就使学生与学生之间有接触和交流的机会。这样的坐位排列方式有矩形、环形和马蹄形（如图 10 - 3 - 2 所示）。

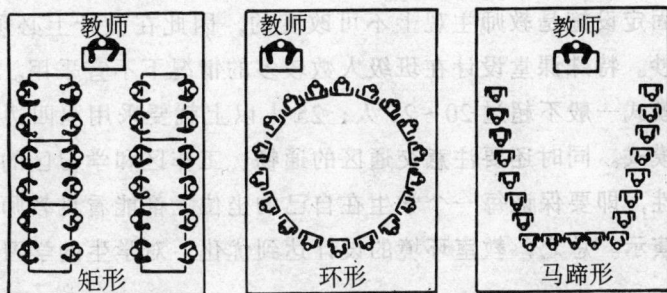

图 10 - 3 - 2 特殊的课堂坐次设计模式

这种坐位的安排有利于学生之间的联系，允许学生之间谈话、相互帮助等，但对于全班讲解和控制要困难一些，特别是在小学低年级采取这种形式，学生花在学习上的时间会减少，学生年龄小，自制力差，容易出现不当行为，所以这种课堂设计形式一般在高年级采用得较多。

3. 暂时性的课堂设计

暂时性的课堂设计，是指根据教学内容临时性的需要将坐位进行暂时性的调整，以有利于教学活动。如教师要进行演示，希望各位学生都能观察到，便可以临时采用堆式。学生紧坐在一起靠近注意中心，后面学生可以站着看。如果要进行全班性的辩论或看录像等，可以采取椭圆马蹄形。如果要求学生按兴趣进行合作学习，可采取兴趣站的方式安排坐位（如图 10 - 3 - 3 所示）。

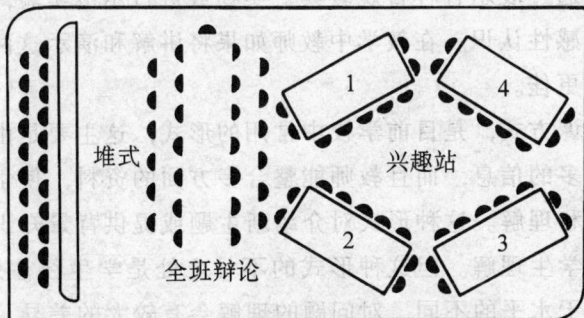

图 10 - 3 - 3 暂时性的课堂坐次设计模式

总之课堂环境的设计、坐位的安排要根据教学内容的要求进行，才有利于教学效果的提高。

（二）影响课堂设计的因素

课堂设计除根据教学内容与活动要求进行外，还必须考虑其他一些因素，如教室的大小、学生的人数、桌椅的尺寸和形状、固定设施、黑板的位置、视听设备等。固定设施是教师主观上不可改变的，因此在设计上必须因地制宜，不可照搬照抄。特殊课堂设计在班级人数较多的情况下不宜采用。四边形、环形、马蹄形模式一般不超过 20～25 人；25 人以上就要采用双四边形、双环形和双马蹄形模式。同时还要注意交通区的通畅、工作区和学习区的安静，以及学生的可见性，即要保证每一个学生在自己的坐位上都能看见教师、黑板、投影的目录和演示。总之，教室环境的设计达到优化，对学生的学习将起到有效的促进作用。

二、课堂教学组织形式设计

教学组织形式就是教学活动中师生相互作用的活动方式。教学目标是通过课堂教学的各种教学形式和活动实现的。一般来讲，常用的教学组织形式有课堂讲演、课堂问答、课堂自习三种。合作学习近年来也是常见的教学组织形式。

（一）课堂教学常用的组织形式

1. 课堂讲演

课堂讲演是指将讲演作为授课的重要形式。讲演有两种形式：讲解和演示。讲解是教师向学生讲述概念、原理和事实发生、发展的过程及规律。一般讲解是在一定感性的事实和现象的基础上，经过逻辑推理上升到概念和理论水平。演示是教师通过展示各种直观教具、实物或进行示范实验，使学生获得有关概念或原理的感性认识。在教学中教师如果将讲解和演示这两种形式结合起来进行，效果会更佳。

讲演这种授课方式，是目前学校中常用的形式，这主要是由于它能在较短时间内给学生较多的信息，而且教师能整合多方面的资料，使学生对问题有一个较全面的认识和理解。这种形式对介绍新主题或提供背景知识比较好，同时也能较好地帮助学生理解。但这种形式的不足之处是学生往往处在被动地位，而且学生之间由于水平的不同，对问题的理解会有较大的差异。

采取课堂讲演这种形式时，教师在课前要做好充分的准备，选择和组织好教材。在讲授的过程中，首先要创设情景，即激发学生学习的准备状态和学习的积极性和兴趣，随后逐步导入主题。教师可通过界定、比较、举例等方法进行讲解，还可以借助一些辅助手段如幻灯、录像等进行讲解，以使效果更加生动、形象。在讲解和演示时，要提示学生应该注意的中心，帮助学生维持注意，使教学达到应有的效果。最后，讲解和演示结束时，要进行归纳总结，使学生进一步明确这节课讲解的主要内容。

2. 课堂问答

课堂问答是教师根据学生的知识基础向学生提出问题，并引导他们经过思考作出回答，从而获得知识、发展智力的一种教学形式。这种教学形式的特点是信息是双向交流的，教师提出问题，引导学生回答问题，并对学生的回答作出评价或指示；学生在教师的指导下进行思考，运用已有的知识经验，通过判断推理回答问题，获得或巩固一定的知识，并发展智力。在此过程中，师生双方都可以得到反馈信息、进行相互交流，从而改善教与学的活动。这种教学形式要求教师具有丰富的课程知识和较高的教学艺术；同时，也要求学生具有一定的知识基础。

在这种形式的教学过程中，教师对于提出的问题、对象、引导、提示等要作好充分的准备，所提出的问题要难易适度，太难或太易都达不到应有的教学效果。向学生提出问题后，要给学生思考的时间，对学生的回答要适当地反馈，给予评价或鼓励。另外，向学生提出问题时要全面，这样才有利于调动全班同学的积极性；向学生提出的问题也要多种多样，包括知识性、理解、应用、分析综合和评价等方面的问题。

3. 课堂自习

课堂自习是以学生为主的学习活动，主要是在教师的指导下学生进行课程的预习、复习和练习，有时学生自学一些有关课程的内容。

练习是课堂自习的主要形式，它是学生在教师的指导下巩固和运用知识、掌握技能和技巧的重要教学形式和方法。课堂练习首先要使学生明确练习的目的与要求，也就是明确进行练习的主要指导理论是什么、练习应达到什么要求。同时，练习难易要适度，过难过易都达不到练习的目的，练习要循序渐进，由易到难、由浅入深逐步提高。练习的方式要多种多样，可以个人进行，也可以集体进行，还可以给学生辅助材料如电视、录像等，学生出现错误要及时予以纠正。最后要作好练习总结，在全班进行讲解，这样有利于保持练习的积极性，提高练习的效果。

4. 个别化教学

个别化教学是为适应个别学生的需要、兴趣、爱好、能力和学习进度而设计的一种教学形式。在班级中如有个别超常学生或智力、学习基础较差的学生，就应针对其特点和需要，进行个别化教学。

个别教学的形式是多样的，并不仅仅意味着学生独自进行学习。个别化教学可以是对学生进行个别辅导，也可以是小组辅导，也可以是在课堂中按照学生的个人特点提出要求。

（二）合作学习的组织形式

合作学习是根据异质分组的原则组织起来的，师生之间多向沟通、充分互动、共同发展的小组学习形式。

合作学习有其特殊性，和其他教学组织形式不同。合作学习并不像将学生置于学习小组中学习那么简单，更重要的是组织合作小组，促进小组的合作学习。合作学习并不只是让学生围坐在一起做作业；合作学习也并不是由一个学生撰写报告，其他学生搭便车签名即可；合作学习不等于小先生制，即由某一学习优秀的学生对学习较差的学生实施教学；合作学习也不等于让学生坐在一起和其他同学讨论教材，协助其他同学；合作学习也不等于一般的小组讨论。合作学习能够充分调动所有学生学习的积极性，发挥群体在学习中的作用，并能增强学生的合作和利他行为，能最大限度地克服竞争或等级评价所带来的消极影响。

合作学习的教学过程一般包含教师对全班的教学、学生分组进行教学、学习评价和学习表扬四部分。下面分别就教师进行合作教学前的准备、教学的实施、学习评价与表扬、合作过程和教学的反省等四部分，介绍合作学习的教学设计。

1. 教学前的准备

教师进行合作教学前的准备包括以下五部分内容：

（1）决定小组人数。按照小组的定义，两人以上为组，因此合作学习的小组人数至少在两人以上。小组人数受很多因素的限制，如学习目标的性质、可用的学习材料的多少、教室空间的大小、全班人数的多少、可用的教学时间有多长等等。总的原则是"小组愈小愈好"，遵循"由小而大"的原则。因为小组人数过多，小组学习所需的人际关系能力和合作的技巧越复杂，每个学生参与合作的时间也相应减少。

（2）学生分组。首先确定学生分组的组数，可用全班人数总和除以已经确定的小组人数。其次是采用适当的分组方法，决定每一小组的构成。分组的原则是异质分组，即根据学生的能力、性别、种族及社会经济背景等将学生分配到不同的小组中。可采用随机法和立意法分组。随机法是以完全随机的方式（如采用随机数码表）将全班学生分配到不同的组中。立意法是根据某些标准，把学生分配到不同的学习小组。形成小组后使学生熟悉并适应同组同学，形成良性互动，发挥有效学习的作用。如果经常把小组打散而重新分组，会使学生忙于小组的适应，忽略了学业的学习。对于功能不好的小组需要重新分组以改进小组的功能。

（3）分配组内角色。小组内的工作大致可分为学习工作和支持工作两类。学习工作是每人都必须参与的，支持工作可由明确的分工来解决。具体而言，每一小组都需要主持人、记录员、报告员、观察员、检查员、摘要员、教练员、资料员等。主持人负责掌握小组讨论的全局，分配发言的机会，协调小组学习的进程；记录员负责记录小组学习结果；报告员负责向全班同学报告结果；观察员负责观察小组同学的合作技巧、社会交往技巧；检查员负责检查小组的学习情况，确认小组每一成员真正理解所学的内容；摘要员负责摘记小组在各阶段学习的成果，包含小组的主要结论或答案；教练员负责指正小组成员学习上的错误，或阐释概念和方法；资料员主要负责学习资料或资源的取得与分配。有时，各种角色可以重新组合，以配合小组分工的需要。

（4）安排教室空间。空间安排的原则应有利于小组成员在学习工作上的努力，并避免其他小组可能带来的干扰。组内尽量接近，组间尽量远离。

（5）准备教材。这里所说的教材是指教学时所需的种种材料。在小组形成之初，成员之间不善于合作时，每一小组只给一份材料；惯于合作时再给每人一份材料，也可以分配给小组内每人不同的材料。

2．教学的实施

教学的实施要注意以下六个方面：

（1）明确学习任务。在学习开始时，为了避免学生产生学习挫折，教师必须明确说明学习目标和作业安排，以及如何完成目标和作业的程序，让他们更积极地投入学习。学生可以提出问题，澄清疑问。各小组在开始合作学习前，也应该先明确任务。在目标和任务交待清楚之后，教师可以直接教学，将本单元或本课时学习的相关事实、概念、原理、方法和策略教给学生，以建立进一步进行小组学习的基础。这种直接教学必须与小组教学一起做好整体规划。

（2）说明成功的标准。让学生知道怎样的表现是可以接受的。教师可以规定：小组学习后的评价成绩，至少应达85分以上，或者如果有一个成员达不到标准，那么小组的学习任务便不算完成。

（3）建立相互依赖。积极的相互依赖是合作学习成功与否的关键因素，其本质是小组成员之间建立浮沉与共、休戚相关的心理和行动，小组成员不只为自己的成败负责，也要为小组其他成员的成败负责。教师可通过确定成绩评价标准，如要求小组每一成员除了自己的表现必须达到一定分数外，也要协助其他小组成员达到一定标准，在小组中建立任务互赖、角色互赖、资源互赖、报酬互赖等。

（4）设计个人成绩评价。合作学习的目的是借助小组合作的力量，促进小组所有成员的能力发展，而不仅是使小组中某些学生有所成就。应该让每个学生了解每个人的学习责任，并说明学习评价是以个别学生的学习为对象。为确保每个人完成小组学习的目标，应为每个成员提供必要的协助和支持。

（5）指出期待的合作行为。合作学习的目标包括学习任务和合作任务两部分。讨论合作行为，使每个成员掌握合作的技巧，其重要性并不逊于学习任务的讨论。例如，与小组同学在一起，不要随意走动；正确掌握他人所说的内容；采取对事不对人的态度，等等。

（6）进行合作学习教学。在做好以上准备之后，就可以进行合作学习的教学。在教学实践中，教师可以按照合作学习的要求，创造性地摸索出各种合作学习的教学模式。

3.学习评价与表扬

学习评价与表扬需要进行以下四个方面的工作：

（1）追踪学生的行为。教师可运用观察法、访谈法等追踪学生的行为，目的是尽量搜集具体的资料，以便提供具体的改进建议；兼顾学习任务和合作任务，避免误导学习方向；分阶段要求合作行为；使小组每一成员配合默契。

（2）提供学习任务和合作技巧的协助。

（3）评价学习结果。一方面可以采用笔试、口试或成果评价的方式，以每一小组成员为对象，将学习成果或表现与既定标准相比较；另一方面对小组集体表现中个别学生对集体成果的了解和贡献加以评价。

（4）进行学习表扬。一种方式是给予小组共同的表扬。进行小组表扬时，必须确认小组共同成果是由每一位成员共同参与完成的，每一成员都能说明成果的工作目标、工作过程、内容、特色、功能等。另一种方式是针对小组学习的平均分数进行表扬。如果计算小组平均分，应该首先测量每个学生的基本分数，用此次表现减去基本分数，得出每个人的进步分数，再累加每个成员的进步分数，可以得出小组平均进步分数。进行表扬总的原则是能够激发小组成员之间的互赖关系。

4.合作过程和教学的反省

小组功能的发挥和运作情况是合作学习是否成功的关键。除教师外，也可由每个小组的观察员负责观察和反省小组的表现，提供小组运作的指导。可以全班进行反省，也可以小组形式进行。一般在评价与表扬之后进行反省。对自己提出这样的问题显然有利于小组工作的改进：小组同学做了什么帮助别人学习的事？被帮助的同学觉得怎么样？大家在学习时怎样合作？效果好不好？小组同学表现了哪些好的行为？应该怎样改变小组学习才会更好？

第四节　教学评价设计

一、课堂教学评价概述

(一) 课堂评价的含义

课堂评价是教师对学生在课堂中的学习态度、学业成就以及行为品德等方面的表现进行判断和决策，并且制定出适合学生发展的教学计划的过程。如教师在完成一阶段教学任务后，为了解学生对知识理解和掌握的程度，往往要进行提问、小测验、阶段考试、期中考试或作业练习。教师通过提问、测验或作业对学生知识掌握的情况进行分析和判断，可以发现学生哪些方面比较清楚、哪些方面还不清楚甚至有错误，从而为下一次确定教学重点、制定教学计划提供依据或参考。这就是一个课堂评价的过程。

(二) 课堂评价的功能

课堂评价为教学提供大量的信息，它的功能主要体现在以下几个方面。

1. 课堂评价是有效教学的依据

课堂评价是保证教学有效、顺利进行的依据。只有进行课堂学习的评价，才能确定教学行为在多大程度上接近预计的目标，才能判断教学活动的效果与效率。教学过程需要课堂评价不断对教学目标、起点行为和教学活动进行反馈。合格的课堂评价的成绩表明教学已达到目标，标志着旧教学过程的结束和新教学过程的开始。在教学的每一个阶段，即教学开始、教学中和教学结束时，教师都应不断地进行评价，这样才能及时掌握学生不断变化的学习状况，保证教学的顺利进行。

2. 课堂评价是师生调整和改进教学的依据

教师通过课堂评价的反馈了解教学效果，能更准确地把握学生对知识掌握和理解的程度，更有针对性地安排教学计划。学生通过课堂评价，能明确自己对知识掌握的情况，有助于改进学习。同时课堂评价也可以激发学生的学习动机，改进学习策略和方法。

3．课堂评价是学校鉴别学生学业成绩的主要方式

学校通过课堂评价学生学业成绩来鉴别学生的学业成就。学生的大部分学科成绩是通过课堂评价获得的，学校根据学业评价成绩决定学生的选拔、分班、升留级等。

4．课堂评价是家长了解学生学习情况的主要方式

学校通过成绩单向家长报告学生评价的结果，家长通过课堂评价了解学生在学校中的表现。这有助于家长配合学校的教育，鼓励孩子在学校做好学生，取得好成绩，能促进学生行为、学业的进步。

5．课堂评价是教育评价的依据

教育主管部门可以通过学生评价的结果来评价某个班级、学校、地区的教学，此外也是考查教师、学校工作业绩的指标之一。

（三）课堂评价的模式

课堂评价模式大致可以分为三类：传统评价模式、动态评价模式和课程本位评价模式。

1．传统评价模式

传统评价模式建立在行为主义和早期认知心理学的理论基础上，其目的是了解学生学习上的特点、能力发展的水平、学业进步的状况以及如何帮助学生的学习取得更大的进步。使用的方法主要是测验，而且是标准化常模测验。当然教师还需要借助其他非正式评价手段，来诊断学生学习的状况及其原因。教师和学校根据评价结果可以进行教育决策，如确立学生在学习上或某种技能发展上有哪些优缺点，还可以根据评价进行分组、分班等。

2．动态评价

动态评价是指学生在适宜的条件下能够达到的水平，也就是当学生和教师之间建立了一种健康的相互影响的关系时，学生的学习能力会得到充分的发展，有可能最大限度地发挥出学习潜能。学生的学习能力是在师生交互作用的动态社会环境下发展的。教师评价的目的是评价学生在教学情境下进行学习的能力水平，而不仅仅是确定学生学会了什么。所以动态评价过程是教师提供教学情境、内容等，再观察学生在教学中的反应和表现，从而进行主观评价。评

价的结果主要用于调整和指导教学，所以较少使用标准化测验。教师为了获得所需要的信息，常常要使用自编测验，自己决定评价的目的、对象、性质和时间，具有较大的灵活性和连续性。评价的标准一般也不仅仅是测验分数，而是由教师自定或与学生协商确定。这种评价是一个连续不断的过程，能够直接指导教学，并与教学融为一体。

3. 课程本位评价

课程本位评价是指以教师所教、学生所学的课程内容为核心对学生的学习进行评价。采用的测验与教学内容密切结合。学生学什么就测查什么，使测验与教学有机地结合在一起。如要求学生学习 100 个英文单词，就测查学生对这 100 个英文单词的掌握情况。

进行课程本位评价时教师要制定课程范围或个体教学计划的目标，教学计划要具体到个别学生。然后，对学生完成学习任务的情况经常进行系统性的和重复性的测量，并且要用图表等形式表示学生在某一段时间内所取得的进步。

课程本位评价把教学提到了重要的地位，降低了测验或考试的作用，针对的是学生的掌握情况，不考虑与常模团体的比较，是传统评价方式的有效补充。

（四）课堂评价形式

20 世纪 80 年代以来，课堂教学倾向于过程和结果的双侧度评价，对结果评价的恰当方式是量的评价，对过程中表现出来的行为恰当的评价方式是质的评价。量的评价和质的评价作为两种评价取向不是截然分开的，对过程也可以进行量的评价，对结果也可以进行质的评价。量的评价和质的评价的最显著的区别就是在评价之前是否有先验的理论和假设。例如，问卷法属于量的评价方法，观察法则属于质的方法。

（五）评价结果的报告

教师对学生学习的评价可以通过多种形式进行报告，量的评价常用的是分数值，如试卷的得分、成绩单上的成绩等。评分方式有以百分等级表示的，也有以五级分表示的。有些课程采用合格与不合格来评价学生的学习成绩，这种评分方法降低了学生之间的竞争，能减轻学生学习的压力。这种评分方法一般是在选修科目中采用。

教师可采用质的评价为学生写个人鉴定或做定期的综合评价。这种方式有利于学生较全面地了解自己的优缺点以及今后努力的方向。在进行这种评价时，教师应收集更多的教师和学生的意见，以使评价更为客观。

二、对课堂教学的量的评价

一般在中小学教学中使用的测验主要是标准化测验和教师自编测验。

1. 标准化测验的选择与使用

标准化测验是由专家或学者们编制的，这种测验的命题、施测、评分和解释都有一定的标准，具备较高的信度和效度。测验结果比较客观，适用于大规模、大范围地评价个体的心理特征。标准化测验是一个系统化、科学化、规范化的施测和评价过程，测验的各个环节都实现标准化。但是，标准化测验只是粗线条地刻画学生的成就，局限于专家事先确定好的范围，只提供关于成就的一般信息，不能详细描述学生的技能、能力和学习方式的全貌，所以标准化测验所获得的信息只是教师进行学业决策时的信息的一部分。

标准化测验要求具有一定专业知识和技能的人员进行施测，所以教师在使用标准化测验前，要接受一定的专门技术训练，还要查阅测验手册，确定自己具备实施的能力后，方可在课堂中进行施测；否则可以考虑聘请心理学家来施测和解释，自己不可盲目进行。

2. 教师自编测验

教师自编测验是由教师根据具体的教学目标、教材内容和测验目的编制的测验。这种测验的针对性比较强，能比较细致具体地了解到学生的学习状况和特点。但由于是教师自己编制的，与标准化测验相比标准化程度较低，而且只能采用本班常模。教师自编测验有不同类型，编制前应做好各种准备工作，编制过程中要依据一系列的原则。

三、对课堂教学的质的评价

（一）观察、案卷分析和学生的态度评价

1. 观察

在教学过程中，教师的非正式观察也能收集到大量的关于学生学业成就的信息。这种观察一般是在自然条件下进行的，也就是教师在教学过程中对学生的行为进行自然观察，并客观地、详细地记录所观察到的情况。教师观察评价往往采用行为检查单、轶事记录和等级评价量表等方式。

（1）行为检查单是教师在教学前列出一系列他认为重要的目标行为，然后

在课堂上利用检查单及时记录下所观察到的行为，以便指导和帮助学生。下面是一份评价学生劳动行为的检查单的一部分（见表10-4-1）。

表 10-4-1 学生劳动行为检查单

姓名：×××

时间：×月×日~×月×日

行为表现	出现左边的行为请划√	备 注
抹桌子	√	
打扫走廊	√	班长布置的
为班级打水		
帮老师擦黑板	√	
擦玻璃窗		

（2）轶事记录是教师描述所观察的事件，提供比较详细的情况，但不加任何评论、不掺杂个人的意见或观点，只是客观地记载下所观察到的事实。事实上这种记录不可能排除主观见解，而且比较费时间。

（3）等级评价量表可用来判断某种行为发生的频率，以及某种操作活动的质量，使观察信息量化。评价量表使用一系列值来表示从"不好"到"好"或从"不满意"到"满意"之间的几个等级，如教师评价学生交作业的情况：

1　　　　2　　　　3　　　　4

总是　　经常　　有时　　从不

由于这种评价是教师的主观判断，有时难免有偏见，可以找几位教师一起进行评价，就会更客观。这种方法与检查表结合起来，既能得到定性的资料，也能得到定量的资料。

2．案卷分析

案卷分析是教师对学生学习活动的成果进行分析评价的一种方法。如对学生的作品，包括课堂练习、家庭作业、论文、日记、手工制作品等进行分析、考察，形成某种判断、决策，这一过程就是案卷分析。

3．学生态度的评价

学生态度的评价是对学生的情绪、学习动机和个人观点等进行评价。除采用测验、已有量表进行评价外，也可以由教师自行编制一些开放式问题和问卷来收集信息进行评价。如了解学生对班级的态度可以采取开放式问卷：

班里有的同学_____　　　我愿意在课堂上_____

每次班里组织活动时_____　　　如果我是班长_____

了解学生的学习情况可采用这样的问卷：

我觉得数学很简单　　（1）总是　　（2）有时　　（3）从来没有

我做作业很困难　　（1）总是　　（2）有时　　（3）从来没有

（二）成长记录袋评价

20世纪80年代以来，许多西方国家的中小学教育都经历了一场"评价改革运动"。教育评价在发展上表现出一些新的特点和趋势：以质性评价整合与取代量化评价；既重视学生在评价中的个性化反应方式，又倡导让学生在评价中学会合作；强调评价问题的真实性与情境性；评价不仅重视学生解决问题的结果，而且重视得出结果的过程。而成长记录袋就是在这场运动中形成和发展起来的新的质性评价方式。

1. 成长记录袋的概念

成长记录袋是指以文字形式详细记录学生成长情况的档案袋，具有以下特点：成长记录袋的基本成分是学生作品，而且数量很多；作品的收集是有意的而不是随机的；成长记录袋应提供给学生发表意见和对作品进行反省的机会。

2. 成长记录袋的类型

成长记录袋的分类方法有很多，不同的研究人员，从不同的角度出发，根据不同的标准，划分出许多不同的类别。有的学者以成长记录袋的不同功能为标准，把成长记录袋评价分为：理想型、展示型、文件型、评价型、课堂型等五种，其中最有代表性的是理想型（见表10-4-2）。

表10-4-2　成长记录袋的类型

类　型	构　　成	目　　的
理想型	作品产生和入选说明，系列作品，以及代表学生分析和评价自己作品能力的反省	提高学习质量。通过一段时间的成长，帮助学生成为能对自己的学习历史进行思考和非正式评价的人
展示型	主要由选择出来的学生最好和最喜欢的作品组成。自我反省与自我选择比标准化更重要	在有家长和其他人参加的展示会上，提供学生的作品的样本

续表

类　型	构　成	目　的
文件型	在内容上除了学生作品外，还包括由教师完成的检查表、教师所做的课堂观察记录，以及表现性测试的结果等	以学生的作品、良好的质性评价的方式，反映学生的努力、进步和成就
评价型	主要是由教师、管理者、学区所建立的学生作品集。评价的标准是预定的	向家长和管理者提供学生在作品方面所取得成绩的标准化报告
课堂型	它通常包括依据课程目标对所有学生表现的总结、教师给每个学生的评语，以及教师本年度的课程和教学计划	在一定情境中向家长、管理者及他人报告学生的有关情况

成长记录袋具有如下共同特点：学生成长记录袋里的内容与某一时期的教学和学习目标相一致；学生自己决定放入成长记录袋中的项目；教师定期对学生的成长记录袋进行反馈；成长记录袋的评价主要是形成性的，注重学生的学习过程、才智的发展、通过学习的进步过程等。教师可以从学科特点、教学目标以及培养学生能力的角度，选择不同类型的成长记录袋。

3. 成长记录袋的设计与生成

(1) 明确目的。包括成长记录袋在内的所有评价活动都要从明确目的开始。不同类型的成长记录袋可以体现学生发展的不同方面，与不同的教学目标联系起来。

(2) 确定评价的内容和技能。要明确教学目标是什么、学生要学习哪些内容和技能。

(3) 确定评价的对象（年级水平与学科）。首先要考虑的是评价的目的，因为评价目的直接影响评价对象的选择。如果教师想给班里的学生及其家长提供反馈信息，使家长更多地了解孩子，学生更多地了解自己，促进家庭与学校沟通及师生交流，那就要从学生那里收集一系列的作业。如果教师只是出于教学诊断的目的收集信息，那就只需收集个别学生的信息，并且限于特定的内容和技能。

(4) 确定要收集的东西。成长记录袋内容的选择取决于它的目的。如果成长记录袋的目的是为了展示，那么只要收集学生最好的作业样本即可，学生进步过程中的作业，以及标准化测试的分数都不会予以收集。反映进步的成长记录袋的内容应能表明进步的性质与程度。

（5）确定作品收集的次数与频率。作品收集的时间安排取决于成长记录袋的目的。如果目的是展示优秀作品，材料的收集可以在任何方便的时候，只要有好作品出现，就把它收集起来。如果目的是反映进步，就要在长时期内收集学生作品。而评估用的成长记录袋，要求在同样情景下、在同一时间，收集所有被评价学生的作品样本。

（6）调动学生参与到本系统中。学生可以选择将什么作品装入成长记录袋中；学生可以撰写日志，作为成长记录袋的一部分；学生可以把自己的作品和进步与他人分享；学生还可以在教师的指导下，组织成长记录袋展示的家长会。有些教师还会安排学生评价自己成长记录袋中的部分作品，以鼓励学生进行自我反省。下面是学生在反省自己最近几个月的进步情况时要回答的具体问题。

①你检查了自己的哪些作品？它们是何时完成的？

②你的作品在这一时期内有什么变化？这一改变的具体证据有哪些？

③你学到了哪些以前不知道的东西？是何时，如何学到的？

④如何将所学的新知识运用到这门课、其他课以及校外的生活？

⑤如果把自己看作是一位本领域的专家，你该怎样改变和完善作品？

⑥你是否已经达到预定的目标？如果没有，你该在未来如何增加进一步的知识与能力？

⑦在这段时期内，你对自己的作品有没有其他意见？

（7）确定给成长记录评分的程序。记录袋所收集的东西，多数要在收集的时候就予以评分。那么，是否和如何对成长记录袋进行整体评分，就成为一个需要思考的问题。具体的程序选择有赖于教师想达到什么样的目的，以及评分的材料属于什么类型。

（8）向每个人介绍成长记录袋。向学生说明使用成长记录袋的目的，以收集合适的资料。教师还可以通过家长会进行解释，但必须派发浅显易懂的宣传资料，确保家长明白方法，以争取家长的积极配合。如果成长记录袋中的结果要应用，还要对公众进行有关的宣传与培训。

（9）制订结果交流的计划。克莱蒙（Ciemmons, 1993）建议动员社工和家长志愿者来帮助其他家长了解成长记录袋。宣传橱窗、家长函、报刊消息也是可以采用的方式。

（10）制订保存成长记录袋及与专业人士分享信息的计划。在开始使用成长记录袋的时候，教师首先想到的是如何保存这些材料，而且这种考虑会一直继续下去。成长记录袋需要教师和学生付出很多努力，如果在学年末扔掉或发给家长，就意味着学校损失了很多有价值的信息。教师负责成长记录袋的保存，并定期将每个学生的部分作品送回家中。

4．成长记录袋的评分与结果的报告

在总结性评价中给成长记录袋评分，需要考虑的首要问题是，把每个成长记录袋都作为一个整体来评分，还是将成长记录袋中的各项目单独评分，然后计算其平均分。要把成长记录袋作为总结性评价的工具，在评分的时候一定要保证其信度、效度和公平。评价整个成长记录袋与个别项目的评价要采用相同的程序。具体的评分方式也会影响所获得信息的类型和数量。

（1）评分方式的选择。同一个学生的成长记录袋可能由于计算总分的方式不一样，得到的分数也有所不同。依照不同标准对不同任务的评分取平均值，是最不可信、最容易出错的评分方式。在选择成长记录袋评分方式的时候，必须小心谨慎。

表 10 - 4 - 3 是一个成长记录袋评价表样例，它对三个作文样本进行了综合评分。表中还专门留出地方对学生作品进行总体的描述。这一评价表用同一标准评价所有的项目，逐个项目打分后，就可以合成分数。

表 10 - 4 - 3　成长记录袋综合评价表样例

写作成长记录袋的评价					
项　　目	等　　级				权重	加权分数
	优秀 4分	可接受 3分	尚可接受 2分	欠佳 1分		
叙事写作						
描写写作						
说明写作						
总　体						
一般的描述性评价：						
评价者： 日　期：						

不同学科的成长记录袋所设计的评价表的评价标准各不相同。提前让学生了解有关评分系统的信息十分有用，可以在一定程度上改善学生的表现。

（2）评分者的选择。一般来说，在课堂教学评价中应用成长记录袋要由个别教师来评分。而在学区或更大范围的评价方案中，往往由教师组成评价工作小组或网络来评分。有人提出尝试让学生参与评分，把学生自评分数按照一定的权重加进总评分数之中，我们认为，必须明确自我评价与自我评分是两回事，学生参与评分并不是完全不可以，但必须慎重。

（3）权重的确定。如果教师对成长记录袋中的内容逐个条目地进行评分，就可以给不同的条目以不同的权重，其中某些条目的权重要高于其他条目。评分的操作方法也比较简单，教师先给每一条目（或某一类条目）评分，然后用规定的权重乘以每一个分数，将加权分数相加，然后除以总权重。

（4）成长记录袋评分中的错误来源。既然成长记录袋中多数材料要进行评分，就要保证其效度、信度和公平。评分的信度、效度取决于教学目标、评分标准与准确评分的结合。只要注意成长记录袋任务的表述，并与成长记录袋的具体目标相符合，成长记录袋的效度就可以得到保证。为保证评分的效度，需要教师记下学生作品的完成日期和背景。这一信息可以使评分者了解评价的背景以及可能影响学生分数的某些因素。例如，教师在某一学生的普通信件写作样本上注明写作的日期，清楚地标明哪一份作品是在教师进行有关教学之前完成的，哪一个样本则是在有关教学之后收集的，还有哪一个是在教学一个月后收集的。如果忽略了这些细节的信息，自然会影响评价的结果。

5. 结果的报告与交流

如果只有学生和教师与评价有利害关系，一般可以采用总结表的形式呈现最终的评价分数。教师也可以召开会议来交流评分的结果。如果家长很想看到子女的努力，也想看到子女的成长，希望看到草稿和学习日志等具体的资料，教师必须做周到的考虑。如果成长记录袋评价的信息是为学校和学区总结的，情况就变得更加复杂。在这种情况下，我们需要正式结果和统一的评分系统。而此时关注的焦点基本上是最终结果，而不是进步的中间指标。

6. 成长记录袋评价的优势和不足

根据成长记录袋的相关定义及其诸多类型，可以说成长纪录袋记录了儿童在某一时期一系列的成长"故事"，是评价学生进步过程、努力程度、反省能力及其最终发展水平的理想方式。相对于纸笔测试和其他快照式评价而言，成长记录袋的优势主要体现在以下几方面：

（1）成长记录袋的主要特色是能够"描绘"学生的成长过程与学生各自的特长与兴趣。

（2）成长记录袋内容的收集及其评价可以反映学生的自我反省或元认知能力，反映学生自我监控学习的技能。

（3）成长记录袋中不同类型的内容可以反映儿童的"完整"面貌：学生掌握知识的程度与长处（能做什么以及不能做什么）、对"作品"的解释以及对自己的"看法"、儿童在某方面的"才智"、儿童的兴趣和爱好等。

（4）成长记录袋的收集过程往往需要相当长的一段时间，由此可以反映学生的毅力、努力与上进心。

（5）成长记录袋可以反映学生的思维和问题解决的能力、运用策略和程序性技能的能力，以及建构知识的能力。

（6）对于教师来说，成长记录袋的内容可以帮助教师获得儿童学习模式的信息，由此作为教师设计课程与教学计划的基础。

（7）帮助教师形成对学生合适的期望，有助于改变师生关系以及家庭与学校的关系。

成长记录袋的局限性主要表现在以下几方面：

（1）成长记录袋的应用需要本已十分忙碌的教师付出更多的时间和精力；

（2）在某一学生成长记录袋中的作业样本可能并不能代表他实际上知道些什么和能做些什么，也就是说成长记录袋评价的效度很难保证；

（3）成长记录袋的标准化程度较低；

（4）教师需要有关成长记录袋评价的理论培训与指导，应用背景与目的很难界定，公众可能对这些过于详细的信息缺乏兴趣等。

小　　结

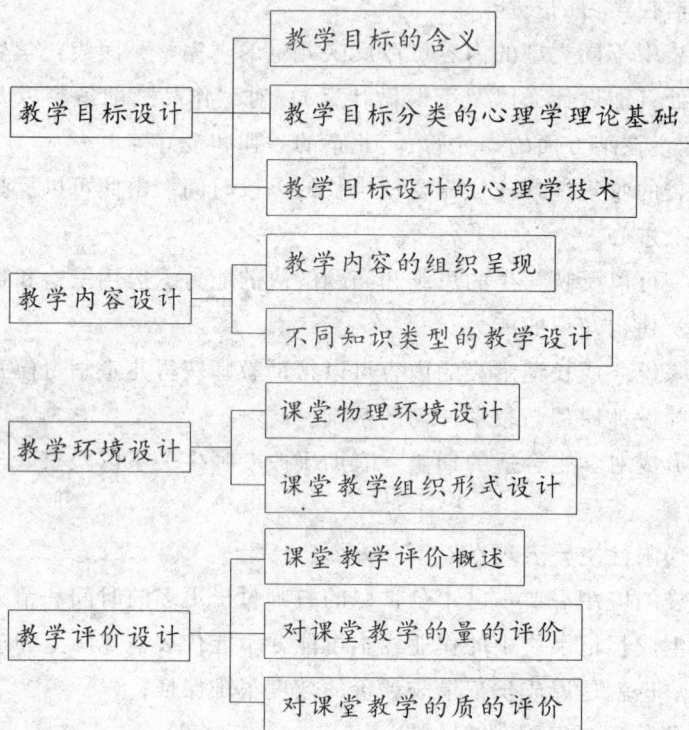

思 考 题

1. 名词解释

   教学设计　表现性目标　成长记录袋

2. 简述教学目标分类的心理学理论基础。

3. 教学目标设计的心理学技术包括哪些内容？

4. 比较不同教学目标呈现的效果。

5. 试述不同知识类型的教学设计的基本要求。

6. 试述课堂教学组织形式设计的要求。

7. 结合自己的专业设计一节课。

第十一章

课堂学习管理

教学要点

- 课堂学习管理的含义和作用
- 课堂学习管理的基本原则
- 影响课堂学习管理的因素
- 如何创造良好的课堂氛围
- 维持课堂纪律是基本策略

学习要求

- 掌握课堂学习管理的含义和作用
- 明确课堂管理的基本原则
- 了解影响课堂学习管理的因素
- 懂得如何创造良好的学习气氛，维持课堂学习纪律

☆ ....

引　子

创造良好的学习氛围

　　课堂学习管理贯穿在整个课堂教学过程中，是有效教学的重要组成部分，也是中小学校教育管理的重要内容之一。良好的课堂学习管理不仅能保证教学目标的实现，而且能提高教学质量，促进学生身心的健康发展。因此，如何进行有效的课堂学习管理，就成为教育学家、教育心理学家以及广大教育实践工作者们广泛关注的问题。本章将重点介绍课堂管理的含义和作用，课堂学习管理的基本原则、影响因素和维持课堂纪律的基本策略。

.... ☆

第一节　课堂学习管理概述

　　课堂学习管理是开展教学活动、完成教学任务、实现教学目标的重要保证，它贯穿于课堂教学过程的始终。

一、课堂学习管理的概念

　　课堂学习管理的概念是相当广泛的，一般来讲是指教师在课堂教学活动中，建立一个有效的学习环境，促进学生积极参与教学活动，从而实现预定教学目标的过程。

　　教师在教学过程中，不仅要传道、授业、解惑，还必须进行组织管理工作，吸引学生的注意力，激发他们的学习兴趣，促使他们积极参与到教学活动中去。同时，教师还有责任创设良好的课堂学习气氛，也就是说，为学生创造和维持愉快和谐的课堂气氛，使学生积极主动地学习，充分发挥每个学生的聪明才智。否则，就会出现纪律问题，发生问题行为，干扰课堂教学。可见，课堂管理得当、组织有力，不仅可以促进教学活动的正常进行，实现教学目标，而且可以增强学生参与教学活动的意识，形成良好的学风和课堂环境。

对于课堂学习管理的概念，教育心理学者、教育管理者以及中小学教师有一个逐渐认识和理解的过程。在20世纪50～70年代，人们主要把课堂学习管理的精力集中在对个别学生问题行为的控制和处理上，在课堂学习管理中，教师主要采取管、卡、压的办法。然而，人们逐渐认识到，这种作法非但不能减少课堂上的问题行为，反而使问题越来越多、越来越严重。此后，课堂学习管理的概念发生了较大变化，许多心理学家、教育管理学家提出，课堂学习管理应强调促进学生积极的学习行为和争取成就的行为，创设鼓励学生积极学习行为的教学环境，预防问题行为的出现，这就是现代课堂学习管理的基本思想。

二、课堂学习管理在教学中的地位和功能

课堂学习管理在课堂教学中占有重要地位。课堂教学过程可分为教学、评价与管理三个方面，它们在教学中各司其职。教学是以课程内容为中介，师生双方进行的教与学的共同活动。其特点是通过系统的知识、技能的传授与掌握，促进学生身心的发展。评价是按照一定的标准对教学效果作出的价值判断，也是提供教学活动反馈信息的途径，它具有诊断、调整和强化的作用。通过评价，可以判断教学的质量和水平、发现存在的问题，并以此为根据采取措施改进教学，激发学生的学习积极性。管理则是对课堂教学的各个环节进行计划、决策、组织、指挥、监督和调节，其目的是建立良好的学习环境，保证教学任务的实施，促进学生积极参与教学活动，以取得优良的成绩。

课堂学习管理具有两个基本功能：建立良好的学习环境和促进学生的学习。

课堂教学管理的首要功能是，为教学活动建立良好的学习环境，维持课堂教学的正常秩序，使教学活动能顺利地进行。课堂教学是一种有计划、有组织、有领导的师生共同参与的教与学互动式的群体活动，在教学过程中，难免会遇到一些问题或干扰。例如，有的学生上课时玩游戏机，有的学生做怪相引起其他同学发笑，有的学生精神不振、打瞌睡、睡觉等等，这些情况如果不及

时处理或排除，就会造成课堂秩序的混乱或冲突，致使课堂纪律涣散，难以完成教学任务。为了保证教学任务的完成，维护集体的利益，教师在讲授知识的同时，必须随时对课堂教学活动进行管理，及时地预见并排除那些影响课堂教学正常进行的不利因素。

课堂学习管理的第二个功能是，调动学生的学习积极性，启发他们学习的自觉性，培养他们的自主学习能力。学习是一项艰苦的劳动，教师在课堂教学中，应引导和维持学生的注意力，明确学生的学习任务，激发学生的学习兴趣，减少紧张和焦虑的气氛，使学生在宽松、和谐、友好的环境中进行学习。课堂上不仅要有学生的问与答，而且要使学生的静心聆听与积极思维活动同时进行，使课堂气氛严肃中不乏轻松、紧张中还有欢乐。课堂学习管理的基本目标是调动学生学习的自觉性，使他们养成勤奋好学、积极向上、互相帮助的好学风。这种好学风对学生的问题行为会起到积极的预防作用。

总之，课堂学习管理，就是教师运用管理学的知识和技能，建立起良好的课堂教学环境，促进学生学习的积极性和自觉性，从而保证教学任务的顺利完成。

三、课堂学习管理的基本原则

基于积极促进、预防为主的观念，现代课堂学习管理一般遵循以下四条原则。

(一) 了解学生的需要

课堂学习管理不是靠简单的监督和控制就能达到目的，了解学生学习的心理需要，如学生的好奇心、自主探究的愿望、学习兴趣等是课堂学习管理的基础。虽然教师在建立有效的、具有启发性的、促进学习的环境中起着关键作用，但毕竟外因要通过内因才能起作用。只有了解学生的心理需要，才能根据学生的心理需要调动他们的学习积极性，培养他们的学习自觉性，使他们积极参与教学活动，从而保证教学任务的完成。教学的目的、内容和方法只有与学生的需要相适应，才能更好地启发学生学习的自觉性，从而保证学习任务的有效完成。

(二) 建立积极的师生关系和同伴关系

课堂教学的过程是师生之间发生情感交流、产生思想共鸣的过程。课堂气氛对学生的学习效率有很大影响。愉快、和谐的课堂气氛，良好的师生关系和理性的教师权威，不仅有助于教师传授知识，而且有助于学生学习。在这样的教学环境中，教师与学生彼此之间具有较大的相容性，相互之间产生积极主动的促进作用，学生主动接纳教师的指导，接纳各项教育措施，教师的行为可以对学生产生潜移默化的影响，这一切保证了教学活动的顺利开展。

学生群体，不论是正式的班集体、团队组织，还是非正式的交友群体，对学生的学习动机、学习态度及价值观都有很大的影响。良好的学生群体，可以为教与学活动创造一种积极向上的群体心理气氛，对于学生提高学习效率及形成良好的品德都具有重要意义。所以课堂学习管理，要建立并巩固良好的师生关系和同伴关系，以满足学生最基本的心理需要。

（三）实施有效的教学措施，促进最佳学习

如果中小学教师能采取有效的教学措施，把学生的行为引导到教学活动中来，充分发挥学生学习的积极性，那么，课堂上的学习行为就会增多，问题行为自然就会减少。为此，教师要建立切合于学生心理需要、学业程度的教学目标，并使教学目标成为学生的需要。为了达到教学目标，教师还必须对学生提供有效的指导，选择难度适当的教材和良好的教学方法，使学生对学习内容本身感兴趣。这样才会激发学生的内部动机，促进他们积极主动地投入学习。同时，教师还应对学生的学习结果作出及时反馈，以鼓励学生不断取得学业成就，增强他们学习的兴趣和积极性。

（四）建立课堂规范

课堂规范是保证教学顺利进行的准则。例如，上课铃声停止以后，学生必须准备好书本文具，安安静静地坐在自己的坐位上准备上课；上课过程中有问题要问的学生要举手发言。规范是维持课堂秩序的准则，也是课堂学习管理的依据。因此，从新生入学开始，就应当建立课堂规范，使全体学生认识到，这是学生在教学活动中必须遵守的行为准则。课堂规范一方面有利于学生形成良好的课堂学习习惯，另一方面对学生的违纪行为有预防作用。如果没有这种团体规范作为依据，处理学生的违纪行为时就会无章可循，学生也难以心悦诚服，难以起到教育的作用。在制定课堂规范时，必须使全班每一位学生了解规则的意义，同时还应考虑到学生的具体年龄特点、执行起来是否有困难。只有这样，制定出来的团体规范才不至于流于形式。

四、影响课堂学习管理的因素

课堂学习管理是学校管理体系中的一环，它受下列各种因素的影响。

（一）学校领导的管理方式

学校领导的管理方式对教师课堂学习管理有直接的影响。学校领导如果采取民主管理方式，学校的气氛比较宽松、和谐、积极向上，那么，教师就能够发挥自主性和创造性，敢于发表自己的意见，敢于根据课堂的具体情况进行教学改革，学校中大部分的课堂学习气氛就会是活跃的、良好的；如果学校领导采取监督式的、权威的、专制的领导方式，学校领导与教师之间关系紧张、冷淡，在这种学校气氛下，课堂学习管理的气氛也会比较紧张，学习气氛也就比较沉闷。因为学校领导对教师的专横和威胁，直接影响教师的思想和情绪，而教师必然会把一种紧张不安的情绪带入课堂中。

（二）学生的定型期望

定型期望是指人们对某一种职业或职务类型的人，在行为表现、动机和意向方面的期望。例如，一般认为教师是人类灵魂的工程师，教师应该为人师表，一切行为应该符合比较高的道德标准，这就是人们对教师行为的一种定型期望。学生对教师的课堂教学行为，同样会怀有一种定型期望，他们希望教师以某种方式进行教学和课堂学习管理。学生的这种定型期望会对课堂学习管理产生影响，如果教师的行为表现与学生的期望不一致，学生就会产生不满。学生在学习的不同时期，会对教师有不同的定型期望，所以，教师应该时刻了解学生对自己的期望，尽量使自己的行为方式、管理方式等与学生的期望一致、协调，这样才能使师生关系更融洽、更和谐，从而取得更好的课堂学习管理的效果。

（三）班集体的特点

对不同特点的班集体，应该采取不同的课堂学习管理的方式和方法。不同的班集体，有不同的群体规范、不同的凝聚方式，因此，教师在教学中不能采取固定不变的课堂学习管理模式。例如，优秀的班集体，已经形成了良好的学风和群体规范，而且具有较强的凝聚力，在这里，教师应该采取启发式的课堂学习管理，充分发挥学生的积极性和主动性，放手让他们进行自我管理。而对于群体凝聚力尚未形成、学习风气不浓、学生问题行为较多、纪律涣散的班集体，教师应该采取控制性的管理，培养学生骨干，逐渐引导班集体形成群体规范，培养群体凝聚力，同时形成良好的课堂气氛。

班集体的大小对课堂学习管理的方式也有一定的影响。一般来说，如果班集体过大，师生之间、同学之间交往的频率低，相互了解少，相互之间的情感纽带较脆弱，建立集体规范就比较困难，容易形成各种非正式的小群体。而且，在这样的环境中，往往不是所有的学生都能感受到班集体的温暖，少数同学甚至会感受到冷落；学生之间的个别差异也较大，难免产生摩擦与冲突，直接影响课堂学习管理的效果。因此，班级群体不宜过大，一般以 30～40 人为宜，最多不超过 50 人。

第二节　创造良好的课堂学习气氛

一、课堂气氛的含义

课堂教学的效果不仅取决于教师怎样教、学生怎样学，还取决于一定的教学情境，也就是教学的环境。教学情境包括物质的成分，如教室的布置、桌椅的摆放、光线的强弱等，也包括心理的成分，即课堂气氛，这是更为重要的内容。例如，有的课堂学习气氛积极而活跃，有的拘谨而刻板，有的协调而融洽，有的冷淡而紧张。课堂气氛是在教学过程中，师生之间通过相互作用而产生和发展起来的，是由大多数学生的共同态度和情感的优势状态形成的，它是课堂学习赖以发生的心理背景。健康积极的课堂气氛，有助于提高学生的积极性；反之，则会影响学习效果。课堂气氛一旦形成，具有相对的稳定性，往往要维持相当长的一段时间。

二、课堂气氛类型

课堂气氛是一种综合的心理状态，包括知觉、注意、思维、情绪、意志以及定势等状态。我国学者依据这些心理状态综合表现的不同特点，将课堂气氛划分为积极的、消极的和对抗的三种类型（如表 11－2－1 所示）。

表 11 - 2 - 1　课堂气氛的类型

课堂气氛类型 \ 师生的心理状态	积极的	消极的	对抗的
注意状态	师生对教学过程表现出注意的稳定和集中，全神贯注甚至入迷	发愣，打瞌睡，（在教师严厉呵斥的情况下）分心，做小动作（在教师管理课堂能力差的情况下）	1. 学生注意指向与课程内容无关的对象，而且常常是故意的 2. 教师为了维持课堂纪律而被迫中断教学过程
情感状态	积极愉快 情绪饱满 师生感情融洽	压抑的、不愉快的（在教师较严厉的情况下）、无精打采、无动于衷（在教师管理能力较差的情况下）	1. 激情，学生有意捣乱，敌视教师，讨厌上课 2. 教师不耐烦，乃至发脾气
意志状态	坚持，努力克服困难	害怕困难，叫苦连天，设法逃避	冲动
定势状态	确信教师讲课内容的真理性	对教师讲的东西持怀疑态度	不信任教师
思维状态	智力活跃，开动脑筋，从而迸发出创造性。教师的语言生动、有趣，逻辑性强。学生理解和解答问题迅速准确	思维出现惰性，反应迟钝	不动脑筋

　　积极的课堂气氛是恬静与活跃、热烈与深沉、宽松与严格的有机统一体。也就是说，在课堂纪律良好、师生双方都有饱满的热情的情况下，学生的注意力高度集中，思维活跃，课堂发言踊跃。在热烈的课堂气氛中，学生保持冷静的头脑注意听取同学的发言，并紧张而又深刻地思考，师生之间关系融洽，配合默契。课堂里听不见教师的呵斥声，看不见僵局和苦恼的阴影，而有的是教师适时的提醒、恰当的点拨、积极的引导，课堂气氛宽松而不涣散、严谨而不紧张。

消极课堂气氛常常以学生的紧张拘谨、心不在焉、反应迟钝为基本特征。在课堂学习过程中，学生情绪压抑、无精打采、注意力涣散、小动作多，有的甚至打瞌睡睡觉。对教师的要求，学生一般采取应付态度，很少主动发言，有时，学生害怕上课，或提心吊胆地上课。

对抗的课堂气氛实质上是一种失控的课堂气氛。教师失去了对课堂的驾驭和控制能力，学生在课堂学习过程中各行其是，教师因此有时不得不停止讲课来维持秩序。

三、教师的领导作风与课堂气氛

（一）权威型、民主型、放任型的领导方式与课堂气氛

表 11 - 2 - 2　教师三种领导方式的比较

教学的各方面	权威式	民主式	放任式
教学计划	教师决定一切学习计划并控制学生的行为	师生共同设立学习目标，拟定学习计划	无指导，完全自由活动，常有干扰
学习方式	在教师的控制下，学生表面上学习，实际上不一定生效	学生们一起讨论，提出评判，求得结果，成就卓著	教师不指导学生，遇到困难即停顿
努力情况	教师督促学生努力学习，当面有效，离开就不行了	学生努力达到目标，自己负责学习，不论教师是否在场	学生任意学习，不知努力的方向，效率很低
教室秩序	形式主义的学习，表面看似遵守秩序，实际因循苟且	学生们按计划行动，互助合作，秩序良好	有时生动活泼，有时吵闹混乱，缺乏纪律
课堂气氛	着重个人学习，无社会化的行为，气氛严肃	师生友好，大家愉快，学习有兴趣，成功有信心	大家喜怒无常，时而兴高采烈，时而忧郁丧气

教师的领导方式直接影响着课堂气氛的形成。勒温（K. Lewin, 1940）及其同事最早对教师的领导方式进行了研究，他们把教师的领导方式分为权威

型、民主型和放任型。这三种领导风格对于学生的影响，有的是积极的，有的是消极的。通过从教学计划、学习方式、努力程度、教室秩序和班级气氛等方面进行比较（如表 11 - 2 - 2 所示），便可以了解教师的领导方式在课堂学习管理中的作用。

权威式的领导，课堂中的一切由教师作决定，学生没有自由，只是听从教师的命令，教师完全控制学生的行为。民主式领导，教师在课堂以民主的方式教学，重视集体的作用。教师将要求、活动及工作步骤交给学生集体讨论，然后提出课堂目标，确定可选择的步骤，让学生自己分配工作，教师对学生的表现给予客观的表扬和批评。放任式领导，在教学中仅给学生提供各种材料，要求学生自己完成作业，教师采取一种不介入的、被动的姿态，不提供任何计划和建议，在学生解答问题时也不提供帮助，给学生充分的自由和空间。

权威式的领导方式常常引起学生的高度焦虑，学生对教师敬而远之，既害怕又反感。教师在场时，学生的学习积极性高，课堂秩序好；教师一旦离开课堂，学生的学习活动效率就明显下降。在这种领导方式下，学生容易产生挫折感，形成不良情绪，产生攻击性行为。不过，当班集体纪律涣散、课堂秩序混乱、人际关系紧张时，权威式的领导方式往往能有效地控制局面，使课堂活动摆脱困境。放任式的领导方式，容易导致学生在课堂上各行其是，造成无组织、无结构、放任自流的课堂气氛。在这种课堂气氛下，学生的学习效率低，往往不能掌握所学的内容，不能完成教学任务。同时，学生因不了解社会的要求、不了解在课堂规范内应该怎样活动、如何有效地同他人交往，常常会产生不现实的期望，因而不可避免会造成混乱，在课堂中问题行为也较多。在民主式的领导方式下，学生的学习目标明确，喜欢参与教学活动，课堂上呈现出思维活跃、积极向上的和谐的学习气氛，学生心情舒畅，关心集体，自我定向和自律能力得以发展，活动的独立性较强，无论教师在场或不在场，学生的行为反应相差无几。

（二）PM 领导行为与课堂气氛

研究者还指出，教师在指导学生的过程中所发挥的功能，也会影响到课堂气氛和教育效果。卡特怀特与赞德（Cartwight & Zander, 1960）认为，领导具有维持集体和达到目标两个功能。维持集体的功能表现为维护集体中良好的人际关系、信任和支持成员的活动、解决纠纷、注意征求大家的意见、鼓励集体成员相互团结等行为；达到目标的功能表现为使成员明确目标、要求成员遵守规则、制定良好的计划、督促成员努力工作、评价成员完成任务的情况等行为。

三隅二不二（1966，1987）编制了可用于测量教师达到目标和维持集体两种领导行为水平的量表。他用 P（performance）表示达到目标的功能，用 M（maintenance）表示维持集体的功能，通过考察教师发挥这两种功能的情况把教师分成 PM 型、P 型、M 型和 pm 型。PM 型的教师两种功能都能够发挥得很好，P 型和 M 型的教师只是一种功能发挥得好，pm 型的教师两种功能发挥得都不好。

三隅二不二等人（1977）用 PM 量表测量了 3 007 名学生对 83 名教师的看法，结果是属于 PM 型 23 人、P 型 18 人、M 型 16 人、pm 型 26 人。这一研究还测量了这些教师任课班级中学生的学习兴趣、遵守纪律的情况、班级的团结情况和学生对于学校的满意程度。研究结果见表 11－2－3。

表 11－2－3　不同类型教师班级中学生的情况（%）

教师类型 ＼ 学生表现	学习兴趣	遵守纪律	团结情况	满意程度
PM	62.3	59.0	70.7	61.2
M	56.2	41.1	64.4	59.6
P	54.2	41.8	51.1	45.1
pm	47.6	35.2	38.7	47.2

在四项学生指标当中，PM 型教师的课堂气氛都是最好的，而 pm 型教师的班级中除了"对学校的满意程度"这一指标外其余都是最差的，M 型教师的班级在"遵守纪律"上不如 P 型教师，其余都仅次于 PM 型教师。我国学者对班主任的 PM 行为与班集体特点也进行了研究，结果表明，在班干部成长、班级目标、遵守纪律、集体舆论这几个方面，都是 PM 最好，M 型次之，P 型再次，pm 型最差。

四、创造良好课堂气氛的条件

（一）教师的课堂运作能力

要创造良好的课堂气氛，教师必须具备课堂运作能力。课堂运作即是强调课堂中有效的管理与有效的教学之间紧密的联系，课堂运作能力是通过教师的一系列课堂学习管理能力实现的。美国教育心理学家康尼经过多年的研究认为，教师要实现良好的课堂运作，必须具备以下六方面的能力：

1. 洞悉

洞悉指的是教师在实施教学的同时，还能注意到课堂内发生的所有情况，并用言语或非言语予以适当处理的能力。例如，一位教师在讲植物各个部分的功能时，同时注意到两个学生在小声说话、互相推搡，这时教师就提出"植物什么部分结果实？"的问题请大家思考，同时迅速走近那两个学生的书桌旁，平静而严肃地说"把手放在自己身边"，然后走到教室前面的讲台上，对其中一名同学提出进一步的问题："你看挂图上结果的部位在哪里？"教师的这种洞悉力，有助于避免学生不良行为的产生，使课堂保持良好的秩序。这位教师一方面提出问题，组织全班同学注意教学内容，一方面及时用言语制止了个别学生的违纪行为，将他们的注意力转移到教学中来，使教学活动能顺利进行。康尼把洞悉描述为教师"脑后有眼"，它使学生在课堂上不轻举妄动，从而避免可能发生的扰乱课堂秩序的行为。

2. 兼顾

兼顾指的是教师在同一时间内能注意或处理两个以上事件的能力。也就是在同一时间内，既能照顾到全班学生的学习活动，又能回答个别学生的问题。例如，教师在指导小组学习时，一方面指导全组同学朗读课文，一方面迅速地回答个别同学的问题而不影响小组活动的顺利进行。而对于缺乏经验的教师来说，有时会因为处理个别学生的问题而拖延时间过久，使大多数学生的注意力涣散从而影响学习。

3. 把握分段教学环节的顺利过渡

在教学过程中，有时教学活动还必须分段进行。在分段教学中，教师要具有能按照计划组织学生、使他们迅速而有序地从一个阶段向另一个阶段过渡的能力。这就要求教师向学生提出的要求明确、具体，比如分组讨论时要求将坐位较近的学生组成一组，搬动桌椅时要轻，讨论时讲话声音不要影响其他小组，以及讨论多长时间等。这样使学生做到心中有数，能按部就班、有条不紊地进行课堂活动。

4. 使全班学生始终参与学习活动

在课堂教学过程中，要使学生在 45 分钟内都保持一种积极参与的状态，不是一件容易的事情。这需要教师在教学过程中采取必要的教学组织形式。一般在教学过程中采取以下的方式，对于组织学生参与学习活动是有益的。

（1）教师讲解时可以结合教学内容向全班学生提出问题。这样做一方面可以启发学生思考所讲授的内容，另一方面也可以集中学生的注意力，使他们更加用心地听讲。教师在向全班学生提出问题以后，要停顿几秒钟，使每个学生都能听清楚问题，并且了解问题的内容，然后指定一位学生回答。如果该学生不能回答，再指定另一名学生回答。在指定学生回答问题时，应注意学生的具体情况，如有的学生畏畏缩缩、能力较差，对他们所提出的问题就应当容易一些，使他们能够圆满地回答，从而增强学习的自信和积极性。要避免提问时只让成绩优秀的学生回答，或按照某种顺序指定学生回答，最好采用随机的办法，使每一个学生在思想上时时刻刻做好准备。

（2）指定某个学生在黑板上演算一道题，同时要求全班学生在坐位上也演算这道题。演算完毕后，可以指定一名学生核对自己的演算结果与黑板上的是否一致，提出黑板上的演算对错与否。这样使全班学生都参与教学活动，不至于因个别学生的演算而使全班学生精神涣散。

（3）在要求学生朗读课文时，如果课文篇幅较长，可以由几个学生接力朗读。这样做的目的同样是为了避免因为一个人朗读时间太长，而使其他学生无事可做，思想走神。

总之，在进行教学的过程中，要注意采取一定的教学方式或策略，尽量组织全班学生参与教学活动，使他们的注意力始终能保持在教学活动中，以提高教学效果。

5．创设生动活泼、多样化的教学情境

生动活泼、多样化的教学情境，可以激发学生学习的动机与兴趣。现代教学有许多现代化的教学手段，如使用幻灯、投影仪、录像和多媒体等教学手段，可使教学内容更加直观、生动活泼，对于提高教学质量、改进教学方式、激发学生学习的兴趣和动机都是很有效的。此外，教师还可以组织多种形式的教学活动，如团体比赛、合作学习、参观、访问、发表演说、角色扮演等，都有利于提高学生学习的积极性，使教学过程更加生动活泼。

6．责罚学生时避免微波效应

在教学过程中，教师有时要在全班学生面前批评或责罚某个学生，这是难以避免的。但是，在责罚个别学生时，教师应当尽量避免由于责罚而产生的微波效应。康尼指出，微波效应指的是教师责罚某一学生后，对班级中其他学生所产生的负面影响。例如，有的教师在责罚学生时，由于情绪比较激动，不能冷静对待，有时言词过于偏激，甚至说出过头话，有损学生的人格，这样做非但不能使犯错误的学生受到教育，反而会引起其他同学对这个同学的同情甚至对教师心生反感。而如果被责罚的学生在班上部分同学中有一定的影响力，那么，教师的这种做法会引起严重的负面影响。所以，康尼指出教师处理个别学生的问题时，应避免微波效应。

（二）教师的移情

移情又叫感情移入，是指在人际交往中，当一个人感知对方的某种情绪时，他自己也能体验相应的情绪，即设身处地从对方的角度去体察其心情。在课堂学习管理中，教师要有体察学生情感反应的能力，使自己在情感上和理智上都能站在学生的角度，多为学生着想。因此，移情好比是师生之间的一座桥梁，它可将教师和学生的意图、观点和情感连结起来，创造良好的课堂气氛。

教师将自己置于学生的位置，才能准确地观察学生，体验其情感。如果教师总是以自我为中心，习惯于向学生提出单向要求，就容易产生认知障碍。例如，有一位班主任从自身的位置出发，认为一位喜欢把小动物带进教室的学生是故意捣乱，破坏了课堂纪律，因而采取批评、惩罚的方法，结果弄得师生关系很紧张，课堂气氛也受到严重影响。而后来换了一位新的班主任，他能从学生的角度想问题，理解学生的兴趣，并支持学生的这种爱好，让他担任动物饲养小组的组长，使小组活动开展得生动活泼，课堂气氛也不再受到小动物的干扰。

教师要相信每一个学生都有自己的天赋、才能、兴趣和力量，相信每一个学生都能被教育成为有所作为的人；对于那些缺少天赋或生理有某些缺陷的学生、因学习差而抬不起头的学生、因失败而产生挫折心理的学生、犯过错误而受到惩罚的学生，教师要给予同情和关怀，给予热情而诚恳的帮助，师生之间就容易产生情感共鸣，这对于形成和谐的课堂气氛是很重要的。

（三）教师的期望

期望是人们在对外界信息不断反应的经验基础上，或是在推动人们行为的内在力量需求的基础上，所产生的对自己或对他人行为结果的某种预测性认知。教师如果能充分了解每个学生的认知能力和人格特征，形成对每个学生恰如其分的期望，那么，教师的这种期望可能对学生产生良好的自我实现预言效应，促使学生向更积极的方向发展，并形成和谐的课堂气氛。如果教师对学生带有偏见，看不到他们的优点而形成低期望，那么，学生在这种期望的影响下，就可能自暴自弃，学习成绩越来越差，并严重影响课堂气氛。这种期望效应产生的基本过程，以及它对学生行为和课堂气氛影响的机制，基本上是一致的。

(四) 教师的焦虑

焦虑是指个体由于不能达到目标或不能克服障碍，致使自尊心与自信心受挫，或使失败感和内疚感增加，形成一种紧张不安、带有恐惧的情绪状态。教师对教学能力和知识水平的自我评估，常常使自己感受到对自尊心的威胁而产生焦虑。教师焦虑水平的影响效果同样服从耶基斯—多德森定律：过高或过低的焦虑，对于发挥教师的能力是不利的，只有维持在中等焦虑水平上，才有利于教师的水平和能力的充分发挥。在创造课堂气氛中，如果教师的焦虑水平过低，缺乏激励力量，对教学、对学生就容易采取无所谓的态度，师生之间很难引起情感共鸣，容易形成消极的课堂气氛。如果教师焦虑过度，在课堂里总是忧心忡忡，惟恐学生失控，害怕自己教学失败，一旦学生出现问题行为时，就可能缺乏随机应变的能力，做出不适当的反应，使课堂气氛紧张。所以，只有当教师的焦虑处在中等程度时，他才会努力改变课堂状况，有效而灵活地处理课堂上出现的问题，不断努力以创造最佳的课堂气氛。

良好的自我意识是教师维持适度焦虑的关键因素。自我意识是教师对自己的认识和了解，教师要在自我认知的基础上，进行有效的自我监督，在教学过程中自觉地克服与教育相违背的思想与行为。当课堂出现各种不利因素时，要能控制并调整自己的情绪和行为反应，以适应课堂情境的需要。因此，只有具有自知、自尊、自信、自谦和自强不息精神的教师，才能有效地保护其自尊心，维持适度的焦虑水平，创造出和谐的课堂气氛。

第三节 维持课堂学习的纪律

一、课堂纪律的含义

(一) 课堂纪律的概念

纪律是群体成员必须遵守的行为规范，它是群体为了维护共同利益并保证工作正常进行而制定的要求各个成员遵守的某种准则。任何群体均有自身的纪律，课堂学习也有纪律，它使学生群体有统一的行为规范，保证课堂学习的秩序，使教学目的得以实现。从对个人行为的影响来看，纪律是从外部施加的准则与控制，从这个角度，我们可以把课堂纪律定义为对学生课堂行为所施加的外部准则和控制。而当它们逐渐被学生所接受或内化，就可以称之为自律，这是个体社会化的一项重要内容，此时学生就能自觉地进行自我指导和自我监督了。

（二）对课堂纪律的误解

在课堂学习中维持课堂纪律十分重要，但是，对于什么是好的课堂纪律，在一些教师乃至学校管理者心中存在着认识上的误区。良好的纪律在于保持一种有助于目前和将来学习的气氛。课堂上容许并鼓励教师有效地教和学生有效地学，并能促进师生身心健康的气氛，就是好的纪律。对课堂纪律普遍存在这样一些误解。

第一，认为课堂越安静，学生的学习效率越高。由于这种误解，教师往往要求学生上课时端坐不动，不准开口或有任何动作，也就是说，只准许用眼睛和耳朵来学习。事实上，这是不科学的，因为有效的学习需要整体的配合。

第二，认为守纪律就是绝对服从教师的权威，而纪律就是教师的意志。凡服从教师命令的就是守纪律，凡不服从教师的行为，不管出于什么原因，一律被说成是不遵守纪律。例如，年龄较小的一年级学生，体力上无法坚持长达四五十分钟的时间双手背后端坐不动，稍有松动，便被教师认为是不守纪律。有的学生文具盒落到地上，低头去捡，也被认为是不守纪律。持这种观念的教师总是感到学生在违反纪律，不得不在教学过程中不断地整顿课堂纪律。与此同时，学生感到遵守纪律十分困难，甚至是痛苦的。显然，这样的纪律要求不但不利于学生有效地学习，而且不利于儿童身心的健康发展。因此，教师和管理者具有正确的纪律观念，对学生提出适当的纪律要求是十分必要的。

二、课堂纪律的功能

一般情况下，课堂纪律具有以下四种主要的功能。

（一）有助于学生社会化

课堂纪律使学生了解在各种场合被赞同或默许的行为准则，懂得个人行为所依据的价值标准，知道在什么情况下该做什么、不该做什么。

（二）有助于学生人格的成熟

课堂纪律使学生在遵守社会规范和要求的过程中，逐渐形成独立、自信、自我控制、忍受挫折等人格品质。

（三）有助于学生良好道德品质的形成

课堂纪律有助于学生接受道德准则，并形成道德义务感，使学生能自觉地遵守道德规范，形成良好的道德品质。

（四）有助于学生上课时情绪稳定

课堂纪律使学生的行为有所遵循，不至于因为对自己行为的迷惑、担心而产生焦虑。

三、课堂纪律的类型

根据课堂纪律形成的原因，可能把课堂纪律划分为以下四种类型。

（一）教师促成的纪律

教师促成的纪律，是指在教师的操纵、组织、安排、规定和维护的基础上形成的纪律。它通过教师的指导、监督以及奖惩得以实现。这种纪律的实现，还必须与教师对学生的体贴，如同情、理解、调解、协助、支持和容纳学生的意见等相互配合，才能使学生逐渐接受或内化，使纪律成为学生自己的要求。

教师促成的纪律一般适用于低年级。低年级的学生需要教师为他们建立课堂秩序，需要教师的奖惩和指导，需要教师的体贴，从中体验到一种安全感，并逐渐学会规范行为。

（二）集体促成的纪律

集体促成的纪律，即是同伴集体形成的行为规范与准则要求。学生从上学开始，同伴集体在其社会化方面起着越来越大的作用，同伴集体提供了一种新的价值观念和行为准则。同学们以其见解、爱好、信念等作为自己行为的准则，常常以"同学也这样做"作为从事某一件事的理由。同时，同伴集体可以使其成员产生一种独立的体验，从而找到自己的位置。此外，同伴集体的行为准则，为其成员提供了道德判断和道德行为的新参照点，可减少他们在思想、情感和行为方面的不确定性和焦虑。在一个好的班集体中，学生为了不损害与集体的关系或与同学的关系，即使自己再有困难，也会自觉遵守集体的纪律。

（三）任务促成的纪律

任务促成的纪律，即是指由于某一特定任务的需要而提出的纪律要求。如班级里节日要出黑板报，要求学生在一定时间内交稿件，这时学生会放弃其他娱乐活动，按时交稿件。任务促成的纪律，是以学生对活动任务的充分理解为前提的，他们对任务理解得越深刻，就越能自觉地遵守纪律，即使遇到困难和挫折也不会放弃。

（四）自我促成的纪律

自我促成的纪律也就是自律，即学生把教师促成的纪律、集体促成的纪律或任务促成的纪律内化为自己的行为准则，自觉地遵守，并把维护纪律作为自己的职责。

四、学生遵守纪律的心理发展历程

刚刚出生的小婴儿只是一个自然人，行为随意，没有约束，但是很快父母就会按照社会的常规对他的行为做出各种约束。以后，他在幼儿园、学校都要接受纪律的约束，并且学会自觉遵守纪律。

处于不同年龄阶段的个体，由于心理成熟度不同，对纪律的理解水平不同，行为反应也不同，因此在纪律约束的方式上也应该不同。心理学的有关研究将个体接受纪律的发展过程分为以下几个阶段：

（一）强制阶段（0～6岁）

处于强制阶段的儿童，由于年龄很小，不懂得纪律约束的重要性和必要性，因此，可以主要使用强制方法来约束他们，但要注意强制不等于体罚。强制分为积极强制和消极强制。所谓积极强制就是当儿童做出不当行为时，成人通过语言、目光或身体动作使他知道自己的行为是不好的，使其感到心理压力，从而放弃不适当的行为方式，回到纪律的轨道上来。消极的强制才有身体上的强迫，也就是体罚。由于体罚存在诸多负作用，应该尽量少用。

（二）强化阶段（6～9岁）

处于强化阶段的儿童开始知道行为后果对自己的影响，已经学会根据自己的需要来判断事物。这时他们认为，能够满足自己需要的行为就是正确的，否则就是不正确的，他们的行为遵循的是快乐原则。针对这一心理特点，对这个阶段的儿童使用强化的方式最有效。因此，教师的表扬和批评以及班级或全校的评比、奖励都是十分有效的。

（三）遵从集体阶段（9～16岁）

处于遵从集体阶段的儿童群体归属意识形成，开始认识到集体与自己的关系，产生集体荣誉感，十分看重集体荣誉。因此，可以利用集体作为强化的手段，用集体荣誉、集体要求来约束儿童的行为，使其遵守纪律。

（四）服从法律和权威阶段（16 岁到成年）

大约从 16 岁开始，学生认为只要是维护社会秩序的行为就是好的行为。这时，他们不再把集体看作高于一切，而把行为责任转向个人。他们开始学会自我管理，接受内部引导，认为人人都应遵守社会规则。在这一水平上，学生开始懂得约束的必要性，这时是教给学生自我管理的最佳时机。

（五）民主平等阶段（成年）

民主平等阶段是纪律约束发展的最高级阶段。在群体中所有成员平等地共同商讨，为一个理想的目标制定规则并实施规则。这时的纪律事实上已不是纪律了，因为它不是外部的要求，而是个体内部要求的外化。

从上述五个发展阶段来看，小学生基本上处于第二和第三阶段，而中学生则逐渐发展过渡到第四和第五阶段，因此，教师对待学生纪律问题的方式方法也应当不同。

五、维持课堂学习纪律的基本策略

维持课堂学习秩序的最佳策略，是预防学生违纪行为的产生，要做到这一点可参考以下建议。

（一）维持学生学习的注意和兴趣

引发并维持学生的注意和兴趣，是维持课堂纪律的最佳策略。只要学生注意学习，把兴趣集中在学习上，就不会分心，不会发生其他的违纪活动。

为了引起和维持学生的注意和兴趣，教师应该做到以下几点：

第一，教学内容要符合学生的需要，切合学生的实际；

第二，教学方法能激起学生的兴趣，维持学生持久的注意；

第三，作业难度要适中，使学生经过努力后能完成，从而产生成就感。

（二）非言语线索的运用

教师要善于随时随地觉察课堂里每一个学生是否都在专心听讲，当发现某个学生有表现不当行为的迹象时，就要立即采用非言语线索，给学生一个暗示信号。如以一个眼色暗示开始做小动作的学生，或做一个手势，或一边讲课一边走过去停留一下。这种非言语线索，既可控制不当行为的产生，又不影响课堂教学秩序。

（三）有选择地强化正当行为

为了预防课堂内违纪行为的发生，教师可以对某些学生采取选择性强化策略。班级里哪些学生的行为容易越轨，教师心中是有数的。因此，在课堂学习中，当某个学生出现不良行为迹象时，教师可以不加理会，而向他提出一个比较容易回答的问题。这样，他就会感到教师在注意他，而当他回答正确时又获得了成就感。正当行为受到强化，实际上也就抑制住了他的不正当行为。

（四）赞扬其他学生

有些学生在课堂学习中表现出不当行为，可能是为了引起教师的注意，向教师挑衅。对待这样的学生，一般地说，教师不必去理会他，可以采取赞扬其他学生的策略，选择他邻座的同学或他最要好同学的行为表现加以赞扬。这样做可使行为不当的学生受到暗示，教师已经知道了他的行为表现，他应该控制不当行为。

（五）正确处理学生的违纪行为

在课堂学习的过程中，教师难免要处理个别学生的违纪行为。一般来说，处理学生违纪行为应该以说服教育、促进学生自省为主，但在学生出现违纪行为时，可以视情节严重的程度使用惩罚。惩罚的种类很多，有些是校规校纪中明文规定的，如警告、记过、劝退和勒令退学等；有些没有明文规定，但教师经常在课堂上使用，如罚多写作业、晚回家、取消奖励等。国外有学者建议，在使用惩罚时，要注意以下几点：

第一，除非不得已，不使用惩罚。

第二，不得使用有可能伤害学生身体的任何体罚。

第三，惩罚之前，必须让学生清楚地认识到违纪行为的严重性，并且同意接受惩罚。

第四，惩罚应该在学生出现违规行为时及时采取，不要等到学生违纪行为发展到不可收拾的地步，才采取严厉的措施，如开除等。那样，惩罚也就无更大的教育价值了。

第五，惩罚后，要给予学生积极的帮助，使学生受惩罚后，不仅不再犯错，而且在同样情境下学到以适当的行为替代不当行为，使惩罚产生教育价值。

第六，实施惩罚后，如发现学生有积极的表现，应停止惩罚。

第七，教师在情绪激动或愤怒的情况下，不要惩罚学生，否则容易出现偏差，伤害学生。

惩罚不是目的，而是为了有效地终止学生的不良行为。为了塑造学生良好的行为方式，教师在对学生施行了必要的惩罚后，还要开展细致的工作，防止学生产生敌对的或自暴自弃的想法。同时，教师要引导学生观察、模仿榜样的行为，帮助学生建立起正确的行为方式。

另外，教师还必须注意，学生的个性特点不同，惩罚产生的作用便不同。教师要兼顾学生的个体差异实施恰当的惩罚。

六、课堂学习中的问题行为

（一）什么是问题行为

问题行为是指学生带有反社会性或破坏性的行为，这种行为不利于他人。不良适应性行为也属问题行为，这种行为不利于学生自己。课堂中学生的问题行为，主要是指学生不能遵守公认的行为规范和道德标准，不能正常地与人交往和参与学习的行为。具体来说，是指那些直接指向环境和他人的不良行为，直接妨碍教学或学习过程的行为，以及某些适应不良的行为。如有的学生故意不遵守规章制度，不服从领导，恶意攻击，打架斗殴，甚至逃学等。或表现为退缩行为，如胆小怕事，不愿与同学交往等。总之，问题行为包括品行和人格两个方面。

（二）引发课堂问题行为的因素

在课堂中，学生是学习的主体，也是问题行为的表现者。学生问题行为的形成原因，不仅仅来自学生自身，还往往来自于课堂、学校、社会和家庭，而集中表现在学生身上。主要的因素有以下几个方面：

1. 适应不良

适应不良是指学生人格的适应不良，即不能很好地根据环境的要求改变自己，或学生不能积极作用于环境并改造环境，由此产生各种情绪上的干扰。在小学中，学生人格适应不良比较常见的症状是注意广度小、多动、寻衅闹事、学业志向水平低和人格不成熟等。这些特征严重地干扰着学生的学习，也是造成学生课堂问题行为的直接原因。人格适应不良、多动、易怒、分心及情绪波动，使学生上课时不能集中注意力、不能坚持学习，容易受其他因素的影响。人格适应不良的学生由于其敌对性、过分寻衅的反应，常常会导致他们与教师和其他同学的对立和不合作。学生人格的不成熟常常表现为缺乏责任感，缺乏独立性和长远目标，不能控制自己的冲动，而对较复杂的学习任务缺乏坚持性。这些都是引发课堂问题行为的诱因。

2. 厌烦

对课堂教学活动不感兴趣，是学生出现问题行为的另一个重要原因。教学内容不适合学生的程度和水平，过深或过浅，或过分重复，都会使学生觉得索然无味，于是要寻求其他刺激使自己兴奋起来。课堂上确实有一些学习能力特别强的、精力特别旺盛的学生因为"吃不饱"而不守纪律，但绝大多数有问题行为的学生是缺乏学习兴趣、成绩较差的类型。他们坐在教室里听教师讲课如同听天书一般，根本无法参与到课堂活动中去，加之学习上屡屡失败，使他们失去了信心和学习的兴趣。他们感到在课堂上无所事事，于是需要用其他办法来填补这段时光，这种情况下很容易出现问题行为。

3. 挫折与紧张

在课堂教学中，教师所提出的学习和行为上的要求，不可能适合每个学生的情况，而只能照顾到大多数学生。对于一些学生来说，由于教师在学习上或行为上施加的压力、学校生活中受到的挫折，使他们常常感到心理紧张、压抑而需要宣泄。

教师和学生的关系不好，也是引起学生问题行为的重要原因。一些有问题行为的学生，学习并不很差，但他们和教师的关系很紧张，有敌对情绪。有的学生在班里得不到同学的接纳，感到在集体中没有地位，不受欢迎，遭到排斥、歧视和冷落，就干脆不去谋求与教师和同学的合作。他们破坏纪律的行为往往是故意的、挑衅性的、报复性的，用来发泄不满和敌对情绪。这些学生的问题行为显然源于对班级群体缺乏认同感以及与周围人关系不和谐造成的心理紧张和人际矛盾。

4. 寻求注意与地位

有的学生学习差，又没有其他方面的特长，在班里他们得不到任何人的重视或认可，得不到任何奖励的机会。由于认可需要不能从正当的途径得到满足，于是他们宁愿闹事，受谴责甚至惩罚，也要以此来求得教师和同学的注意，赢得自己在班级中的地位。例如，当一个学生在学校里功课很差，或与老师同学的关系不好时，他就可能逃学。因为逃学可以使他回避学习上的失败以及不受老师、同学理睬的孤独。同时，这种作法还可以得到"哥儿们"的敬佩和友谊以及玩电子游戏时感到的成功与快乐等等。

5. 过度活动

过度活动也是课堂教学中容易引起问题行为的因素。过度活动的学生其注意力无法集中在课堂上，行为冲动，容易扰乱课堂秩序，同时，还容易产生敌对行为和破坏性行为。过度活动的学生，有的是由于有情绪冲突，使他们对刺激过于敏感或有过度反应的倾向，他们在课堂中也容易对无关刺激做出反应，从而造成问题行为。还有一些学生的过度活动是由于脑功能失调所造成的。对于这样的学生要热情真诚，帮助他们学会控制自己的冲动，不要滥用药物控制其行为。

6. 性别差异

课堂教学中问题行为的产生有性别上的差异。一般来讲，男生的问题行为比女生要多一些。有人认为，这可能是由于男孩语言技能获得较慢，社交学习较晚。另外，在低年级的教师中女性较多，这可能也是男生在学习适应上更困难的原因之一。

课堂学习中，问题行为虽然表现在学生身上，但事实上许多问题行为的产生与教师是有直接关系的。如教师所选教材的内容、难度与学生的认知发展能力不相适应；教学方法只考虑了大多数同学，而没考虑适应个别差异；教师对学生限制过多，对学生采取凌驾其上的态度；在课堂上造成强烈的竞争气氛；误用惩罚手段，惩罚不当使学生产生怨恨，诱发其攻击性行为；教师缺乏自我批评的精神等。当问题行为严重干扰课堂时，教师容易激动，有时会说过头话，或采取过激行为，而事后教师又很少进行自我批评，这样就容易加剧学生的不满情绪。

（三）课堂学习中对问题行为的调控

对于学生课堂中的问题行为，应当以预防为主，引导和促进学生端正学习态度，帮助学生适应课堂环境，逐渐减少问题行为的发生。基于这样一种思想，我们认为应当采取以下措施：

1. 制定适宜的教学计划

课堂教学的中心任务是使学生获取知识，获得学习成就是学生的根本需要。通过学业学习，学生希望得到成就需要、自尊需要、交往需要的满足。要满足学生的这些心理需要，教学计划中的教学目的、内容和方法必须适合学生的程度或水平，使学生通过学习能取得比较满意的成绩，提高其自信心和自尊心。学生在学业中的成功，可以解除因学习而产生的过分焦虑的情绪，提高作为学习者和解决问题者的自信，同时也能提高同伴对他的赞许程度，获得教师和父母对他的信任，提高他在班集体以及家庭中的地位，改善其人际关系。这样，他就能更好地适应课堂环境。

2．帮助学生调整学习的认知结构

学生学习中的问题，往往出现在进入一个新的学习阶段的时候。新的学习任务常常会打破学生原有的知识结构，如果学生能顺利完成认知结构的转换，学习就能顺利进行，否则，学生由于不能跟上教师的思路，就会产生过度焦虑感，惶恐不安，不知所措。所以，教师在每引入一个新的问题时，必须交代清楚教学内容的来龙去脉、新知识与旧知识的联系，使学生做到心中有数，而不至于紧张，同时，要引导学生将新知识与头脑中已有的认知结构进一步整合，从而提高学生的认知水平，这样学生就能进一步增强学习的信心和能力。

3．给予精确而严格的指导

在课堂学习中，学生几乎有 70％ 的时间是在坐位上做功课。一般来讲，学生对于自己的作业是严肃认真的，但他们往往准备不足，不知道该怎么做，这也是部分学生产生问题行为的原因。因此，教师应给予学生清晰的指导。指导应该包括学生做什么、为什么做、怎样做、怎样获得帮助，以及完成作业后干什么、完成作业需要多少时间，不能按照指定时间完成时怎么办等，以使学生得到足够的信息。否则，学生就会产生一种不确定的感觉，表现出急躁、厌烦或焦虑，甚至产生问题行为。给予学生指导可以通过各种方式，除了言语以外，还可以写板书、放投影或用纸写指导语。教师积极地回答学生的问题非常重要，能使学生体验到一种安全、支持的气氛。而采取冷淡、申斥学生的态度只能引起一种消极的气氛。

4．建立良好的教学秩序

教学应该在愉快、和谐、有序的气氛中进行，这样才能使教师和学生的情绪处在平静状态、思维处于活跃状态，才会产生良好的教学效果。建立良好的教学秩序，教师首先要建立合理的课堂结构，包括课堂情境结构与教学结构。

课堂情境结构包括课堂规范的建立，如上课不迟到、不早退、发言要举手等。对于课堂坐位，教师可以根据教学内容以及教学方式进行安排。如果采取小组合作方式教学，坐位可以按照小组安排，一个小组的学生面对面地坐在一起；如果进行全班讨论式教学，可以采取围圈的形式，这样全班同学与教师可以面对面地进行讨论。研究表明，学生的课堂行为在一定程度上受到坐位的影响，坐在前排的学生往往上课听得最专心，坐位由后排往前排移的学生，常常觉得自己更受教师的喜爱，坐位由前排移向后排的学生，常常觉得教师不太喜欢自己。

教学结构也是控制学生纪律行为的一种有效方法。教师根据教学的内容、

性质以及学生的水平、需要和兴趣来安排教学结构，可以使学生易于接受。教师根据教学设计，有计划、有目的、有条不紊地进行教学，其稳定的情绪和良好的心理状态会直接感染学生，增强学生学习的自信心和兴趣，从而形成良好的课堂气氛。

5. 行为矫正与心理辅导

对于课堂中学生的问题行为，教师还可以采取行为矫正和心理辅导的方法进行帮助和矫正。行为矫正是强化学生的良好行为、排除不良行为的一种方法。这实际上是一种行为疗法，需要师生密切配合，使学生明确矫正的目的。心理辅导主要通过改变学生的认识、信念、价值观、道德观来改变学生的外部行为。许多问题行为的产生是由学生缺乏正确的自我评价造成的，因此，帮助学生正确认识自己、评价自己是很重要的。自我估计过高或过低，都容易遭受挫折，而遭受挫折后的不安、紧张、恐惧、失望与自卑等情绪体验又会导致问题行为。

良好的心理辅导取决于师生之间的认知距离和情感距离的缩短。教师对学生必须充满热情，以诚感人，给学生必要的支持。要多从学生的角度去看待问题和处理问题，充分调动学生学习的积极性，从而克服不良行为。

6. 协调伙伴关系

有问题行为的学生，一般都表现为适应不良。因此，必须为他们创设良好的人际环境，使他们能在班集体中发挥自己的才能和积极作用，这样，可以提高他们的自信心，提高他们在班级中的地位。同时，还要制止学生中对他们的伤害行为，如讽刺、挖苦和嘲笑等。

7. 与家长合作

亲子关系对于形成和纠正问题行为十分重要，所以，教师必须主动地与家长合作，互通信息，共同配合，采取有效的措施纠正学生的不良行为，促进学生积极行为的发展。

小　　结

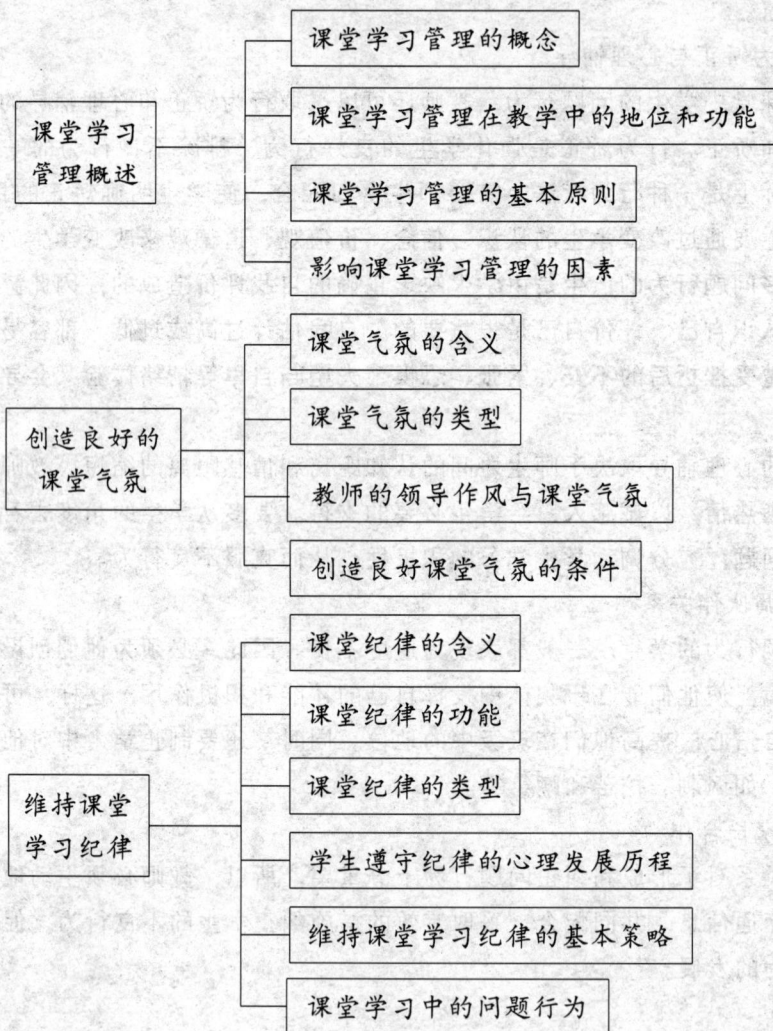

课堂学习管理概述
- 课堂学习管理的概念
- 课堂学习管理在教学中的地位和功能
- 课堂学习管理的基本原则
- 影响课堂学习管理的因素

创造良好的课堂气氛
- 课堂气氛的含义
- 课堂气氛的类型
- 教师的领导作风与课堂气氛
- 创造良好课堂气氛的条件

维持课堂学习纪律
- 课堂纪律的含义
- 课堂纪律的功能
- 课堂纪律的类型
- 学生遵守纪律的心理发展历程
- 维持课堂学习纪律的基本策略
- 课堂学习中的问题行为

思　考　题

1. 名词解释

　　课堂学习管理　课堂气氛　课堂纪律　课堂中的问题行为

2. 课堂学习管理在教学中有什么作用？

3．简述课堂学习管理的基本原则。

4．影响课堂学习管理的因素有哪些？

5．如何创造良好的课堂氛围？

6．概述维持课堂纪律的基本策略。

第十二章

学生和教师的心理健康

教学要点

- 心理健康的含义
- 心理健康的标准
- 小学生的心理健康问题
- 保持和促进小学生的心理健康
- 小学教师存在的心理健康问题
- 促进小学教师的心理健康

学习要求

- 掌握心理健康的含义和标准
- 了解教师和学生存在的主要心理健康问题
- 了解保持和促进师生心理健康的基本途径

☆ ··

引　子

高挂生命的风帆

健康的心理寓于健康的身体，同样，健康的身体需要健康的心理来驾驭才能发挥其良好的功能。心理对于身体，犹如软件之于硬件，硬件再好，如果没有功能良好的软件，也难以实现其价值。如果人生是汪洋中的一条船，心理健康则是这条船的"舵"和"帆"。

英国教育家洛克曾经把儿童心灵比作"白板"，提出著名的"白板说"，认为成人在上面写什么就会有什么。所以，小学时期是人生发展的重要阶段，是人生观逐步形成的时期，也是塑造健全人格的关键时期，对小学生进行良好的心理健康教育将使其终身受益。

以什么形式对学生进行心理健康教育？这是教育工作者比较关心的问题。对学生心理健康教育"医学化"、"课程化"的倾向已有诸多讨论，但不容否认的是：学生的心理健康状况深受他所处的教育环境的影响。教师是小学生成长的重要影响源，教师在小学生心目中有着甚至比父母还重要的地位。小学生心理疾病的预防、心理健康的维护和心理健康水平的提高，需要各科教师的共同努力。

教师与学生心理健康的关系是相互的。一个正常的人看待一个不正常的人会得出正常的结论，而一个不正常的人看待一个正常的人会得出不正常的结论，一个不正常的人与一个不正常的人交往则会更不正常。作为主导学生发展的教育情境而言，需要师生的健康心理共同成长。

由于各种原因，人们关注更多的是学生的心理健康，而对教师的心理健康则言之甚少。之所以如此，一方面可能认为教师也是人，一般人的心理健康问题也是教师的心理健康问题；另一方面人们认为作为人类灵魂工程师的教师，其心理应该是健康的。殊不知，教师自有教师的烦恼。本章将系统介绍学生和教师的心理健康问题。

☆

第一节　心理健康概述

一、心理健康的含义

1946 年第三届国际心理卫生大会具体提出，心理健康就是指"身体、智力、情绪十分调和；适应环境，人际关系中能彼此谦让；有幸福感；在工作和职业中，能充分发挥自己的能力，过有效率的生活"。

世界卫生组织 1989 年提出："健康不仅是没有疾病，而且包括躯体健康、心理健康、社会适应良好和道德健康。"也就是说，健康不只是不生病，防止疾病是健康的一部分，但不是最主要的一部分，心理健康占有重要的地位；健康包括生理、心理、社会适应和道德健康等几个层面的健康。心理健康是指个人能够充分发挥自己的最大潜能，能够妥善地处理和适应人与人之间、人与社会环境之间的相互关系。具体来说，心理健康至少应该包括两层含义：一是无心理疾病；二是具有一种积极发展的心理状态。"无心理疾病"是心理健康的最基本条件，心理疾病包括所有各种心理及行为异常的情形。具有"积极发展的心理状态"则是从积极的、预防的角度对人们提出的要求，目的是要保持和促进心理健康，消除一切不健康的心理倾向，使心理处于最佳的发展状态。

二、心理健康的标准

心理健康的评价与躯体健康的评价相比更为复杂和困难，至今尚未形成一个公认的心理健康标准。但是很多心理学家都对此进行了积极的探索，提出了各种观点。比如，奥尔波特的"成熟人性"观点、马斯洛的"自我实现者"观点等，综合这些观点将有助于我们形成对心理健康的基本认识。

（一）奥尔波特的"成熟人性"观点

奥尔波特认为，健康的个性不受无意识力量的控制，也不受童年心灵创伤或冲突的控制。他提出，健康的个性具有以下七个特征：

1. 自我意识广延

心理健康者会主动、直接地将自己推延到自身以外的兴趣和活动之中。这种推延包括真正卷入同某些人的关系，真正卷入对自己有意义的某事（工作、理想、目标等）。一个人所卷入的活动、人或观念越多，其心理健康水平越高。

2. 自我同他人关系融洽

心理健康者有对别人表示同情、亲密或爱的能力。这意味着他们能够真正同别人发生相互作用，意味着他们对任何人都有温暖、理解和亲密的意义。这种能力使他们能够容忍别人的不足和缺陷。

3. 有情绪安全感

心理健康者在自身内部没有不安全感。他们可以接纳自己的一切方面，包括好坏优劣。他们不像神经症患者那样受自己的情绪支配，他们能够耐受挫折、恐惧和不安全感。

4. 知觉客观

严重心理疾病的一个症状，就是歪曲地知觉现实，有时甚至是失去了同现实的接触。心理健康者可以准确、客观地知觉现实，并实在地接受现实。

5. 有各种技能并专注于工作

全身心地投入某种工作，是心理健康的一个重要特征。心理健康者都形成了自己的技能和能力，能高水平地胜任自己的工作。

6. 自我形象现实

心理健康者的自我形象是现实、客观的，他们知道自己的现状和特点。

7. 人生观统一

心理健康者都着眼未来，行为的动力来自长期的目标和计划。他们都有目的意识，对工作有使命感，这是他们生活的基石。一个人的价值系统是其具体目的和统一人生观的参照框架。心理健康者的价值倾向是一贯的，并可以将其应用到生活的各个方面。

（二）马斯洛的"自我实现者"观点

马斯洛对他认为心理健康的 49 个人进行了大量深入的研究后，提出了心理健康者的一系列特征，他把这种人称之为"自我实现者"，即一切潜能都得以实现的人。他们的主要特征表现如下：

1. 良好的现实知觉

同奥尔波特一样，马斯洛也发现，心理健康者对世界的知觉是客观的。他们如实地看待世界，而不是按照自己的欲望和需要看待世界。相反，心理疾病患者是以他们主观的方式来知觉世界，是强行让世界吻合于他们的恐惧、焦虑和需要模式。

2. 接纳自然、他人与自己

自我实现者能够接受别人、自身及自然的不足和缺陷，而不会被这些缺憾所困扰。他们能够按照事物的自然规律接受这些不足，对人性的所有方面都没有排斥情绪。他们对自己的不足或失败并不感到羞耻或内疚。

3. 自发、坦率和真实

心理健康者完全不存在装假的情况。他们的行为自然、坦诚，没有隐藏或假装自己情绪、情感的企图，除非这些情感的表现会伤害别人。一般说来，他们足够的自信心和安全感使他们能真实地表现自己。

4. 以自身以外的问题为中心

心理健康者有其所专注的某种引人入胜的工作。自我实现者都热爱他们的工作，这不只是谋生的途径，那些工作是他们真正希望从事的事业，他们非常刻苦。对于自我实现者来说，工作并非真正的劳苦，同时也是他们的快乐。

5. 有独处和自立需要

心理健康者不需要与他人共处；他们不依赖于别人来求得安全感和满足。他们依赖的是自己，并喜欢离群和隐居。但他们不害怕别人，也不有意回避他人，只是不需要他人而已。

6. 自主发挥功能

同自我实现者的独处与自主需要相关联的，是他们在社会环境和物理环境中，有自主发挥功能的需要和能力。心理健康者的满足来自自身内部，来自他们自己的智慧和潜能，他们都有自给自足的特点。

7. 愉快体验常新

自我实现者对于某些经验，如一次落日、一首交响乐、一顿美餐或一张孩子的笑脸，都可以持续保持愉快的体验，对之十分快乐、十分感叹。例如，对上班路上的一片树丛，五年后的体验会像第一次见到一样愉快。自我实现者不会因为体验的重复出现而烦恼，相反他们会为感受和保留这些体验而欣慰。

8. 有神秘或顶峰的体验

心理健康者常会有"顶峰"体验。顶峰体验可以使人们体验到强烈的醉心、狂喜和敬畏的情绪，这些情绪同深刻的宗教体验类似。处于这种情绪之中时，人们会体验到强烈的力量、自信和决断的意识；此时没有他们不能做的事，没有他们达不到的目的。这时候所从事的活动——工作、作曲、绘画甚或观看落日，都会被夸张到压倒一切和令人为之一振的程度。

9. 有社会兴趣

心理健康者对于人有强烈、深厚的情感，有同全人类共享祸福的意识。

10. 人际关系深刻

自我实现者可以对他人有更强烈、更深刻的友谊和更崇高的爱。他们友谊强烈，但友人的数目较少，他们的同伴圈子很小。他们对于另一个人的爱情完全是无私的，至少认为给予爱与得到爱同样重要。心理健康者能够像关心自己一样关心爱人的成长和发展。

11. 有民主性格结构

心理健康者完全没有偏见。对他们来说，社会阶层、教育水平、宗教、种族或肤色都丝毫不重要。

12. 有创造性

自我实现者都有独创、发明和革新的特点。不过，他们都并非艺术家或作家，他们都没有从事艺术创作。马斯洛将创造性定义为一种同儿童天真的想象相类似的态度，心理健康者对周围世界的知觉和反应，就是在创造性的背景下进行的。

13. 抗拒遵从

有自给自足和自主特征的人总是自我定向，而不是由他人定向。虽然他们并不有意识地轻视社会习俗和规范，但仍然能够走自己的路，抗拒遵从他人的观念、行为和价值观。

(三) 心理健康的基本标准

仔细审视各个独立的研究会发现，对心理健康的各种看法一致之处多于分歧。对于心理健康而言，有些特征处于核心的位置、起主导作用，它们制约着次要特征及其变化。而受到众多研究者共同关注的特征很可能正是那些核心的、基本的特征。因此，我们应该特别关心这些被众多研究者共同认可的心理健康特征，根据这些特征为心理健康确定标准。基于上述考虑，我们认为下述几方面的特征对于确定心理健康的标准有突出意义。

1. 智力正常

正常人的智商是 100 左右，低于 70 表明智能有缺陷。智力正常是人们正确认识现实、顺利地学习和工作的必要条件，是人们心理健康的表现之一。智力低下，存在明显的感知觉障碍、记忆障碍、思维障碍，就会出现学习、工作和生活等方面的不适应及困难。智力正常才能具有与自己的年龄相适应的生活能力，主要是处理、解决自己遇到的工作、学习、生活和人际关系问题的能力。缺乏这种能力的人，就不能有效地适应环境，满足自己成长和发展的需求。

2. 情绪稳定，心境愉快

情绪不稳定、喜怒哀乐变化无常表明人的心理不健康。情绪是"心理的血压"，情绪稳定、心境愉快乐观是心理健康最重要、最显著的表现。情绪稳定，说明人能根据主客观环境的要求而及时地调控心理状况，做到冷静地审时度势，镇静自若地对待环境的变化，充满自信，积极进取，热爱生活。心理不健康的人，喜怒无常，哀伤不节，经常愁眉苦脸，灰心丧气。他们在顺利时盲目乐观；失败时又盲目悲观，完全成了情绪的奴隶。

3. 反应适度，行动有序

心理健康的人，行动有自觉性、自制性、果断性、坚持性。他们不盲从、不臆断、不放纵，行动目的明确，做事有条不紊，反应灵敏适度，判断及时准确，行为协调统一。相反，心理不健康的人，偏听偏信，刚愎自用，轻率鲁莽，放荡不羁，遇事优柔寡断，行动矛盾百出，思想混乱，语言无序，注意力分散。

4. 乐于交往，人际关系和谐

人是社会关系的总和，交往是人的心理健康发展的基本条件。人际关系和谐是人的心理健康的重要标志。人类最重要的适应是人际关系的适应。心理健康的人，热爱集体，乐于交往，善于理解、信任、尊重、关心、团结别人，既虚心学习别人的优点，也真诚批评别人的缺点，与周围的人心理相容，行动协调，和睦相处。心理不健康的人，在交往中或者沉默寡言，离群索居，孤独偏执；或者对人苛刻、挑剔、多疑、嫉妒、憎恨，采取与他人和集体对立的态度，行动上与周围的人格格不入，交往适应比较困难。

5. 自我意识良好，个性品质健康

心理健康的人，有良好的自我意识，能正确认识自己的优缺点，对自己的潜能和长处尽力发扬光大，对自己的缺点和不足能努力改正。他们懂得自尊、自爱、自强、自律，既不因一点成绩而目空一切，也不因一时失败而丧失信心。心理不健康的人，不是妄自尊大，就是妄自菲薄。在成功面前常常忘乎所以，而失败时又自轻自贱。为了维护自我"尊严"，往往贬低别人，抬高自己，陷入"自我中心主义"的泥潭而不能自拔。心理健康的人具有健全的个性，表现为有理想、有道德、守纪律；性格开朗，待人热情，富于同情心、责任感；胸怀宽广，豁达大度；兴趣广泛，求知欲旺盛，勤奋好学，进取不息。心理不健康的人则缺乏理想，心灵空虚，百无聊赖，多疑、偏执、狭隘、冷酷、嫉妒、敏感、抑郁。

另外，还应该看到，心理健康的标准是相对的。现代心理卫生学认为，健康与疾病不是对立的，它们之间没有明确的界限，而是同一序列的两极。而且，心理健康并不是某种固定的状态，它会因社会、心理、生物等因素的影响而发生变化，心理健康与否只能反映某一时间内的特定状况。因此，心理健康的标准也只是一个相对的衡量尺度，只要个人在较长的一段时间内持续保持良好的心境，就可以认为是心理健康的。

第二节 小学生的心理健康

一、小学生心理发展的主要矛盾

（一）生理发育和心理发展速度不均衡的矛盾

一般来说，小学生的生理发育和心理发展应当是同步进行的，但由于外部条件的制约和个体差异的影响，小学生的生理发育和心理发展在客观上往往表现出发展速度不够均衡的现象，心理的发展往往滞后于生理的发展，由此造成了一种矛盾。例如，有的小学生身高、体重、内脏器官和神经系统的发育均达到同年龄正常水平，但其智能的发展却在常态之下，这一矛盾的出现显然是由环境、教育中的不利因素和个体心理中的非智力因素的薄弱等造成的。从不同层面作出正确诊断，以便从中找出影响学生心理发展的主导因素，是帮助学生正确解决这一矛盾的关键。

（二）心理过程发展不协调的矛盾

小学生的心理过程，包括认识过程、情感过程和意志过程，在环境和教育的影响下，本应得到协调发展。就认识过程而言，应当以思维为核心，推动其认识过程从具体形象水平向抽象逻辑水平过渡。就情感过程而言，应当以高级情感为重点，促使其情感水平向理智的、审美的和公众道德的方向前进。就意志过程而言，应当以自觉性、果断性、坚持性、自制力为指标，促进其优良意志品质的巩固和发展。但就实际情况来看，小学生心理过程的发展往往出现不协调的局面：要么是认识过程的发展跟不上，导致行动上的盲目和情感发展方向上的偏离；要么是情感过程的发展跟不上，造成情感的脆弱、语言与行为的脱节。这种心理过程发展不协调的矛盾，是心理健康教育中必须随时注意发现并解决的一个重要问题。

（三）个性心理结构发展不完整的矛盾

个性心理结构是由个性倾向性和个性心理特征组成的。在个性倾向性和个性心理特征当中，又各自含有自己独特的构成成分。在个性倾向性中，包括需要、动机、兴趣、志向、理想、信念、人生观和世界观等成分；在个性心理特征中含有能力、气质和性格等成分。由于个性心理结构的复杂多样，更由于社会环境、学校教育对个性塑造的不同作用，小学生在个性心理结构的发展中很难保持平衡状态，往往会出现个性心理结构发展不完整的矛盾。例如，小学生的学习需要、学习兴趣得到发展，却没有形成正确的动机和良好的志向，这种个性倾向性上的不完整状态，必然会阻碍他们学习需要和学习兴趣的健康发展。再如，学生性格上的缺陷，如怯懦、退缩、自卑、自私或傲慢等，对于他们智能的发展也必然会带来不利影响。因此，在心理健康教育中，对学生个性心理结构发展不完整的矛盾进行认真的分析和研究，对解决学生个性心理结构发展中遇到的实际问题很有价值。

（四）自我发展与外部要求不一致的矛盾

在家庭熏陶和学前教育的影响下，儿童的心理发展水平有了一定的提高，他们已形成了初步的自我发展的能力。进入小学后，学生已经形成的自我发展能力，如果同家庭、学校的外部要求相吻合，可以更好地加快小学生的心理发展，促进其心理品质的提高；如果已经形成的自我发展要求和能力，同家庭特别是学校的外部要求不一致，则会造成小学生的心理困扰，影响他们的心理发展。例如，有的小学生在良好的家庭教育的影响下，他们的智力水平和特殊能力得到超前发展，他们的自我要求和自我发展能力明显地高于一般学生，对于常规的教学条件和教育发展要求感到不适应、不满足，假如这种小学生的自我要求和自我发展得不到教师的接纳和鼓励，甚至被当作"不听话"、"难管教"而受到忽略或压制，则会造成学生的自卑、忧郁等不良情感的萌发或抵抗情绪的滋生。外部要求与自我要求的不一致，也会造成小学生不良习惯的发展和兴趣爱好的畸形。当然，在小学生心理发展的过程中，外部要求过高、自我要求和发展偏低的情况也是常见的，这种情况同样不利于小学生的心理平衡和心理发展。可见，正确认识和处理小学生自我发展和外部要求不一致的矛盾，是小学生心理健康教育中又一个不可忽视的问题。

二、小学生心理健康问题的主要表现

随着人们对心理健康的日益关注，研究者也探讨了小学生的心理健康特点，使我们看到了小学生的心理健康状况。

许多研究者对小学生的心理健康状况进行了考察，结果表明多数学生的心理发展是健康的，但也存在一些问题。小学生的各种心理健康问题的检出率为10%～15%，主要表现在以下几方面：

第一，学习方面的问题，大约10%～15%的学龄儿童具有程度不等的学习功能障碍。

第二，情绪方面的问题，比较明显的情绪失调儿童约占学童总数的10%～15%。

第三，社会适应方面的问题，具有较为明显的社会适应不良的儿童人数约在10%左右。

第四，行为方面的问题，各种行为问题的检出率约在10%～20%，其中城市高于农村，男童多于女童，小学三年级是行为问题表现的最高峰。

小学生心理健康问题具体表现为：学校恐惧症，学习障碍，厌学，考试焦虑，吮咬手指，遗尿，偏食厌食，肥胖症，睡眠障碍，撒谎，口吃，多动症，攻击行为，社交退缩等。了解这些问题，并预防及矫治这些问题，将有助于小学生的全面发展和健康成长。

三、影响小学儿童心理健康的因素

影响心理健康及造成心理健康问题的因素是复杂多样的。从生物遗传因子的作用到个体自我心理冲突、不良人格特征、早期教育与家庭环境问题以及应激性生活事件的影响等，都可能是原因。当然，概括起来心理健康还是生物、心理和社会这三方面因素综合作用的结果。认识这些因素是我们预防和矫正儿童心理健康问题的依据。

（一）生物学因素

1. 遗传因素的影响

一般说来，人的心理活动是不能遗传的，主要是在后天的社会环境影响下形成和发展起来的。但是，一个人作为整体（包括身心两个方面），他的体形、气质、神经的活动特点、能力与性格的某些成分等都受遗传因素的明显影响。统计调查数据及临床观察经验都表明，在精神病患者家庭中确实有一定的成员患有神经精神病或有某些异常的心理行为表现，如抽风、精神发育不全、脑神经萎缩、性情乖僻、狂躁抑郁等。

2. 病菌、病毒感染所造成的影响

例如一些患斑疹伤寒、流行性脑炎等中枢神经系统传染病的人，就是由于病菌、病毒损害了神经系统组织结构而导致器质性心理障碍或精神失常。这些传染病对于儿童的有害影响尤为严重，可以阻抑儿童心理与智力的发展，是造成儿童智力迟滞或痴呆的重要原因。

3. 大脑的外伤或化学物质所造成的影响

例如因摔伤、碰伤等造成的脑震荡、脑挫伤等，都可导致心理障碍，如意识障碍、遗忘症、言语障碍和人格改变等。有害的有机化学物与无机化学物侵入人体内，可以毒害中枢神经系统，造成心理障碍，如酒精中毒、食物中毒、煤气中毒以及某些药物中毒等。

4. 某些严重的躯体疾病或生理机能障碍的影响

例如内分泌机能障碍，最突出的如甲状腺机能混乱，机能亢进时可出现敏感、易怒、暴躁、情绪不稳定和自制力减弱等心理异常表现；而在机能缺失时，在儿童身上可引起智力发育迟滞，在成人身上则可引起整个心理活动过程的迟钝，不仅智力受损害，性格上还会变得幼稚、保守和狭隘。

（二）社会环境因素

影响心理健康、造成心理障碍的社会因素很复杂，包括很多方面，其中关系比较密切的有早期教育与家庭环境、生活事件与环境变迁。

1. 早期教育与家庭环境

社会文化因素往往通过个体所处的团体而发生作用的。在个体的早期发展

中，家庭的影响起主要作用，早期教育与家庭环境对儿童的心理健康有着重要影响。

对个体早期发展的研究表明，那些在单调、贫乏环境中成长的婴儿，其心理发展将受到阻碍，并且其潜能的发展会受到抑制。很多在成人期表现为能力不足的个体，往往来自这样的早期环境。而那些接受丰富的刺激、受到良好照顾的个体，在许许多多的测验中将渐渐成为佼佼者。

另外，儿童早期与父母的关系以及父母对儿童的态度，也是影响个体心理健康的重要因素。早期母—婴关系乃至稍后的儿童与父母的关系，对个体以后的人际关系和社会适应有着很大的影响。儿童如果能够在早期与父母建立和保持良好的关系，对其以后的社会关系和人际关系有着积极的促进作用。相反，如果儿童在早期不能建立这种与父母的亲密关系，或者早期与父母分离等，都会对他们以后的成长产生消极的影响。

父母对儿童的态度和教养方式也会对个体以后的心理健康产生影响。研究结果表明，在个体的早期发展中，父母的爱、支持和鼓励，容易使个体建立起对初始接触者的信任感和安全感。而这种信任感和安全感的建立有助于儿童成年后与他人的顺利交往。如果儿童缺乏早期的这种信任感和安全感，就会逐渐形成孤独、无助的心理，难以与人相处，因而容易产生心理异常，特别是产生人际交往方面的障碍。

同时，父母对子女的过分保护和过分严厉，也同样会影响他们的独立性以及自信心的发展。这样也会增加子女的压力，使他们出现过分的依赖或过分的自我谴责。这些特点都会对心理健康产生不良的影响。

此外，研究者还发现，如果家庭成员在面临各种外界压力时常常互相依赖、互相参与，那么，这样的家庭容易使个体缺乏与其他人的分化，即不能分清自己的责任或别人的责任。这种家庭的向心力，使得在这样的家庭环境下成长的个体容易从别人身上去表现自己的需要，这使他们不能区分自己和其他人。在严重的应激情况下，这样内向的家庭成员容易产生神经症或防御性神经症状态。

如果家庭成员缺乏情感的交流，甚至出现早期的分离，家庭强调个性，那么年轻人很早就学会从对父母的依赖中解脱出来，家庭成员之间的情感和动机很少表现一致。这样的家庭环境鼓励和促进个体利用自己的力量去解决问题和冲突。这样的结果就是，独立的个体经常无意识地在自己体内释放冲突性冲动，容易造成躯体方面的不适。

2. 生活事件与环境变迁

生活事件指的是人们在日常生活中遇到的各种各样的社会生活的变动，如入学、升学、结婚、亲人亡故等。生活事件是一项预测身体和心理健康的重要指标。大量的研究结果表明，即使是中等水平的应激事件，如果它们连续发生，它们对个体抵抗力的影响就可以累加，因而也是很严重的。由于生活事件的增加而产生的应激体验与各种各样的生理和心理障碍有着明显的关系。例如高血压病、冠心病、糖尿病、类风湿性关节炎、胃肠溃疡、癌症、神经症、事故、体育活动中的损伤以及学习成绩的下降等都与生活事件的明显增加具有密切的关系。因为我们每经历一次生活事件，都要付出精力去调整由于这一事件的发生所带来的生活变化。如果生活事件增加，那么个体的生活变化也会增加，个体要适应这变化了的生活所付出的努力也需要相应地增加。因此，如果在一段时间内发生太多的生活事件，个体的躯体和心理健康状况就很容易受到影响。

除生活事件的影响外，个体所处环境的巨大变迁也会使个体产生心理应激。虽然环境变迁也可以算作是生活事件的一部分，但这种变化对个体适应的影响将更加突出。例如，研究结果表明，新到一地的移民与当地居民以及他们原来所在地的居民相比，更容易产生各种各样的躯体或精神的异常。很多刚入学的学生由于入学前后生活和学习环境的巨大变化，在适应新的环境时容易出现各种困难。

(三) 个体心理因素

1. 心理冲突

在学习和生活中，人们经常面临的机会或选择不只一个。在作出选择的时候，人们往往会面临冲突的情境，即作出某一选择，同时又要丢掉另一个选择（或机会）。换言之，作出选择既意味着选择什么，同时又必须要丢掉什么，因此作出选择往往很困难。

心理冲突的产生往往发生于难于作出选择的情境。这种冲突情境在很多情况下都会对个体的心理和躯体健康产生不良的影响。

心理冲突对个体的直接影响就是心理压力，这种压力往往会增加个体适应环境的困难，对生活和工作产生不良的影响。如果这种冲突长期得不到解决，对个体的危害是非常大的。

在各种心理冲突中，有一种给个体带来的压力是最大的，这就是"趋—避式冲突"。这种冲突是指个体所面临的选择既能给他带来好处，同时又伴随着不良的影响。

2. 特殊的人格特征

每个人都有自己独特的人格类型特征，人们的人格类型特征是千差万别的，但其中也有共同的方面。它对人的心理健康有非常明显的影响，是在心理社会因素中造成心理障碍或精神失常的一个重要因素。人们总是依其人格特征来体验各种致病性因素，并建立对紧张性刺激的反应形式，因而，特殊的人格特征往往成为导致某种心理障碍或精神病原因中的内在因素之一。同样的致病因素作用于不同人格特征的人，可以出现非常不同的结果，而同样的疾病发生在不同人格特征的人身上，其病情表现、病程长短和转归结果又都可以非常不同。因此，培养和锻炼健全人格，对预防心理障碍或精神疾病非常重要。

研究资料表明，各种精神疾病，特别是神经官能症往往都有相应的特殊人格特征作为其发病基础。例如强迫性神经症，其相应的特殊人格特征称为强迫性人格，其具体表现是谨小慎微、求全求美、自我克制、优柔寡断、墨守成规、拘谨呆板、敏感多疑、心胸狭窄、事事容易后悔、责任心过重和苛求自己等。又如，与癔病相联系的特殊人格特征是富于暗示性、情绪多变、容易激动、耽于幻想、以自我为中心和爱自我表现等。此外，精神分裂症被认为与孤僻离群、多疑敏感、情感内向、胆小怯懦、较爱幻想等特殊人格特征密切相关。

四、保持和促进小学生的心理健康

(一) 小学生保持心理健康的意义

重视小学生的心理卫生对小学生的发展有着重大意义，这是由小学生身心发展的特点、社会的需要所决定的。

1. 小学生身体、心理发展的需要

如前所述，现代健康的观念不仅包括身体健康，还包括心理健康，那么，关心小学生的成长，就必须兼顾他们的身体、心理两方面的健康。小学生的身体和心理二者之间是相互制约、不可分割的。如果人的心理不健康，就可能已罹患了心理疾病，轻者如神经官能症、病态人格，重者如各种精神病；另一方面小学生心理障碍、心理疾病会影响他们机体的生理变化，对其躯体健康造成危害，甚而导致罹患各种身心疾病，给小学生带来痛苦。

小学生处于长知识、长身体的时期，他们的生理、心理在迅速地发展、剧烈地变化，要特别重视他们的心理健康。

2．小学生人格健全发展的需要

小学生的成长过程，不仅是增长知识、发展智能、促进身体健康的过程，而且也是人格（个性）形成和发展的过程。作为表现人的整个精神面貌、体现一个人如何立身做人的小学生人格，其发展是十分重要的。但是目前许多教师、家长在片面追求升学率的思想指挥下，仅仅重视小学生知识的获得、智能的提高，而对其优良品德的形成和优良人格的塑造比较忽视。

小学生心理健康的高层次标准的实质即是健全人格。注意心理卫生，重视小学生心理健康，有助于小学生人格的健康、全面、和谐的发展。

3．小学生社会适应能力发展的需要

现代社会的小学生是社会的人，是21世纪的主人。他们不仅是未来社会的建设者、参与者，而且他们从一出生就生活在与人类交往的社会环境中。作为社会的人，他们不仅需要有为社会做贡献的真才实学，更需要有良好的社会适应能力。这不仅是现代健康的标志之一，也是社会对小学生的要求。所以家长、教师和心理医生应该关心小学生社会适应能力的培养和提高。

（二）保持小学生心理健康的措施

为使小学生能够保持心理健康，促进其智能的发展和个性的完善，教师应该在这四个方面帮助学生：一是帮助他们正确掌握心理健康的知识；二是帮助他们掌握自我调整的技能；三是帮助他们认识求助心理咨询的重要性和必要性；四是对一些具体的心理问题积极开展心理辅导。具体可以采取以下几条措施：

1．帮助学生充分认识自己，正确评价自己，接纳自己

小学生的自我意识能力在不断提高，但他们还难以充分认识自己，正确评价自己。常常会出现两种倾向，一是对自己估计过高，过于自信，事事"自我感觉良好"；另一种倾向是自我评价过低，过于自卑，认为自己"处处不如人"。这两种极端倾向均对自我发展不利。

认识自己、评价自己要从多角度、多途径进行，可以通过与他人的比较、与过去的自我比较，以及从周围世界中提取有关自我的真实反馈，加深自我了解，避免主观误差。

除了要认识自己、正确评价自己外，学生还需要接纳自己。"金无足赤，人无完人"，每个人身上都会有缺点和不足，更何况处在发展中的小学生。接纳自己，既要接纳优点，也要接纳缺点，同时要注意根据自己的能力，建立适

当的抱负水平。

2.帮助学生建立良好的人际关系

小学时期是社会化过程中的重要时期，因此小学生应该积极主动地与他人交往，建立良好的人际关系，特别是良好的同伴关系、师生关系和亲子关系。通过人际交往，学生可以互相学习、互相帮助，增进沟通与理解，得到更多的社会支持。在人际交往中，小学生应注意两点：一是对他人的期望不要过高。生活中的每个人都不是完美的，即使是教师、父母也一样。如果对他人的期望过高，一旦对方表现出自己预想不到的行为时，便会备感失望，使自己的心理失去平衡。二是避免与他人盲目竞争。一个人的能力有限，而且每个人的能力优势也有差异。如果一味争强好胜，以自己的弱势与他人的优势竞争，难免遭遇失败。受挫必然对心理产生巨大压力，长此以往，极易导致自卑心理的产生。

3.帮助学生保持健康、愉快的情绪

学生常处于情绪不稳定状态，既容易受外界影响，又容易感情用事，情绪常大起大落。要维护心理健康，就应该学会保持健康、愉快的情绪。

第一，要保持大脑的健康。小学生如果学习负担过重，学习活动过量或学习持续时间过长，则容易出现疲劳、头晕、头痛、记忆减退、注意分散、情绪厌烦等症状。不能保持大脑的健康，就难以有健康的情绪，因此，要注意劳逸结合，生活有规律，保证足够的休息与睡眠，从而保护大脑的健康。

第二，培养自己的各种兴趣爱好，参加有益的娱乐活动。这是保护良好情绪状态的方式之一。课余时间参加体育活动，既可锻炼身体，又能调节情绪，听音乐、旅游等活动可以消除长期学习造成的紧张与疲劳，转换心境。

第三，学会调节情绪的方法。当遇到不快和烦恼、产生不良情绪时，可通过向好友、教师、家长倾诉烦恼，减轻内心的压力，获得他人的支持和理解。写信、写日记也是一种宣泄的方法。当心绪不佳时，转换环境、做自己感兴趣的事，也有助于情绪的平静，同时也可以在活动中感受到快乐。

4.帮助学生学习性卫生的知识

小学时期的一个最大特点是学生的身体发生了很大变化，特别是在小学高年级。随着第二性征的出现，部分小学高年级学生开始意识到性，这是他们前所未有的体验。性驱力的增加，使得一些学生感到困惑、情绪不佳或出现不良行为。因此，学习性卫生方面的知识，有助于学生了解自身的变化，从而更好地适应这种变化。

5. 帮助学生认识求助心理咨询的必要性和重要性

小学生通过学习关于心理健康的知识，学习进行自我调整的技能，对保持心理健康、促进自身的成长和发展会起到积极作用。但是，有时候小学生面对的问题可能是自我调整不易解决的，那么，向专业的心理咨询专家寻求帮助就是必要的和重要的。教师应该让学生知道，求助心理咨询并不是因为有"病"，心理咨询是一种由受过专门训练的专业人员为学生提供心理学帮助的过程。

此外，教师应该对小学生学习和生活中出现的心理问题，积极开展心理辅导活动。教师应注意以下几方面的内容：

（1）新生入学适应

小学是接受正规学习教育的开始。学校教育与幼儿园的生活在很多方面是不同的。幼儿主要以游戏活动为主，没有具体要求达到的教学目标，着重于形成儿童良好的行为习惯。而学校生活，是现实生活的模拟，有严格的规范和系统化的目标。儿童从幼儿园到学校生活的转变，需要教师帮助他们做好五个方面的适应：学校正规课程的适应、校规的适应、学校情绪生活的适应、学校人际关系的适应和学校集体生活的适应。

（2）智力发展问题

智力是小学生一切活动的基础。各科学习都要求智力要达到一定的水平。研究表明，智商低于90，教育的作用将非常有限，也就是说这样的学生很难通过教育而得到改变。在小学阶段，除了在教学过程中注意开发学生的智力外，还应该有计划地进行专门训练，以促进儿童智力的发展。儿童的智力训练包括观察力训练、记忆力训练、注意力训练、思维力的训练、想象力的训练等。

（3）儿童学习疲劳的预防和辅导

疲劳是指连续工作后工作效率下降的现象。疲劳可以分为生理疲劳和心理疲劳。生理疲劳包括肌肉组织和神经系统的疲劳。心理疲劳是指由心理因素如缺少兴趣、厌烦、懈怠等导致的工作效率下降。教师应该注意做到以下三点：

第一，科学安排各科的课程。上午、下午的第一节课应安排中等难度的学科。上午第二、第三节课安排难度较大的课程如数学、语文。上午第四节课宜安排音乐、美术等轻松的课程，体育课最好安排在一天的最后。复习应在平时有计划地进行，千万不可期末突击，以免学生过度疲劳。

第二，重视课堂教学的心理卫生。教学内容应该深浅适度，教学方法要灵活多样，还要科学地组织复习。在教学环境上，声音、室温、光线、空气流通和课桌椅的安排都应该符合身心保健的要求。

第三，确保儿童的休息、睡眠时间。有关专家的研究表明：6 岁儿童每天宜睡 12.3 小时，依次为 7 岁儿童 11.5 小时、8 岁儿童 11.2 小时、9 岁儿童 11 小时、10 岁儿童 10.5 小时、11 岁儿童 10.2、12 岁儿童 9.8 小时、13 岁儿童 9.6 小时。事实上，睡眠不足是基础教育中学生普遍存在的现象。

6. 儿童学业不良的辅导

儿童学业不良是指学生智力在正常范围，而学习成绩经常明显低于同龄学生的一般水平。研究表明，小学生中学业不良或称学习上的"差生"的约占 13%。

针对学生学业不良问题进行的辅导包括以下几个方面工作：对学业不良学生要有正确、关心的态度；教师应该注重各科基础知识的教学，抓好读、写、算基本技能的训练；教师和家长应该注意端正学业不良学生的学习态度，增强他们正确的学习动机；加强对经常缺课或新转入学生的个别辅导工作；教师和家长多给学业不良学生创造一些成功的机会，以增强他们的自信心；不要在集体场合有意无意地将学业不良学生的学习成绩和优秀学生的学业成绩进行比较；切实加强对学业不良学生学习方法的辅导，纠正他们边学边玩等不良的学习习惯，建立良好的学习习惯；加强学校与家庭、教师与家长的联系和合作，定期研讨学业不良学生的学习问题，共同制定学校和家庭的帮助措施，并且相互督促执行。

7. 问题行为的矫正辅导

问题行为是指扰乱他人或给个人身心健康发展造成障碍的行为。按照问题行为的性质，可以分为过失型和品德不良型。按照问题行为的表现特点，可以将问题行为分成攻击型和退缩型。

过失型问题行为的矫正应该注意：要抓住时机，在儿童出现过失型行为问题后，当即进行批评教育，否则时过境迁，会淡化教育效果；要严而有爱，在帮助儿童分清是非的基础上，对他们体贴和谅解，切忌对儿童的过失行为横加指责、乱扣帽子、上纲上线，进行成人化的处理；善于帮助儿童从偶然的过失中，恰当地引出个性和品德上的教育意义，帮助他们正确总结经验教训，促使其过失行为逐渐向正确的方面转化。

矫正儿童退缩型问题行为应当做到以下四方面：

第一，要把增强退缩型问题行为儿童的自信心作为矫正工作的中心环节。增强自信心的途径包括：经常为这类儿童提供表现他们长处的机会；适当教给该类儿童自我分析的技巧，使他们正确认识个人的潜在能力；通过自信心训练，消除个人的不满情绪和自卑心理。

第二，要帮助儿童分析他们遭受挫折的主客观原因，引导他们在克服困难中锻炼意志、陶冶性情、增强对于挫折的耐受力。

第三，引导这类儿童积极参加社交活动，培养他们乐观开朗的情绪和重视友谊、互相帮助的意识，以逐步改变其孤独、郁闷的消极性格。

第四，培养良好的兴趣，改变退缩型儿童的消极的自我心态和个性倾向。

第三节　小学教师的心理健康

一、小学教师心理健康问题的重要性

教师的心理健康，不仅关乎其个人的身体健康，而且会影响他的学生和他所从事的教学工作。

心理健康与身体健康息息相关。心理的长期严重的不健康状态，如长期的过度焦虑、忧愁、烦恼、抑郁、愤怒等，会导致生理上的异常和病态，如高血压、神经官能症、偏头疼、胃痛等。因此，增进教师的心理健康，对于教师心因性疾病的防治和保持健康具有重要意义。

教师在工作、生活中，常常会遇到一些紧张的事件或承受一定的心理压力。这些紧张和压力累积到一定程度时，就会对人的身体和心理健康造成威胁。有的研究列举出 43 种事件对个体产生心理压力的指数，如果一年内心理压力累加指数在 150 以上，其后两年内患病率达到 93%；一年内累加指数在 200～299 之间，患病率达到 51%，累加指数超过 300，患病率上升为 79%。足见紧张、压力与人的身心健康关系密切。

健康的心理是良好师德的基础。一个人只有心理健康，才会品德高尚。一个心理变态的教师不可能公平、公正、适度地关爱每个学生，也不会对学生的行为做出恰如其分的反应。已有的研究表明，心理健康问题所造成的教师在情绪、性格、人际关系上的缺陷，直接影响到教师的社会适应性、品德及教师对待学生的态度和行为方式等方面。

健康的心理有助于提高教师的教学效率。快乐、稳定的情绪，健康的人格，良好的人际关系，都是心理健康的表现。它们可以使教师注意的范围拓宽，思维活跃，并带着应有的热情从事教育教学工作，这必然会提高其工作效率和质量。反之，教师在烦躁、忧虑等不良情绪状态下教学，则会压抑他们教学活动的积极性和主动性。相关实验研究表明，不健康心理很可能以各种方式损害人的智力活动的效率。

二、小学教师心理健康存在的问题

美国全国教育协会的报告显示，有 37.5％的教师常常对个人的健康、睡眠和工作效率感到极度忧虑；有 30％的教师在情绪和社会方面不适应；有 20％需要特别帮助，以促进其心理健康；另有 30％的教师感到极度不快，并且不易与人相处。由于教师人格对学生具有深远的影响，因此教师心理卫生问题已经引起广泛注意。在学生人格的发展方面，教师的影响仅次于父母。一个学生如果拥有幸福的家庭，享有父母的爱，又得到身心健康的教师的教育，将会顺利成长。相反，如果他既不能从父母那里得到足够的关怀与爱护，又受到情绪不稳定教师的干扰，必将造成许多身心发展的问题。

非教师职业的人所具有的心理健康问题，教师也可能有。但对于教师的职业来讲，教师的角色适应、工作压力和职业倦怠、生涯适应是教师心理健康中的重要问题，下面将分别进行讨论。

（一）教师角色适应

1.教师的角色及角色压力

教师角色是由教师的社会地位所决定的并为社会所期望的一套教师行为模式。小学教师是社会生活众多领域中的从事教育工作的"角色扮演"者，必须具备社会希望他具备的职业道德、学历结构和能力素养等"角色内容"，以高超的教学艺术、有效的教学组织、灵活的教学方法进行教学，才能不辜负社会对他的"角色期待"。每个教师都是各种"角色的组合"，在课上是学生的老师，课下是学生的朋友，课外又可能是辅导员，每个教师也都有对自身工作的好或坏、是满意还是不满意等"角色知觉"。

"角色混淆"和"角色冲突"是产生教师心理困扰的原因。角色混淆是指个人无法获得明确清晰的角色期望，或因无法形成完整统一的角色知觉而产生混乱。角色冲突是指个人经常要求扮演与他们的价值系统不一致的角色，或同时扮演两种以上相互冲突的角色。角色混淆和角色冲突都是对外在环境要求的心理反应，当外在要求含糊时，就会产生角色混淆；当外在要求不一致时，就会产生角色冲突。作为小学教师，如果不了解自己的工作目标、范围和职责，不清楚校领导对自己的期望，或不能预测他人对自己未来的期望，不能以最好的方式履行角色期望的内容，就会产生角色混淆。例如，如果一方面要求学生全面发展，另一方面又过分强调算术、语文的重要，这就会使美术、自然、音乐等任课教师产生角色冲突。角色冲突又可以分为如下几种：

（1）角色传递者之间的角色冲突。指不同角色传递者对某一角色对象赋予相互冲突的期望。如同为一名教师，校长、家长、年级组长、班主任、学生对他的期待可能有所不同，校长希望他很快成长为专家型教师，家长希望他使自己的孩子考出好成绩，学生要求他以身作则等。

（2）角色传递者内的角色冲突。指同一角色传递者对某一角色对象赋予相互冲突的期望。有时作为班主任的教师既要某教师用的时间少，不挤占课外时间，又要求该教师教学成绩优秀，即属此种情况。

（3）角色内冲突。指角色接受者本身所持的角色期望与角色组合中成员的期望不一致的现象，这是一种角色知觉与角色期待之间的冲突。如某小学教师尝试合作学习的教学方法改革可能在短期内并不能有效地提高成绩，因为不被家长理解而产生角色内冲突。

（4）角色之间冲突。指同一角色接受者同时扮演数种角色，而这些角色各有不同的规范与期望，使角色接受者无法调适来完成所有角色的义务与期望。最明显的表现是教师的工作—家庭冲突，或因为教学工作而影响家庭生活（工作家庭冲突），或者因为家庭负担而影响教学工作（家庭工作冲突）。

（5）角色过载。指角色要求过多，使角色接受者无法在一定时间内完成，或者对角色要求过高，使角色扮演者的个人能力无法达到。例如，在某些师资力量明显不足的落后地区，还存在复式教学的组织形式。一个学校几十名学生只一位教师，他既是校长，又是所有年级、所有班级的教师，这就会产生角色过载现象。

2．教师的角色内容

教师角色众多，每种角色对教师都很重要，要求教师必须尽心尽职，这就提高了对教师的心理要求。

有一项研究提出，教师角色行为的内涵应该包括：是社会模范的代表；对学生做正确的评价与判断；指导学生学习知识与技术，并指导发现学习方法及学习过程；公正裁决学生之间的争论；发现破坏规则者；为学生树立认同与模仿的目标和方向；帮助学生控制自己的行为；帮助学生建立自信并使之成为自我支持者；营造团体学习气氛，做好团体领导角色；作为学生父母的代言人，照料学生并指导其表现客观态度和行为；避免成人给学生造成挫折感；与学生建立温暖的关系并分享信赖；树立情感的目标，结合学生的心理需要，给予学生希望。

许多学者认为一个人拥有许多角色时就可能产生角色冲突。学校教师需扮演多种角色，产生冲突的概率较大。研究表明，角色冲突能产生诸如紧张、焦虑、压力或工作效率下降、自我效能下降等结果，并由此对学校和学生产生间接的消极影响。

3. 教师的角色期待

社会对教师期望的多样性决定了教师角色期待的多样性，教师在学校教育中要充当的多种角色可以分为以下几类：

(1) 教书育人的角色。教师要使学生实现三个转化：第一，知识方面的转化，使学生从不知到知，教师传授给学生的知识技能要博、深、新；第二，情感方面的变化，使学生从"要我学"向"我要学"转变，以培养和激发其内部学习动机为主，同时形成学生积极的思想品质；第三，能力方面的变化，从"学会"到"会学"，掌握学习的策略和技术。

(2) 行政管理的角色。教育是以集体为对象的活动，教师除了教书育人以外，还要做大量的事务工作和学生管理工作。教师应该是班集体的领导者，是课堂纪律的管理者。

(3) 心理导向的角色。学校教育从根本上说是要促进学生心理的积极变化，所以在某一具体教学情境中，教师应该对自己所处的客观环境、自身情况、自己与当时情境的关系等方面作出时间、空间、对象等的识别和判断，扮演心理导向的角色。教师是人际关系的协调者，应该成为心理卫生工作者。

教师个人的素质与社会的角色期待是一种矛盾，社会总是根据自己的要求向教师提出高于其各项素质的要求，这也是引发教师心理不确定性——焦虑的根源。

(二) 教师的工作压力和职业倦怠

教师的工作压力和职业倦怠是影响教师心理健康的重要因素。工作压力多侧重于外在要求对教师心理的影响，职业倦怠多指主观感受对教师教育行为的影响。

1. 教师的工作压力

教师的工作压力是指教师因工作上的要求、期待和职责所感受到的消极情绪体验的过程。教师工作压力是由一定的原因（压力源）引起的，并通过外在反应（压力反应）得到体现，这种反应又受个体差异（中间过程）的影响。目前关于教师压力的大多数研究都是围绕教师压力源和压力反应进行的。

教师在学校教育环境中有哪些压力来源？有研究表明，教师的压力源包括四个因素：暴力和学生常规，行政管理的紧张，专业的工作要求，教学的功能。也有的研究得出五个因素：专业的不足，校长和教师之间的工作关系，同事之间的关系，班级教学和常规指导，工作负荷过重。有人从教育角色的角度调查了教师的工作压力，分为三个方面：角色不明确，角色的过度负荷，角色冲突。以上研究表明，教师的工作压力是多维度、多因素的，其来源包括环境的、人际关系的、教学的、心理的、组织的、社会的等方面。

在教师工作压力反应方面，不同的研究所得出的结论不尽相同。柯礼柯夫和苏利夫（C. Kyriacou & Sutcliffe）对英国综合中学教师进行调查得出各种压力症状，依次是疲劳、挫折、愤怒、紧张、焦虑、压抑、神经质、头痛、心跳很快、没有能力应付的感觉、失声、血压高、恐惧、胃酸、流泪、出汗。台湾师大学生辅导中心调查台北市中学教师的压力反应，最重要的五个因素是心情不好、丧失幽默感、容易将事情忘记、容易发怒、想处罚学生。有关工作压力的后果，许多研究均得出结论：高压力的工作结果必然降低工作效率，影响身心健康，并影响个人的成长与认知。当个体长期面对压力时，自主中枢神经系统会阻碍免疫系统的功能，影响内分泌与荷尔蒙激素的协调，当免疫系统失调时，疾病就容易产生。

根据教师工作压力的研究，在人口学变量方面的研究结果并不一致，共同的趋势是女性教师和新教师有较大的压力。

2. 教师的工作倦怠

教师的工作倦怠是指教师对自己的工作感到厌烦、乏味，缺乏工作热情和积极的心理倾向。教师工作倦怠与教师的离职、旷课及退缩行为有关，对学生的学习和思想品德也有重大影响。因此，深入了解目前学校教师工作倦怠的实际情况，探讨有效建立教师工作的积极态度，并设法减低教师的工作倦怠程度，是教师心理健康研究的热点。

美国教育协调人员通告委员会在1981年2月的报告中指出教师工作倦怠的成因：教师很少或没有参与作决定的机会；物质方面的权利；由于教师调任和流动的减少，使教师晋升不易；家长对于教育措施的苛求；经济方面的困难；教师遭受到言语或人身的攻击；教师工作负担加重；遭受到非自愿性的调任，或申请调任不被采纳。也有研究指出学生的暴力行为、蛮不讲理、破坏性，不合宜的薪水，非自愿性的调任以及过度的工作是教师工作倦怠的原因。

（三）教师职业生涯中的心理适应问题

1. 教师职业生涯的概念

教师职业生涯有广义和狭义之分。狭义的教师职业生涯是指教师从职业学习开始，直至职业劳动最后结束的整个人生职业历程，限定于直接从事职业工作的这段生命时光，上限始于任职前的职业学习和培训。广义的教师职业生涯是指从职业能力的获得、职业兴趣的培养、职业选择、就职，直至最后完全退出职业劳动这样一个完整的职业发展过程，其上限从 0 岁人生起点开始。

2. 教师生涯的发展阶段

教师的成长在一生的不同时期，其主要特点、要解决的任务是不同的，体现出阶段性的特点。从另一方面来看，教师发展的不同时期，面临着不同的心理问题。

弗勒（Fullor）提出，教师职业生涯可以分为三个阶段：[①]

第一阶段，教学前的观察时期。这是个人在学生时期的学生角色，对教师是观察、批判的态度，甚至往往带着敌意面对教师。

第二阶段，实习阶段的焦虑期。这是开始接触实际教学的实习阶段，最关心的是自己的教学管理能力、对教材内容的精熟程度，以及上级的督导评价等等，这一时期的焦虑紧张是十分明显的。

第三阶段，教学情境的关怀期。这个时期固然要关心前一时期的种种问题，也要对教学上的种种需要或限制多加关心，更会将个人的学习转移到与实际教学情境有关的事物。

第四阶段，对于学生的关怀期。虽然许多教师在职前教育阶段就能表达出对学生的关怀，却并不能真正适应或满足学生的需要，往往要等到自己能适应教学的角色压力和负荷之后，才能真正地关怀学生。

3. 教师生涯发展中的困境和危机

教师生涯发展中，既会遇到一般职业人所遭遇的困难，也会有教师职业特有的危机。

（1）生涯的不适应

---

① Fullor FF. *Concerns of Teachers*：*A Developmental Conceptualization*. American Educational Research Journal, 1996（6）：207－226

有研究认为生命的历程主要是由个体身心成熟的发展、个体事业的发展与个体感情、婚姻与家庭的发展等三种旋律交织而成的一种"生命旋律的动态关系"。每个个体生命旋律的发展不同，三条生命弧线的起伏也不同。有的教师事业早成，有的人事业晚就，也有的人个人感情很坎坷。每个人在不同的生命旋律中都会遭遇困境，只是每个人的困境不同，所遭遇的危机也不同。如图12-3-1所示。

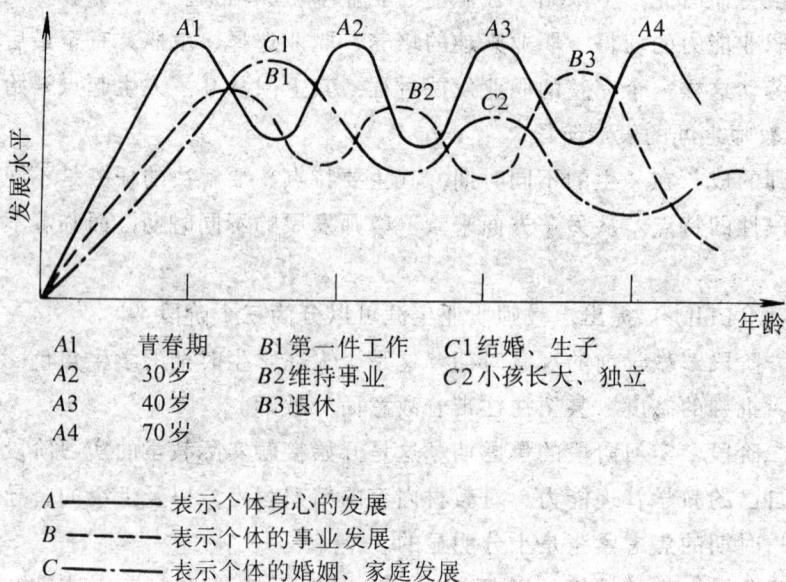

A1	青春期	B1第一件工作	C1结婚、生子
A2	30岁	B2维持事业	C2小孩长大、独立
A3	40岁	B3退休	
A4	70岁		

A ———— 表示个体身心的发展
B ------ 表示个体的事业发展
C —·— 表示个体的婚姻、家庭发展

图 12-3-1　生命旋律的动态关系①

苏波（Super，1976）指出个体一生的生涯发展大致可以归纳为：由出生至14岁的成长期、14～25岁的探索期、25～45岁的建立期、45～62岁的维持期、62岁以后的衰退期。在这五个大的发展阶段中，每个阶段包含了一些小阶段，在每个发展阶段之间还包含了转型期（如图12-3-2所示）。每个生命的发展都含有大周期、小周期与转型期的循环，这些循环形成了个体生涯发展中的困境。

———————————

①　王以仁、陈芳玲、林本乔：《教师心理卫生》，279 页，北京，中国轻工业出版社，1999。

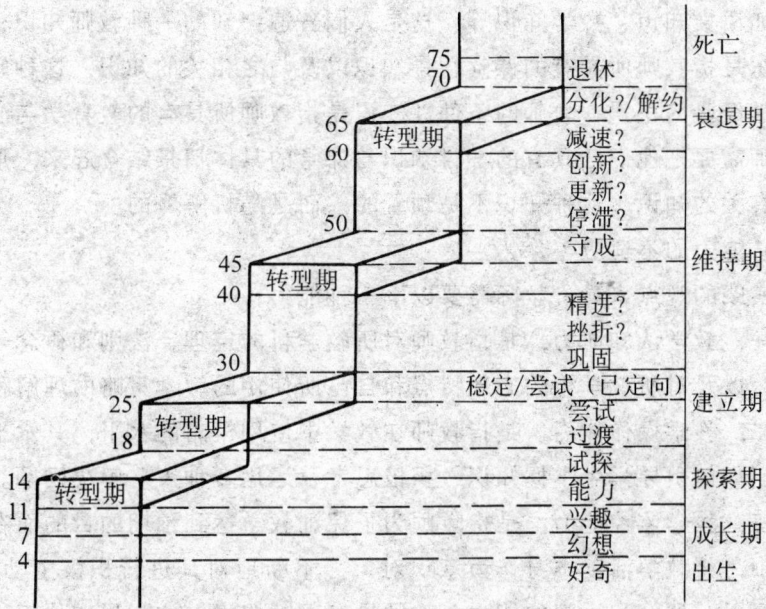

图 12 - 3 - 2 大周期——发展阶段与发展任务①

（2）知识的不适应

很多职业所需要的完成本职工作的知识是稳定的、具体的。与其他职业不同，教师职业的知识永远处于不确定的状态。具体表现为如下几个方面。

第一，教师的劳动对象是学生，每个学生都是活生生的具有独特价值和能动创造能力的个体，他们处于运动变化之中，对他们只能做到一定层次的把握，不可能完全控制。

第二，教师的劳动手段存在不确定性，"教学有法，教无定法"。教学是一种艺术，需要灵感、创造和不断求新。教学是不断向着理想状态的追求，但从来没有到达理想的彼岸。现代教育技术的发展增加了教师劳动的复杂性。

第三，劳动成果的潜伏性。教师劳动的成果是培养出符合社会要求的全面发展的人。这种教育效果并不是立竿见影的，需要一个很长的周期才能得到体现。

从静态的角度分析，教师作为劳动主体，需要具有本体性知识、实践性知识和条件性知识等三类知识。教师的本体性知识是指教师所具有的特定的学科

① *Super D E. Career education and the Meaning of Work. Monographs on Career Education*. Washington, D.C: The Office of Career Education, U.S.

知识，如语文知识、数学知识等，这是人们普遍熟知的一种教师知识；教师的实践知识是指教师所具有的课堂情景知识以及与之相关的知识，这种知识源于教师教学经验的积累；教师的条件性知识是指教师所具有的教育学与心理学知识。教师需要把他们已具有的学科知识与课堂的具体情景结合起来，形成一种与行为有关的知识。这种知识不是预置的，而是随机解释的。

（3）能力的不适应

用实践的观点来看，教师需要以下三种能力：

第一，教学认知能力，是指教师对所教学科的定理、法则和概念等的概括化程序，以及对所教学生的心理特点和自己所使用的教学策略的理解程度。

第二，教学操作能力，是指教师在教学中使用策略的水平，其水平高低主要看他们如何引导学生掌握知识、积极思考、运用多种策略解决问题。

第三，教学监控能力，是指教师为了保证教学达到预期的目的而在教学的全过程中，将教学活动本身作为意识对象，不断地对其进行积极主动的计划、检查、反思、评价和反馈的能力。教师只有不断探索，才能形成他工作中所需要的各种能力，这种能力的形成或培养不是一蹴而就的。

（4）其他不适应

以上这些心理适应的方面是比较明显的、主要的，还有其他一些心理不适应的方面。

第一，对工作环境不适应。教师的工作环境包括物理的及心理的环境。物理环境不适应可能由于学校离家太远，每天上下班要花费很长时间，让教师觉得不值得，因此不愿留任教职。也可能由于学校设备不理想，又无法改善，教师认为会影响教学成效，因此干脆离职。心理环境不适应包括学校的组织气氛充满敌意、行政人员的领导方式过于专制、家长的要求背离教育科学等，均可能让教师的职业生涯亮起红灯。

第二，人际关系的不适应。教师是生活在社会网络中的人，经常保持与周围人的良好接触，处理好各种人际关系，对于教师心理健康的维护是必不可少的。教师的人际关系主要有与同事、朋友、家人、领导、学生及学生家长的关系等，教师只有关爱学生，与朋友、家人和睦相处，与同事、领导、学生家长友好往来，建立起和谐的人际关系，才能保持心情舒畅、精神振奋，工作效率才会提高。反之，与周围的人和事格格不入，郁郁寡欢，心情郁闷，就会使心理状态偏离正常水平，给自身和工作带来危害。

此外，教师还可能有其他方面的不适应，例如，由于不良的工作习惯和态度造成人际关系紧张，由于缺乏创新求变的动机导致自身素质的落后，因为绩效管理的举措、日常生活的烦恼而使工作压力过大，等等。

三、小学教师心理健康的维护

（一） 了解个人职业特征

职业特征是个体在职业活动中所表现出来的心理活动的特点及水平。教师对自己要有一个全面的、客观的评估，充分了解自己的职业特征，才能够有效应对来自社会、学校、学生、家长等各方面的要求。教师自身的职业特征与外界的要求匹配，教师的心理就处于良好适应的状态；如果不匹配，就会使自己处于紧张状态，影响自己的心理健康。

了解个人职业特征包括：知识、技能、生活经验、偏好、能力、个性—态度、创业精神、决策水平、目标清晰度等方面内容。

（二） 作好职业生涯发展规划

生涯设计可以使教师将职业纳入自己固有的生活轨道，心无旁骛，即使路途坎坷，也心存期待。如何使教师个人与学校环境和谐互动、统一协调，有人提出六点建议，可供借鉴：第一，评估生涯发展的客观环境因素，探索自己在学校中的动机和机会；第二，搜集与生涯发展相关的信息资料，根据个人的价值、兴趣或经验、潜能等，了解学校中的生涯发展机遇；第三，根据个人的人生目标和学校未来的发展目标，设定个人生涯发展的具体目标；第四，发展达成具体目标的策略或计划，个人要形成计划，把握关键的步骤，学校也要设计具体的活动方案；第五，促成生涯发展目标与计划的实现，其中包括问题解决和适应技巧的运用等；第六，达到生涯发展的确实完成，这是实现或完成生涯发展目标最后的阶段。

（三） 肯定自己拥有的能力与技巧

教师职业有基本心理要求（基本能力）和特殊心理要求（特殊能力）。基本心理要求是合格教师应该具备的，特殊心理要求是优秀教师所应具备的。教师长期教学实践形成的基本能力与技巧是其生涯发展的基石，这些基本的能力包括：流畅的书写能力；生动的表达能力；问题的解决能力；分析性、评价性的思维习惯；运用图书、仪器、设备的能力；视导监督、组织群体的能力；与人协作的能力；说服他人的能力；面对群众处理意外事故的能力；有效掌握和运用时间的能力；计划和组织与工作相关活动的能力；从事长远目标的方案计划的能力；理解和运用数字符号的能力；使用视听、电脑辅助工具的能力；与他人沟通的能力；消除矛盾、化解纠纷的能力。

（四）具有成功教师的信念系统

人是受信念支配的，教师应该了解自己想成为怎样的教师，教师往往按照自己的信念发展成长。研究表明，一般教师具有以下四种基本信念：

1. 教学效能感

教学效能感是教师对于自己影响学生的学习活动和学习结果的能力的一种主观判断，包括一般教学效能感和个人教学效能感两个方面。一般教学效能感是指教师对教与学的关系、对教学在学生发展中的作用等问题的一般看法与判断；而个人教学效能感是指教师对自己的教学效果的认识和评价。教师的一般教学效能感随其教龄的增长而呈下降趋势；而个人教学效能感则随其教龄的增长而表现出上升趋势；教师的教学效能感对其教学效果具有很强的预测力。如果一个教师坚信自己能够上好每一节课，如其所言，他就可能获得良好的教学评价。

2. 教师的控制点

教师的控制点是指教师对导致学生学习成绩好坏的原因的看法。有的教师把学生学习成绩好坏的原因归结为自身以外的因素，自己无法控制和把握；有的教师将原因归为自身因素，他们对学生学习成败富有责任感。教师的控制点对其教学活动及学生学习成绩具有显著的影响，倾向内归因的教师行为更积极主动，倾向外归因的教师行为比较消极。

3. 对学生的控制

对学生的控制程度体现了师生关系的状况，营造了不同的课堂气氛。有的教师属于专制型的，强调纪律，严格管制；有的是民主型的，互相尊重和信赖。前者营造了控制型的课堂气氛，后者造就了支持型的课堂气氛。研究表明，民主型的师生关系和支持型的课堂气氛更有利于师生的共同发展。

4. 与压力有关的信念

研究表明，学校内的压力是很大的，教师压力过大时，将会表现出工作迟缓、旷课、烦躁以及对人缺少关注等。具有坚强的生活信念、积极的自我期待、能与同事愉快合作的教师则较少受压力的影响，勇于不断地接受挑战。

教师为自己制订完美的生涯规划、肯定自己的能力和技巧，同时又具备成功教师的信念系统，这样就为自己的心理健康提供了强有力的保证。

（五）有效应对挫折

"人生不如意事十之八九"，教师也一样，在其职业生涯中，快乐常常与挫折结伴。培养不出优秀的学生、职称没有得到提升、工作业绩得不到领导的承认、紧张的同事关系等都会成为教师挫折的来源。有效应对挫折，教师应该进行以下三方面的努力：

1．增强信心，加倍努力

当教师在通向目标的道路上遇到困难和阻碍时，通过分析，如果发现自己的目标是可以实现的，那么，就不要灰心丧气，而要百折不挠，鼓足勇气，加倍努力，克服重重困难，直至最后达到目标。很多时候，失败与成功仅有一步之遥。发明大王爱迪生试验干电池经历了数百次的失败，当有人问他失败时的心情时，爱迪生回答："我没有失败，我只是尝试了几百种不成功的方法。"如果教师在暂时的挫折面前也能有这种乐观积极的态度，成功将为期不远。

2．改变方法

当采取某种方法来达到目的受到阻碍的时候，教师可以通过改变行为方式，尝试运用别的方法来达到目的。人们常说：条条大路通罗马。或许当你正感到"山重水复疑无路"的时候，变换一种方法、转换一条新的思路，眼前便会豁然开朗，"柳暗花明又一村"。

3．调整目标

当教师为自己设定的目标由于自身的条件或社会因素的制约，经过再三努力仍然无法实现时，教师就必须调整自己的目标，改变行动的方法，使较长远的目标与短近的目标相结合，使具有挑战性的目标与现实性的目标相结合，等等。调整目标并不是惧怕困难，而是实事求是态度的表现。

（六）塑造良好的职业形象，享受职业生活

感情的交流是双向的，教师要想得到快乐，必须先给学生快乐；教师要得到爱和温暖，必须先给学生爱和温暖。教师是蜡烛，照亮了学生，也照亮了自己。教师的人格就是力量，在众多的教师特征中，对学生积极性起到最重要影响的是教师榜样、热情、友情和积极期望。教师的人格特征对学生的学习产生着强烈的影响，教师也会在学生的发展、积极变化中享受到教师职业带来的无穷乐趣。

（七）小学教师的情绪管理

从积极预防的角度谈教师的心理调控所涉及的领域是系统化的心理训练，

它与心理咨询、治疗不同，是通过提供心理调节的策略、技巧形成维护教师心理健康的心理保障体系，这是一种实现自我帮助的有效途径。纵观心理训练方法的已有文献，尽管心理调控的方法多种多样，但人们常用的或者说最基本的方法有三种：放松的方法、表象的方法和认知的方法。

1．放松的方法

放松是以一定的媒介（如暗示指导语、表象等）集中注意、调节呼吸，使肌肉得到充分放松，从而调节中枢神经系统兴奋性的方法。在生活中，教师会遇到各种各样的令其感到焦虑的事情。当教师焦虑的时候，身体会发生相应的改变。如果能够改变这些身体的变化，就可以减轻焦虑。

2．表象的方法

表象训练是在一定暗示条件下，在头脑中反复想象某种情境或对象，从而提高情绪控制力、完成活动任务的心理训练方法。教师备课时，可以利用自己的表象能力，形成表象教案。表象教案就是在自己的头脑中演练教学的全过程，就好像自己站在摄像机镜头里或者自己有第三只眼正在注视着自己的讲课一样。这样备课可以使教师上课情绪饱满、自信，有效地组织教学活动。当教师情绪沮丧时，可以表象生活经历中最令自己激动、满意的事情唤回积极的情绪，可以有效地改善心境。当身处紧张的环境时，可以利用表象在头脑中重现放松的感觉，让放松控制你的身心，紧张便无存在之地。例如，刚从师范院校毕业的教师上第一次课，或有经验的教师上公开课、观摩课时，难免产生紧张情绪，可以利用表象放松有效缓解。

3．认知的方法

情绪心理学中有一种理论认为情绪的产生是对客观外界变化的知觉。所以情绪的产生过程涉及三个因素：客观环境中的刺激，对环境刺激的认识和评价，情绪。以往的认知方法强调用积极思维取代消极思维，多年的临床实践证明，积极思维并非解决问题之道。因为这种取代并没有消除消极思维产生的原因或根据。根据最新的认知训练理论，用平衡思维的方法，即找到支持和不支持自身消极思维的证据，能够更有效地缓解和消除由不合理的思维带来的紧张或不安。

小 结

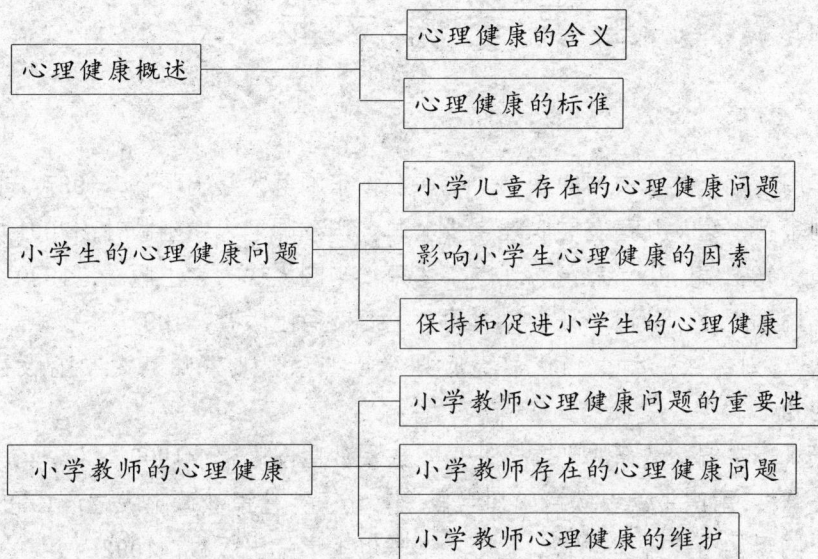

思 考 题

1. 名词解释

心理健康 角色冲突 职业生涯 工作压力 工作倦怠

2. 简述心理健康的标准。

3. 试述小学生存在的心理问题。

4. 如何维护小学生的心理健康？

5. 小学教师存在哪些心理问题？

6. 如何维护和促进教师的心理健康？

主要参考文献

1　李丹主编．儿童发展心理学．上海：华东师范大学出版社，1987

2　刘金花主编．儿童发展心理学．上海：华东师范大学出版社，2001

3　章志光主编．小学教育心理学．北京：中国人民大学出版社，1999

4　邵瑞珍主编．教育心理学．上海：上海教育出版社，1997

5　陈琦,刘儒德主编．当代教育心理学．北京：北京师范大学出版社，
　　1999

6　张大均主编．教育心理学．北京：人民教育出版社，1999

7　郭德俊,雷雳主编．教育心理学概论．北京：警官教育出版社，1998

8　李伯黍．品德心理研究．上海：华东化工学院出版社，1992

9　韩进之,王宪清．德育心理学概论．上海：上海人民出版社，1986

10　潘菽．教育心理学．北京：人民教育出版社，1983

11　张承芬．教育心理学．济南：山东教育出版社，2000

小学儿童教育心理学

课 程 组 长　张瑞麟
课程副组长　罗洪兰
主　　　编　郭德俊
编 写 成 员　田　宝　刘惠军　罗洪兰
主 持 教 师　罗洪兰

小学儿童教育心理学
形成性考核册

教育教学部　编

学校名称：＿＿＿＿＿＿＿＿

学生姓名：＿＿＿＿＿＿＿＿

学生学号：＿＿＿＿＿＿＿＿

班　　级：＿＿＿＿＿＿＿＿

中央广播电视大学出版社

形成性考核是学习测量和评价的重要组成部分。在教学过程中,对学生学习行为和成果进行考核,是教、学测评改革的重要举措。《形成性考核册》是根据课程教学大纲和考核说明的要求,结合学生的学习进度而设计的测评任务与要求的汇集。

通过完成形成性考核任务,学生可以达到以下目的:

1. 加深对所学内容的印象,巩固学习成果。
2. 增强学习中的情感体验,端正学习态度,激发学习积极性。
3. 实现对学习过程的自我监控,及时发现学习中的薄弱环节,并加以改进。
4. 学以致用,提高综合分析问题、解决问题的能力。
5. 获得相应的形成性考核成绩。

通过评阅学生完成的形成性考核任务,教师可以达到以下目的:

1. 对学生的学习态度、行为等进行综合评价。
2. 了解学生学习中存在的问题,及时掌握学生学习情况,有针对性地进行指导。
3. 对教学内容、进度、方法等进行调整,提高教学质量。
4. 帮助学生提高自主学习能力,让学生学会学习。
5. 记录学生的形成性考核成绩。

小学儿童教育心理学形成性考核册使用说明

小学儿童教育心理学是国家开放大学"开放教育试点"小学教育专业(专科)的一门统设必修课程。《小学儿童教育心理学形成性考核册》(以下简称《考核册》)是根据本课程考核说明的要求,按照国家开放大学《关于广播电视大学开放教育统设必修课程形成性考核的实施意见(试行)》及《实施细则(试行)》的规定,在充分考虑本课程特点的基础上编写而成的。

本课程考核册是根据教学进度的顺序和本课程的内容编排的。本课程内容共分12章,按照章顺序每4章在一起设计1次练习,另外还有1次综合练习,最后1次为小论文,共为5次练习。每次练习以100分为满分,折合为形成性考核成绩6分。5次练习满分500分,共折合为形成性考核成绩30分。学生通过完成这5次的练习,既可以巩固与检验自己的学习成效;也可以培养自己运用所学的理论知识,分析和解决实际问题的能力。

《小学儿童教育心理学形成性考核册》应该人手一册,每次练习都要求学生独立完成,一旦发现雷同或抄袭现象,被抄袭者和抄袭者都作0分处理。

2005年3月

小学儿童教育心理学
作业1

| 姓　　名： |
| 学　　号： |
| 得　　分： |
| 教师签名： |

第1～4章

一、名词解释（共30分，每题3分）

1. 观察法

2. 实验法

3. 认知风格

4. 意义记忆

5.学习

6.社会性

7.意义学习

8.陈述性知识

9.原理学习

10.迁移

二、简答题(共30分。每题5分)

1.简述行动研究的特点。

2.简述小学儿童情绪、情感发展的特点。

3.简述小学期间同伴团体对儿童的影响。

4.小学生学习的类型有哪些?

5.简述加涅的学习与记忆的信息加工模型。

6.知识迁移与应用的关系如何?

三、论述题(共40分,每题10分)

1.根据小学儿童的个体差异,简述"因材施教"的必要性。

2.试述小学生学习的特点。

3.论述促进知识迁移和应用的教学原则。

4.联系实际论述为了帮助学生有效地掌握概念,应如何进行概念教学?

姓　　名:＿＿＿＿

学　　号:＿＿＿＿

得　　分:＿＿＿＿

教师签名:＿＿＿＿

小学儿童教育心理学 作业2

第5～8章

一、名词解释(共30分,每题3分)

1.创造性

2.智力技能

3.头脑风暴法

4.高原现象

5.原型启发

6.品德

7.他律

8.习俗水平

9.精加工策略

10.元认知策略

二、简答题(共40分,每题5分)

1.简述问题解决的过程。

2.简述影响问题解决的个人因素。

3.简述动作技能和智力技能的关系。

4.简述动作技能形成的标志。

5.道德行为的训练包括哪些方面?

6.如何培养学生的道德意志?

7.简述柯尔伯格的品德发展阶段理论的主要内容。

8.为了保证有效地复述,学习者在学习过程中应注意哪些方面?

三、论述题(共30分,每题10分)

1.试论学习策略教学应遵循的基本原则。

2.论述如何培养智力技能。

3.试论学习策略教学应遵循的基本原则。

小学儿童教育心理学
作业3

姓　　名:＿＿＿＿＿

学　　号:＿＿＿＿＿

得　　分:＿＿＿＿＿

教师签名:＿＿＿＿＿

第9~12章

一、名词解释(共30分,每题3分)

1.学习动机

2.成就动机

3.表现性目标

4.个性化教学

5.课堂评价

6.课堂气氛

7.移情

8.课堂中的学生问题行为

9.趋-避式冲突

10.教学设计

二、简答题(共40分,每题5分)

1.简述成就目标理论的主要内容

2.简述课堂教学中的主要情绪。

3.简述愉快教育的教学策略。

4.简述加涅的学习目标分类体系。

5.简述陈述性知识的教学设计要求。

6.简述现代课堂学习管理应遵循的原则。

7.简述创造良好课堂气氛的条件。

8.简述课堂纪律的功能。

三、论述题(共30分,每题10分)

1.联系实际论述如何培养小学生的学习动机。

2.论述维持课堂纪律的基本策略。

3.联系实际论述如何保持小学生的心理健康。

小学儿童教育心理学
作业4

姓　　名：＿＿＿＿
学　　号：＿＿＿＿
得　　分：＿＿＿＿
教师签名：＿＿＿＿

一、选择题（每小题2分，共20分，可单选或多选，将正确答案的字母序号填写在括号中）

1.影响小学儿童身体发展的后天因素主要是(　　　)。

　　A.营养　　　　　B.睡眠　　　　　　　C.适量的运动　　　D.遗传

2.下列选项中，属于教育心理学研究内容的是(　　　)。

　　A.教师心理　　　B.个体差异　　　　　C.教学心理　　　　D.学习心理

3.儿童的一般认知能力差异集中体现在(　　　)等方面。

　　A.发展水平差异　　　　　　　　B.气质类型差异

　　C.表现早晚差异　　　　　　　　D.结构差异

4.提倡发现学习的心理学家是(　　　)。

　　A.布卢姆　　　　　B.布鲁纳　　　　　C.奥苏贝尔　　　　D.桑代克

5.学生品德不良的主要包括的类型有：(　　　)。

　　A.过失型　　　　　B.品德不良型　　　C.攻击型　　　　　D.压抑型

6.如果一个人失败以后，灰心丧气，一蹶不振。他的归因倾向可能是(　　　)。

　　A.能力归因　　　B.运气归因　　　　　C.努力归因　　　　D.任务难度归因

7.课堂学习管理的基本功能包括(　　　)。

　　A.促进师生心理健康

　　B.建立良好的学习环境

　　C.整顿班级秩序

　　D.调动学生的积极性和自觉性，促进学生学习

8.为获得奖励、表扬而产生的学习动机称为(　　　)。

　　A.内部动机　　　　　　　　　　B.认知动机

　　C.外部动机　　　　　　　　　　D.自我提高的动机

9.学生成长记录袋的基本成分是( )。

A.学生每学期的考试成绩 B.获奖情况

C.教师评语 D.学生作品

10.小学生的心理健康问题主要表现在( )等方面。

A.学习 B.情绪 C.行为 D.社会适应

二、名词解释(每小题4分,共20分)

1.行动研究法

2.自律

3.合作学习

4.成长记录袋

5.教师的工作倦怠

三、判断题(每小题1分,共6分,请在正确的叙述后画√,错误的叙述后画×)

1.教育心理学是普通心理学分化出来的一个分支。   （ ）

2.操作性条件反射是一种基本的学习行为。   （ ）

3.记忆一份材料时,中间部分的记忆效果优于开始和末尾部分。这种现象称为系列位置效应。   （ ）

4.处在自律道德阶段的儿童往往表现为:不服从权威,我行我素。   （ ）

5.学习策略是一种程序性知识,由一系列规则和技能系统构成。   （ ）

6.学习动机与学习行为之间存在着直接的一——对应的关系。   （ ）

四、简答题(从下面4个题中任选3个题完成,每题8分,共24分)

1.简述小学期间同伴交往的特点。

2.简述动作技能的形成过程。

3.简述如何激发小学生的学习动机。

4.如何维护小学教师的心理健康?

六、论述题(共30分)

1.试评述罗杰斯的人本主义学习观。(15分)

2.联系实际,分析小学教师存在的心理健康问题。(15分)

小学儿童教育心理学
作业5

任选其中一个题目写一篇小论文或调研报告,字数要求不少于1 500字。满分100分。

1.联系实际,谈谈你对建构主义学习理论的理解。

2.从心理学技术的角度,谈如何培养学生良好品德。

3.小学生学习语文动机的调查与评价。

4.小学生学习数学兴趣的调查研究。

5.学业成绩、同伴交往与学生问题行为关系的研究。

6.小学生"问题解决"与创造性思维关系研究。

小学儿童教育心理学

学习资源包

扫描教材封底二维码获取全媒体数字教材等更多助学、助考资源。

学习包定价：42.00元